Emil Larek   Wirtschaftsmathematik

Emil Larek

Wirtschaftsmathematik

Musteraufgaben mit Musterlösungen

2., erweiterte und verbesserte Auflage

Frank & Timme
Verlag für wissenschaftliche Literatur

2., verbesserte und erweiterte Auflage
(1. Aufl. 2008 ISBN 978-3-86596-196-9)

ISBN 978-3-86596-480-9

Herstellung durch das atelier eilenberger, Taucha bei Leipzig.
Printed in Germany.
Gedruckt auf säurefreiem, alterungsbeständigem Papier.

www.frank-timme.de

Inhaltsverzeichnis

Symbole und Konstanten

N, Q, R	Menge der natürlichen, rationalen bzw. reellen Zahlen
$a \in \mathrm{M}$	a ist Element der Menge M
$a \notin \mathrm{M}$	a ist kein Element von M
$\subseteq$	Teilmenge von
$=, \neq$	ist gleich, ist ungleich
Σ	Summe von
Π	Produkt von
∞	unendlich
$\wedge, \vee$	und, oder
$\leq, \geq$	kleiner oder gleich, größer oder gleich
$\ldots$	und so weiter
$\exists$	es existiert ..., es gibt mindestens ein ...
$\forall$	für alle ...
$n!$	n Fakultät $(1 \cdot 2 \cdot 3 \cdot \ldots \cdot n)$
$\frac{d\,\cdot}{dx}$	gewöhnliche Ableitung nach x
$\frac{\partial\,\cdot}{\partial x}$	partielle Ableitung nach x
$\int \cdot\, dx$	Integral
π	Mathematische Konstante, $\pi = 3{,}141\,592\,653\,589\ldots$
e	Euler'sche Zahl, $\mathrm{e} = 2{,}718\,281\,828\,459\ldots$
$\sum_{i=1}^{n} l_i = l_1 + l_2 + \ldots + l_n$	Summe
$min(g_i)$	Minimum aller g_i
$\boldsymbol{a}$	Spaltenvektor
$\boldsymbol{a}^0$	Einheitsvektor
$\boldsymbol{a}^{\mathrm{T}}$	Zeilenvektor
$\lvert\boldsymbol{a}\rvert$	Betrag des Vektors $\boldsymbol{a}$
$\boldsymbol{A} = (a_{ik})$	Matrix
$\boldsymbol{A}^{\mathrm{T}}$	transponierte Matrix
$\boldsymbol{A}^{-1}$	inverse Matrix
$\lvert\boldsymbol{A}\rvert = \det(\boldsymbol{A})$	Determinante der Matrix $\boldsymbol{A}$
$Rang(\boldsymbol{A}) = rg(\boldsymbol{A})$	Rang der Matrix $\boldsymbol{A}$
ME	Mengeneinheiten
$\boldsymbol{0}, \boldsymbol{o}$	Nullmatrix , Nullvektor
$\boldsymbol{E}$	Einheitsmatrix
$\boldsymbol{x}_{\mathrm{B}}$	Vektor der Basisvariablen
$\boldsymbol{x}_{\mathrm{N}}$	Vektor der Nichtbasisvariablen
$\boldsymbol{x}^{\mathrm{s}}$	Vektor der Schlupfvariablen

Abkürzungen

BV	Basisvariable
HE	Hauptelement
HS	Hauptspalte
HZ	Hauptzeile
NBV	Nichtbasisvariable
NB	Nebenbedingung
NNB	Nichtnegativitätsbedingung

Einleitung

Es ist unbestritten, dass in einem wirtschaftswissenschaftlichen Studium mathematische Grundlagen einen wichtigen Platz einnehmen. Der Studierende merkt bald, welchen Nutzen er beim Studium der volks- und betriebswirtschaftlichen Fächer aus seinen mathematischen Kenntnissen ziehen kann oder welche Lücken aus dem Grundstudium zu schließen sind. Es ist ein übergreifendes Wissen über die bekannten Methoden und Verfahren einerseits mit dem Detailwissen der zu verwendenden Arbeitsschritte andererseits zu vereinen. Diese Vielfalt an möglichen Kombinationen ist nur schwer darstellbar.

Die gemeinsame Darstellung von mathematisch-theoretischen Grundlagen und deren Anwendung in der Wirtschaft soll die Modellierung ökonomischer Situationen erleichtern und das Abstraktionsvermögen des Lesers schulen. In den Beispielen (oder Übungen) wird eine Festigung des mathematischen Wissens angestrebt, und gleichzeitig sollen weitere Anwendungsmöglichkeiten diskutiert werden. Die vereinfachte Darstellung reduziert die praktischen Probleme mit mathematischen Formeln auf das Wesentliche der Ökonomie. Diese Grundkenntnisse zur Modellierung ökonomischer Prozesse können dann im wirtschaftswissenschaftlichen Hauptstudium genutzt und erweitert werden.

In Fachbüchern ist kaum der Platz für ausführliche Beschreibungen des Lösungsweges einzelner Aufgaben vorhanden. Für zwei oder mehr Beispiele zu einem Aufgabentyp reicht der vorhandene Platz schon gar nicht. Beispielaufgaben demonstrieren meistens einen bestimmten Sachverhalt, der vorher theoretisch erklärt wird.

In Aufgabenstellungen, sei es in der Praxis oder vielleicht auch nur in der Prüfung, werden häufig vom Bearbeiter verschiedene theoretische Grundlagen verlangt, die dann nach systematischer Anwendung in mehreren Schritten zur Lösung führen. Das können Verfahren sein, die in dem gerade behandelten Kapitel nicht enthalten sind. Als Beispiele mögen die Lösung von linearen Gleichungssystemen bei der Methode der kleinsten Quadrate oder die Nullstellensuche eines Polynoms bei der Eigenwertberechnung genügen.

Mit den Musterlösungen möchte ich dem Wunsch zahlreicher Studierender nachkommen, die Lösungswege von Beispielaufgaben etwas ausführlicher darzustellen. Es werden zu Beginn Aufgaben vorgestellt, die der Leser zunächst ohne Hilfen selbstständig lösen kann. In einem zweiten Teil wird dann sehr ausführlich ein Lösungsweg in allen seinen Schritten beschrieben. Die Aufgaben sind so formuliert, dass sie als Prüfungsaufgabe vorkommen können. Die fälligen Nebenrechnungen sind aus der Sicht einer Übungsaufgabe geplant. In der praktischen Anwendung können natürlich wesentlich umfangreichere Nebenrechnungen notwendig werden.

Den Anstoß zu dieser Sammlung gab eine Liste von geschriebenen Prüfungsaufgaben, die von den Prüflingen nur mit großer Mühe oder überhaupt nicht bearbeitet wurden. Die Auswahl der Aufgaben ist noch übersichtlich und überstreicht nur einige wichtige Grundlagen. Eine Ergänzung mit weiteren Aufgaben insbesondere zur linearen Algebra und zur linearen Optimierung konnte vorgenommen werden. Bei dieser ausführlichen Darstellung der Lösungswege muss immer auch die Gesamtseitenzahl und somit die Gesamtzahl der Aufgaben berücksichtigt werden.

Es werden typische Aufgaben aus der Wirtschaftsmathematik mit sehr ausführlichen Darstellungen des Lösungsweges gezeigt. Die Lösungsverfahren folgen der Vorlesung „Analysis I & II“, die nach dem Buch von E. Larek „Analytische Methoden in der Wirtschaft“ vom Peter-Lang-Verlag gehalten wird, sowie der Vorlesung „Lineare Algebra und lineare Optimierung“, die nach dem Buch von E. Larek „Lineare Systeme in der Wirtschaft“ vom Peter-Lang-Verlag gehalten wird.

Die Aufgaben sind nach vier Schwerpunkten sortiert:

1. Analysis I, Funktionen einer Variablen
2. Analysis II, Funktionen mehrerer Variablen
3. Lineare Algebra
4. Lineare Optimierung

Bei der Bearbeitung der Aufgaben sollte der Leser auch auf Rechenfertigkeiten (z.B. bei Berechnungen mit dem Taschenrechner) Wert legen, da in den Prüfungen für die Lösung nur ein begrenzter Zeitfond zur Verfügung steht. In der vorgegeben Gesamtzeit sind dann auch mehrere Aufgaben mit sehr verschiedenen Verfahren zu lösen.

Es ist zu wünschen, dass dieses Buch ein Beitrag zum Abbau der Ängste vor der Mathematik mit seinen Methoden und Modellen wird. Die Wirtschaftsmathematik möchte eine Brücke zwischen den vielen Möglichkeiten aus der Mathematik und den zahlreichen Anwendungen in den Wirtschaftswissenschaften sein und dem Leser mit diesen Musterbeispielen Mut für weitere Studien machen.

Emil Larek

1 Musteraufgaben

1.1 Analysis I

Aufgabe 1.1
Untersuchen Sie die Funktion $y = f(x)$ an der Stelle $x_0 = 3$ auf Stetigkeit

$$f(x) = \begin{cases} 0 & \textit{für} \quad x < 1 \\ (x-1)^2 & \textit{für} \quad 1 \le x < 3 \\ (x-5)^2 & \textit{für} \quad 3 \le x < 5 \\ 0 & \textit{für} \quad 5 \le x \end{cases}.$$

Aufgabe 1.2
Untersuchen Sie die Funktion $y = f(x)$ an der Stelle $x_0 = -1$ auf Stetigkeit

$$f(x) = \frac{x^2 - 2x - 3}{x + 1}.$$

Aufgabe 2.1
Wie heißt die erste Ableitung von

$$y = \sqrt{x} \cdot \ln x \,?$$

Aufgabe 2.2
Wie heißt die erste Ableitung von

$$y = \frac{x^2 + 6x + 9}{3x + 4} \,?$$

Aufgabe 2.3
Wie heißt die erste Ableitung von

$$y = \sqrt{1 - x^2} \,?$$

Aufgabe 3.1
Berechnen Sie die Nullstellen der Funktionen $f(x) = x^2 - 7x - \ln x$ mit Hilfe des Newton-Verfahrens auf vier Stellen hinter dem Komma genau.

Aufgabe 3.2
Man berechne alle Lösungen der Gleichung

$$x - \cos(x) = 1$$

mit Hilfe des Newton-Verfahrens auf vier Stellen hinter dem Komma genau.

Aufgabe 3.3
Berechnen Sie die Nullstellen der Funktionen $f(x) = x^2 - 7x - \ln x$ mit Hilfe des Verfahrens Regula Falsi auf vier Stellen hinter dem Komma genau.

Aufgabe 3.4
Man berechne alle Lösungen der Gleichung

$$x - \cos(x) = 1$$

mit Hilfe des Verfahrens Regula Falsi auf vier Stellen hinter dem Komma genau.

Aufgabe 3.5

Berechnen Sie die Nullstellen der Funktionen $f(x) = x^2 - 7x - \ln x$ mit Hilfe der Fixpunktiteration auf vier Stellen hinter dem Komma genau.

Aufgabe 3.6

Man berechne alle Lösungen der Gleichung

$$x - \cos(x) = 1$$

mit Hilfe der Fixpunktiteration auf vier Stellen hinter dem Komma genau.

Aufgabe 4.1

Ein Produzent befindet sich in Monopolstellung. Er möchte aus dem Umsatz $U(x)$ und den Kosten $K(x)$ in Abhängigkeit von der produzierten Menge x einige Schlussfolgerungen für sein Unternehmen ableiten.

Als Kostenfunktion nimmt der Produzent $K(x) = 500 + 90x - x^2 + 0{,}01x^3$ als Funktion von der produzierten Menge x an.

Mit der Preisfunktion $p(x) = 165 - x$ und ergibt sich daraus folgende Umsatzfunktion

$$U(x) = p(x) \cdot x\,.$$

Als Gewinnfunktion wird

$$G(x) = U(x) - K(x)$$

angenommen.

Alle Zahlen gelten für eine bestimmte Produktionsperiode.

Als Kapazitätsgrenze wird $x = 100$ Stück pro Periode angenommen.

Wo liegen die Gewinnschwelle und die Gewinngrenze?

Wie groß ist das Gewinnmaximum?

Wo befindet sich das Maximum des Durchschnittsgewinns?

Aufgabe 4.2

Man bestimme die Wachstumsrate der Funktion $f(x) = 2 \cdot \frac{(x-3)^2}{x} + 3$ an den Stellen $x_0 = 6$ und $x_0 = 7$.

Aufgabe 4.3

Eine Funktion $e(x) = \frac{x \cdot f'(x)}{f(x)}$ ist für verschiedene Funktionen $f(x)$ in der Wirtschaft interessant. Gegeben ist die Funktion $f(x) = x^2 + 7$.

Welcher Wert ergibt sich für $e(x)$ an der Stelle $x = 3{,}6$?

Aufgabe 5.1

Gesucht ist die Darstellung der Funktion $y = f(x) = 2^x$ mittels Taylor-Reihe an der Stelle $x_0 = 0$.

Man benutze unterschiedlich viele Ableitungen und vergleiche die Übereinstimmung der Taylor-Reihe mit der Ausgangsfunktion für $x = 0{,}9$.

Es werden bis zu drei Ableitungen verwendet.

Aufgabe 5.2

Gesucht ist die Darstellung der Funktion $y = f(x) = \sqrt{2+x}$ mittels Taylor-Reihe an der Stelle $x_0 = 0$.

Man benutze unterschiedlich viele Ableitungen und vergleiche die Übereinstimmung der Taylor-Reihe mit der Ausgangsfunktion für $x = 0{,}9$.

Es werden bis zu drei Ableitungen verwendet.

Aufgabe 6.1

Man untersuche die Funktion $f(x) = \sqrt[x]{2 \cdot x}$ auf lokale Extremwerte.

Aufgabe 6.2

Man untersuche die Funktion $f(x) = x^4 \cdot e^{3-x}$ auf lokale Extremwerte.

Aufgabe 7.1

Man berechne das bestimmte Integral $\int\limits_0^2 \sqrt[3]{4-2x}dx$.

Aufgabe 7.2

Man berechne das bestimmte Integral $\int\limits_0^{\pi} x^2 \cdot \sin(x)\, dx$.

Aufgabe 7.3

Man berechne das bestimmte Integral $\int\limits_{\frac{\pi}{2}}^{\frac{3\pi}{2}} e^x \cdot \cos(x)dx$.

Aufgabe 7.4

Man bestimme das Integral $\int\limits_1^3 x^2 \cdot e^{2-x}\, dx$ mittels numerischer Verfahren.

Aufgabe 7.5

Man bestimme das Integral $\frac{1}{3}\int\limits_0^3 x^3 \cdot e^{2-x}\, dx$ mittels numerischer Verfahren.

1.2 Analysis II

Aufgabe 1.1

Gegeben ist die Funktion $R = R(p,q) = p \cdot (p^2 + \frac{4}{3}) - q \cdot (2p - q + 4)$.

Man bestimme für die Funktion R mit den Variablen p und q alle partiellen Ableitungen erster und zweiter Ordnung. Schreiben Sie
a) den Gradienten und
b) die Hessematrix auf.

Aufgabe 1.2

Gegeben ist die Funktion $W = W(K,L,R) = K^3 \cdot \cos(L + R^2)$.

Man bestimme für die Funktion W mit den Variablen K, L und R alle partiellen Ableitungen erster und zweiter Ordnung. Schreiben Sie
a) den Gradienten und
b) die Hessematrix auf.

Aufgabe 2.1

Bei einer Materialprüfung wird der Wert für $S(h_1,h_2)$ aus der folgenden Beziehung

$$S(h_1,h_2) = \frac{E \cdot h_2^3}{12 \cdot h_1} \cdot \frac{1}{r \cdot (h_1 + h_2)} \cdot F$$

untersucht.

Die Materialgrößen $E = 8.000$, $F = 1{,}5$ und $r = 10$ sind exakt bekannt.

Die Messwerte für $h_1 = 0{,}1$ und $h_2 = 0{,}4$ werden durch eine Versuchsreihe ermittelt.

Für den Wert von h_1 gilt eine Fehlertoleranz von $\pm 1\%$ und für den Wert von h_2 gilt eine Fehlertoleranz von $\pm 2\%$.

Man bestimme die absolute Maximalabweichung für $S(h_1,h_2)$ bei den gegebenen Ungenauigkeiten von h_1 und h_2.
Wie groß ist die relative Abweichung (der relative Fehler) für $S(h_1,h_2)$?

Aufgabe 2.2

Die relative Stillstandszeit einer Maschine (das Verhältnis von Stillstandszeit zur gesamten Einsatzzeit) lässt sich in Abhängigkeit von der Zeit näherungsweise unter Verwendung zweier Parameter A und B durch folgenden funktionalen Zusammenhang beschreiben:

$$S(x,A,B) = 1 - \frac{1 + e^A}{1 + e^{A+Bx}}.$$

Die Parameter A und B sind spezifische Größen für einen bestimmten Maschinentyp und werden entsprechend aus Beobachtungswerten gewonnen.
In einem Spezialfall sei für A = 0,74 und für B = 0,26 ermittelt worden, wobei A mit einem Fehler von 3 % und B mit einem Fehler von 8 % behaftet sein können.

Für den Zeitpunkt x = 4 soll der maximale relative Fehler der durch den gegebenen funktionalen Zusammenhang errechneten Stillstandszeit angegeben werden.

Aufgabe 3.1

Für die Ermittlung der Werkzeugkosten W_{St} je Stunde Standzeit einer Anlage wird die folgende Funktion benutzt

$$W_{St} = W_{St}(K_I, t_s) = \frac{(A-R)+K_I}{Z_s \cdot t_s}.$$

Hierbei sind:

Anschaffungskosten	A	= 75.000 €
Restwert	R	= 5.800 €
Kosten der Instandsetzung	K_I	= 30.000 €
Zahl der Standzeiten	Z_s	= 37
mittlere Standzeit	t_s	= 1,5 h

a) Bilden Sie die partiellen Ableitungen 1. Ordnung nach K_I und t_s.

b) Bestimmen Sie die Elastizitäten der Werkzeugkosten je Stunde $W_{St}(K_I, t_s)$ bezüglich der Kosten der Instandsetzung K_I und der mittleren Standzeit t_s.

Aufgabe 3.2

Für die Ermittlung des Kaufpreises für ein Unternehmen U_w wird bei der Methode der Übergewinnkapitalisierung die folgende Funktion benutzt

$$U_W = U_W(i,j) = R_W + \frac{G - i \cdot R_W}{j}.$$

Hierbei sind:

Unternehmenswert(Kaufpreis)	U_w	
Reproduktionswert(Substanzwert)	R_w	= 3.000.000 €.
Jährlicher Gewinn	G	= 200.000 €.
Kalkulationszinssatz	i	= 0,1
Risikozinssatz für Übergewinne	j	= 0,15

a) Bilden Sie die partiellen Ableitungen 1. Ordnung nach i und j.

b) Bestimmen Sie die Elastizitäten des Unternehmenswertes $U_W = U_W(i,j)$ bezüglich des Kalkulationszinssatzes i und des Risikozinssatzes j.

c) Der jährliche Gewinn des Unternehmens betrage 400.000 €. Bestimmen Sie die Elastizitäten des Unternehmenswertes $U_W = U_W(i,j)$ bezüglich des Kalkulationszinssatzes i und des Risikozinssatzes j.

Aufgabe 4.1

Gegeben ist die Funktion $R = R(p,q) = p \cdot (p^2 + \frac{4}{3}) - q \cdot (2p - q + 4)$.

a) Man bestimme für die Funktion R mit den Variablen p und q alle partiellen Ableitungen erster und zweiter Ordnung. Schreiben Sie den Gradienten und die Hessematrix auf.
b) Man untersuche diese Funktion auf relative Extremwerte.

Aufgabe 4.2

Gegeben ist die Funktion $U = U(x,y,z) = -x^2 - y^2 - \frac{3}{2}z^2 + 2xz + 2y - 6z$.

a) Man bestimme für die Funktion U mit den Variablen x, y und z alle partiellen Ableitungen erster und zweiter Ordnung. Wie lauten der Gradient und die Hessematrix?
b) Man untersuche diese Funktion auf relative Extremwerte.

Aufgabe 5.1
Ein betriebswirtschaftlicher Zusammenhang zwischen den Kosten und dem sonstigen Verbrauch soll aus einer Beobachtungsserie funktionell dargestellt werden.

s_k	1	5	3	2	7
K_k	9	5	6	8	4

Als Funktion werden die Kosten K in Abhängigkeit vom sonstigen Verbrauch s $K(s) = A + B \cdot \frac{1}{s}$ angenommen.

Bestimmen Sie entsprechend der gegebenen Messwerte die Koeffizienten A und B der Regressionsfunktion $\hat{K}(s) = A + B \cdot \frac{1}{s}$.

Welche Kosten K sind für $s = 7{,}5$ zu erwarten?

Aufgabe 5.2
Ein betriebswirtschaftlicher Zusammenhang zwischen den Kosten und dem sonstigen Verbrauch und den Mietkosten soll aus einer Beobachtungsserie funktionell dargestellt werden.

x_{1k}	1	2,1	2	2,2	4	5,1	1	3,4	2	1
x_{2k}	1,1	4	9,2	9	1,3	4	5,1	9	1,1	4,1
K_k	0,2	6,1	5,3	5,4	0,1	5,1	2,9	8,8	0,9	2,8

Als Funktion werden die Kosten K in Abhängigkeit vom sonstigen Verbrauch x_1 und den Mietkosten x_2 $K(x_1, x_2) = A + B \cdot x_1 + C \cdot \sqrt{x_2}$ angenommen.

Bestimmen Sie entsprechend der gegebenen Messwerte die Koeffizienten A, B und C der Regressionsfunktion $\hat{K}(x_1, x_2) = A + B \cdot x_1 + C \cdot \sqrt{x_2}$.

Welche Kosten K sind für $x_1 = 7{,}5$; $x_2 = 6{,}5$ zu erwarten?

1.3 Lineare Algebra

Aufgabe 1.1
Man bestimme die Determinante

$$\begin{vmatrix} 2 & -3 & 1 & -2 & 4 \\ -4 & 6 & -2 & 5 & -6 \\ 6 & -9 & 3 & -4 & 10 \\ 2 & -4 & 3 & 2 & -3 \\ -2 & 5 & -3 & 2 & -1 \end{vmatrix}$$

mit dem Entwicklungssatz von Laplace.

Aufgabe 1.2
Man bestimme die Determinante

$$\begin{vmatrix} 2 & -3 & 1 & -2 & 3 \\ -4 & 6 & -2 & 5 & -6 \\ 6 & -9 & 3 & -4 & 10 \\ 2 & -3 & 3 & -2 & -3 \\ -2 & 5 & -3 & 2 & -1 \end{vmatrix}$$

mit dem Entwicklungssatz von Laplace.

Aufgabe 2.1

Gegeben sind die Matrizen $\boldsymbol{A} = \begin{bmatrix} 1 & 0 & 2 \\ 1 & 2 & 1 \\ 0 & 3 & -1 \end{bmatrix}$ und $\boldsymbol{B} = \begin{bmatrix} 1 & 2 & 3 \\ 3 & 4 & 7 \\ 2 & 1 & 3 \\ 1 & 1 & 2 \end{bmatrix}$.

a) Bestimmen Sie die Matrizen $\boldsymbol{C} = \boldsymbol{A} \cdot \boldsymbol{B}$ und $\boldsymbol{D} = \boldsymbol{B} \cdot \boldsymbol{A}$, wenn das möglich ist.
b) Welches Format haben die Matrizen $\boldsymbol{C}$ bzw. $\boldsymbol{D}$?

Aufgabe 2.2
In einem Unternehmen werden Zwischenprodukte (Z_j) zu Endprodukten (E_k) verarbeitet. Der Rohstoffbedarf für die Produktion der Zwischenprodukte und der Bedarf an Zwischenprodukten für die Endfertigung jeweils in Mengeneinheiten (ME) sind der folgenden Tabelle zu entnehmen:

	Z_1	Z_2	Z_3
R_1	3	1	3
R_2	1	2	4
R_3	3	0	1
R_4	1	2	3

	E_1	E_2	E_3	E_4
Z_1	1	2	1	0
Z_2	2	3	0	1
Z_3	1	2	1	2

a) Das Unternehmen hat Lieferverpflichtungen für die Endprodukte bei E_1 mit 175 ME, bei E_2 mit 175 ME, bei E_3 mit 125 ME und bei E_4 mit 125 ME.
Welche Mengen der Rohstoffe (R_i) werden für die Lieferverpflichtungen benötigt?
b) Wie erhöht sich der Rohstoffverbrauch, wenn ein zusätzlicher Bedarf bei den drei Zwischenprodukten von Z_1 mit 10 ME, Z_2 mit 15 ME bzw. Z_3 mit 5 ME besteht?

Aufgabe 2.3
Ein Unternehmen benutzt für die Herstellung bestimmter Produkte fünf verschiedene Standorte. Die Zwischenprodukte werden von einem Standort zum nächsten

transportiert. Außerdem werden nicht nur die Endprodukte sondern auch Zwischenprodukte für den Primärbedarf abgegeben.
Die Produktionskette kann schematisch wie folgt dargestellt werden.

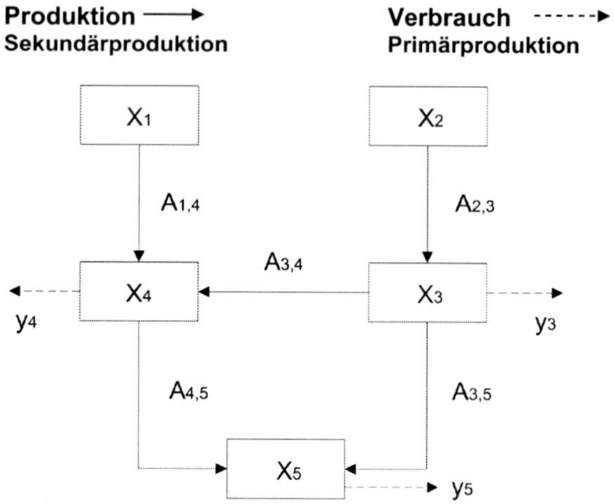

Die Verflechtungsmatrizen sind bekannt

$$\boldsymbol{A_{1,4}} = \begin{bmatrix} 2 & 1 & 2 & 1 \\ 1 & 3 & 2 & 5 \end{bmatrix}, \boldsymbol{A_{2,3}} = \begin{bmatrix} 2 & 1 & 3 \\ 1 & 2 & 4 \\ 2 & 1 & 1 \end{bmatrix}, \boldsymbol{A_{3,4}} = \begin{pmatrix} 2 & 2 & 3 & 3 \\ 1 & 1 & 2 & 2 \\ 1 & 2 & 3 & 4 \end{pmatrix}, \boldsymbol{A_{3,5}} = \begin{pmatrix} 2 & 1 & 0 & 3 & 4 \\ 2 & 1 & 2 & 1 & 1 \\ 1 & 3 & 3 & 2 & 1 \end{pmatrix}$$

$$\text{und } \boldsymbol{A_{4,5}} = \begin{bmatrix} 1 & 0 & 2 & 0 & 3 \\ 0 & 1 & 5 & 0 & 7 \\ 1 & 2 & 0 & 4 & 1 \\ 2 & 2 & 1 & 3 & 0 \end{bmatrix}.$$

Wie groß ist der Rohstoffverbrauch (R) für eine Endfertigung (E) von 2 ME von E_1, von 4 ME von E_2, von 6 ME von E_3, von 8 ME von E_4 und 10 ME von E_5, wenn auch an den Standorten 3 und 4 Zwischenprodukte zum Verbrauch bereitgestellt werden?
Am Standort 3 werden von den drei Zwischenprodukten je 2 ME, 3 ME und 4 ME abgegeben. Am Standort 4 werden von den vier Zwischenprodukten jeweils 2 ME abgegeben.

Aufgabe 3.1
Lösen Sie das folgende lineare Gleichungssystem und geben Sie die allgemeine Lösung in Vektorform an! Wie groß ist der Freiheitsgrad?

$$\begin{aligned} x_1 \quad - x_2 \quad - x_3 \quad + x_4 &= 5 \\ 2x_1 \quad + x_2 \quad + 3x_3 \quad - x_4 &= 7 \\ -3x_1 \quad - 3x_2 \quad - 7x_3 \quad + 3x_4 &= -9 \end{aligned}$$

Geben Sie zwei mögliche ganzzahlige Lösungen mit nicht negativen Werten für alle x_i $i = 1,2,3,4$ an.

Aufgabe 3.2
Lösen Sie das folgende lineare Gleichungssystem und geben Sie die allgemeine Lösung in Vektorform an! Wie groß ist der Freiheitsgrad?

$$\begin{array}{rrrrrcl} & x_2 & +5x_3 & -3x_4 & +2x_5 & = & 51 \\ -x_1 & +3x_2 & -x_3 & -x_4 & +x_5 & = & 9 \\ 2x_1 & -x_2 & +4x_3 & -x_4 & -x_5 & = & 15 \\ x_1 & +3x_2 & +8x_3 & -5x_4 & +2x_5 & = & 75 \\ -x_1 & -x_2 & +2x_3 & -x_4 & +2x_5 & = & 27 \end{array}$$

Geben Sie zwei mögliche ganzzahlige Lösungen mit nicht negativen Werten für alle x_i $i = 1,2,3,4,5$ an.

Aufgabe 4.1

Aus der Gleichung $A - X \cdot B = C - 2X$ mit

$$A = \begin{pmatrix} 1 & 2 & 3 \\ 0 & 1 & 2 \\ 0 & 0 & 1 \end{pmatrix},\ B = \begin{pmatrix} 2 & 1 & 2 \\ 0 & 2 & 3 \\ 1 & 0 & 2 \end{pmatrix} \text{ und } C = \begin{pmatrix} 1 & 1 & -5 \\ -2 & -1 & -5 \\ -1 & 0 & -5 \end{pmatrix}$$

ist die Matrix X zu bestimmen.

Aufgabe 4.2

In einem Unternehmen werden Halbprodukte (H) eines Teilbetriebes zu Endprodukten (E) verarbeitet. Der Materialverbrauch (M) des Teilbetriebes und der Bedarf an Halbprodukten für die Endfertigung sind der folgenden Tabelle zu entnehmen:

alle Angaben in Mengeneinheiten ME !	Materialverbrauch des Teilbetriebes			Verbrauch an Halbprodukten bei der Endfertigung		
	M_1	M_2	M_3	E_1	E_2	E_3
Halbprodukt H_1	1		1	1		
Halbprodukt H_2	1	1		1	1	
Halbprodukt H_3		1	1		1	1
Halbprodukt H_4	1					1

An Rohmaterial sind die Mengen $M_1 = 800$, $M_2 = 680$ und $M_3 = 590$ ME vorhanden.
Welche Mengen des Endproduktes (E) können produziert werden, wenn von den Halbprodukten $y_{21} = 10$, $y_{22} = 22$ und $y_{23} = 50$ und $y_{24} = 20$ ME und vom Rohmaterial $y_{11} = 100$, $y_{12} = 200$ und $y_{13} = 150$ ME zusätzlich abgegeben werden sollen?

Aufgabe 5.1

Man bestimme für die Matrix $M = \begin{pmatrix} 1 & 2 & 4 \\ 2 & 1 & -2 \\ 4 & 2 & 1 \end{pmatrix}$ alle Eigenwerte.

Wie lautet der Eigenvektor, der zum größten Eigenwert gehört?
Hinweis: Der Eigenvektor ist als Einheitsvektor anzugeben.

Aufgabe 5.2

Man bestimme für die Matrix $M = \begin{pmatrix} 5 & 0 & 0 \\ 2 & 3 & 2 \\ 3 & 4 & 5 \end{pmatrix}$ alle Eigenwerte.

Wie lautet der Eigenvektor, der zum größten Eigenwert gehört?
Hinweis: Der Eigenvektor ist als Einheitsvektor anzugeben.

1.4 Lineare Optimierung

Aufgabe 1.1
Ein Farmer bewirtschaftet 400 ha Ackerland. Er baut Raps, Mais und Roggen auf diesen Flächen an. Er hat für die Bearbeitung, Aussaat und Ernte insgesamt 80 T€ zur Verfügung, die er, auf 300 Arbeitstage verteilt, einsetzen kann.

	Raps	**Mais**	**Roggen**
Anbaukosten (€ je ha)	100	200	400
Arbeitstage (Tage je ha)	0,5	1	0,2
Gewinn (T€ je ha)	2	3	4

Mais soll auf höchstens 100 ha angebaut werden und die Anbaufläche für Raps soll mindestens 75% der Anbauflächen von Mais und Roggen zusammen betragen.
Wie viel ha sollte der Farmer von den einzelnen Fruchtarten anbauen, damit der Gesamtgewinn maximal wird?
Stellen Sie das mathematische Modell auf und geben Sie die zugehörige 1. Normalform an.

Aufgabe 1.2
In einem mechanischen Betrieb werden aus vorgefertigten Teilen drei Produkte A, B und C hergestellt. Für die Endmontage aller drei Produkte wird eine gemeinsame Maschine benutzt, deren Maschinenzeit von maximal 120 h je Woche einen Engpass (Flaschenhals) darstellt.

		A	**B**	**C**
Verkaufspreis je Stück (€ je Stk.)	**p**	14.000	12.000	10.000
Variable Kosten je Stück (€ je Stk.)	**k_v**	13.000	9.000	6.000
Belastung der Maschine (h je Stk.)		1	2	3

Von jedem der Produkte A, B und C sollen mindestens 6 und höchstens 30 Stück je Woche hergestellt werden. Dem Betrieb entstehen 100.000€ je Woche an Fixkosten während der Produktion.
Mit welcher Stückproduktion erzielt der Betrieb den höchsten Bruttogewinn (absoluter Deckungsbeitrag $d = p - k_v$)?
Stellen Sie das mathematische Modell auf und geben Sie die zugehörige 1. Normalform an.

Aufgabe 2.1
Gegeben ist das Optimierungsproblem $z = 2x_1 - 3x_2 \to \max$

$$\begin{aligned} -x_1 + x_2 &\leq 9 \\ 6x_1 + 5x_2 &\leq 60 \\ 2x_1 + 3x_2 &\geq 12 \end{aligned}$$

mit $x_1 \geq 0$ und x_2 = beliebig.

Man löse dieses lineare Optimierungsproblem grafisch.

Aufgabe 2.2

Gegeben ist das Optimierungsproblem $z = 12x_1 - 4x_2 \rightarrow \min$

$$\begin{aligned} -x_1 &+ x_2 \leq 8 \\ x_1 &+ 3x_2 \geq 6 \\ x_1 &+ 2x_2 \leq 10 \\ -3x_1 &+ x_2 \leq 12 \end{aligned}$$

mit x_1 und x_2 = beliebig.

Man löse dieses lineare Optimierungsproblem grafisch.

Aufgabe 3.1

Die Zusammenstellung aller Aussagen ergibt das mathematische Modell für ein lineares Optimierungsproblem mit einer Zielfunktion, fünf Nebenbedingungen und gültigen Nichtnegativitätsbedingungen für die drei vorkommenden Variablen x_1, x_2 und x_3.

Zielfunktion $z = 2 \cdot x_1 + 3 \cdot x_2 + 4 \cdot x_3 \rightarrow \max$

Nebenbedingungen
$$x_1 + x_2 + x_3 \leq 400$$
$$100 \cdot x_1 + 200 \cdot x_2 + 400 \cdot x_3 \leq 80.000$$
$$0{,}5 \cdot x_1 + 1 \cdot x_2 + 0{,}2 \cdot x_3 \leq 300$$
$$x_2 \leq 100$$
$$4x_1 - 3x_2 - 3x_3 \geq 0$$

Nichtnegativitätsbedingung $x_1 \geq 0, x_2 \geq 0, x_3 \geq 0$

Wie lautet die 1. Normalform dieses linearen Optimierungsproblems?

Lösen Sie diese Aufgabe mit dem Simplexalgorithmus.

Aufgabe 3.2

Gegeben ist die Optimierungsaufgabe mit einer Zielfunktion, drei Nebenbedingungen und gültigen Nichtnegativitätsbedingungen für die vier vorkommenden Variablen x_1, x_2, x_3 und x_4.

Zielfunktion $z = 2 \cdot x_1 - x_2 - x_3 - x_4 \rightarrow \min$

Nebenbedingungen
$$2x_1 + x_3 - 2x_4 \leq 8$$
$$x_1 - x_2 + x_3 - x_4 = -3$$
$$-x_1 + x_3 + x_4 = 5$$

Nichtnegativitätsbedingung $x_1 \geq 0, x_2 \geq 0, x_3 \geq 0, x_4 \geq 0$

Wie lautet die 1. Normalform dieses linearen Optimierungsproblems?

Lösen Sie diese Aufgabe mit dem Simplexalgorithmus.

Aufgabe 3.3

Die Zusammenstellung aller Aussagen ergibt das mathematische Modell für ein lineares Optimierungsproblem mit einer Zielfunktion, drei Nebenbedingungen und gültigen Nichtnegativitätsbedingungen für die drei vorkommenden Variablen x_1, x_2 und x_3.

Zielfunktion (*.1) $z = 2 \cdot x_1 + 2 \cdot x_2 + 4 \cdot x_3 \rightarrow \max$

Nebenbedingungen
(*.2) $x_1 + x_2 \leq 4$
(*.3) $x_1 + 2 \cdot x_3 \leq 8$
(*.4) $x_1 + x_2 + 2 \cdot x_3 \leq 10$

Nichtnegativitätsbedingung (*.5) $x_1 \geq 0, x_2 \geq 0, x_3 \geq 0$

Wie lautet die 1. Normalform dieses linearen Optimierungsproblems?

Lösen Sie diese Aufgabe mit dem Simplexalgorithmus.

Aufgabe 3.4

Die Zusammenstellung aller Aussagen ergibt das mathematische Modell für ein lineares Optimierungsproblem mit einer Zielfunktion, sieben Nebenbedingungen und gültigen Nichtnegativitätsbedingungen für die drei vorkommenden Variablen x_1, x_2 und x_3.

Zielfunktion	(*.1)	$z = 1 \cdot x_1 + 3 \cdot x_2 + 4 \cdot x_3 - 100 \to \max$
Nebenbedingungen	(*.2)	$x_1 + 2 \cdot x_2 + 3 \cdot x_3 \le 120$
	(*.3)	$x_1 \ge 6$
	(*.4)	$x_1 \le 30$
	(*.5)	$x_2 \ge 6$
	(*.6)	$x_2 \le 30$
	(*.7)	$x_3 \ge 6$
	(*.8)	$x_3 \le 30$
Nichtnegativitätsbedingung	(*.9)	$x_1 \ge 0, x_2 \ge 0, x_3 \ge 0$

Wie lautet die 1. Normalform dieses linearen Optimierungsproblems?
Lösen Sie diese Aufgabe mit dem Simplexalgorithmus.

Aufgabe 3.5

Die Zusammenstellung aller Aussagen ergibt das mathematische Modell für ein lineares Optimierungsproblem mit einer Zielfunktion, vier Nebenbedingungen und den beiden vorkommenden Variablen x_1 und x_2, die die Nichtnegativitätsbedingung nicht erfüllen.

Zielfunktion	(*.1)	$z = 12 \cdot x_1 - 4 \cdot x_2 \to \min$
Nebenbedingungen	(*.2)	$-x_1 + x_2 \le 8$
	(*.3)	$x_1 + 3 \cdot x_2 \ge 6$
	(*.4)	$x_1 + 2 \cdot x_2 \le 10$
	(*.5)	$-3 \cdot x_1 + x_2 \le 12$
Nichtnegativitätsbedingung	(*.6)	x_1, x_2 beliebig

Wie lautet die 1. Normalform dieses linearen Optimierungsproblems?
Lösen Sie diese Aufgabe mit dem Simplexalgorithmus.

Aufgabe 3.6

Die Zusammenstellung aller Aussagen ergibt das mathematische Modell für ein lineares Optimierungsproblem mit einer Zielfunktion, drei Nebenbedingungen und gültigen Nichtnegativitätsbedingungen für die vorkommenden Variablen x_1 und x_2.

Zielfunktion	(*.1)	$z = 3 \cdot x_1 + 2 \cdot x_2 \to \min$
Nebenbedingungen	(*.2)	$x_1 + 3x_2 \ge 18$
	(*.3)	$x_1 + x_2 \ge 12$
	(*.4)	$2x_1 + x_2 \ge 16$
Nichtnegativitätsbedingung	(*.5)	$x_1 \ge 0, x_2 \ge 0$

Lösen Sie diese Aufgabe mit dem Simplexalgorithmus.

2 Musterlösungen

2.1 Analysis I

Aufgabe 1.1
Untersuchen Sie die Funktion $y = f(x)$ an der Stelle $x_0 = 3$ auf Stetigkeit

$$f(x) = \begin{cases} 0 & \textit{für} \quad x < 1 \\ (x-1)^2 & \textit{für} \quad 1 \le x < 3 \\ (x-5)^2 & \textit{für} \quad 3 \le x < 5 \\ 0 & \textit{für} \quad 5 \le x \end{cases}.$$

Lösung

Eine Funktion $y = f(x)$ ist an der Stelle $x = a$ stetig, wenn

$$\lim_{x \to a} f(x) = f(a)$$

gilt.
Es ist eine Bedingung, dass der Punkt $a \in \mathrm{R}$ und jede Umgebung $U(a) \in \mathrm{R}$ zum Definitionsbereich D_f einer Funktion $y = f(x)$ gehören.

Eine Funktion $y = f(x)$ ist in einem Punkt $x = a$ stetig, wenn

1. die Funktion $y = f(x)$ in a definiert ist und $f(a)$ existiert,
2. der linksseitige Grenzwert $\lim\limits_{x \to a-0} f(x)$ und der rechtsseitige Grenzwert $\lim\limits_{x \to a+0} f(x)$ existieren und übereinstimmen $\lim\limits_{x \to a-0} f(x) = \lim\limits_{x \to a+0} f(x)$ und
3. die Grenzwerte mit dem Funktionswert $f(a)$ übereinstimmen
$\lim\limits_{x \to a-0} f(x) = \lim\limits_{x \to a+0} f(x) = f(a)$.

Zum Nachweis der Stetigkeit einer Funktion $y = f(x)$ in einem Punkt $x = a$ sind diese drei Nachweise zu führen.

Stimmt der Grenzwert mit dem Funktionswert an der Stelle 3 überein $\lim\limits_{x \to 3} f(x) = f(3)$?

Zunächst wird der Funktionswert $f(3)$ bestimmt.

Die Funktion $f(x) = \begin{cases} 0 & \textit{für} \quad x < 1 \\ (x-1)^2 & \textit{für} \quad 1 \le x < 3 \\ (x-5)^2 & \textit{für} \quad 3 \le x < 5 \\ 0 & \textit{für} \quad 5 \le x \end{cases}$ ist abschnittsweise definiert. Der Definitionsbereich besteht aus vier Teilintervallen, die die Menge der reellen Zahlen überall dicht beinhalten $D_f = \{x \in R\}$. Die Stelle $x_0 = 3$ liegt im dritten Intervall $3 \le x < 5$, für das der Teil $f(x) = (x-5)^2$ gilt.

Der Funktionswert an der Stelle $x_0 = 3$ berechnet sich nach $f(3) = (3-5)^2$ und ergibt den Wert 4 $f(3) = 4$.

Dann wird der Grenzwert $\lim\limits_{x \to 3} f(x)$ bestimmt.

Eine Funktion $y = f(x)$ hat an der Stelle $x = a$ den Grenzwert F, wenn für jede beliebige Zahlenfolge $\{x_n\}$ aus dem Definitionsbereich D der Funktion mit dem Grenzwert $\lim\limits_{n \to \infty} x_n = a$ die zugehörige Folge der Funktionswerte $\{f(x_n)\}$ den Grenzwert $\lim\limits_{n \to \infty} f(x_n) = \mathrm{F}$ hat.

Der Grenzwert $\lim\limits_{x \to 3} f(x)$ existiert nur dann, wenn der linksseitige Grenzwert $\lim\limits_{x \to 3-0} f(x)$ und der rechtsseitige Grenzwert $\lim\limits_{x \to 3+0} f(x)$ existieren und übereinstimmen

$$\lim_{x \to 3-0} f(x) = \lim_{x \to 3+0} f(x) = \lim_{x \to 3} f(x).$$

Zur Bildung des **linksseitigen Grenzwertes** $\lim\limits_{x \to 3-0} f(x)$ wird eine Folge $\{x_n\}$ benötigt, die gegen 3 konvergiert $\lim\limits_{n \to \infty} x_n = 3$. Alle Glieder dieser Folge $\{x_n\}$ müssen kleiner als 3 sein.

Diese Folge $\{x_n\}$ kann leicht als Summe einer konstanten Folge und einer Nullfolge konstruiert werden.

Die Folge $\{x_n\} = \{3 - \frac{1}{n}\}$ erfüllt genau die genannten Forderungen $\lim\limits_{n \to \infty} (3 - \frac{1}{n}) = 3$.

Die Folge der Funktionswerte entsteht durch Einsetzen der Folge $\{x_n\} = \{3 - \frac{1}{n}\}$ in die Funktion $f(x) = (x-1)^2$ aus dem zweiten Intervall $1 \le x < 3$, denn nur in diesem Intervall sind die Glieder der Folge $\{x_n\}$ zugelassen.

Der Grenzwert $\lim\limits_{x \to 3-0} f(x)$ wird aktuell durch $\lim\limits_{x \to 3-0} (x-1)^2$ berechnet.

Die Folge der Funktionswerte heißt dann $\{f(x_n)\} = \left\{\left((3 - \frac{1}{n}) - 1\right)^2\right\}$.

Der Grenzwert $\lim\limits_{x \to 3-0} f(x) = \lim\limits_{n \to \infty} \left((3 - \frac{1}{n}) - 1\right)^2$ ist nun ein Grenzwert einer Folge von Funktionswerten.

Zunächst wird der Ausdruck $\lim\limits_{n \to \infty} \left((3 - \frac{1}{n}) - 1\right)^2$ durch Auflösen der beiden Klammern vereinfacht, um dann die einzelnen Grenzwerte zu bestimmen.

$$\lim_{n \to \infty} \left((3 - \tfrac{1}{n}) - 1\right)^2 = \lim_{n \to \infty} \left(3 - \tfrac{1}{n} - 1\right)^2 = \lim_{n \to \infty} \left(2 - \tfrac{1}{n}\right)^2 = \lim_{n \to \infty} \left(4 - 2\tfrac{1}{n} + \tfrac{1}{n^2}\right) = 4 - 0 + 0 = 4$$

Der Grenzwert $\lim\limits_{x \to 3-0} f(x)$ heißt 4.

Zur Bildung des **rechtsseitigen Grenzwertes** $\lim\limits_{x \to 3+0} f(x)$ wird eine Folge $\{x_n\}$ benötigt, die gegen 3 konvergiert $\lim\limits_{n \to \infty} x_n = 3$. Alle Glieder dieser Folge $\{x_n\}$ müssen größer als 3 sein.

Diese Folge $\{x_n\}$ kann leicht als Summe einer konstanten Folge und einer Nullfolge konstruiert werden.

Die Folge $\{x_n\} = \{3 + \frac{1}{n}\}$ erfüllt genau die genannten Forderungen $\lim\limits_{n\to\infty}(3 + \frac{1}{n}) = 3$.

Die Folge der Funktionswerte entsteht durch Einsetzen der Folge $\{x_n\} = \{3 + \frac{1}{n}\}$ in die Funktion $f(x) = (x-5)^2$ aus dem dritten Intervall $3 \le x < 5$, denn nur in diesem Intervall sind die Glieder der Folge $\{x_n\}$ zugelassen.

Der Grenzwert $\lim\limits_{x\to 3+0} f(x)$ wird aktuell durch $\lim\limits_{x\to 3+0}(x-5)^2$ berechnet.

Die Folge der Funktionswerte heißt dann $\{f(x_n)\} = \left\{\left((3 + \frac{1}{n}) - 5\right)^2\right\}$.

Der Grenzwert $\lim\limits_{x\to 3+0} f(x) = \lim\limits_{n\to\infty}\left((3 + \frac{1}{n}) - 5\right)^2$ ist nun ein Grenzwert einer Folge von Funktionswerten.

Zunächst wird der Ausdruck $\lim\limits_{n\to\infty}\left((3 + \frac{1}{n}) - 5\right)^2$ durch Auflösen der beiden Klammern vereinfacht, um dann die einzelnen Grenzwerte zu bestimmen.

$$\lim_{n\to\infty}\left((3 + \tfrac{1}{n}) - 5\right)^2 = \lim_{n\to\infty}\left(3 + \tfrac{1}{n} - 5\right)^2 = \lim_{n\to\infty}\left(-2 - \tfrac{1}{n}\right)^2 = \lim_{n\to\infty}\left(4 + 2\frac{1}{n} + \frac{1}{n^2}\right) = 4 + 0 + 0 = 4$$

Der Grenzwert $\lim\limits_{x\to 3+0} f(x)$ heißt ebenfalls 4.

Aus der Gleichheit des linksseitigen und rechtsseitigen Grenzwertes folgt der Grenzwert

$$\lim_{x\to 3-0} f(x) = \lim_{x\to 3+0} f(x) = \lim_{x\to 3} f(x) = 4.$$

Die Funktion $f(x) = \begin{cases} 0 & \textit{für} \quad x < 1 \\ (x-1)^2 & \textit{für} \quad 1 \le x < 3 \\ (x-5)^2 & \textit{für} \quad 3 \le x < 5 \\ 0 & \textit{für} \quad 5 \le x \end{cases}$ ist an der Stelle $x = 3$ stetig, wenn

$\lim\limits_{x\to 3} f(x) = f(3)$ gilt.

Der Grenzwert $\lim\limits_{x\to 3} f(x) = 4$ stimmt mit dem Funktionswert $f(3) = 4$ überein.

$$\lim_{x\to 3} f(x) = f(3) = 4$$

Die Funktion $f(x) = \begin{cases} 0 & \textit{für} \quad x < 1 \\ (x-1)^2 & \textit{für} \quad 1 \le x < 3 \\ (x-5)^2 & \textit{für} \quad 3 \le x < 5 \\ 0 & \textit{für} \quad 5 \le x \end{cases}$ ist an der Stelle $x_0 = 3$ stetig.

Aufgabe 1.2
Untersuchen Sie die Funktion $y = f(x)$ an der Stelle $x_0 = -1$ auf Stetigkeit

$$f(x) = \frac{x^2 - 2x - 3}{x + 1} .$$

Lösung

Eine Funktion $y = f(x)$ ist an der Stelle $x = a$ stetig, wenn

$$\lim_{x \to a} f(x) = f(a)$$

gilt.
Es ist eine Bedingung, dass der Punkt $a \in \mathrm{R}$ und jede Umgebung $U(a) \in \mathrm{R}$ zum Definitionsbereich D_f einer Funktion $y = f(x)$ gehören.

Eine Funktion $y = f(x)$ ist in einem Punkt $x = a$ stetig, wenn

1. die Funktion $y = f(x)$ in a definiert ist und $f(a)$ existiert,
2. der linksseitige Grenzwert $\lim\limits_{x \to a-0} f(x)$ und der rechtsseitige Grenzwert $\lim\limits_{x \to a+0} f(x)$ existieren und übereinstimmen $\lim\limits_{x \to a-0} f(x) = \lim\limits_{x \to a+0} f(x)$ und
3. die Grenzwerte mit dem Funktionswert $f(a)$ übereinstimmen
$\lim\limits_{x \to a-0} f(x) = \lim\limits_{x \to a+0} f(x) = f(a)$.

Zum Nachweis der Stetigkeit einer Funktion $y = f(x)$ in einem Punkt $x = a$ sind diese drei Nachweise zu führen.

Stimmt der Grenzwert mit dem Funktionswert an der Stelle -1 überein $\lim\limits_{x \to -1} f(x) = f(-1)$?

Zunächst wird der Funktionswert $f(-1)$ bestimmt.

Die Funktion $f(x) = \dfrac{x^2 - 2x - 3}{x + 1}$ ist als gebrochener Ausdruck definiert. Der Funktionswert an der Stelle $x_0 = -1$ kann nicht berechnet werden, da sich für den Zähler und den Nenner null ergeben. Es entsteht ein unbestimmter Ausdruck „$\dfrac{0}{0}$".
Der Definitionsbereich $D_f = \{x \in R \wedge x \neq -1\}$, ist die Menge aller reellen Zahlen mit Ausnahme von -1.

Dann wird der Grenzwert $\lim\limits_{x \to -1} f(x)$ bestimmt.
Eine Funktion $y = f(x)$ hat an der Stelle $x = a$ den Grenzwert F , wenn für jede beliebige Zahlenfolge $\{x_n\}$ aus dem Definitionsbereich D der Funktion mit dem Grenzwert $\lim\limits_{n \to \infty} x_n = a$ die zugehörige Folge der Funktionswerte $\{f(x_n)\}$ den Grenzwert $\lim\limits_{n \to \infty} f(x_n) = \mathrm{F}$ hat.

Der Grenzwert[1] $\lim\limits_{x\to -1} f(x)$ existiert nur dann, wenn der linksseitige Grenzwert $\lim\limits_{x\to -1-0} f(x)$ und der rechtsseitige Grenzwert $\lim\limits_{x\to -1+0} f(x)$ existieren und übereinstimmen

$$\lim_{x\to -1-0} f(x) = \lim_{x\to -1+0} f(x) = \lim_{x\to -1} f(x).$$

Zur Bildung des **linksseitigen Grenzwertes** $\lim\limits_{x\to -1-0} f(x)$ wird eine Folge $\{x_n\}$ benötigt, die gegen -1 konvergiert $\lim\limits_{n\to\infty} x_n = -1$. Alle Glieder dieser Folge $\{x_n\}$ müssen kleiner als -1 sein.

Diese Folge $\{x_n\}$ kann leicht als Summe einer konstanten Folge und einer Nullfolge konstruiert werden.
Die Folge $\{x_n\} = \left\{-1 - \frac{1}{n}\right\}$ erfüllt genau die genannten Forderungen $\lim\limits_{n\to\infty} (-1 - \frac{1}{n}) = -1$.
Die Folge der Funktionswerte entsteht durch Einsetzen der Folge $\{x_n\} = \left\{-1 - \frac{1}{n}\right\}$ in die Funktion

$$f(x) = \frac{x^2 - 2x - 3}{x+1}.$$

Der Grenzwert $\lim\limits_{x\to -1-0} f(x)$ wird durch $\lim\limits_{x\to -1-0} \dfrac{x^2 - 2x - 3}{x+1}$ berechnet.

Die Folge der Funktionswerte heißt dann $\{f(x_n)\} = \left\{ \dfrac{(-1 - \frac{1}{n})^2 - 2(-1 - \frac{1}{n}) - 3}{(-1 - \frac{1}{n}) + 1} \right\}$.

Der Grenzwert $\lim\limits_{x\to -1-0} f(x) = \lim\limits_{n\to\infty} \dfrac{(-1 - \frac{1}{n})^2 - 2(-1 - \frac{1}{n}) - 3}{(-1 - \frac{1}{n}) + 1}$ ist nun ein Grenzwert einer Folge von Funktionswerten.

Zunächst wird der Ausdruck $\lim\limits_{n\to\infty} \dfrac{(-1 - \frac{1}{n})^2 - 2(-1 - \frac{1}{n}) - 3}{(-1 - \frac{1}{n}) + 1}$ durch Auflösen der Klammern vereinfacht, um dann die einzelnen Grenzwerte zu bestimmen.

$$\lim_{n\to\infty} \frac{(-1 - \frac{1}{n})^2 - 2(-1 - \frac{1}{n}) - 3}{(-1 - \frac{1}{n}) + 1} = \lim_{n\to\infty} \frac{1 + \frac{2}{n} + \frac{1}{n^2} + 2 + \frac{2}{n} - 3}{-1 - \frac{1}{n} + 1} = \lim_{n\to\infty} \frac{\frac{4}{n} + \frac{1}{n^2}}{-\frac{1}{n}}$$

$$\lim_{n\to\infty} -n \cdot \left(\frac{4}{n} + \frac{1}{n^2} \right) = \lim_{n\to\infty} -4 - \frac{1}{n} = -4 - 0 = -4$$

Der Grenzwert $\lim\limits_{x\to -1-0} f(x)$ heißt -4.

Zur Bildung des **rechtsseitigen Grenzwertes** $\lim\limits_{x\to -1+0} f(x)$ wird eine Folge $\{x_n\}$ benötigt, die gegen -1 konvergiert $\lim\limits_{n\to\infty} x_n = -1$. Alle Glieder dieser Folge $\{x_n\}$ müssen größer als -1 sein.

---

[1] Die Regel von l'Hospital soll mit diesem Beispiel nicht geübt werden.

Diese Folge $\{x_n\}$ kann leicht als Summe einer konstanten Folge und einer Nullfolge konstruiert werden.

Die Folge $\{x_n\}=\left\{-1+\frac{1}{n}\right\}$ erfüllt genau die genannten Forderungen $\lim\limits_{n\to\infty}(-1+\frac{1}{n})=-1$.

Die Folge der Funktionswerte entsteht durch Einsetzen der Folge $\{x_n\}=\left\{-1+\frac{1}{n}\right\}$ in die Funktion $f(x)=\dfrac{x^2-2x-3}{x+1}$.

Der Grenzwert $\lim\limits_{x\to-1+0} f(x)$ wird aktuell durch $\lim\limits_{x\to-1+0}\dfrac{x^2-2x-3}{x+1}$ berechnet.

Die Folge der Funktionswerte heißt dann $\{f(x_n)\}=\left\{\dfrac{(-1+\frac{1}{n})^2-2(-1+\frac{1}{n})-3}{(-1+\frac{1}{n})+1}\right\}$.

Der Grenzwert $\lim\limits_{x\to-1+0} f(x) = \lim\limits_{n\to\infty}\dfrac{(-1+\frac{1}{n})^2-2(-1+\frac{1}{n})-3}{(-1+\frac{1}{n})+1}$ ist nun ein Grenzwert einer Folge von Funktionswerten.

Zunächst wird der Ausdruck $\lim\limits_{n\to\infty}\dfrac{(-1+\frac{1}{n})^2-2(-1+\frac{1}{n})-3}{(-1+\frac{1}{n})+1}$ durch Auflösen der Klammern vereinfacht, um dann die einzelnen Grenzwerte zu bestimmen.

$$\lim_{n\to\infty}\frac{(-1+\frac{1}{n})^2-2(-1+\frac{1}{n})-3}{(-1+\frac{1}{n})+1} = \lim_{n\to\infty}\frac{1-\frac{2}{n}+\frac{1}{n^2}+2-\frac{2}{n}-3}{-1+\frac{1}{n}+1} = \lim_{n\to\infty}\frac{-\frac{4}{n}+\frac{1}{n^2}}{\frac{1}{n}}$$

$$\lim_{n\to\infty} n\cdot\left(-\frac{4}{n}+\frac{1}{n^2}\right) = \lim_{n\to\infty} -4+\frac{1}{n} = -4+0 = -4$$

Der Grenzwert $\lim\limits_{x\to-1-0} f(x)$ heißt ebenfalls -4.

Aus der Gleichheit des linksseitigen und rechtsseitigen Grenzwertes folgt der Grenzwert

$$\lim_{x\to-1-0} f(x) = \lim_{x\to-1+0} f(x) = \lim_{x\to-1} f(x) = -4.$$

Die Funktion $f(x)=\dfrac{x^2-2x-3}{x+1}$ ist an der Stelle $x=-1$ stetig, wenn

$\lim\limits_{x\to-1} f(x)=f(-1)$ gilt.

Der Grenzwert $\lim\limits_{x\to-1} f(x) = -4$ kann nicht mit dem Funktionswert $f(-1)$ übereinstimmen, da der Funktionswert nicht existiert. Die Funktion $f(x)=\dfrac{x^2-2x-3}{x+1}$ hat an der Stelle $x_0=-1$ eine Lücke.

Die Funktion $f(x) = \dfrac{x^2 - 2x - 3}{x+1}$ ist an der Stelle $x_0 = -1$ unstetig.

Die Stelle $x = a$ ist eine hebbare Unstetigkeit, wenn der Grenzwert $\lim\limits_{x \to a} f(x)$ existiert, aber die Funktion $y = f(x)$ in $x = a$ nicht definiert ist.

Die Funktion $f(x) = \dfrac{x^2 - 2x - 3}{x+1}$ ist an der Stelle $x_0 = -1$ hebbar unstetig.

Was bedeutet hebbare Unstetigkeit?
Der „Mangel" der Unstetigkeit kann behoben werden.

Diese Funktion wird stetig, wenn der Funktionswert $\lim\limits_{x \to -1} f(x) = f(-1)$ gleich dem Grenzwert gesetzt wird.

Das kann erreicht werden. Die Funktion $f(x) = \dfrac{x^2 - 2x - 3}{x+1}$ besteht im Zähler aus zwei Binomen, die miteinander multipliziert werden

$$f(x) = \frac{x^2 - 2x - 3}{x+1} = \frac{(x+1) \cdot (x-3)}{x+1}.$$

Durch Kürzen entsteht eine überall stetige Funktion $f(x) = x - 3$ mit denselben Eigenschaften, die auch $f(x) = \dfrac{x^2 - 2x - 3}{x+1}$ besitzt.

Die Funktionen $f(x) = \dfrac{x^2 - 2x - 3}{x+1}$ und $f(x) = x - 3$ unterscheiden sich genau in einem Punkt $\mathrm{P}(-1; -4)$.

Aufgabe 2.1
Wie heißt die erste Ableitung von

$$y = \sqrt{x} \cdot \ln x\,?$$

Lösung

Die Funktion $y = f(x) = \sqrt{x} \cdot \ln x$ besteht aus einem Produkt zweier Faktoren, die jeweils Funktionen von x sind.
Die erste Ableitung dieser Funktion wird mit der Produktregel bestimmt

$$(\,*.1\,) \qquad y = f(x) = u(x) \cdot v(x) = \sqrt{x} \cdot \ln x\,.$$

Die Produktregel lautet

$$(\,*.2\,) \qquad y' = (u(x) \cdot v(x))' = u'(x) \cdot v(x) + u(x) \cdot v'(x)\,.$$

Diese Regel muss immer dann benutzt werden, wenn beide Faktoren $u(x)$ und $v(x)$ Funktionen der Unbekannten x sind.

In der Aufgabe sind $u(x) = \sqrt{x}$ und $v(x) = \ln x$. Die Funktion $u(x) = \sqrt{x}$ ist eine bekannte Grundfunktion $u(x) = x^{1/2}$ und wird nach der Regel $y = x^n$ mit $y' = n \cdot x^{n-1}$ differenziert.

Beide Faktoren

$$(\,\#.1\,) \qquad u(x) = \sqrt{x} = x^{1/2} \text{ und } v(x) = \ln x$$

sind Grundfunktionen, deren Ableitungen

$$(\,\#.2\,) \qquad u'(x) = \tfrac{1}{2} x^{1/2-1} \text{ und } v'(x) = \frac{1}{x}$$

bekannt sind.

Die Ausdrücke (#.1) und (#.2) werden in die Produktregel (*.2) eingesetzt

$$y' = u'(x) \cdot v(x) + u(x) \cdot v'(x) \; = \tfrac{1}{2} x^{1/2-1} \cdot \ln x + x^{1/2} \cdot \frac{1}{x}\,.$$

Die Ableitungen werden für weitergehende Berechnungen benötigt, deshalb ist es zweckmäßig, unübersichtliche Ausdrücke zu vereinfachen[2]

$$y' = \frac{\ln x}{2 \cdot x^{1/2}} + \frac{1}{x^{1/2}} \; = \frac{\ln x}{2\sqrt{x}} + \frac{1}{\sqrt{x}} \; = \frac{1}{\sqrt{x}}\left(\frac{\ln x}{2} + 1\right).$$

Die Ableitung der Funktion $y = \sqrt{x} \cdot \ln x$ lautet $y' = \dfrac{1}{\sqrt{x}}\left(\dfrac{\ln x}{2} + 1\right)$.

---

[2] $x^{1/2-1} = x^{-1/2} = \dfrac{1}{x^{1/2}} \quad ; \quad \dfrac{x^{1/2}}{x^1} = \dfrac{1}{x^{1/2}}$

Aufgabe 2.2
Wie heißt die erste Ableitung von

$$y = \frac{x^2 + 6x + 9}{3x + 4}?$$

Lösung

Die Funktion $y = f(x) = \dfrac{x^2 + 6x + 9}{3x + 4}$ besteht aus einem Quotienten, in dem sowohl der Zähler als auch der Nenner jeweils Funktionen von x sind.

Die erste Ableitung dieser Funktion wird mit der Quotientenregel bestimmt

$$(\ *.1\ ) \qquad y = f(x) = \frac{u(x)}{v(x)} = \frac{x^2 + 6x + 9}{3x + 4}.$$

Die Quotientenregel lautet

$$(\ *.2\ ) \qquad y' = \left(\frac{u(x)}{v(x)}\right)' = \frac{u'(x) \cdot v(x) - u(x) \cdot v'(x)}{(v(x))^2}.$$

Diese Regel muss immer dann benutzt werden, wenn beide Ausdrücke $u(x)$ und $v(x)$ Funktionen der Unbekannten x sind.
In der Aufgabe sind $u(x) = x^2 + 6x + 9$ und $v(x) = 3x + 4$.
Die Funktion $u(x) = x^2 + 6x + 9$ ist eine Summe bekannter Grundfunktionen.
Zum Differenzieren einer Summe wird die Summenregel benutzt, die besagt, dass jeder Summand einzeln differenziert wird. Die einzelnen Summanden $u'(x) = (x^2)' + (6x)' + (9)'$ werden nach der Regel $y = x^n$ mit $y' = n \cdot x^{n-1}$ differenziert. Die Ableitung eines konstanten Summanden ergibt 0.
Für die Ableitung von $v(x) = 3x + 4$ gilt auch die Summenregeln, da auch $v(x)$ eine Summe ist.
Beide Ausdrücke

$$(\ \#.1\ ) \qquad u(x) = x^2 + 6x + 9 \text{ und } v(x) = 3x + 4$$

werden einzeln differenziert, deren Ableitungen heißen

$$(\ \#.2\ ) \qquad u'(x) = 2x + 6 \text{ und } v'(x) = 3.$$

Die Ausdrücke (#.1) und (#.2) werden in die Quotientenregel (*.2) eingesetzt

$$y' = \frac{u'(x) \cdot v(x) - u(x) \cdot v'(x)}{(v(x))'} = \frac{(2x + 6) \cdot (3x + 4) - (x^2 + 6x + 9) \cdot 3}{(3x + 4)^2}.$$

Die Ableitungen werden für weitergehende Berechnungen benötigt, deshalb ist es zweckmäßig, unübersichtliche Ausdrücke zu vereinfachen

$$y' = \frac{6x^2 + 8x + 18x + 24 - (3x^2 + 18x + 27)}{(3x + 4)^2} = \frac{3x^2 + 8x - 3}{(3x + 4)^2}.$$

Die Ableitung der Funktion $y = \dfrac{x^2 + 6x + 9}{3x + 4}$ lautet $y' = \dfrac{3x^2 + 8x - 3}{(3x + 4)^2}$.

Aufgabe 2.3
Wie heißt die erste Ableitung von

$$y = \sqrt{1 - x^2}\ ?$$

Lösung

Die Funktion $y = f(g(x)) = \sqrt{1 - x^2}$ heißt eine mittelbare oder verkettete Funktion, in der das Argument der Wurzelfunktion eine Funktion von x ist.

Die Funktion $f(\cdot)$ in $y = f(g(x)) = \sqrt{g(x)}$ heißt die äußere Funktion. Die Funktion $g(x) = 1 - x^2$ heißt innere Funktion.

Dass in diesem Ausdruck zwei Funktionen beachtet werden müssen, wird deutlich, wenn die innere Funktion durch eine neue Variable z.B. $t = g(x) = 1 - x^2$ bezeichnet wird.

Es entstehen die Funktion $f(t) = \sqrt{t}$ und $t = g(x) = 1 - x^2$.

Die erste Ableitung dieser Funktion wird mit der Kettenregel bestimmt

$$(\ *.1\ ) \qquad y = f(g(x)) = \sqrt{1 - x^2}\ .$$

Die Kettenregel lautet

$$(\ *.2\ ) \qquad y' = \frac{df(t)}{dt} \cdot \frac{dg(x)}{dx}\ .$$

Die Kettenregel besagt, dass die erste Ableitung einer mittelbaren Funktion als Produkt aus der Ableitung der äußeren Funktion mit der Ableitung der inneren Funktion zu bilden ist.

In der Aufgabe sind $f(t) = \sqrt{t}$ und $g(x) = 1 - x^2$.

Die Funktion $f(t) = \sqrt{t} = t^{1/2}$ ist eine bekannte Grundfunktion, deren Ableitung nach der Regel $y = x^n$ mit $y' = n \cdot x^{n-1}$ gebildet wird.

Die Ableitung lautet $\dfrac{df(t)}{dt} = \dfrac{d}{dt} t^{1/2} = \dfrac{1}{2} t^{1/2 - 1} = \dfrac{1}{2} t^{-1/2} = \dfrac{1}{2t^{1/2}} = \dfrac{1}{2\sqrt{t}}$

Für die Ableitung von $g(x) = 1 - x^2$ gilt die Summenregel.

Beide Ausdrücke

$$(\ \#.1\ ) \qquad f(t) = \sqrt{t} \text{ und } g(x) = 1 - x^2$$

werden einzeln differenziert, deren Ableitungen heißen

$$(\ \#.2\ ) \qquad \frac{df(t)}{dt} = \frac{1}{2\sqrt{t}} \text{ und } \frac{dg(x)}{dx} = g'(x) = -2x\ .$$

Die Ausdrücke (#.1) und (#.2) werden in die Kettenregel (*.2) eingesetzt

$$y' = \frac{df(t)}{dt} \cdot \frac{dg(x)}{dx} = \frac{1}{2\sqrt{t}} \cdot (-2x) \ .$$

In dieser Ableitung ist noch die Variable $t = g(x) = 1 - x^2$ enthalten, die zur besseren Übersicht bei der Berechnung eingeführt wurde. Bei Rücksubstitution ergibt sich

$$y' = \frac{1}{2\sqrt{1-x^2}} \cdot (-2x) \, .$$

Die Ableitungen werden für weitergehende Berechnungen benötigt, deshalb ist es zweckmäßig, unübersichtliche Ausdrücke zu vereinfachen

$$y' = \frac{1}{2\sqrt{1-x^2}} \cdot (-2x) = -\frac{x}{\sqrt{1-x^2}} \ .$$

Die Ableitung der Funktion $y = \sqrt{1-x^2}$ lautet $y' = -\dfrac{x}{\sqrt{1-x^2}}$.

Aufgabe 3.1

Berechnen Sie die Nullstellen der Funktionen $f(x) = x^2 - 7x - \ln x$ mit Hilfe des Newton-Verfahrens auf vier Stellen hinter dem Komma genau.

Lösung

Zunächst sollte grob untersucht werden wie viele Nullstellen diese Funktion hat und wo sie in etwa liegen. Hierfür kann eine grafische Darstellung verwendet werden.

Die Funktion $f(x) = x^2 - 7x - \ln x = 0$ wird null gesetzt, daraus folgt dass $x^2 - 7x = \ln x$ oder $f_1(x) = f_2(x)$ an den Nullstellen gilt.

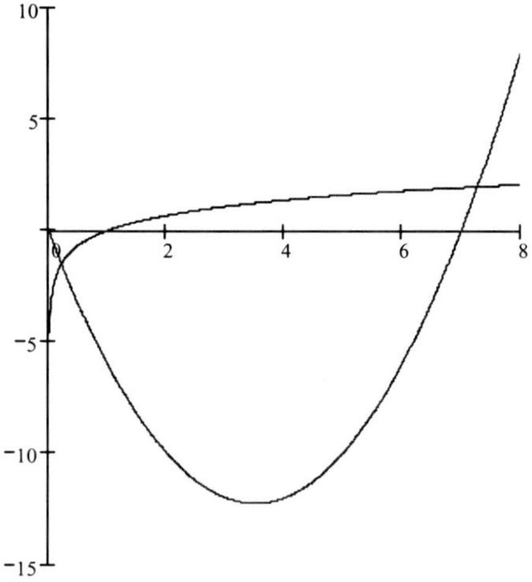

Die Funktionen

$f_1(x) = x^2 - 7x = x \cdot (x - 7)$

und $f_2(x) = \ln x$

sind bekannte Grundfunktionen, deren Bilder in der Abbildung dargestellt sind.

Aus dem Bild ist ersichtlich, dass sich diese beiden Funktionen $f_1(x)$ und $f_2(x)$ an zwei Stellen schneiden. An diesen Stellen sind die Funktionswerte gleich groß und somit die Differenzen der beiden Funktionen

$$f(x) = f_1(x) - f_2(x)$$

gleich null.

Aus der Abbildung werden $r_1 \approx 0.5$ und $r_2 \approx 8$ abgelesen.

Bild 1.3.1 Schnittpunkte zweier Funktionen

Die Iterationsvorschrift für das Auffinden einer Nullstelle einer stetigen Funktion $y = f(x)$ lautet

$$(*.1) \quad x_{k+1} = x_k - \frac{f(x_k)}{f'(x_k)} \quad \text{für} \quad k = 0, 1, 2, \dots, n.$$

Die Folge $\{x_k\}$ der berechneten Werte x_k konvergiert gegen die Nullstelle r, wenn die Konvergenzbedingung

$$(*.2) \quad \frac{|f(x_0) \cdot f''(x_0)|}{(f'(x_0))^2} \leq q < 1$$

für einen Anfangswert x_0 erfüllt ist.

Zunächst wird überprüft, ob der gefundene Anfangswert ein geeigneter Startwert für die Newton Iteration ist. Der Anfangswert sollte in der Nähe der gesuchten Lösung liegen. Als erster Anfangswert wird $x_0 = 0{,}5$ ausgewählt.

Für dic Konvergenzbedingung werden die erste und die zweite Ableitung der Funktion $f(x)$ benötigt.

Die Ableitungen für die Funktion $f(x) = x^2 - 7x - \ln x$ lauten $f'(x) = 2x - 7 - \frac{1}{x}$ und $f''(x) = 2 + \frac{1}{x^2}$.

Die Funktion $f(x)$ und die zugehörigen Ableitungen $f'(x)$ und $f''(x)$ werden in die Konvergenzbedingung (*.2) eingesetzt

$$(*.3) \qquad \frac{\left|(x_0^2 - 7x_0 - \ln x_0)(2 + \frac{1}{x_0^2})\right|}{(2x_0 - 7 - \frac{1}{x_0})^2} = q .$$

In diese Konvergenzbedingung (*.3) wird dann $x_0 = 0{,}5$ eingesetzt

$$\frac{\left|(0{,}5^2 - 7 \cdot 0{,}5 - \ln 0{,}5)(2 + \frac{1}{0{,}5^2})\right|}{(2 \cdot 0{,}5 - 7 - \frac{1}{0{,}5})^2} = q = 0{,}239... < 1.$$

Die Konvergenzbedingung liefert den Wert $q = 0{,}239...$ Dieser Wert ist kleiner als 1 und somit ist der Startwert $x_0 = 0{,}5$ als Anfangswert geeignet, um eine Nullstelle zu bestimmen.

Im zweiten Schritt wird die Nullstelle bestimmt. Hierfür wird die Iterationsvorschrift (*.1)

$$x_{k+1} = x_k - \frac{f(x_k)}{f'(x_k)}$$

verwendet.

Es werden die Funktion $f(x)$ und die erste Ableitung $f'(x)$ in die Iterationsvorschrift (*.1) eingesetzt

$$(*.4) \qquad x_{k+1} = x_k - \frac{x_k^2 - 7x_k - \ln x_k}{2x_k - 7 - \frac{1}{x_k}} .$$

Die Iteration wird mit $k = 0$ für $x_0 = 0{,}5$ begonnen, indem für x_k in der Iterationsvorschrift (*.4) der Wert 0,5 eingesetzt wird

$$x_1 = x_0 - \frac{x_0^2 - 7x_0 - \ln x_0}{2x_0 - 7 - \frac{1}{x_0}} = 0{,}5 - \frac{0{,}5^2 - 7 \cdot 0{,}5 - \ln 0{,}5}{2 \cdot 0{,}5 - 7 - \frac{1}{0{,}5}} .$$

Es ergibt sich der Wert $x_1 = 0{,}1803934...$ Dieser berechnete Wert x_1 wird wiederum in die Iterationsvorschrift (*.4) eingesetzt

$$x_2 = x_1 - \frac{x_1^2 - 7x_1 - \ln x_1}{2x_1 - 7 - \dfrac{1}{x_1}},$$

um den Wert x_2 zu berechnen. Die Rechnung ergibt den Wert für $x_2 = 0{,}21999095...$

Dieser berechnete Wert x_2 wird wiederum in die Iterationsvorschrift (*.4) eingesetzt

$$x_3 = x_2 - \frac{x_2^2 - 7x_2 - \ln x_2}{2x_2 - 7 - \dfrac{1}{x_2}},$$

um den Wert x_3 zu berechnen. Die Rechnung ergibt den Wert für $x_3 = 0{,}22202849...$

Die Iteration wird für x_3 wiederholt

$$x_4 = x_3 - \frac{x_3^2 - 7x_3 - \ln x_3}{2x_3 - 7 - \dfrac{1}{x_3}},$$

um x_4 zu berechnen. Die Rechnung ergibt den Wert für $x_4 = 0{,}22203272...$

Eine Darstellung der berechneten x_k-Werte in einer Tabelle zeigt die Annäherung an die Lösung sehr deutlich.

k	x_k
0	0,5
1	0,1803934
2	0,21999095
3	0,22202849
4	0,22203272

Der Vergleich von x_4 und x_3 zeigt, dass sich eine Änderung nur nach der vierten Stelle hinter dem Komma ergeben hat. Es ist zu erwarten, dass sich durch eine fünfte Iteration weitere Stellen hinter dem Komma als stabil darstellen.

Eine Nullstelle der Funktion $f(x) = x^2 - 7x - \ln x$ liegt bei $r_1 = 0{,}2220$. Es kann angenommen werden, dass die vier notierten Stellen hinter dem Komma korrekt sind.

Ein Vorteil der Newton Iteration besteht darin, dass verschiedene Nullstellen mit derselben Iterationsvorschrift bestimmt werden können, wenn die Konvergenzbedingung für den jeweiligen Startwert erfüllt ist.

Um die zweite Nullstelle zu berechnen, werden alle Rechnungen mit dem zweiten Anfangswert $x_0 = 8$ wiederholt.

In die Konvergenzbedingung (*.3) wird dann $x_0 = 8$ eingesetzt

$$\frac{\left|(8^2 - 7\cdot 8 - \ln 8)(2 + \frac{1}{8^2})\right|}{(2\cdot 8 - 7 - \frac{1}{8})^2} = q = 0{,}151... < 1.$$

Die Konvergenzbedingung liefert den Wert $q = 0{,}151...$ Dieser Wert ist kleiner als 1 und somit ist der Startwert $x_0 = 8$ als Anfangswert geeignet, um eine Nullstelle zu bestimmen.

Im zweiten Schritt wird wiederum die Iterationsvorschrift (*.4) verwendet.

Die Iteration wird mit $k = 0$ für $x_0 = 8$ begonnen, indem für x_k in der Iterationsvorschrift (*.4) der Wert 8 eingesetzt wird

$$x_1 = x_0 - \frac{x_0^2 - 7x_0 - \ln x_0}{2x_0 - 7 - \frac{1}{x_0}} = 8 - \frac{8^2 - 7\cdot 8 - \ln 8}{2\cdot 8 - 7 - \frac{1}{8}}.$$

Es ergibt sich der Wert $x_1 = 7{,}33289482...$ Dieser berechnete Wert x_1 wird wiederum in die Iterationsvorschrift (*.4) eingesetzt

$$x_2 = x_1 - \frac{x_1^2 - 7x_1 - \ln x_1}{2x_1 - 7 - \frac{1}{x_1}},$$

um den Wert x_2 zu berechnen. Die Rechnung ergibt den Wert für $x_2 = 7{,}27330026...$

Dieser berechnete Wert x_2 wird wiederum in die Iterationsvorschrift (*.4) eingesetzt

$$x_3 = x_2 - \frac{x_2^2 - 7x_2 - \ln x_2}{2x_2 - 7 - \frac{1}{x_2}},$$

um den Wert x_3 zu berechnen. Die Rechnung ergibt den Wert für $x_3 = 7{,}27281644...$

Die Iteration wird für x_3 wiederholt

$$x_4 = x_3 - \frac{x_3^2 - 7x_3 - \ln x_3}{2x_3 - 7 - \frac{1}{x_3}},$$

um x_4 zu berechnen. Die Rechnung ergibt den Wert für $x_4 = 7{,}2728164...$

Eine Darstellung der berechneten x_k-Werte in einer Tabelle zeigt die Annäherung an die Lösung sehr deutlich.

k	x_k
0	8
1	7,33289482
2	7,27330026
3	7,27281644
4	7,2728164

Der Vergleich von x_4 und x_3 zeigt, dass sich eine Änderung nur nach der siebten Stelle hinter dem Komma ergeben hat. Es ist zu erwarten, dass sich durch eine fünfte Iteration weitere Stellen hinter dem Komma als stabil darstellen.

Eine zweite Nullstelle der Funktion $f(x) = x^2 - 7x - \ln x$ liegt bei $r_2 = 7{,}2728$. Es kann angenommen werden, dass nicht nur vier sondern mindestens zwei weitere Stellen hinter dem Komma korrekt sind.

Die Funktion $f(x) = x^2 - 7x - \ln x$ hat zwei Nullstellen. Diese Nullstellen lauten auf vier Stellen hinter dem Komma genau $r_1 = 0{,}2220$ und $r_2 = 7{,}2728$.

Aufgabe 3.2
Man berechne alle Lösungen der Gleichung

$$x - \cos(x) = 1$$

mit Hilfe des Newton-Verfahrens auf vier Stellen hinter dem Komma genau.

Lösung

Diese nichtlineare Gleichung soll mit dem Newton-Verfahren bearbeitet werden.
Das Newton-Raphson-Verfahren oder kurz Newton-Verfahren wird nach der Grundidee auch als Tangentenverfahren bezeichnet. Mit Hilfe von Tangenten an die Kurve einer Funktion lassen sich Nullstellen ermitteln.

Grundlage des Verfahrens ist eine stetige Funktion $y = f(x)$, deren erste Ableitung $y' = f'(x)$ und zweite Ableitung $y'' = f''(x)$ ebenfalls stetig sind. Weiter ist bekannt, dass diese Funktion eine Nullstelle r in der Nähe von x_0 hat.

Aus der Gleichung $x - \cos(x) = 1$ lässt sich leicht eine Funktion so aufschreiben, dass die Nullstellen der Funktion die Lösungen der Gleichung sind.

Die Nullstellen der Funktion

$$(\#.1) \quad f(x) = x - 1 - \cos(x)$$

geben genau die Lösungen der gegebenen Gleichung wieder.

Zunächst sollte grob untersucht werden wie viele Nullstellen diese Funktion hat und wo sie in etwa liegen. Hierfür kann eine grafische Darstellung verwendet werden.

Die Funktion $f(x) = x - 1 - \cos(x) = 0$ wird null gesetzt, daraus folgt, dass $x - 1 = \cos(x)$ oder $f_1(x) = f_2(x)$ an den Nullstellen gilt.

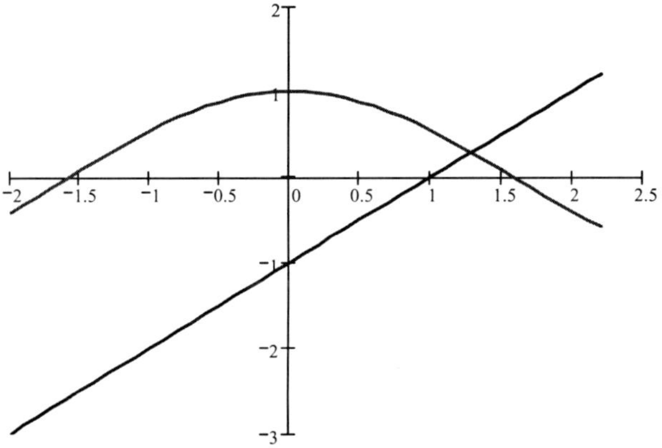

Bild 1.3.2 Schnittpunkt zweier Funktionen

Die Funktionen $f_1(x) = x - 1$ und $f_2(x) = \cos(x)$ sind bekannte Grundfunktionen, deren Bilder in der Abbildung dargestellt sind. Da der Wertebereich der cos-Funktion zwischen -1 und 1 liegt und die Funktion $f_1(x) = x - 1$ außerhalb des im Bild gezeigten Ausschnitts entweder kleiner als -1, für $x < 0$, oder größer als 1, für $x > 2$, ist, existiert nur eine Nullstelle der Funktion (#.1).
Aus dem Bild ist ersichtlich, dass sich diese beiden Funktionen $f_1(x)$ und $f_2(x)$ nur an einer Stelle schneiden. An dieser Stelle sind die Funktionswerte gleich groß und somit ist die Differenz der beiden Funktionen

$$f(x) = f_1(x) - f_2(x)$$

gleich null.

Aus der Abbildung wird $r_1 \approx 1$ abgelesen.
Die Iterationsvorschrift für das Auffinden einer Nullstelle einer stetigen Funktion $y = f(x)$ lautet

$$(*.1) \quad x_{k+1} = x_k - \frac{f(x_k)}{f'(x_k)} \quad \text{für } k = 0, 1, 2, \ldots, n.$$

Die Folge $\{x_k\}$ der berechneten Werte x_k konvergiert gegen die Nullstelle r, wenn die Konvergenzbedingung

$$(*.2) \quad \frac{|f(x_0) \cdot f''(x_0)|}{(f'(x_0))^2} \leq q < 1$$

für einen Anfangswert x_0 erfüllt ist.

Zunächst wird überprüft, ob der gefundene Anfangswert ein geeigneter Startwert für die Newton Iteration ist. Der Anfangswert sollte in der Nähe der gesuchten Lösung liegen. Als Anfangswert wird $x_0 = 1$ angenommen.

Für die Konvergenzbedingung werden die erste und die zweite Ableitung der Funktion $f(x)$ benötigt.

Die Ableitungen für die Funktion $f(x) = x - 1 - \cos(x)$ lauten $f'(x) = 1 + \sin(x)$ und $f''(x) = \cos(x)$.

Die Funktion $f(x)$ und die zugehörigen Ableitungen $f'(x)$ und $f''(x)$ werden in die Konvergenzbedingung (*.2) eingesetzt

$$(*.3) \quad \frac{|(x_0 - 1 - \cos(x_0))\cos(x_0)|}{(1 + \sin(x_0))^2} = q.$$

In diese Konvergenzbedingung (*.3) wird dann $x_0 = 1$ eingesetzt[3]

$$\frac{|(1 - 1 - \cos(1))\cos(1)|}{(1 + \sin(1))^2} = q = 0{,}086\ldots < 1.$$

Die Konvergenzbedingung liefert den Wert $q = 0{,}086\ldots$ Dieser Wert ist kleiner als 1 und somit ist der Startwert $x_0 = 1$ als Anfangswert geeignet, um eine Nullstelle zu bestimmen.

---

[3] Bei der Berechnung der Ausdrücke in (*.3) sowie (*.4) ist zu beachten, dass am Rechner das Winkelmaß für die trigonometrischen Funktionen auf Bogenmaß (rad) eingestellt ist. Bei Einstellungen von Grad oder Neugrad werden falsche Funktionswerte berechnet.

Im zweiten Schritt wird die Nullstelle bestimmt. Hierfür wird die Iterationsvorschrift (*.1)

$$x_{k+1} = x_k - \frac{f(x_k)}{f'(x_k)}$$

verwendet.
Es werden die Funktion $f(x)$ und die erste Ableitung $f'(x)$ in die Iterationsvorschrift (*.1) eingesetzt

$$(*.4) \quad x_{k+1} = x_k - \frac{x_k - 1 - \cos x_k}{1 + \sin x_k} .$$

Die Iteration wird mit $k = 0$ für $x_0 = 1$ begonnen, indem für x_k in der Iterationsvorschrift (*.4) der Wert 1,0 eingesetzt wird

$$x_1 = x_0 - \frac{x_0 - 1 - \cos x_0}{1 + \sin x_0} = 1 - \frac{1 - 1 - \cos 1}{1 + \sin 1} .$$

Es ergibt sich der Wert $x_1 = 1{,}293407993...$ Dieser berechnete Wert x_1 wird wiederum in die Iterationsvorschrift (*.4) eingesetzt

$$x_2 = x_1 - \frac{x_1 - 1 - \cos x_1}{1 + \sin x_1},$$

um den Wert x_2 zu berechnen. Die Rechnung ergibt den Wert für $x_2 = 1{,}28343577...$

Dieser berechnete Wert x_2 wird wiederum in die Iterationsvorschrift (*.4) eingesetzt

$$x_3 = x_2 - \frac{x_2 - 1 - \cos x_2}{1 + \sin x_2},$$

um den Wert x_3 zu berechnen. Die Rechnung ergibt den Wert für $x_3 = 1{,}2834287...$
Die Iteration wird für x_3 wiederholt

$$x_4 = x_3 - \frac{x_3 - 1 - \cos x_3}{1 + \sin x_3},$$

um x_4 zu berechnen. Die Rechnung ergibt den Wert für $x_4 = 1{,}2834287...$

Eine Darstellung der berechneten x_k-Werte in einer Tabelle zeigt die Annäherung an die Lösung sehr deutlich.

k	x_k
0	1,0
1	1,293 407…
2	1,283 435…
3	1,283 428…
4	1,283 428…

Der Vergleich von x_2 und x_3 zeigt, dass sich eine Änderung nur nach der vierten Stelle hinter dem Komma ergeben hat. Durch die vierte Iteration haben sich keine Veränderungen bei den ersten sechs Stellen hinter dem Komma mehr ergeben.
Die Nullstelle der Funktion $f(x) = x - 1 - \cos(x)$ liegt bei $r = 1{,}2834$. Es kann schon nach drei Iterationen angenommen werden, dass die vier notierten Stellen hinter dem Komma korrekt sind.

Die Funktion $f(x) = x - 1 - \cos(x)$ hat ihre Nullstelle bei $x = 1{,}2834$.
Diese Nullstelle $x = 1{,}2834$ ist gleichzeitig die Lösung der Gleichung $x - \cos(x) = 1$.

Aufgabe 3.3

Berechnen Sie die Nullstellen der Funktionen $f(x) = x^2 - 7x - \ln x$ mit Hilfe des Verfahrens Regula Falsi auf vier Stellen hinter dem Komma genau.

Lösung

Zunächst sollte grob untersucht werden wie viele Nullstellen diese Funktion hat und wo sie in etwa liegen. Hierfür kann eine grafische Darstellung verwendet werden.

Die Funktion $f(x) = x^2 - 7x - \ln x = 0$ wird null gesetzt, daraus folgt dass $x^2 - 7x = \ln x$ oder $f_1(x) = f_2(x)$ an den Nullstellen gilt.

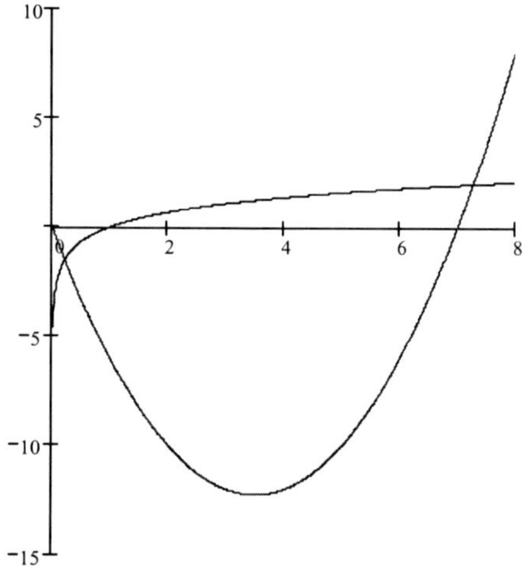

Die Funktionen

$f_1(x) = x^2 - 7x = x \cdot (x - 7)$

und $f_2(x) = \ln x$

sind bekannte Grundfunktionen, deren Bilder in der Abbildung dargestellt sind.

Aus dem Bild ist ersichtlich, dass sich diese beiden Funktionen $f_1(x)$ und $f_2(x)$ an zwei Stellen schneiden. An diesen Stellen sind die Funktionswerte gleich groß und somit die Differenzen der beiden Funktionen

$$f(x) = f_1(x) - f_2(x)$$

gleich null.

Aus der Abbildung werden $r_1 \approx 0.5$ und $r_2 \approx 7$ abgelesen.

Bild 1.3.3a Schnittpunkte zweier Funktionen

Die Nullstellen der nichtlinearen Gleichung sollen mit dem Verfahren Regula Falsi gesucht werden.

Sind in einem abgeschlossenen Intervall für eine dort stetige Funktion $y = f(x)$ ein positiver $f(a) > 0$ und ein negativer Funktionswert $f(b) < 0$ bekannt, so muss in dem Intervall (a, b) auch mindestens eine Stelle mit dem Funktionswert $f(r) = 0$ null existieren.

Dieser Grundgedanke wird in dem Iterationsverfahren mit dem Namen Regula Falsi zur Bestimmung von Nullstellen nichtlinearer Funktionen umgesetzt.

Für die Anwendung von Regula Falsi sind zwei Funktionswerte mit entgegen gesetzten Vorzeichen, z.B. $f(a) > 0$ und $f(b) < 0$, für eine im Intervall (a, b) überall stetige Funktion erforderlich.

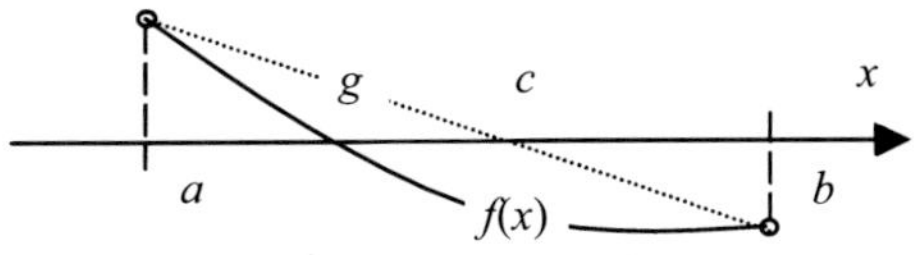

Bild 1.3.3b Grundidee des Verfahrens Regula Falsi

Aus der Abbildung wird abgelesen, dass eine Nullstelle zwischen 0,1 und 1 und die zweite Nullstelle zwischen 6 und 8 liegt.

Zunächst werden die Funktionswerte $f(0{,}1)$ und $f(1)$ ermittelt.
Es ergeben sich $f(0{,}1) = 1{,}612...$ sowie $f(1) = -6$ zwei Funktionswerte mit entgegen gesetzten Vorzeichen. In dem Intervall $0{,}1 < x < 1$ muss eine Nullstelle liegen.

Für die Berechnung werden $f(a) = f(0{,}1) = 1{,}612...$ sowie $f(b) = f(1) = -6$ gesetzt.
Mit den Werten a, b, $f(a)$ und $f(b)$ wird der neue Wert c ermittelt

$$(*.1) \quad c = a - f(a)\frac{b-a}{f(b)-f(a)}.$$

Dann wird die Stelle c untersucht. Es gibt drei mögliche Ausgänge:

i Die Funktionswerte $f(a)$ und $f(c)$ haben verschiedene Vorzeichen. Die Nullstelle liegt im Intervall (a, c).
ii Die Funktionswerte $f(b)$ und $f(c)$ haben verschiedene Vorzeichen. Die Nullstelle liegt im Intervall (c, b).
iii Der Funktionswert $f(c) = 0$ ist null. Die Stelle c ist die Nullstelle der Funktion $f(x)$.

In den Ausgängen i) und ii) wird die Berechnung (*.1) wiederholt, indem b durch c (bei i) bzw. a durch c (bei ii) ersetzt wird. Die Intervallteilung führt jeweils auf ein kleineres Intervall, in dem die Nullstelle weiter zu suchen ist. Die Folge der ermittelten c-Werte führt dann zur Lösung $\{c_k\} \to r$ mit $f(r) = 0$.

Der Fall iii) wird eher seltener eintreten. Da jedoch häufig nur eine bestimmte Genauigkeit ε der Nullstelle erwartet wird, kann die Wiederholung der Berechnungen bei $|f(c_k)| \le \varepsilon$ abgebrochen werden.

Nach Einsetzen der Werte a, b, $f(a)$ und $f(b)$ in (*.1) ergibt sich

$$c = a - f(a)\frac{b-a}{f(b)-f(a)} = 0{,}1 - f(0{,}1)\frac{1-0{,}1}{f(1)-f(0{,}1)} = 0{,}290\,648\ldots$$

Der Funktionswert $f(c) = f(0{,}290648...) = -0{,}714420...$ ist kleiner als null.

Das Vorzeichen von $f(c) = -0{,}714420\ldots$ entspricht dem Vorzeichen von $f(b) = -6$ Die Nullstelle der Funktion muss in dem Intervall $0{,}1 < r < 0{,}290...$ liegen. Somit kann die rechte Grenze b des Intervalls durch die neue rechte Grenze c ersetzt werden.

Die Berechnung (*.1) wird für $a = 0{,}1$, $b = 0{,}290648...$, $f(a) = f(0{,}1)$ und $f(b) = f(0{,}290648...)$ wiederholt

$$c = a - f(a)\frac{b-a}{f(b)-f(a)}$$

$$= 0{,}1 - f(0{,}1)\frac{0{,}290648... - 0{,}1}{f(0{,}290648...) - f(0{,}1)} = 0{,}232\,116...$$

Der Funktionswert $f(c) = f(0{,}232116...) = -0{,}110425...$ ist kleiner als null.

Das Vorzeichen von $f(c) = -0{,}110425...$ entspricht dem Vorzeichen von $f(b) = -0{,}714420...$ Die Nullstelle der Funktion muss in dem Intervall $0{,}1 < r < 0{,}232...$ liegen. Somit kann die rechte Grenze b des Intervalls durch die neue rechte Grenze c ersetzt werden.

Die Berechnung (*.1) wird für $a = 0{,}1$, $b = 0{,}232116...$, $f(a) = f(0{,}1)$ und $f(b) = f(0{,}232116...)$ wiederholt

$$c = a - f(a)\frac{b-a}{f(b)-f(a)}$$

$$= 0{,}1 - f(0{,}1)\frac{0{,}232116... - 0{,}1}{f(0{,}232116...) - f(0{,}1)} = 0{,}223\,649...$$

Die Berechnung (*.1) wird für $a = 0{,}1$, $b = 0{,}223649...$, $f(a) = f(0{,}1)$ und $f(b) = f(0{,}223649...)$ wiederholt

$$c = a - f(a)\frac{b-a}{f(b)-f(a)} = 0{,}222\,295...$$

Diese Berechnung wird solange wiederholt bis die gewünschte Genauigkeit erreicht ist, wobei jeweils der Funktionswert für $f(c)$ bestimmt, welche Intervallgrenze ersetzt wird.

k	a	b	c	$f(c)$
0	0,1	1,0	0,290 648…	−0,714 420…
1	0,1	0,290 648…	0,232 116…	−0,110 425…
2	0,1	0,232 116…	0,223 649…	−0,017 854…
3	0,1	0,223 649…	0,222 295…	−0,002 90…
4	0,1	0,222 295…	0,222 075…	−0,000 473…
5	0,1	0,222 075…	0,222 039…	−0,000 077…
6	0,1	0,222 039…	0,222 033	−0,000 001…

Eine Darstellung der berechneten c-Werte in einer Tabelle zeigt die Annäherung an die Lösung sehr deutlich.

Der Vergleich der berechneten Werte c zeigt, dass sich nach sechs Schritten eine Änderung nur nach der vierten Stelle hinter dem Komma ergeben hat. Durch die sechste Iteration haben sich keine Veränderungen bei den ersten fünf Stellen hinter dem Komma mehr ergeben.

Eine Nullstelle der Funktion $f(x) = x^2 - 7x - \ln x$ liegt bei $r = 0{,}2220$. Es kann nach sechs Iterationen angenommen werden, dass die vier notierten Stellen hinter dem Komma korrekt sind.

Die Funktion $f(x) = x^2 - 7x - \ln x$ hat eine Nullstelle bei $x = 0{,}2220$.

Dann werden die Funktionswerte $f(6)$ und $f(8)$ ermittelt.
Es ergeben sich $f(6) = -7{,}791...$ sowie $f(8) = 5{,}920...$ zwei Funktionswerte mit entgegen gesetzten Vorzeichen. In dem Intervall $6 < x < 8$ muss eine weitere Nullstelle liegen.

Für die Berechnung werden $f(a) = f(6) = -7{,}791...$ sowie $f(b) = f(8) = 5{,}920...$ gesetzt.
Mit den Werten *a*, *b*, $f(a)$ und $f(b)$ wird der neue Wert *c* ermittelt

$$(*.1) \quad c = a - f(a)\frac{b-a}{f(b) - f(a)}.$$

Nach Einsetzen der Werte *a*, *b*, $f(a)$ und $f(b)$ in (*.1) ergibt sich

$$c = a - f(a)\frac{b-a}{f(b) - f(a)} = 6 - f(6)\frac{8-6}{f(8) - f(6)} = 7{,}136\,461\ldots$$

Der Funktionswert $f(c) = f(7{,}136461...) = -0{,}991366...$ ist kleiner als null.

Das Vorzeichen von $f(c) = -0{,}991366...$ entspricht dem Vorzeichen von $f(a) = -7{,}791$ Die Nullstelle der Funktion muss in dem Intervall $7{,}136461... < r < 8$ liegen. Somit kann die linke Grenze *a* des Intervalls durch die neue linke Grenze *c* ersetzt werden.

Die Berechnung (*.1) wird für $a = 7{,}136461...$, $b = 8$, $f(a) = f(7{,}136461...)$ und $f(b) = f(8)$ wiederholt

$$c = a - f(a)\frac{b-a}{f(b) - f(a)}$$

$$= 7{,}136461... - f(7{,}136461...)\frac{8 - 7{,}136461...}{f(8) - f(7{,}136461...)} = 7{,}260\,317\ldots$$

Der Funktionswert $f(c) = f(7{,}260317...) = -0{,}092437...$ ist kleiner als null.

Das Vorzeichen von $f(c) = -0{,}092437...$ entspricht dem Vorzeichen von $f(a) = -0{,}991366...$ Die Nullstelle der Funktion muss in dem Intervall $7{,}260317... < r < 8$ liegen. Somit kann die linke Grenze *a* des Intervalls durch die neue linke Grenze *c* ersetzt werden.
Die Berechnung (*.1) wird für $a = 7{,}260317...$, $b = 8$, $f(a) = f(7{,}260317...)$ und $f(b) = f(8)$ wiederholt

$$c = a - f(a)\frac{b-a}{f(b) - f(a)}$$

$$= 7{,}260317... - f(7{,}260317...)\frac{8 - 7{,}260317...}{f(8) - f(7{,}260317...)} = 7{,}271688\ldots$$

Die Berechnung (*.1) wird für $a = 7{,}271688...$, $b = 8$, $f(a) = f(7{,}271688...)$ und $f(b) = f(8)$ wiederholt

$$c = a - f(a)\frac{b-a}{f(b) - f(a)} = 7{,}272\,714\ldots$$

Diese Berechnung wird solange wiederholt bis die gewünschte Genauigkeit erreicht ist, wobei jeweils der Funktionswert für $f(c)$ bestimmt, welche Intervallgrenze ersetzt wird.

k	a	b	c	$f(c)$
0	6,0	8,0	7,136 461...	−0,991 366...
1	7,136 461...	8,0	7,260 317...	−0,092 437...
2	7,260 317...	8,0	7,271 688...	−0,008 355...
3	7,271 688...	8,0	7,272 714...	−0,000 753...
4	7,272 714...	8,0	7,272 807...	−0,000 067...
5	7,272 807...	8,0	7,272 815...	−0,000 006...
6	7,272 815...	8,0	7,272 816...	−0,000 0005

Eine Darstellung der berechneten c-Werte in einer Tabelle zeigt die Annäherung an die Lösung sehr deutlich.

Der Vergleich der berechneten Werte c zeigt, dass sich nach sechs Schritten eine Änderung nur nach der vierten Stelle hinter dem Komma ergeben hat. Durch die sechste Iteration haben sich keine Veränderungen bei den ersten fünf Stellen hinter dem Komma mehr ergeben.

Eine zweite Nullstelle der Funktion $f(x) = x^2 - 7x - \ln x$ liegt bei $r = 7{,}2728$. Es kann nach sechs Iterationen angenommen werden, dass die vier notierten Stellen hinter dem Komma korrekt sind.

Die Funktion $f(x) = x^2 - 7x - \ln x$ hat eine Nullstelle bei $x_1 = 0{,}2220$ und eine zweite Nullstelle bei $x_2 = 7{,}2728$.

Ein Vorteil des Verfahrens Regula Falsi liegt darin, dass keine Ableitungen für die Iterationsformel benötigt werden.
Dieser Vorteil wird mit einer größeren Anzahl von Iterationsschritten erkauft.

Aufgabe 3.4
Man berechne alle Lösungen der Gleichung

$$x - \cos(x) = 1$$

mit Hilfe des Verfahrens REGULA FALSI auf vier Stellen hinter dem Komma genau.

Lösung

Diese nichtlineare Gleichung soll mit dem Verfahren Regula Falsi bearbeitet werden.

Sind in einem abgeschlossenen Intervall für eine dort stetige Funktion $y = f(x)$ ein positiver $f(a) > 0$ und ein negativer Funktionswert $f(b) < 0$ bekannt, so muss in dem Intervall (a, b) auch mindestens eine Stelle mit dem Funktionswert $f(r) = 0$ null existieren.

Dieser Grundgedanke wird in dem Iterationsverfahren mit dem Namen Regula Falsi zur Bestimmung von Nullstellen nichtlinearer Funktionen umgesetzt.

Für die Anwendung von Regula Falsi sind zwei Funktionswerte mit entgegen gesetzten Vorzeichen, z.B. $f(a) > 0$ und $f(b) < 0$, für eine im Intervall (a, b) überall stetige Funktion erforderlich.

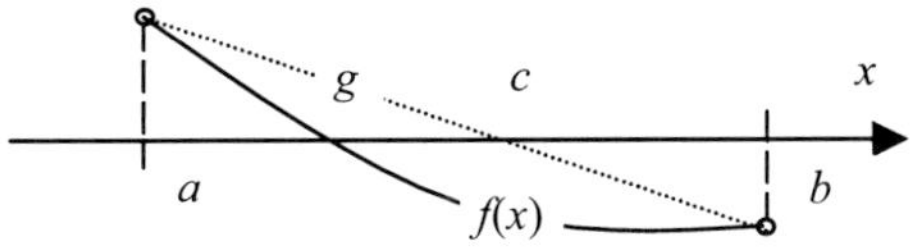

Bild 1.3.4a Grundidee des Verfahrens Regula Falsi

Aus der Gleichung $x - \cos(x) = 1$ lässt sich leicht eine Funktion so aufschreiben, dass die Nullstellen der Funktion die Lösungen der Gleichung sind.

Die Nullstellen der Funktion

$$(\#.1) \quad f(x) = x - 1 - \cos(x)$$

geben genau die Lösungen der gegebenen Gleichung wieder.

Zunächst sollte grob untersucht werden wie viele Nullstellen diese Funktion hat und wo sie in etwa liegen. Hierfür kann eine grafische Darstellung verwendet werden.

Die Funktion $f(x) = x - 1 - \cos(x) = 0$ wird null gesetzt, daraus folgt, dass $x - 1 = \cos(x)$ oder $f_1(x) = f_2(x)$ an den Nullstellen gilt.

Die Funktionen $f_1(x) = x - 1$ und $f_2(x) = \cos(x)$ sind bekannte Grundfunktionen, deren Bilder in der Abbildung dargestellt sind. Da der Wertebereich der cos-Funktion zwischen -1 und 1 liegt und die Funktion $f_1(x) = x - 1$ außerhalb des im Bild gezeigten Ausschnitts entweder kleiner als -1, für $x < 0$, oder größer als 1, für $x > 2$, ist, existiert nur eine Nullstelle der Funktion (#.1).

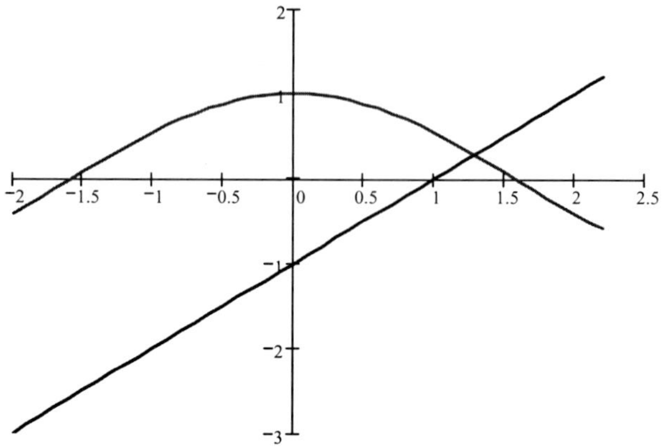

Bild 1.3.4b Schnittpunkt zweier Funktionen

Aus dem Bild ist ersichtlich, dass sich diese beiden Funktionen $f_1(x)$ und $f_2(x)$ nur in einer Stelle schneiden. An dieser Stelle sind die Funktionswerte gleich groß und somit ist die Differenz der beiden Funktionen

$$f(x) = f_1(x) - f_2(x)$$

gleich null.

Aus der Abbildung wird abgelesen, dass die Nullstelle zwischen 1 und 2 liegt.

Zunächst werden die Funktionswerte[4] $f(1)$ und $f(2)$ ermittelt.
Es ergeben sich $f(1) = -0{,}540...$ sowie $f(2) = 1{,}416...$ zwei Funktionswerte mit entgegen gesetzten Vorzeichen.

Für die Berechnung werden $f(a) = f(1) = -0{,}540...$ sowie $f(b) = f(2) = 1{,}416...$ gesetzt.
Mit den Werten a, b, $f(a)$ und $f(b)$ wird der neue Wert c ermittelt

$$(*.1) \quad c = a - f(a)\frac{b-a}{f(b)-f(a)}.$$

Dann wird die Stelle c untersucht. Es gibt drei mögliche Ausgänge:

- i Die Funktionswerte $f(a)$ und $f(c)$ haben verschiedene Vorzeichen. Die Nullstelle liegt im Intervall (a, c).
- ii Die Funktionswerte $f(b)$ und $f(c)$ haben verschiedene Vorzeichen. Die Nullstelle liegt im Intervall (c, b).
- iii Der Funktionswert $f(c) = 0$ ist null. Die Stelle c ist die Nullstelle der Funktion $f(x)$.

In den Ausgängen i) und ii) wird die Berechnung (*.1) wiederholt, indem b durch c (bei i) bzw. a durch c (bei ii) ersetzt wird. Die Intervallteilung führt jeweils auf ein kleineres Intervall, in dem

---

[4] Bei der Berechnung der Ausdrücke in (*.1) ist zu beachten, dass am Rechner das Winkelmaß für die trigonometrischen Funktionen auf Bogenmaß (rad) eingestellt ist. Bei Einstellungen von Grad oder Neugrad werden falsche Funktionswerte berechnet.

die Nullstelle weiter zu suchen ist. Die Folge der ermittelten c-Werte führt dann zur Lösung $\{c_k\} \to r$ mit $f(r) = 0$.

Der Fall iii) wird eher seltener eintreten. Da jedoch häufig nur eine bestimmte Genauigkeit ε der Nullstelle erwartet wird, kann die Wiederholung der Berechnungen bei $|f(c_k)| \leq \varepsilon$ abgebrochen werden.

Nach Einsetzen der Werte a, b, $f(a)$ und $f(b)$ in (*.1) ergibt sich

$$c = a - f(a)\frac{b-a}{f(b)-f(a)} = 1 - f(1)\frac{2-1}{f(2)-f(1)} = 1{,}276\ 164\ldots$$

Der Funktionswert $f(c) = f(1{,}276164\ldots) = -0{,}014222\ldots$ ist kleiner als null.

Das Vorzeichen von $f(c) = -0{,}014222\ldots$ entspricht dem Vorzeichen von $f(a) = -0{,}540\ldots$ Die Nullstelle der Funktion muss in dem Intervall $1{,}276\ldots < r < 2$ liegen. Somit kann die linke Grenze a des Intervalls durch die neue linke Grenze c ersetzt werden.

Die Berechnung (*.1) wird für $a = 1{,}276164\ldots$, $b = 2$, $f(a) = f(1{,}276164\ldots)$ und $f(b) = f(2)$ wiederholt

$$c = a - f(a)\frac{b-a}{f(b)-f(a)}$$

$$= 1{,}276164\ldots - f(1{,}276164\ldots)\frac{2-1{,}276164\ldots}{f(2)-f(1{,}276164\ldots)} = 1{,}283\ 362\ldots$$

Der Funktionswert $f(c) = f(1{,}283\ 362\ldots) = -0{,}000130\ldots$ ist kleiner als null.

Das Vorzeichen von $f(c) = -0{,}000130\ldots$ entspricht dem Vorzeichen von $f(a) = -0{,}014\ldots$ Die Nullstelle der Funktion muss in dem Intervall $1{,}283\ldots < r < 2$ liegen. Somit kann die linke Grenze a des Intervalls durch die neue linke Grenze c ersetzt werden.

Die Berechnung (*.1) wird für $a = 1{,}283362\ldots$, $b = 2$, $f(a) = f(1{,}283362\ldots)$ und $f(b) = f(2)$ wiederholt

$$c = a - f(a)\frac{b-a}{f(b)-f(a)}$$

$$= 1{,}283362\ldots - f(1{,}283362\ldots)\frac{2-1{,}283362\ldots}{f(2)-f(1{,}283362\ldots)} = 1{,}283\ 428\ldots$$

Die Berechnung (*.1) wird für $a = 1{,}283428\ldots$, $b = 2$, $f(a) = f(1{,}283428\ldots)$ und $f(b) = f(2)$ wiederholt

$$c = a - f(a)\frac{b-a}{f(b)-f(a)} = 1{,}283\ 428\ldots$$

k	a	b	c	$f(c)$
0	1,0	2,0	1,276 164…	−0,014 222…
1	1,276 164…	2,0	1,283 362…	−0,000 130…
2	1,283 362	2,0	1,283 428…	−0,000 001…
3	1,283 428…	2,0	1,283 428…	

Eine Darstellung der berechneten c-Werte in einer Tabelle zeigt die Annäherung an die Lösung sehr deutlich.

Der Vergleich der berechneten Werte c zeigt, dass sich nach drei Schritten eine Änderung nur nach der vierten Stelle hinter dem Komma ergeben hat. Durch die vierte Iteration haben sich keine Veränderungen bei den ersten sechs Stellen hinter dem Komma mehr ergeben.

Die Nullstelle der Funktion $f(x) = x - 1 - \cos(x)$ liegt bei $r = 1{,}2834$. Es kann schon nach drei Iterationen angenommen werden, dass die vier notierten Stellen hinter dem Komma korrekt sind.

Die Funktion $f(x) = x - 1 - \cos(x)$ hat ihre Nullstelle bei $x = 1{,}2834$.

Diese Nullstelle $x = 1{,}2834$ ist gleichzeitig die Lösung der Gleichung $x - \cos(x) = 1$.

Aufgabe 3.5

Berechnen Sie die Nullstellen der Funktionen $f(x) = x^2 - 7x - \ln x$ mit Hilfe der Fixpunktiteration auf vier Stellen hinter dem Komma genau.

Lösung

Zunächst sollte grob untersucht werden wie viele Nullstellen diese Funktion hat und wo sie in etwa liegen. Hierfür kann eine grafische Darstellung verwendet werden.

Die Funktion $f(x) = x^2 - 7x - \ln x = 0$ wird null gesetzt, daraus folgt dass $x^2 - 7x = \ln x$ oder $f_1(x) = f_2(x)$ an den Nullstellen gilt.

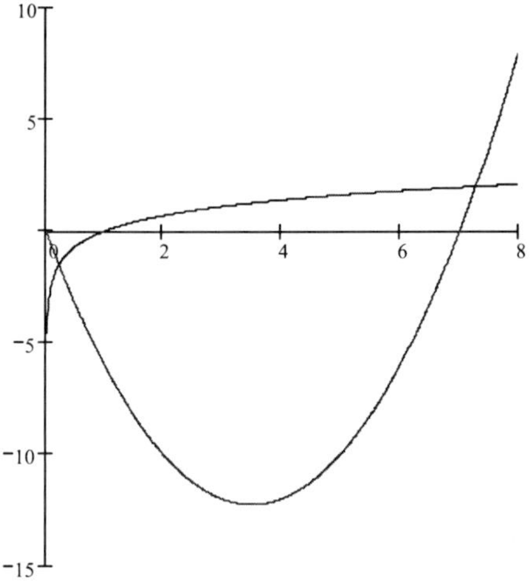

Die Funktionen

$f_1(x) = x^2 - 7x = x \cdot (x - 7)$

und $f_2(x) = \ln x$

sind bekannte Grundfunktionen, deren Bilder in der Abbildung dargestellt sind.

Aus dem Bild ist ersichtlich, dass sich diese beiden Funktionen $f_1(x)$ und $f_2(x)$ an zwei Stellen schneiden. An diesen Stellen sind die Funktionswerte gleich groß und somit die Differenzen der beiden Funktionen

$$f(x) = f_1(x) - f_2(x)$$

gleich null.

Aus der Abbildung werden $r_1 \approx 0.5$ und $r_2 \approx 7$ abgelesen.

Bild 1.3.5a Schnittpunkte zweier Funktionen

Die Nullstellen der nichtlinearen Gleichung sollen mit der Fixpunktiteration gesucht werden.

Die gegebene Gleichung $f(x) = 0$ wird in die Form

$$(*.1) \quad x = g(x)$$

umgestellt.

Ein Näherungswert x_k kann durch Einsetzen in die Form (*.1) verbessert werden

$$(*.2) \quad x_{k+1} = g(x_k),$$

wenn für x_k $|g'(x_k)| < 1$ gilt.

Die Gleichung

$$(\#.1) \quad f(x) = x^2 - 7x - \ln x = 0$$

wird nach x aufgelöst.

Es entsteht die Form

$$(\#.2) \quad g_1(x) = x = \frac{x^2 - \ln x}{7}$$

mit der Ableitung $g_1'(x) = \frac{2x - \frac{1}{x}}{7}$.

Die Konvergenzbedingung $|g'(x_k)| < 1$ mit

$$(\#.3) \quad |g_1'(x_k)| = \left| \frac{2x_k - \frac{1}{x_k}}{7} \right|$$

ergibt für $x_0 = 0{,}5$

$$|g_1'(0{,}5)| = \left| \frac{2 \cdot 0{,}5 - \frac{1}{0{,}5}}{7} \right| = 0{,}142\ldots < 1$$

und für $x_0 = 7$

$$|g_1'(7)| = \left| \frac{2 \cdot 7 - \frac{1}{7}}{7} \right| = 1{,}979\ldots > 1.$$

Die Iterationsformel (#.2) ist für den Startwert $x_0 = 0{,}5$ geeignet, jedoch für den Startwert $x_0 = 7$ nicht geeignet.

Die Nullstellensuche wird durch Einsetzen $x_0 = 0{,}5$ in die Iterationsformel

$$(\#.4) \quad x_{k+1} = \frac{{x_k}^2 - \ln x_k}{7}$$

begonnen.

Es entsteht $x_1 = \frac{{x_0}^2 - \ln x_0}{7} = \frac{0{,}5^2 - \ln 0{,}5}{7} = 0{,}134\,735\ldots$ Dieser Wert wird wiederum in die Iterationsformel (#.4) eingesetzt $x_2 = \frac{{x_1}^2 - \ln x_1}{7} = \frac{0{,}134735\ldots^2 - \ln 0{,}134735\ldots}{7} = 0{,}288\,942\ldots$

Der berechnete Wert $x_2 = 0{,}288942\ldots$ wird ein weiteres Mal eingesetzt $x_3 = \frac{{x_2}^2 - \ln x_2}{7} = \frac{0{,}288942\ldots^2 - \ln 0{,}288942\ldots}{7} = 0{,}189\,287\ldots$

Diese Vorgehensweise wird wiederholt bis bei dem berechneten Wert die ersten vier Ziffern hinter dem Komma stabil sind. Eine tabellarische Erfassung der berechneten Werte zeigt das Verhalten der berechneten Zwischenwerte.

k	x_k	k	x_k
0	0,5	10	0,222 800...
1	0,134 735...	11	0,221 588...
2	0,288 942...	12	0,222 290...
3	0,189 287...	13	0,221 883...
4	0,242 902...	14	0,222 119...
5	0,210 585...	15	0,221 982...
6	0,228 887...	16	0,222 061...
7	0,218 130...	17	0,222 015...
8	0,224 320...	18	0,222 042...
9	0,220 714...	19	0,222 027...

Nach 17 Iterationen wird das Lösungsintervall auf $0{,}222015... < r < 0{,}222061...$ eingeengt. Daraus kann gefolgert werden, dass die ersten vier Ziffern der Lösung fest sind.
Die Lösung auf vier Stellen hinter dem Komma genau lautet $r = 0{,}2220$.

Aus der Tabelle kann deutlich abgelesen werden, dass abwechselnd die linke bzw. rechte Grenze des Intervalls, in dem die Lösung liegt, so verschoben wird, dass das Lösungsintervall immer kleiner wird. Dadurch wird die Anzahl der gültigen Ziffern der gesuchten Nullstelle langsam erhöht.

In dem folgenden Bild wird die Einengung des Lösungsintervalls grafisch veranschaulicht.

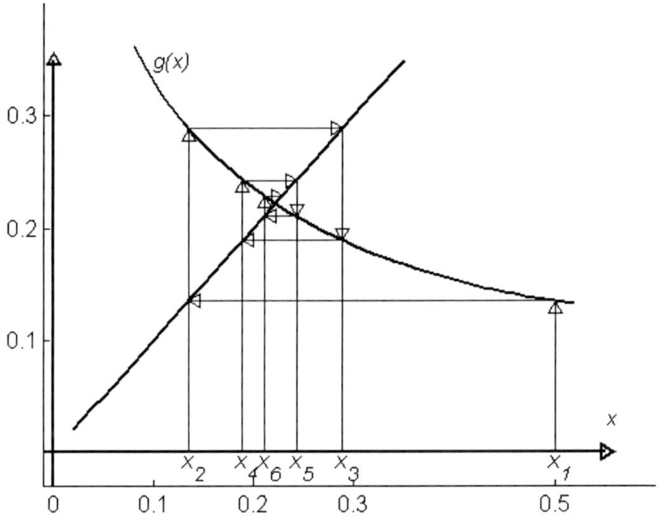

Bild 1.3.5b Lösungsverlauf bei der Fixpunktiteration

Zur Bestimmung der zweiten Nullstelle $r_2 \approx 7$ muss die Gleichung (#.1) so umgeformt werden, dass die Konvergenzbedingung $|g'(x_k)| < 1$ für den Anfangswert $x_0 = 7$ erfüllt ist.
Die Gleichung

$$f(x) = x^2 - 7x - \ln x = 0$$

wird nach x aufgelöst.
Es entsteht die Form

$$(\#.5) \quad g_2(x) = x = \sqrt{7x + \ln x}$$

mit der Ableitung $g_2'(x) = \dfrac{7 + \frac{1}{x}}{2 \cdot \sqrt{7x + \ln x}}$.

Die Konvergenzbedingung $|g'(x_k)| < 1$ mit

$$(\#.6) \quad |g_2'(x)| = \left| \frac{7 + \frac{1}{x}}{2 \cdot \sqrt{7x + \ln x}} \right|$$

ergibt für $x_0 = 7$

$$|g_2'(7)| = \left| \frac{7 + \frac{1}{7}}{2 \cdot \sqrt{7 \cdot 7 + \ln 7}} \right| = 0{,}500 \ldots < 1$$

und für $x_0 = 0{,}5$

$$|g_2'(0{,}5)| = \left| \frac{7 + \frac{1}{0{,}5}}{2 \cdot \sqrt{7 \cdot 0{,}5 + \ln 0{,}5}} \right| = 2{,}685\ldots > 1.$$

Die Iterationsformel (#.5) ist für den Startwert $x_0 = 7$ geeignet, jedoch für den Startwert $x_0 = 0{,}5$ nicht geeignet.

Die Nullstellensuche wird durch Einsetzen $x_0 = 7$ in die Iterationsformel

$$(\#.7) \quad x_{k+1} = \sqrt{7x_k + \ln x_k}$$

begonnen.

Es entsteht $x_1 = \sqrt{7x_0 + \ln x_0} = \sqrt{7 \cdot 7 + \ln 7} = 7{,}137\,640\ldots$ Dieser Wert wird wiederum in die Iterationsformel (#.7) eingesetzt $x_2 = \sqrt{7x_1 + \ln x_1} = \sqrt{7 \cdot 7{,}137640\ldots + \ln 7{,}137640\ldots} = 7{,}206\,168\ldots$ Der berechnete Wert $x_2 = 7{,}206168\ldots$ wird ein weiteres Mal eingesetzt $x_3 = \sqrt{7x_2 + \ln x_2} = = \sqrt{7 \cdot 7{,}206168\ldots + \ln 7{,}206168\ldots} = 7{,}240\,035\ldots$

Diese Vorgehensweise wird wiederholt bis bei dem berechneten Wert die ersten vier Ziffern hinter dem Komma stabil sind. Eine tabellarische Erfassung der berechneten Werte zeigt das Verhalten der berechneten Zwischenwerte.

k	x_k	k	x_k
0	7,0	10	7,272 591…
1	7,137 640…	11	7,272 705…
2	7,206 168…	12	7,272 762…
3	7,240 035…	13	7,272 789…
4	7,256 712…	14	7,272 803…
5	7,264 909…	15	7,272 810…
6	7,268 935…	16	7,272 813…
7	7,270 911…	17	7,272 814…
8	7,271 881…		
9	7,272 357…		

Nach 17 Iterationen kann gefolgert werden, dass die ersten vier Ziffern der Lösung fest sind. Die Lösung auf vier Stellen hinter dem Komma genau lautet $r = 2{,}2728$.

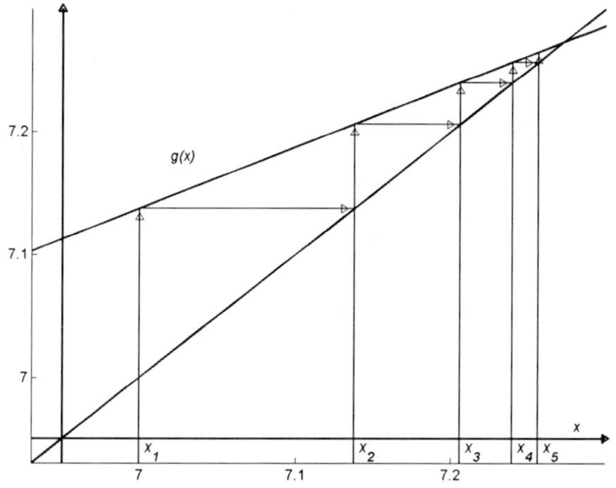

Bild 1.3.5c Lösungsverlauf bei der Fixpunktiteration

Aus der Tabelle kann deutlich abgelesen werden, dass sich die Anzahl der gültigen Ziffern der gesuchten Nullstelle langsam erhöht.

Die Funktion $f(x) = x^2 - 7x - \ln x$ hat eine Nullstelle bei $r = 0{,}2220$ und eine zweite Nullstelle bei $r = 2{,}2728$.

Aufgabe 3.6
Man berechne alle Lösungen der Gleichung

$$x - \cos(x) = 1$$

mit Hilfe der Fixpunktiteration auf vier Stellen hinter dem Komma genau.

Lösung

Aus der Gleichung $x - \cos(x) = 1$ lässt sich leicht eine Funktion so aufschreiben, dass die Nullstellen der Funktion die Lösungen der Gleichung sind.

Die Nullstellen der Funktion

$$(\#.1) \quad f(x) = x - \cos(x) - 1$$

geben genau die Lösungen der gegebenen Gleichung wieder.

Zunächst sollte grob untersucht werden wie viele Nullstellen diese Funktion hat und wo sie in etwa liegen. Hierfür kann eine grafische Darstellung verwendet werden.

Die Funktion $f(x) = x - \cos(x) - 1 = 0$ wird null gesetzt, daraus folgt, dass $x - 1 = \cos(x)$ oder $f_1(x) = f_2(x)$ an den Nullstellen gilt.

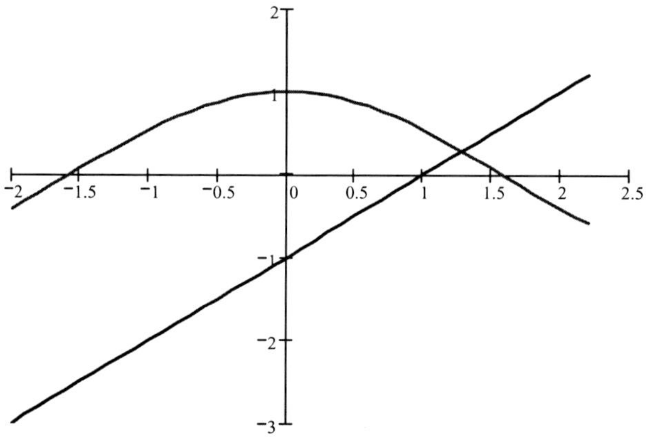

Bild 1.3.6a Schnittpunkt zweier Funktionen

Die Funktionen $f_1(x) = x - 1$ und $f_2(x) = \cos(x)$ sind bekannte Grundfunktionen, deren Bilder in der Abbildung dargestellt sind. Da der Wertebereich der cos-Funktion zwischen -1 und 1 liegt und die Funktion $f_1(x) = x - 1$ außerhalb des im Bild gezeigten Ausschnitts entweder kleiner als -1, für $x < 0$, oder größer als 1, für $x > 2$, ist, existiert nur eine Nullstelle der Funktion (#.1).

Aus dem Bild ist ersichtlich, dass sich diese beiden Funktionen $f_1(x)$ und $f_2(x)$ nur in einer Stelle schneiden.

An dieser Stelle sind die Funktionswerte gleich groß und somit ist die Differenz der beiden Funktionen

$$f(x) = f_1(x) - f_2(x)$$

gleich null.

Aus der Abbildung wird $r_1 \approx 1$ abgelesen.

Die Nullstellen der nichtlinearen Gleichung sollen mit der Fixpunktiteration gesucht werden.

Die gegebene Gleichung $f(x) = 0$ wird in die Form

$$(*.1) \quad x = g(x)$$

umgestellt.

Ein Näherungswert x_k kann durch Einsetzen in die Form (*.1) verbessert werden

$$(*.2) \quad x_{k+1} = g(x_k),$$

wenn für x_k $|g'(x_k)| < 1$ gilt.

Die Gleichung

$$(\#.1) \quad f(x) = x - 1 - \cos(x)$$

wird nach x aufgelöst.
Es entsteht die Form

$$(\#.2) \quad \text{g(x)} = x = 1 + \cos x$$

mit der Ableitung $g'(x) = \sin x$.

Die Konvergenzbedingung[5] $|g'(x_k)| < 1$ mit

$$(\#.3) \quad |g'(x_k)| = |\sin x_k|$$

ergibt für $x_0 = 1$

$$|g'(1)| = |\sin 1| = 0{,}841 \ldots < 1.$$

Die Iterationsformel (#.2) ist für den Startwert $x_0 = 1$ geeignet.

Die Nullstellensuche wird durch Einsetzen $x_0 = 1$ in die Iterationsformel

$$(\#.4) \quad x_{k+1} = 1 + \cos x_k$$

begonnen.

Es entsteht $x_1 = 1 + \cos x_0 = 1 + \cos 1 = 1{,}540\,302\ldots$ Dieser Wert wird wiederum in die Iterationsformel (#.4) eingesetzt $x_2 = 1 + \cos x_1 = 1{,}540302\ldots + \cos 1{,}540302\ldots = 1{,}030\,489\ldots$ Der berechnete Wert $x_2 = 1{,}030489\ldots$ wird ein weiteres Mal eingesetzt $x_3 = 1 + \cos x_2 =$ $= 1{,}030489\ldots + \cos 1{,}030489\ldots = 1{,}514\,399\ldots$

Diese Vorgehensweise wird wiederholt bis bei dem berechneten Wert die ersten vier Ziffern hinter dem Komma stabil sind.

---

[5] Bei der Berechnung der Ausdrücke in (#.3) und (#.4) ist zu beachten, dass am Rechner das Winkelmaß für die trigonometrischen Funktionen auf Bogenmaß (rad) eingestellt ist. Bei Einstellungen von Grad oder Neugrad werden falsche Funktionswerte berechnet.

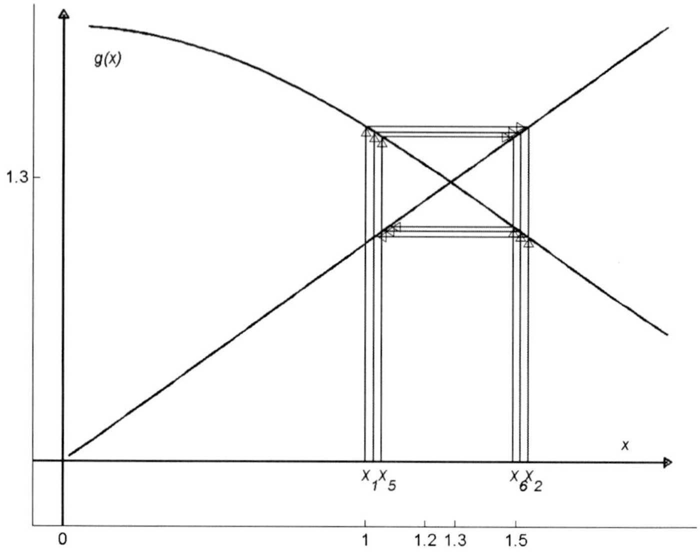

Bild 1.3.6b Lösungsverlauf bei der Fixpunktiteration

Eine tabellarische Erfassung der berechneten Werte zeigt das Verhalten der berechneten Zwischenwerte.

k	x_k	k	x_k
0	1,0	10	1,115 289...
1	1,540 302...	11	1,439 917...
2	1,030 489...	12	1,130 505...
3	1,514 399...	⋮	⋮
4	1,056 367...		
5	1,492 038...	215	1.283460524
6	1,078 676...	216	1.283398262
7	1,472 494...	217	1.283457971
8	1,098 143...	218	1.283400711
9	1,455 250...	219	1.283455623

Nach 219 Iterationen wird das Lösungsintervall auf $1{,}283400... < r < 1{,}283455...$ eingeengt. Daraus kann gefolgert werden, dass die ersten vier Ziffern der Lösung nach dem Komma fest sind.

Die Lösung auf vier Stellen hinter dem Komma genau lautet $r = 1{,}2834$.

Aus der Tabelle kann deutlich abgelesen werden, dass abwechselnd die linke bzw. rechte Grenze des Intervalls, in dem die Lösung liegt, so verschoben wird, dass das Lösungsintervall immer kleiner wird. Dadurch wird die Anzahl der gültigen Ziffern der gesuchten Nullstelle langsam erhöht.

In dem folgenden Bild wird die „langsame“ Verkleinerung des Lösungsintervalls grafisch veranschaulicht.

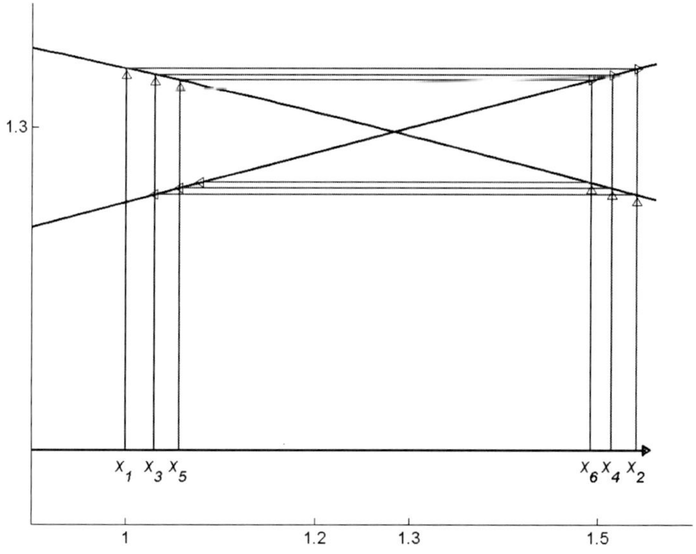

Bild 1.3.6c Lösungsverlauf bei der Fixpunktiteration

Die Funktion $f(x) = x - \cos(x) - 1$ hat eine Nullstelle bei $r = 1{,}2834$, diese Nullstelle ist gleichzeitig die Lösung der Gleichung $x - \cos(x) = 1$.

Aufgabe 4.1
Ein Produzent befindet sich in Monopolstellung. Er möchte aus dem Umsatz $U(x)$ und den Kosten $K(x)$ in Abhängigkeit von der produzierten Menge x einige Schlussfolgerungen für sein Unternehmen ableiten.
Als Kostenfunktion nimmt der Produzent $K(x) = 500 + 90x - x^2 + 0{,}01x^3$ als Funktion von der produzierten Menge x an.
Mit der Preisfunktion $p(x) = 165 - x$ und ergibt sich daraus folgende Umsatzfunktion

$$U(x) = p(x) \cdot x .$$

Als Gewinnfunktion wird

$$G(x) = U(x) - K(x)$$

angenommen.
Alle Zahlen gelten für eine bestimmte Produktionsperiode.
Als Kapazitätsgrenze wird $x = 100$ Stück pro Periode angenommen.
Wo liegen die Gewinnschwelle und die Gewinngrenze?
Wie groß ist das Gewinnmaximum?
Wo befindet sich das Maximum des Durchschnittsgewinns?

Lösung

Aus der Monopolstellung wird abgeleitet, dass der Produzent seinen Gewinn direkt in Abhängigkeit von der produzierten Menge x darstellen kann. Das ist in einem Polypol natürlich nicht möglich.

Die Gewinnfunktion ergibt sich aus der Umsatzfunktion $U(x) = p(x) \cdot x = 165x - x^2$ und der Kostenfunktion

$$G(x) = U(x) - K(x) \;=\; 165x - x^2 - (500 + 90x - x^2 + 0{,}01x^3)$$

$$(*.1) \quad G(x) = \; 75x - 500 - 0{,}01x^3 .$$

Die Gewinnschwelle und die Gewinngrenze sind die Nullstellen der Gewinnfunktion $G(x)$. Es sind nur die Nullstellen im Intervall $0 < x \leq 100$ von Interesse, da die Kapazitätsgrenze von 100 Stück bekannt ist.

Die Nullstellen dieser Funktion (*.1) können mit dem Newton-Verfahren bestimmt werden. Dafür sind die erste und zweite Ableitung der Funktion $G(x)$ zu bestimmen.
Die erste und zweite Ableitung lauten

$$(*.2) \quad G'(x) = 75 - 0{,}03x^2 \text{ und } G''(x) = -0{,}06x .$$

Die Gewinnschwelle wird sehr niedrig angenommen mit $x_0 = 1$.
Die Konvergenzbedingung lautet

$$(\#.1) \quad \frac{|G(x_0) \cdot G''(x_0)|}{(G'(x_0))^2} = q < 1 .$$

Die Konvergenzbedingung (#.1) lautet für die aktuelle Funktion

$$(*.3) \quad \frac{|(75x_0 - 500 - 0{,}01x_0^3)(-0{,}06x_0)|}{(75 - 0{,}03x_0^2)^2} = \frac{|(75 - 500 - 0{,}01)(-0{,}06)|}{(75 - 0{,}03)^2} = 0{,}000\,21 < 1.$$

Mit dem Startwert $x_0 = 1$ kann das Newton-Verfahren gestartet werden.

Die Iterationsformel lautet allgemein

$$(\#.2) \quad x_{k+1} = x_k - \frac{G(x_k)}{G'(x_k)}$$

und speziell für die gegebene Funktion (*.1)

$$(*.4) \quad x_{k+1} = x_k - \frac{75x_k - 500 - 0{,}01x_k^3}{75 - 0{,}03x_k^2}.$$

Durch Einsetzen von $x_0 = 1$ in die Formel (*.4) wird $x_1 = 6{,}669...$ bestimmt. Dieser Wert $x_1 = 6{,}669...$ wird wiederum in (*.4) eingesetzt, um $x_2 = 6{,}706...$ zu bestimmen. Nach Einsetzen von $x_2 = 6{,}706...$ ergibt sich $x_3 = 6{,}706...$ als stabiler Wert. Die erste Nullstelle wird mit $x_3 = 6{,}706...$ angenommen.

Die Newton-Iteration hat den Vorteil, dass mit einem geeigneten zweiten Startwert eine zweite Nullstelle bestimmt werden kann.

Die zweite Nullstelle wird für große x-Werte vermutet.
Als Anfangswert soll $x_0 = 75$ angenommen werden.
Dieser Startwert $x_0 = 75$ ist in (*.3) einzusetzen und die Konvergenzbedingung zu berechnen. Sie ergibt den Wert $0{,}056\,79 < 1$.
Mit dem Startwert $x_0 = 75$ kann das Newton-Verfahren gestartet werden.
Durch Einsetzen von $x_0 = 75$ in die Formel (*.4) wird $x_1 = 84{,}666...$ bestimmt. Dieser Wert $x_1 = 84{,}666...$ wird wiederum in (*.4) eingesetzt, um $x_2 = 83{,}100..$ zu bestimmen. Nach Einsetzen von $x_2 = 83{,}100..$ ergibt sich $x_3 = 83{,}054..$ als stabiler Wert. Die zweite Nullstelle wird mit $x_3 = 83{,}054..$ angenommen.

Ist der Gewinn im Intervall $6{,}706... < x < 83{,}054...$ größer als null oder nicht?
Zur Beantwortung dieser Frage wird ein x-Wert aus dem Intervall z.B. $x = 10$ in die Funktion (*.1) eingesetzt. Der Funktionswert $G(10) = 90 > 0$ ist größer als null. Somit ist $x_l = 6{,}706...$ die Stelle an der der Gewinn von minus zu plus wechselt, und $x_r = 83{,}054..$ die Stelle, an der der Gewinn wieder ins minus wechselt.

Die Gewinnschwelle ist $x_l = 6{,}706...$ und die Gewinngrenze ist $x_r = 83{,}054..$

Das Gewinnmaximum wird mit der ersten Ableitung der Gewinnfunktion (*.2) bestimmt. Im Maximum (oder Minimum) einer Funktion ist die erste Ableitung $f'(x) = 0$.

Die erste Ableitung $G'(x) = 75 - 0{,}03x^2$ wird null gesetzt. Es entsteht die Gleichung

$$(*.5) \quad G'(x) = 75 - 0{,}03x^2 = 0.$$

Die Lösung der Gleichung (*.5) $0 = 75 - 0{,}03x^2$ ergibt nach Umstellen $75 = 0{,}03x^2$ oder $x^2 = 2.500$.

Die Gleichung (*.5) hat zwei Lösungen $x_{1,2} = \pm 50$.

Für den Produzenten ist nur die Lösung $x_1 = 50$ interessant. Der Nachweis auf ein Maximum wird mit der zweiten Ableitung $G''(x) = -0{,}06x$ geführt. Für einen x-Wert größer als null ergibt die zweite Ableitung einen negativen Wert. Daraus folgt, dass die Stelle $x_1 = 50$ Stück pro Periode ein Maximum ist.
An der Stelle $x_1 = 50$ ist der maximale Gewinn möglich, er beträgt $G(50) = 1.250$.

Wo befindet sich das Maximum des Durchschnittsgewinns?

Zunächst muss die Funktion für den Durchschnittsgewinn aufgestellt werden.
Die Funktion für den Durchschnittsgewinn ergibt sich aus

$$g(x) = \frac{G(x)}{x}$$

für die gegebene Funktion (*.1)

$$(*.6) \quad g(x) = \frac{75x - 500 - 0{,}01x^3}{x} = 75 - \frac{500}{x} - 0{,}01x^2.$$

Das Maximum der Funktion (*.6) wird auf klassische Weise[6] durch Nullsetzen der ersten Ableitung bestimmt. Die erste Ableitung von (*.6) lautet

$$(*.7) \quad g'(x) = \frac{500}{x^2} - 0{,}02 \cdot x.$$

Die zweite Ableitung $g''(x) = -\frac{1.000}{x^3} - 0{,}02$ ist für $x > 0$ immer negativ.
Durch Nullsetzen der ersten Ableitung (*.7) entsteht die Gleichung

$$(*.8) \quad 0 = \frac{500}{x^2} - 0{,}02 \cdot x,$$

die durch Umformungen auf $\frac{500}{x^2} = 0{,}02 \cdot x$ und $\frac{500}{0{,}02} = x^3$ oder $x^3 = 25.000$ mit der Lösung $x = \sqrt[3]{25.000} = 29{,}24...$ gebracht werden kann.

Das Maximum des Durchschnittsgewinns liegt bei 29 Stück pro Periode.

[6] Die Gleichung $G'(x) = \frac{G(x)}{x}$ führt ebenfalls auf die Gleichung (*.8)

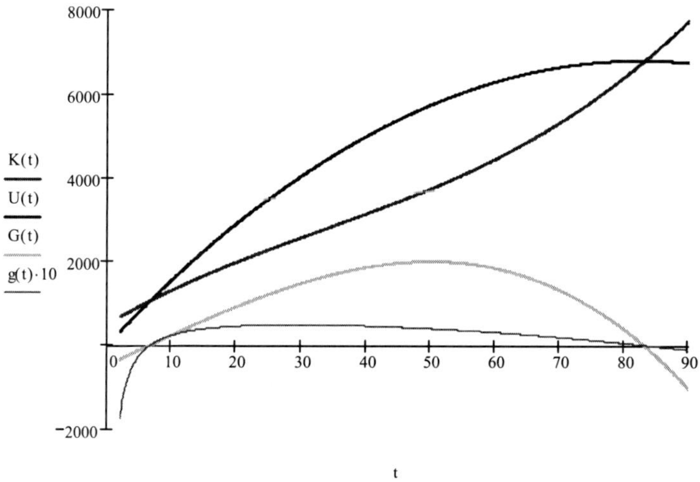

Bild 1.4.1 benutzte Funktionen

Aufgabe 4.2

Man bestimme die Wachstumsrate der Funktion $f(x) = 2 \cdot \frac{(x-3)^2}{x} + 3$ an den Stellen $x_0 = 6$ und $x_0 = 7$.

Lösung

Die Änderungsrate oder Wachstumsrate ist das Verhältnis von

$$(*.1) \quad w_f(x) = \frac{f'(x)}{f(x)} \quad \text{mit } f(x) > 0.$$

Die Wachstumsrate oder Änderungsrate $w_f(x)$ gibt an, um wie viel sich die Funktion $f(x)$ pro Einheit von x ändert. Nach Multiplikation der Wachstumsrate mit 100 erhält man die Aussage, um wie viel Prozent das Wachstum erfolgte.

Die Bedingung $f(x) > 0$ ist für beide Stellen $x_0 = 6$ mit $f(6) = 6$ und $x_0 = 7$ mit $f(7) = 7{,}5714$ erfüllt.

Für die Wachstumsrate $w_f(x)$ wird die erste Ableitung der Funktion $f(x)$

$$(\#.1) \quad f(x) = 2 \cdot \frac{(x-3)^2}{x} + 3$$

benötigt.

Die Funktion (#.1) sollte vor der Differenziation vereinfacht werden.

Die Funktion wird durch Umformen $f(x) = 2 \cdot \frac{(x-3)^2}{x} + 3 = 2 \cdot \frac{x^2 - 6x + 9}{x} + 3$ zu

$$f(x) = \frac{2x^2 - 12x + 18}{x} + 3 = \frac{2x^2}{x} - \frac{12x}{x} + \frac{18}{x} + 3 = 2x - 12 + \frac{18}{x} + 3 = 2x + \frac{18}{x} - 9$$

auf

$$(\#.2) \quad f(x) = 2x + \frac{18}{x} - 9$$

gebracht.

Die Ableitung $\frac{d}{dx} f(x) = \frac{d}{dx}(2x + \frac{18}{x} - 9)$ kann leicht als Ableitung der einzelnen Summanden gebildet werden. Die Ableitung heißt

$$(\#.3) \quad \frac{df(x)}{dx} = f'(x) = 2 - \frac{18}{x^2}.$$

Die Funktion $f(x)$ (#.1) und die zugehörige erste Ableitung $f'(x)$ (#.3) werden in die Formel (*.1) eingesetzt

$$(\#.4) \quad w_f(x) = \frac{f'(x)}{f(x)} = \frac{2 - \frac{18}{x^2}}{2x + \frac{18}{x} - 9}.$$

Vor der Berechnung der Wachstumsrate sollte der Ausdruck (#.4) noch vereinfacht werden.

$$(\#.5)\quad w_f(x) = \frac{2 - \frac{18}{x^2}}{2x + \frac{18}{x} - 9} = \frac{\frac{2x^2 - 18}{x^2}}{\frac{2x^2 + 18 - 9x}{x}} = \frac{2x^2 - 18}{x^2} \cdot \frac{x}{2x^2 - 9x + 18} = \frac{2x^2 - 18}{2x^3 - 9x^2 + 18x}$$

Die Wachstumsrate (#.5) $w_f(x) = \dfrac{2x^2 - 18}{2x^3 - 9x^2 + 18x}$ kann jetzt für die Berechnung benutzt werden.

Die Wachstumsrate $w_f(6)$ wird durch Einsetzen des Wertes $x_0 = 6$ in die Formel ermittelt.

Die Wachstumsrate $w_f(6)$ ergibt $w_f(6) = 0{,}25$.

Die berechnete Wachstumsrate $w_f(6) = 0{,}25$ besagt, dass sich der Funktionswert $f(6)$ der Funktion (#.1) um 25 % vergrößert, wenn x von 6 auf 7 vergrößert wird.

Der Funktionswert $f(7)$ kann dadurch geschätzt werden, dass zu dem Funktionswert $f(6)$ ¼ des Funktionswertes addiert wird, oder $f(7) \approx f(6) \cdot \left(1 + w(6)\right) = 7{,}5$.

Eine Vergrößerung des x-Wertes um eine Einheit ergibt eine Vergrößerung des Funktionswertes um 25 %.

Die Wachstumsrate $w_f(7)$ wird durch Einsetzen des Wertes $x_0 = 7$ in die Formel (#.5) ermittelt.

Die Wachstumsrate $w_f(7)$ ergibt $w_f(7) = 0{,}2156$.

Die berechnete Wachstumsrate $w_f(7) = 0{,}2156$ besagt, dass sich der Funktionswert $f(7)$ der Funktion (#.1) um 21,56 % vergrößert, wenn x von 7 auf 8 vergrößert wird.

Der Funktionswert $f(8)$ kann dadurch geschätzt werden, dass zu dem Funktionswert $f(7)$ 21,56 % des Funktionswertes addiert werden, oder $f(8) \approx f(7) \cdot \left(1 + w(7)\right) = 9{,}204$.

Eine Vergrößerung des x-Wertes um eine Einheit ergibt eine Vergrößerung des Funktionswertes um 21,56 %.

Aufgabe 4.3

Eine Funktion $e(x)=\dfrac{x\cdot f'(x)}{f(x)}$ ist für verschiedene Funktionen $f(x)$ in der Wirtschaft interessant. Gegeben ist die Funktion $f(x)=x^2+7$.
Welcher Wert ergibt sich für $e(x)$ an der Stelle $x=3{,}6$?

Lösung

Die Elastizität einer ökonomischen Kennzahl $y=f(x)$ bezüglich der unabhängigen Veränderlichen x an der Stelle $x=x_0$ ist

$$\varepsilon_f(x_0)=f'(x_0)\cdot\frac{x_0}{f(x_0)},$$

wenn die Ableitung $f'(x_0)$ existiert und $f(x_0)\neq 0$ ist.
Die Funktion

$$(\,*\,)\qquad e(x)=\frac{x\cdot f'(x)}{f(x)}$$

ist die Vorschrift zur Berechnung der Elastizität für eine gegebene Funktion $f(x)=x^2+7$.

Um die Elastizität bestimmen zu können, muss vorher die erste Ableitung der Funktion $f(x)=x^2+7$ ermittelt werden.

Die Funktion $f(x)=x^2+7$ ist eine Summe bekannter Grundfunktionen.

Zum Differenzieren einer Summe wird die Summenregel benutzt, die besagt, dass jeder Summand einzeln differenziert wird. Der erste Summand $f'(x)=(x^2)'+(7)'$ wird nach der Regel $y=x^n$ mit $y'=n\cdot x^{n-1}$ differenziert. Die Ableitung eines konstanten Summanden ergibt 0.

Die Ableitung der Funktion $f(x)=x^2+7$ lautet

$$(\,\#.1\,)\qquad f'(x)=2x\,.$$

Die Funktion $f(x)=x^2+7$ und die erste Ableitung $f'(x)=2x$ werden in die Formel (*) eingesetzt

$$(\,\#.2\,)\qquad e(x)=\frac{x\cdot f'(x)}{f(x)}=\frac{x\cdot 2x}{x^2+7}=\frac{2x^2}{x^2+7}\,.$$

Für weitergehende Berechnungen ist es zweckmäßig, unübersichtliche Ausdrücke zu vereinfachen.
Die Elastizität für die Stelle $x=3{,}6$ wird durch Ersetzen von x durch 3,6 in der ermittelten Formel (#.2) bestimmt

$$e(3{,}6)=\frac{2(3{,}6)^2}{(3{,}6)^2+7}=1{,}2985....$$

Die Funktion $f(x)=x^2+7$ ist an der Stelle $x_0=3{,}6$ elastisch. Eine Vergrößerung des Wertes $x_0=3{,}6$ um 1 % auf $x_1=3{,}636$ bedeutet eine Vergrößerung des Funktionswertes von $f(3{,}6)$ um etwa 1,3 %.

Aufgabe 5.1

Gesucht ist die Darstellung der Funktion $y = f(x) = 2^x$ mittels Taylor-Reihe an der Stelle $x_0 = 0$.

Man benutze unterschiedlich viele Ableitungen und vergleiche die Übereinstimmung der Taylor-Reihe mit der Ausgangsfunktion für $x = 0{,}9$.

Es werden bis zu drei Ableitungen verwendet.

Lösung

Die stetige Funktion $y = f(x) = 2^x$ sei in $x_0 \in I$ mit $I \subset D_f$ und dem Intervall I n+1-mal differenzierbar.

Diese Funktion $f(x)$ kann durch ein Polynom n-ten Grades der Potenzen von $(x - x_0)$ angenähert werden

$$(*.1) \quad f(x) = f(x_0) + \sum_{k=1}^{n} \frac{f^{(k)}(x_0)}{k!} \cdot (x - x_0)^k + O\left((x - x_0)^n\right).$$

Der Fehler, der durch die Darstellung der Funktion $f(x)$ als Taylor-Reihe entsteht, wird durch die Fehlerfunktion $O\left((x - x_0)^n\right)$, die auch Restglied $R_n(x)$ genannt wird, beschrieben.

Die Fehlerdiskussion wird am Ende der Lösungsbeschreibung vorgenommen.

In dieser Aufgabenstellung wird der besondere Ausgangspunkt $x_0 = 0$ benutzt.

Eine Taylor-Formel, die als Ausgangspunkt $x_0 = 0$ benutzt, heißt MacLaurin-Form und lautet

$$(*.2) \quad f(x) = f(0) + \sum_{k=1}^{n} \frac{f^{(k)}(0)}{k!} \cdot x^k + R_n(x) .$$

Die MacLaurin-Form ist etwas übersichtlicher als die allgemeine Taylor-Reihe. Werden von der allgemeinen Form (*.2) die Glieder für verschiedene k-Werte einzeln aufgeschrieben, entsteht der Ausdruck

$$(*.3) \quad f(x) = f(0) + \frac{f'(0)}{1!} \cdot x + \frac{f''(0)}{2!} \cdot x^2 + \frac{f'''(0)}{3!} \cdot x^3 + \ldots + \frac{f^{(n)}(0)}{n!} \cdot x^n + R_n(x) .$$

Für das Aufstellen der Taylor-Reihe (*.3) werden n Ableitungen der Funktion $y = f(x) = 2^x$ benötigt.

Die erste Ableitung lautet $f'(x) = 2^x \cdot \ln 2$.

Die zweite Ableitung ist dann $f''(x) = 2^x \cdot \ln 2 \cdot \ln 2 = 2^x \cdot (\ln 2)^2$.

Die dritte Ableitung ergibt $f'''(x) = 2^x \cdot (\ln 2)^3$.

Somit ist die allgemeine Bildungsformel für die n-te Ableitung zu erkennen als

$$(*.4) \quad f^{(n)}(x) = 2^x \cdot (\ln 2)^n .$$

Für das Aufstellen der Taylor-Reihe werden die Funktionswerte der Funktion und ihrer Ableitungen an der Stelle $x_0 = 0$ benötigt.

Die Werte ergeben sich im Einzelnen zu

$$f(0) = 2^0 = 1,$$
$$f'(0) = 2^0 \cdot \ln 2 = \ln 2,$$
$$f''(0) = 2^0 \cdot (\ln 2)^2 = (\ln 2)^2,$$
$$f'''(0) = 2^0 \cdot (\ln 2)^3 = (\ln 2)^3,$$
$$\ldots$$
$$f^{(n)}(0) = 2^0 \cdot (\ln 2)^n = (\ln 2)^n.$$

Diese Werte werden in die Reihe (*.3) eingesetzt. Zunächst wird die Taylor-Reihe unter Berücksichtigung der ersten Ableitung $n = 1$ aufgestellt

$$(*.5) \qquad f_1(x) = 1 + \frac{\ln 2}{1!} \cdot x + R_1(x).$$

Unter Vernachlässigung des Restgliedes $R_1(x)$ ergibt sich für $x = 0{,}9$ der Wert

$$f_1(0{,}9) = 1 + \frac{\ln 2}{1!} \cdot 0{,}9 = 1{,}62383.$$

Nun wird die Taylor-Reihe unter Berücksichtigung der ersten beiden Ableitungen $n = 2$ aufgestellt

$$f_2(x) = 1 + \frac{\ln 2}{1!} \cdot x + \frac{(\ln 2)^2}{2!} \cdot x^2 + R_2(x).$$

Unter Vernachlässigung des Restgliedes $R_2(x)$ ergibt sich für $x = 0{,}9$ der Wert

$$f_2(0{,}9) = 1 + \frac{\ln 2}{1!} \cdot 0{,}9 + \frac{(\ln 2)^2}{2!} \cdot 0{,}9^2 = 1{,}81841.$$

Die Berücksichtigung eines weiteren Gliedes in der Taylor-Reihe, also der ersten drei Ableitungen $n = 3$, lässt eine weitere Verbesserung erwarten

$$f_3(x) = 1 + \frac{\ln 2}{1!} \cdot x + \frac{(\ln 2)^2}{2!} \cdot x^2 + \frac{(\ln 2)^3}{3!} \cdot x^3 + R_3(x).$$

Unter Vernachlässigung des Restgliedes $R_3(x)$ ergibt sich für $x = 0{,}9$ der Wert

$$f_3(0{,}9) = 1 + \frac{\ln 2}{1!} \cdot 0{,}9 + \frac{(\ln 2)^2}{2!} \cdot 0{,}9^2 + \frac{(\ln 2)^3}{3!} \cdot 0{,}9^3 = 1{,}858878.$$

In der unten stehenden Abbildung werden die Bilder der ursprünglichen Funktion $f(x) = 2^x$ und die Bilder der verschiedenen Taylor-Reihen $f_n(x)$ mit einer unterschiedlichen Anzahl von benutzten Gliedern zum Vergleich gemeinsam dargestellt.

Es sollte deutlich zu erkennen sein, dass eine Berücksichtigung höherer Ableitungen zu einer wesentlichen Verbesserung der Ergebnisse der Taylor-Reihe führt.

Die Restgliedabschätzung gibt einen Hinweis darauf, wie viele Ableitungen in der Taylor-Reihe benutzt werden müssen, um eine geforderte Genauigkeit des Ergebnisses zu erfüllen.

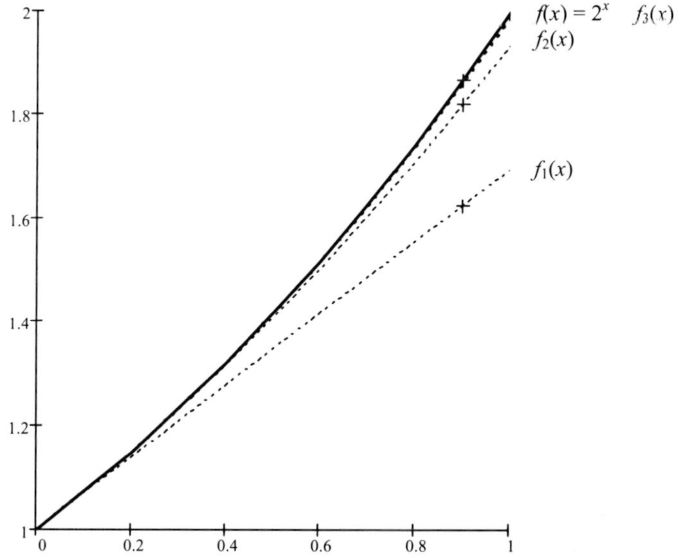

Bild 1.5.1 Funktion und verschiedene zugehörige Taylor-Reihen

Wie genau sind die einzelnen Lösungen? Mit einer Restgliedabschätzung soll das hier bestimmt werden.

Das Restglied $R_n(x)$ kann in der Lagrange-Form $R_n(x) = \dfrac{f^{(n+1)}(\xi)}{(n+1)!}x^{n+1}$ angegeben werden.

Hierbei ist ξ eine Zwischenstelle in $0 < \xi < x$, für die das Restglied maximal wird. Außerdem wird immer der Betrag des Restgliedes zur Abschätzung heran gezogen.
Welchen Wert bekommt das Restglied $R_3(0{,}9)$?

Das Restglied heißt

$$R_3(x) = \frac{f^{(4)}(\xi)}{4!}x^4 = \frac{2^{\xi}(\ln 2)^4}{4!}x^4 .$$

Der größte Wert ergibt sich für das Restglied $R_3(0{,}9)$ für ein großes ξ mit $0 < \xi < x$, da für ein festes $x = 0{,}9$ das Restglied hauptsächlich von 2^{ξ} bestimmt wird.

Für $R_3(0{,}9)$ mit $\xi = 0{,}9$ ergibt sich der Wert $R_3(0{,}9) = 0{,}011775$. Von dem bestimmten Wert $f_3(0{,}9) = 1{,}858878$ ist nur eine Stelle hinter dem Komma richtig, die zweite Stelle weicht mindestens um eine Einheit vom richtigen Ergebnis $f(0{,}9)$ ab.

Es folgt daraus die Frage: Wie viele Ableitungen müssen benutzt werden, damit vier Stellen hinter dem Komma gültig sind?
Das Restglied

$$R_4(x) = \frac{f^{(5)}(\xi)}{5!}x^5 = \frac{2^{\xi}(\ln 2)^5}{5!}x^5$$

ergibt $R_4(0{,}9) = 0{,}001469$.
Das Restglied

$$R_5(x) = \frac{f^{(6)}(\xi)}{6!}x^6 = \frac{2^{\xi}(\ln 2)^6}{6!}x^6$$

ergibt $R_5(0{,}9) = 0{,}000152$.
Bei Aufstellen der Taylor-Reihe mit fünf Ableitungen $(n = 5)$ zeigt das Restglied an, dass die vierte Stelle hinter dem Komma noch um eine Einheit abweichen kann.

Das Restglied

$$R_6(x) = \frac{f^{(7)}(\xi)}{7!}x^7 = \frac{2^{\xi}(\ln 2)^7}{7!}x^7$$

ergibt $R_6(0{,}9) = 0{,}000013$.

Die Taylor-Reihe

$$f_6(x) = 1 + \frac{\ln 2}{1!}\cdot x + \frac{(\ln 2)^2}{2!}\cdot x^2 + \frac{(\ln 2)^3}{3!}\cdot x^3 + \frac{(\ln 2)^4}{4!}\cdot x^4 + \frac{(\ln 2)^5}{5!}\cdot x^5 + \frac{(\ln 2)^6}{6!}\cdot x^6 + R_6(x)$$

ergibt für $x = 0{,}9$ den Wert $f_6(0{,}9) = 1{,}866058$.

Im Vergleich zur ursprünglichen Funktion $f(x) = 2^x$ ergibt sich für die Taylor-Reihe mit nur einer Ableitung $f_1(x)$ eine deutliche Abweichung.
Im Vergleich zur ursprünglichen Funktion $f(x) = 2^x$ zeigt sich eine Verbesserung des Wertes der Taylor-Reihe mit jeder Erhöhung der Anzahl der benutzten Glieder.

Von dem Ergebnis der Taylor-Reihe $f_6(0{,}9) = 1{,}866058$ kann gesagt werden, dass die ersten vier Ziffern hinter dem Komma mit $f(0{,}9) = 2^{0{,}9}$ übereinstimmen und die fünfte Stelle um eine Einheit abweicht, wie die exakte Lösung zeigt $f(0{,}9) = 2^{0{,}9} = 1{,}8660659$.

Aufgabe 5.2
Gesucht ist die Darstellung der Funktion $y = f(x) = \sqrt{2+x}$ mittels Taylor-Reihe an der Stelle $x_0 = 0$.
Man benutze unterschiedlich viele Ableitungen und vergleiche die Übereinstimmung der Taylor-Reihe mit der Ausgangsfunktion für $x = 0{,}9$.
Es werden bis zu drei Ableitungen verwendet.

Lösung
Die stetige Funktion $y = f(x) = \sqrt{2+x}$ sei in $x_0 \in I$ mit $I \subset D_f$ und dem Intervall I n+1-mal differenzierbar.
Diese Funktion $f(x)$ kann durch ein Polynom n-ten Grades der Potenzen von $(x - x_0)$ angenähert werden

$$(*.1) \quad f(x) = f(x_0) + \sum_{k=1}^{n} \frac{f^{(k)}(x_0)}{k!} \cdot (x - x_0)^k + O\big((x - x_0)^n\big).$$

Der Fehler, der durch die Darstellung der Funktion $f(x)$ als Taylor-Reihe entsteht, wird durch die Fehlerfunktion $O\big((x - x_0)^n\big)$, die auch Restglied $R_n(x)$ genannt wird, beschrieben.
Die Fehlerdiskussion wird am Ende der Lösungsbeschreibung vorgenommen.

In dieser Aufgabenstellung wird der besondere Ausgangspunkt $x_0 = 0$ benutzt.
Eine Taylor-Formel, die als Ausgangspunkt $x_0 = 0$ benutzt, heißt MacLaurin-Form und lautet

$$(*.2) \quad f(x) = f(0) + \sum_{k=1}^{n} \frac{f^{(k)}(0)}{k!} \cdot x^k + R_n(x).$$

Die MacLaurin-Form ist etwas übersichtlicher als die allgemeine Taylor-Reihe. Werden von der allgemeinen Form (*.2) die Glieder für verschiedene k-Werte einzeln aufgeschrieben, entsteht der Ausdruck

$$(*.3) \quad f(x) = f(0) + \frac{f'(0)}{1!} \cdot x + \frac{f''(0)}{2!} \cdot x^2 + \frac{f'''(0)}{3!} \cdot x^3 + \ldots + \frac{f^{(n)}(0)}{n!} \cdot x^n + R_n(x).$$

Für das Aufstellen der Taylor-Reihe (*.3) werden n Ableitungen der Funktion

$$y = f(x) = \sqrt{2+x} = (2+x)^{1/2}$$

benötigt.

Die erste Ableitung lautet $f'(x) = \frac{1}{2}(2+x)^{-1/2}$.

Die zweite Ableitung ist dann $f''(x) = -\frac{1}{2} \cdot \frac{1}{2}(2+x)^{-3/2} = -\frac{1}{2^2}(2+x)^{-3/2}$.

Die dritte Ableitung ergibt $f'''(x) = \frac{1}{4} \cdot \frac{3}{2}(2+x)^{-5/2} = -\frac{1 \cdot 3}{2^3}(2+x)^{-5/2}$.

Die vierte Ableitung ist $f^{(4)}(x) = -\frac{1}{4} \cdot \frac{3}{2} \cdot \frac{5}{2}(2+x)^{-7/2} = - = -\frac{1 \cdot 3 \cdot 5}{2^4}(2+x)^{-7/2}$.

Für das Aufstellen der Taylor-Reihe werden die Funktionswerte der Funktion und ihrer Ableitungen an der Stelle $x_0 = 0$ benötigt.

Die Werte ergeben sich im Einzelnen zu

$$f(0) = \sqrt{2}$$
$$f'(0) = \frac{1}{2 \cdot \sqrt{2}},$$
$$f''(0) = -\frac{1}{4 \cdot \sqrt{2^3}} = -\frac{1}{2^3 \cdot \sqrt{2}},$$
$$f'''(0) = \frac{3}{8 \cdot \sqrt{2^5}} = \frac{1 \cdot 3}{2^5 \cdot \sqrt{2}},$$
$$f^{(4)}(0) = -\frac{15}{16 \cdot \sqrt{2^7}} = -\frac{1 \cdot 3 \cdot 5}{2^7 \cdot \sqrt{2}}.$$

Diese Werte werden in die Reihe (*.3) eingesetzt. Zunächst wird die Taylor-Reihe unter Berücksichtigung der ersten Ableitung $n = 1$ aufgestellt

$$(*.5) \qquad f_1(x) = \sqrt{2} + \frac{1}{2 \cdot \sqrt{2} \cdot 1!} \cdot x + R_1(x).$$

Unter Vernachlässigung des Restgliedes $R_1(x)$ ergibt sich für $x = 0{,}9$ der Wert

$$f_1(0{,}9) = \sqrt{2} + \frac{1}{2 \cdot \sqrt{2} \cdot 1} \cdot 0{,}9 = 1{,}732411.$$

Nun wird die Taylor-Reihe unter Berücksichtigung der ersten beiden Ableitungen $n = 2$ aufgestellt

$$f_2(x) = \sqrt{2} + \frac{1}{2 \cdot \sqrt{2} \cdot 1!} \cdot x - \frac{1}{2^3 \cdot \sqrt{2} \cdot 2!} \cdot x^2 + R_2(x).$$

Unter Vernachlässigung des Restgliedes $R_2(x)$ ergibt sich für $x = 0{,}9$ der Wert

$$f_2(0{,}9) = \sqrt{2} + \frac{1}{2 \cdot \sqrt{2} \cdot 1!} \cdot 0{,}9 - \frac{1}{2^3 \cdot \sqrt{2} \cdot 2!} \cdot 0{,}9^2 = 1{,}696614.$$

Die Berücksichtigung eines weiteren Gliedes in der Taylor-Reihe, also der ersten drei Ableitungen $n = 3$, lässt eine weitere Verbesserung erwarten

$$f_3(x) = \sqrt{2} + \frac{1}{2 \cdot \sqrt{2} \cdot 1!} \cdot x - \frac{1}{2^3 \cdot \sqrt{2} \cdot 2!} \cdot x^2 + \frac{1 \cdot 3}{2^5 \cdot \sqrt{2} \cdot 3!} \cdot x^3 + R_3(x).$$

Unter Vernachlässigung des Restgliedes $R_3(x)$ ergibt sich für $x = 0{,}9$ der Wert

$$f_3(0{,}9) = \sqrt{2} + \frac{1}{2 \cdot \sqrt{2} \cdot 1!} \cdot 0{,}9 - \frac{1}{2^3 \cdot \sqrt{2} \cdot 2!} \cdot 0{,}9^2 + \frac{1 \cdot 3}{2^5 \cdot \sqrt{2} \cdot 3!} \cdot 0{,}9^3 = 1{,}704668.$$

In der unten stehenden Abbildung werden die Bilder der ursprünglichen Funktion $f(x) = \sqrt{2+x}$ und die Bilder der verschiedenen Taylor-Reihen $f_n(x)$ mit einer unterschiedlichen Anzahl von benutzten Gliedern zum Vergleich gemeinsam dargestellt.
Es sollte deutlich zu erkennen sein, dass eine Berücksichtigung höherer Ableitungen zu einer wesentlichen Verbesserung der Ergebnisse der Taylor-Reihe führt. In dem Bild ist kein Unterschied zwischen der Funktion $f(x) = \sqrt{2+x}$ und der Taylor-Reihe $f_3(x)$ zu erkennen.

Die Restgliedabschätzung gibt einen Hinweis darauf, wie viele Ableitungen in der Taylor-Reihe benutzt werden müssen, um eine geforderte Genauigkeit des Ergebnisses zu erfüllen.

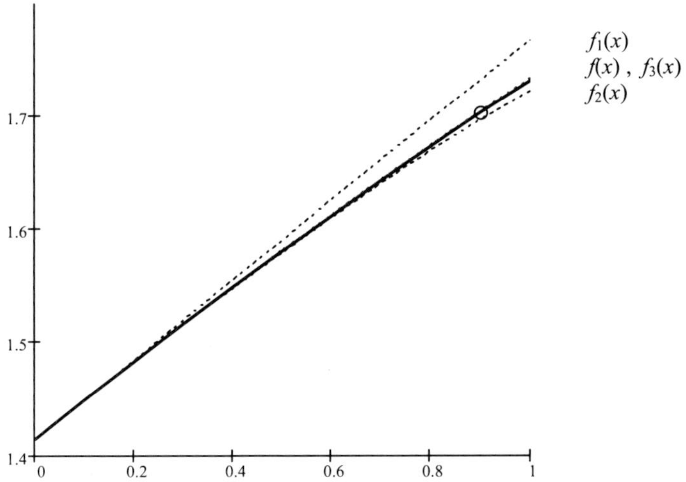

Bild 1.5.2 Funktion und verschiedene zugehörige Taylor-Reihen

Wie genau sind die einzelnen Lösungen? Mit einer Restgliedabschätzung soll das hier bestimmt werden.

Das Restglied $R_n(x)$ kann in der Lagrange-Form $R_n(x) = \dfrac{f^{(n+1)}(\xi)}{(n+1)!}x^{n+1}$ angegeben werden.

Hierbei ist ξ eine Zwischenstelle in $0 < \xi < x$, für die das Restglied maximal wird. Außerdem wird immer der Betrag des Restgliedes zur Abschätzung heran gezogen.
Welchen Wert bekommt das Restglied $R_3(0{,}9)$?

Das Restglied heißt

$$R_3(x) = \frac{f^{(4)}(\xi)}{4!}x^4 = -\frac{1\cdot 3\cdot 5}{2^4}(2+\xi)^{-7/2}\cdot\frac{1}{4!}x^4 .$$

Der größte Wert ergibt sich für das Restglied $R_3(0{,}9)$ für ein kleines ξ mit $0 < \xi < x$, da für ein festes $x = 0{,}9$ das Restglied hauptsächlich von $(2+\xi)^{-7/2} = \dfrac{1}{\sqrt{(2+\xi)^7}}$ bestimmt wird.

Für $R_3(0{,}9)$ mit $\xi = 0{,}0$ ergibt sich der Wert $R_3(0{,}9) = 0{,}002265$. Von dem bestimmten Wert $f_3(0{,}9) = 1{,}704668$ sind zwei Stellen hinter dem Komma richtig, die dritte Stelle weicht um zwei Einheiten vom richtigen Ergebnis $f(0{,}9)$ ab.

Es folgt daraus die Frage: Wie viele Ableitungen müssen benutzt werden, damit vier Stellen hinter dem Komma gültig sind?
Das Restglied

$$R_4(x) = \frac{f^{(5)}(\xi)}{5!}x^5$$

benötigt die fünfte Ableitung ist $f^{(5)}(x) = \frac{1}{4}\cdot\frac{3}{2}\cdot\frac{5}{2}\cdot\frac{7}{2}(2+x)^{-9/2} = \frac{1\cdot3\cdot5\cdot7}{2^5}(2+x)^{-9/2}$

und ergibt $R_4(x) = \frac{1\cdot3\cdot5\cdot7}{2^5}(2+\xi)^{-9/2}\cdot\frac{x^5}{5!}$ mit $R(0{,}9) = 0{,}000713$.
Das Restglied

$$R_5(x) = \frac{f^{(6)}(\xi)}{6!}x^6$$

benötigt die sechste Ableitung ist $f^{(6)}(x) = -\frac{1}{4}\cdot\frac{3}{2}\cdot\frac{5}{2}\cdot\frac{7}{2}\cdot\frac{9}{2}(2+x)^{-11/2} = -\frac{1\cdot3\cdot5\cdot7\cdot9}{2^6}(2+x)^{-11/2}$

und ergibt $R_5(x) = \frac{1\cdot3\cdot5\cdot7\cdot9}{2^6}(2+\xi)^{-11/2}\cdot\frac{x^6}{6!}$ mit $R_5(0{,}9) = 0{,}000240$.
Bei Aufstellen der Taylor-Reihe mit fünf Ableitungen ($n = 5$) zeigt das Restglied an, dass die vierte Stelle hinter dem Komma noch um zwei Einheiten abweichen kann.
Das Restglied

$$R_6(x) = \frac{f^{(7)}(\xi)}{7!}x^7 = \frac{1\cdot3\cdot5\cdot7\cdot9\cdot11}{2^7}(2+\xi)^{-13/2}\cdot\frac{x^7}{7!}$$

ergibt $R_6(0{,}9) = 0{,}0000851$.

Die Taylor-Reihe

$$f_6(x) = \sqrt{2} + \frac{1}{2\cdot\sqrt{2}\cdot1!}\cdot x - \frac{1}{2^3\cdot\sqrt{2}\cdot2!}\cdot x^2 + \frac{1\cdot3}{2^5\cdot\sqrt{2}\cdot3!}\cdot x^3 - \frac{1\cdot3\cdot5}{2^7\cdot\sqrt{2}\cdot4!}\cdot x^4 + \frac{1\cdot3\cdot5\cdot7}{2^9\cdot\sqrt{2}\cdot5!}\cdot x^5 -$$
$$-\frac{1\cdot3\cdot5\cdot7\cdot9}{2^{11}\cdot\sqrt{2}\cdot6!}\cdot x^6 + R_6(x)$$

ergibt für $x = 0{,}9$ den Wert $f_6(0{,}9) = 1{,}702876$.

Im Vergleich zur ursprünglichen Funktion $f(x) = \sqrt{2+x}$ ergibt sich für die Taylor-Reihe mit nur einer Ableitung $f_1(x)$ eine deutliche Abweichung.
Im Vergleich zur ursprünglichen Funktion $f(x) = \sqrt{2+x}$ zeigt sich eine Verbesserung des Wertes der Taylor-Reihe mit jeder Erhöhung der Anzahl der benutzten Glieder.

Von dem Ergebnis der Taylor-Reihe $f_6(0{,}9) = 1{,}702876$ kann gesagt werden, dass die ersten drei Ziffern hinter dem Komma mit $f(0{,}9) = \sqrt{2{,}9}$ übereinstimmen und die vierte Stelle um eine Einheit abweicht, wie die exakte Lösung zeigt $f(0{,}9) = \sqrt{2{,}9} = 1{,}702938$.

Aufgabe 6.1

Man untersuche die Funktion $f(x) = \sqrt[x]{2 \cdot x}$ auf lokale Extremwerte.

Lösung

Zunächst muss festgestellt werden, dass die Funktion $f(x) = \sqrt[x]{2 \cdot x} = (2 \cdot x)^{1/x}$ nur für $x > 0$ definiert ist.
Für lokale Extremwerte von stetigen und differenzierbaren Funktionen gilt die **notwendige Bedingung.**

Besitzt eine stetige Funktion $y = f(x)$ an der Stelle $x_E \in (a,b)$ einen (lokalen oder globalen) Extremwert (Minimum oder Maximum) und ist sie in x_E differenzierbar, so ist die erste Ableitung $f'(x_E) = 0$ an der Stelle x_E gleich null.

Der Nachweis über ein Minimum oder Maximum kann mit der **hinreichenden Bedingung** für Extremwerte geführt werden.

Eine stetige Funktion $y = f(x)$ sei in x_0 und der Umgebung $U(x_0)$ mindestens n-mal $(n \geq 2)$ differenzierbar und $f^{(n)}(x_0)$ dort stetig.
Für die Ableitungen gelte

$$f'(x_0) = f''(x_0) = \cdots = f^{(n-1)}(x_0) = 0 \text{ und } f^{(n)}(x_0) \neq 0 .$$

Ist $f^{(n)}(x_0) < 0$ und n eine gerade Zahl liegt ein lokales Maximum vor, ist $f^{(n)}(x_0) > 0$ existiert ein lokales Minimum.

Die stationären Punkte werden mit Hilfe der ersten Ableitung $f'(x)$ der Funktion $f(x)$ bestimmt.

Die erste Ableitung der Funktion $f(x) = \sqrt[x]{2 \cdot x} = (2 \cdot x)^{1/x}$ wird mittels logarithmischer Differenziation bestimmt.

Zunächst wird die Funktion $y = f(x) = (2 \cdot x)^{1/x}$ logarithmiert.
Es entsteht die neue Gleichung

$$(*.1) \quad \ln y = \tfrac{1}{x} \cdot \ln(2x).$$

Diese Gleichung (*.1) wird auf beiden Seiten nach x differenziert

$$(*.2) \quad \frac{d}{dx} \ln y = \frac{d}{dx}(\tfrac{1}{x} \cdot \ln(2x)).$$

Die Ableitung $\frac{d}{dx} \ln y$ ergibt laut Kettenregel $\frac{1}{y} \cdot y'$. In diesem Ausdruck ist $\frac{1}{y}$ bekannt und y' die gesuchte Größe.

Die rechte Seite von (*.2) $\frac{d}{dx}(\tfrac{1}{x} \cdot \ln(2x))$ ist nach der Produktregel zu differenzieren.

Die Produktregel lautet

$$(u(x) \cdot v(x))' = u'(x) \cdot v(x) + u(x) \cdot v'(x).$$

Diese Regel muss immer dann benutzt werden, wenn beide Faktoren $u(x)$ und $v(x)$ Funktionen der Unbekannten x sind.

In der Aufgabe sind $u(x)=\frac{1}{x}$ und $v(x)=\ln(2x)$. Die Funktion $u(x)=\frac{1}{x}$ ist eine bekannte Grundfunktion und wird nach der Regel $y=x^n$ mit $y'=n\cdot x^{n-1}$ differenziert.
Die Funktion $v(x)=\ln(2x)$ ist eine mittelbare Funktion und kann nach der Kettenregel differenziert werden.
Beide Faktoren

$$(\#.1)\qquad u(x)=\frac{1}{x}=x^{-1} \text{ und } v(x)=\ln(2x)=\ln 2+\ln x$$

sind Funktionen, deren Ableitungen

$$(\#.2)\qquad u'(x)=-x^{-2}=-\frac{1}{x^2} \text{ und } v'(x)=\frac{1}{x}$$

bekannt sind.
Die Ausdrücke (#.1) und (#.2) werden in die Produktregel eingesetzt

$$u'(x)\cdot v(x)+u(x)\cdot v'(x) = -\frac{1}{x^2}\cdot\ln(2x)+\frac{1}{x}\cdot\frac{1}{x}\ .$$

Die Ableitungen werden für weitergehende Berechnungen benötigt, deshalb ist es zweckmäßig unübersichtliche Ausdrücke zu vereinfachen
Die erste Ableitung heißt

$$(\#.3)\quad u'(x)\cdot v(x)+u(x)\cdot v'(x) = \frac{1}{x^2}\cdot(1-\ln(2x))\,.$$

Jetzt können die Lösungen der linken Seite und der rechten Seite von (*.2) in die Gleichung eingesetzt werden

$$(*.3)\quad \frac{1}{y}\cdot y' = \frac{1}{x^2}\cdot(1-\ln(2x))\,.$$

Die Gleichung (*.3) kann durch Multiplikation mit y nach y' aufgelöst werden

$$y'=f'(x)=\left[\frac{1}{x^2}\cdot(1-\ln(2x))\right]\cdot\sqrt[x]{2\cdot x} = \frac{\sqrt[x]{2\cdot x}}{x^2}\cdot(1-\ln(2\cdot x))\,.$$

Stationäre Punkte werden durch Nullsetzen der ersten Ableitung bestimmt

$$(*.4)\quad f'(x)=\frac{\sqrt[x]{2\cdot x}}{x^2}\cdot(1-\ln(2\cdot x))=0.$$

Die Gleichung (*.4) ist dann erfüllt, wenn $1-\ln(2\cdot x)=0$ ist, da der Faktor $\frac{\sqrt[x]{2\cdot x}}{x^2}\neq 0$ für $x>0$ immer ungleich null ist.
Aus $1-\ln(2\cdot x)=0$ entsteht durch Umformen

$$1=\ln(2\cdot x)\,,\ e^1=e^{\ln(2x)}\,,\ e=2x$$

$$(*.5)\quad x=\frac{e}{2}.$$

Aus der Gleichung (*.4) kann nur eine Lösung (ein stationärer Punkt) $x_S=\frac{e}{2}$ bestimmt werden.

Der Nachweis vorhandener Extremwerte wird mit der hinreichenden Bedingung geführt. Hierfür muss die zweite Ableitung gebildet werden.

Die zweite Ableitung wird wiederum mit der Produktregel bestimmt.
Hierfür wird die erste Ableitung

$$y' = \frac{\sqrt[x]{2 \cdot x}}{x^2} \cdot (1 - \ln(2 \cdot x)) = \sqrt[x]{2 \cdot x} \cdot \frac{1 - \ln(2 \cdot x)}{x^2}$$

in die beiden Faktoren

$$(\#.3) \qquad U(x) = \sqrt[x]{2 \cdot x} \text{ und } V(x) = \frac{1 - \ln(2 \cdot x)}{x^2}$$

zerlegt.

Die Ableitung von $U(x)$ ist bekannt, sie entspricht (*.4) $U'(x) = \frac{\sqrt[x]{2 \cdot x}}{x^2} \cdot (1 - \ln(2 \cdot x))$.

Die Ableitung von $V(x)$ wird mit der Quotientenregel bestimmt mit

$$(\#.4) \quad u(x) = 1 - \ln(2 \cdot x) = 1 - \ln 2 - \ln x \text{ und } v(x) = x^2.$$

Die zugehörigen Ableitungen sind

$$(\#.5) \qquad u'(x) = -\frac{1}{x} \text{ und } v'(x) = 2x.$$

Die Ausdrücke (#.4) und (#.5) werden in die Quotientenregel eingesetzt

$$\frac{u'(x) \cdot v(x) + u(x) \cdot v'(x)}{(v(x))^2} = \frac{-\frac{1}{x} \cdot x^2 - (1 - \ln(2 \cdot x)) \cdot 2 \cdot x}{(x^2)^2}.$$

Die Ableitung wird für weitere Berechnungen benötigt, deshalb ist es zweckmäßig den unübersichtlichen Ausdruck zu vereinfachen

$$\frac{-\frac{x^2}{x} - (1 - \ln(2 \cdot x)) \cdot 2 \cdot x}{x^4} = \frac{-x - (1 - \ln(2 \cdot x)) \cdot 2 \cdot x}{x^4} = \frac{x \cdot (-1 - 2(1 - \ln(2 \cdot x))}{x^4} = \frac{-3 + 2 \cdot \ln(2 \cdot x)}{x^3}.$$

Die Ableitung $V'(x)$ heißt

$$(\#.5) \quad V'(x) = \frac{-3 + 2 \cdot \ln(2 \cdot x)}{x^3}.$$

Die Ausdrücke für $U(x)$, $V(x)$ sowie $U'(x)$ und $V'(x)$ werden in die Produktregel

$$y'' = (U(x) \cdot V(x))' = U'(x) \cdot V(x) + U(x) \cdot V'(x)$$

eingesetzt

$$(*.5) \quad y'' = \frac{\sqrt[x]{2 \cdot x}}{x^2} \cdot (1 - \ln(2 \cdot x)) \cdot \frac{1 - \ln(2 \cdot x)}{x^2} + \sqrt[x]{2 \cdot x} \cdot \frac{-3 + 2 \cdot \ln(2 \cdot x)}{x^3}.$$

Die zweite Ableitung wird zur besseren Übersicht umgeformt

$$(*.6) \quad y'' = f''(x) = \sqrt[x]{2 \cdot x} \cdot \left[\frac{(1 - \ln(2 \cdot x))^2}{x^4} + \frac{-3 + 2 \cdot \ln(2 \cdot x)}{x^3} \right].$$

Für den Nachweis eines Extremwertes (Minimum oder Maximum) ist der stationäre Punkt $x_S = \frac{e}{2}$ in die zweite Ableitung einzusetzen.

Es gibt drei mögliche Ergebnisse:

1. $f''(x_S) = 0$: für den Nachweis werden weitere Ableitungen benötigt,
2. $f''(x_S) < 0$: es liegt ein Maximum vor oder
3. $f''(x_S) > 0$: es liegt ein Minimum vor.

Der stationäre Punkt wird in die zweite Ableitung eingesetzt

$$f''(\tfrac{e}{2}) = \sqrt[\frac{e}{2}]{2 \cdot \tfrac{e}{2}} \cdot \left[\frac{(1-\ln(2\cdot\frac{e}{2}))^2}{(\frac{e}{2})^4} + \frac{-3+2\cdot\ln(2\cdot\frac{e}{2})}{(\frac{e}{2})^3} \right].$$

Ist $f''(x_s) = 0$? Wenn die Antwort nein ist, muss das Vorzeichen bestimmt werden.

Der Ausdruck $\sqrt[\frac{e}{2}]{2 \cdot \frac{e}{2}} = \sqrt[\frac{e}{2}]{2 \cdot e} > 0$ ist größer als null.

Der Ausdruck $\dfrac{(1-\ln(2\cdot\frac{e}{2}))^2}{(\frac{e}{2})^4} = \dfrac{(1-\ln(e))^2}{(\frac{e}{2})^4} = \dfrac{(1-1)^2}{(\frac{e}{2})^4} = 0$ ist gleich null.

Der Ausdruck $\dfrac{-3+2\ln(2\cdot\frac{e}{2})}{(\frac{e}{2})^3} = \dfrac{-3+2\ln(e)}{(\frac{e}{2})^3} = \dfrac{-3+2}{(\frac{e}{2})^3} < 0$ ist kleiner als null.

Die zweite Ableitung $f''(\frac{e}{2}) \neq 0$ ist nicht null, denn der Faktor vor der eckigen Klammer ist größer als null und die Summe in der eckigen Klammer ist kleiner als null. Als Ergebnis für $f''(\frac{e}{2})$ ergibt sich folglich ein Wert kleiner als null $f''(\frac{e}{2}) < 0$. Der Wert ist $f''(\frac{e}{2}) = -0{,}831...$

An der Stelle $x_s = \dfrac{e}{2}$ ist die zweite Ableitung kleiner als null. Diese Stelle ist ein Maximum.

Die Koordinaten (Funktionswerte) des Extremwertes werden durch Einsetzen des stationären Punktes in die Ausgangsfunktion ermittelt.

Es ergibt sich mit $f(\frac{e}{2}) = 2{,}087065...$ als Extrempunkt ein Maximum $P_{max}(1{,}359...; 2{,}087...)$.

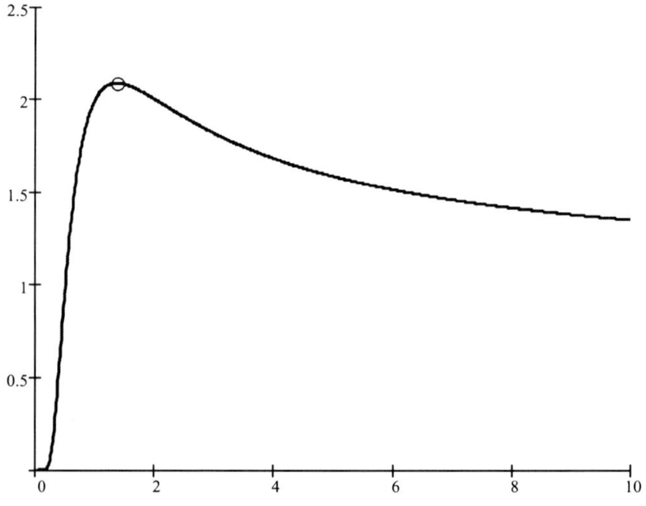

Bild 1.6.1 berechnetes Maximum der Funktion

Aufgabe 6.2

Man untersuche die Funktion $f(x) = x^4 \cdot e^{3-x}$ auf lokale Extremwerte.

Lösung

Für lokale Extremwerte von stetigen und differenzierbaren Funktionen gilt die **notwendige Bedingung.**

Besitzt eine stetige Funktion $y = f(x)$ an der Stelle $x_E \subset (a,b)$ ein (lokales oder globales) Extremum (Minimum oder Maximum) und ist sie in x_E differenzierbar, so ist die erste Ableitung $f'(x_E) = 0$ an der Stelle x_E gleich null.

Der Nachweis über ein Minimum oder Maximum kann mit der **hinreichenden Bedingung** für Extremwerte geführt werden.

Eine stetige Funktion $y = f(x)$ sei in x_0 und der Umgebung $U(x_0)$ mindestens n-mal $(n \geq 2)$ differenzierbar und $f^{(n)}(x_0)$ dort stetig.
Für die Ableitungen gelte

$$f'(x_0) = f''(x_0) = \cdots = f^{(n-1)}(x_0) = 0 \text{ und } f^{(n)}(x_0) \neq 0 \ .$$

Ist $f^{(n)}(x_0) < 0$ und n eine gerade Zahl liegt ein lokales Maximum vor, ist $f^{(n)}(x_0) > 0$ existiert ein lokales Minimum.

Die stationären Punkte werden mit Hilfe der ersten Ableitung $f'(x)$ der Funktion $f(x)$ bestimmt.
Die erste Ableitung der Funktion $f(x) = x^4 \cdot e^{3-x}$ wird mittels Produktregel bestimmt.

Die Produktregel lautet

$$y' = (u(x) \cdot v(x))' = u'(x) \cdot v(x) + u(x) \cdot v'(x) .$$

Diese Regel muss immer dann benutzt werden, wenn beide Faktoren $u(x)$ und $v(x)$ Funktionen der Unbekannten x sind.

In der Aufgabe sind $u(x) = x^4$ und $v(x) = e^{3-x}$. Die Funktion $u(x) = x^4$ ist eine bekannte Grundfunktion und wird nach der Regel $y = x^n$ mit $y' = n \cdot x^{n-1}$ differenziert.

Die Funktion $v(x) = e^{3-x}$ ist eine mittelbare Funktion und wird nach der Kettenregel differenziert.
Beide Faktoren

$$(\#.1) \qquad u(x) = x^4 \text{ und } v(x) = e^{3-x}$$

sind Funktionen, deren Ableitungen

$$(\#.2) \qquad u'(x) = 4x^3 \text{ und } v'(x) = -e^{3-x}$$

bekannt sind.

Die Ausdrücke (#.1) und (#.2) werden in die Produktregel eingesetzt

$$y' = u'(x) \cdot v(x) + u(x) \cdot v'(x) \ = \ 4x^3 \cdot e^{3-x} - x^4 \cdot e^{3-x} \ .$$

Die Ableitungen werden für weitergehende Berechnungen benötigt, deshalb ist es zweckmäßig, unübersichtliche Ausdrücke zu vereinfachen

Die erste Ableitung heißt

$$(*.1)\quad f'(x) = (4x^3 - x^4)\cdot e^{3-x}.$$

Stationäre Punkte werden durch Nullsetzen der ersten Ableitung bestimmt

$$(*.2)\quad f'(x) = (4x^3 - x^4)\cdot e^{3-x} = 0.$$

Die Gleichung (*.2) ist dann erfüllt, wenn $(4x^3 - x^4) = 0$ ist, da der Faktor $e^{3-x} \neq 0$ immer ungleich null ist.
Aus $4x^3 - x^4 = 0$ entsteht durch Umformen

$$(*.3)\quad x^3 \cdot (4 - x) = 0.$$

Aus der Gleichung (*.3) können vier Lösungen $x_{1,2,3} = 0$ und $x_4 = 4$ bestimmt werden. Diese vier x-Werte werden stationäre Punkte genannt. Die Stelle $x_{1,2,3} = 0$ ist eine 3-fach Lösung und stellt einen stationären Punkt dar.
Der Nachweis vorhandener Extremwerte wird mit der hinreichenden Bedingung geführt. Hierfür muss die zweite Ableitung gebildet werden.

Die zweite Ableitung wird wiederum mit der Produktregel bestimmt.
Beide Faktoren

$$(\#.3)\qquad u(x) = 4x^3 - x^4 \text{ und } v(x) = e^{3-x}$$

sind Funktionen, deren Ableitungen

$$(\#.4)\qquad u'(x) = 12x^2 - 4x^3 \text{ und } v'(x) = -e^{3-x}$$

bekannt sind.
Die Ausdrücke (#.3) und (#.4) werden in die Produktregel eingesetzt

$$y' = u'(x)\cdot v(x) + u(x)\cdot v'(x) = (12x^2 - 4x^3)\cdot e^{3-x} - (4x^3 - x^4)\cdot e^{3-x}.$$

Die Ableitungen werden für weitergehende Berechnungen benötigt, deshalb ist es zweckmäßig, unübersichtliche Ausdrücke zu vereinfachen

Die zweite Ableitung heißt

$$(*.4)\quad f''(x) = (12x^2 - 8x^3 + x^4)\cdot e^{3-x}.$$

Die stationären Punkte werden in die zweite Ableitung eingesetzt

$$f''(0) = 0 \text{ und } f''(4) = -23{,}54\ldots$$

An der Stelle $x_4 = 4$ ist die zweite Ableitung kleiner als null. Diese Stelle ist ein Maximum.

An der Stelle $x_{1,2,3} = 0$ ist die zweite Ableitung gleich null. Somit konnte kein Nachweis über einen etwa vorhandenen Extremwert geführt werden.
Der Nachweis muss mit höheren Ableitungen geführt werden.

Die dritte und vierte Ableitung werden ebenfalls mit der Produktregel bestimmt. Sie lauten

$$f'''(x) = (24x - 36x^2 + 12x^3 - x^4) \cdot e^{3-x} \text{ und } f^{(4)}(x) = (24 - 96x + 72x^2 - 16x^3 + x^4) \cdot e^{3-x}.$$

Für $x = 0$ ergeben sich $f'''(0) = 0$ und $f^{(4)}(0) = 482{,}053...$

Die ersten drei Ableitungen sind null. Die vierte Ableitung ist eine gerade Ableitung und ist größer als null. Somit liegt an der Stelle $x = 0$ ein Minimum vor.

Die Koordinaten (Funktionswerte) der Extremwerte werden durch Einsetzen der stationären Punkte in die Ausgangsfunktion ermittelt.

Es ergeben sich mit $f(0) = 0$ und $f(4) = 94{,}177136$ als Extrempunkte ein Minimum $P_{min}(0; 0)$ und ein Maximum $P_{max}(4; 94{,}177...)$.

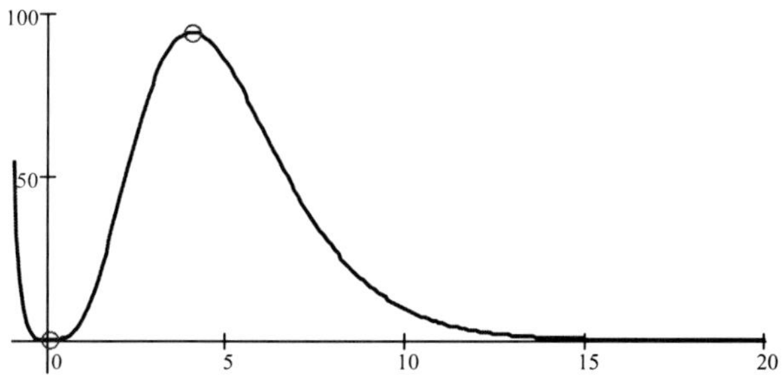

Bild 1.6.2 Extremwerte der Funktion

Aufgabe 7.1

Man berechne das bestimmte Integral $\int_0^2 \sqrt[3]{4-2x}dx$.

Lösung

Das bestimmte Integral

$$(\#.1) \quad \int_0^2 \sqrt[3]{4-2x}dx$$

wird als Fläche zwischen der Funktion $f(x)$ und der x-Achse im Intervall von $a \le x \le b$ interpretiert.

Zur Berechnung wird der Hauptsatz der Integralrechnung verwendet.
Ist die Funktion $f(x)$ im abgeschlossenen Intervall $[a,b]$ stetig und die Funktion $F(x)$ eine Stammfunktion von $f(x)$, dann gilt

$$\int_a^b f(x)\,dx = F(b) - F(a) .$$

Die Fläche kann exakt berechnet werden, wenn die Stammfunktion des Integranden gefunden werden kann.
Die Stammfunktion wiederum wird durch unbestimmte Integration bestimmt.

Die Art und Weise der unbestimmten Integration richtet sich nach der Form des Integranden. In dieser Aufgabe ist der Integrand $f(x) = \sqrt[3]{4-2x} = (4-2x)^{1/3}$ eine mittelbare Funktion der Art $f(g(x))$.

Die innere Funktion $g(x) = 4-2x$ ist eine lineare Funktion.
Die äußere Funktion $f(\cdot)$ kann integriert werden, wenn der Ausdruck eine Grundfunktion ist.

Diese Aufgabe wird mittels linearer Substitution gelöst. Was heißt lineare Substitution?

Zunächst wird die Aufgabe unbestimmt behandelt, die Grenzen werden weg gelassen.

Die innere Funktion $g(x) = 4-2x$ wird durch $t = 4-2x$ ersetzt. Das führt auf die äußere Funktion $f(t) = t^{1/3}$, die ein Grundintegral t^n für t ist.

Der Integrand heißt jetzt $f(t)$ somit muss auch das Differenzial dx angepasst werden.

Die Ableitung $\frac{dt}{dx} = \frac{d}{dx}(4-2x) = -2$ wird als Nebenrechnung ausgeführt.
In dem Ausdruck $\frac{dt}{dx} = -2$ wird der Differenzialquotient $\frac{dt}{dx}$ wie ein Bruch behandelt. Somit kann die Gleichung $\frac{dt}{dx} = -2$ nach $dx = \frac{dt}{-2}$ umgestellt werden.

Nach diesen Vorbereitungen können die innere Funktion $g(x) = 4 - 2x$ und das Differenzial dx im Ausgangsintegral (#.1) ersetzt werden

$$(\#.2)\quad \int \sqrt[3]{4-2x}\,dx = \int \sqrt[3]{t}\,\frac{dt}{-2}.$$

Das unbestimmte Integral (#.2) ist ein Grundintegral mit einen konstanten Faktor[7]

$$(\#.3)\quad \frac{1}{-2}\int t^{1/3}\,dt = \frac{1}{-2}\,\frac{t^{4/3}}{4/3} = \frac{-3}{2\cdot 4}\sqrt[3]{t^4} + C,$$

deren Lösung ermittelt werden kann.

Die ursprüngliche Aufgabe (#.1) ist teilweise – als unbestimmtes Integral – gelöst. Die Stammfunktion ist ermittelt.

In der Gleichung (#.2) müssen die Grenzen der beiden Integrale diskutiert werden. In dieser Gleichung gibt es zwei Integrale mit unterschiedlichen Differenzialen. Das linke Integral wird nach x integriert, während das rechte Integral nach t zu integrieren ist.

Die Grenzen für das linke Integral sind bekannt. Die Grenzen für das rechte Integral werden durch Anwenden der Substitution $t = 4 - 2x$ ermittelt.

Die untere Grenze t_u ergibt sich durch Einsetzen von $a = x_u$ und die obere Grenze t_o ergibt sich durch Einsetzen von $b = x_o$ in diese Transformationsformel. Die neuen Grenzen heißen $t_u = 4 - 2\cdot 0 = 4$ und $t_o = 4 - 2\cdot 2 = 0$.

Mit den berechneten Grenzen kann die Gleichung (#.2) jetzt vollständig aufgeschrieben werden

$$(\#.4)\quad \int_0^2 \sqrt[3]{4-2x}\,dx = \frac{-1}{2}\int_4^0 \sqrt[3]{t}\,dt.$$

Die Anwendung des Hauptsatzes der Integralrechnung führt auf[8]

$$\frac{-1}{2}\int_4^0 \sqrt[3]{t}\,dt = \frac{-3}{2\cdot 4}\left[\sqrt[3]{t^4}\right]_4^0 = \frac{-3}{8}\left[\sqrt[3]{0} - \sqrt[3]{4^4}\right] = \frac{3\cdot\sqrt[3]{4}}{2}.$$

---

[7] $c\cdot\int t^n\,dt = c\cdot\frac{t^{n+1}}{n+1} + C$

[8] $\sqrt[3]{4^4} = \sqrt[3]{2^8} = 4\cdot\sqrt[3]{4}$

Aufgabe 7.2

Man berechne das bestimmte Integral $\int_0^{\pi} x^2 \sin(x)dx$.

Lösung

Das bestimmte Integral

$$(\#.1) \quad \int_0^{\pi} x^2 \sin(x)dx = \int_a^b f(x)\, dx$$

wird als Fläche zwischen der Funktion $f(x)$ und der x-Achse im Intervall von $a \le x \le b$ interpretiert.

Zur Berechnung wird der Hauptsatz der Integralrechnung verwendet.
Ist die Funktion $f(x)$ im abgeschlossenen Intervall $[a,b]$ stetig und die Funktion $F(x)$ eine Stammfunktion von $f(x)$, dann gilt

$$\int_a^b f(x)\, dx = F(b) - F(a).$$

Die Fläche kann exakt berechnet werden, wenn die Stammfunktion des Integranden gefunden werden kann. Die Stammfunktion wiederum wird durch unbestimmte Integration bestimmt

$$(\#.2) \quad \int_0^{\pi} x^2 \sin(x)dx = F(\pi) - F(0).$$

Die Art und Weise der unbestimmten Integration richtet sich nach der Form des Integranden.

Aus der Produktregel der Differenzialrechnung lässt sich die partielle Integration ableiten.

Aus $\int \frac{d(u(x) \cdot v(x))}{dx} dx = \int u'(x) \cdot v(x)dx + \int u(x) \cdot v'(x)dx$ folgt

$$(*.1) \quad \int u'(x) \cdot v(x)dx = u(x) \cdot v(x) - \int u(x) \cdot v'(x)dx$$

oder

$$(*.2) \quad \int u(x) \cdot v'(x)dx = u(x) \cdot v(x) - \int u'(x) \cdot v(x)dx.$$

Ist die Stammfunktion $v(x)$ von $v'(x)$ bekannt und ist $u(x)$ eine differenzierbare Funktion, so gilt die Gleichung

$$\int u(x) \cdot v'(x)dx = u(x) \cdot v(x) - \int u'(x) \cdot v(x)dx .$$

Der Integrand besteht aus dem Produkt zweier Funktionen z.B. $u(x)$ und $v'(x)$ (oder $u'(x)$ und $v(x)$), von denen einer zu integrieren und der andere zu differenzieren ist, um die rechte Seite der Gleichung zu bilden. Es wird also nur ein Teil des Integranden integriert. Nach der teilweisen Integration entsteht ein anderes Integral, das vielleicht ein Grundintegral ist oder durch andere Integrationsmethoden gelöst werden kann.

Der Integrand von $\int x^2 \sin x\,dx$ besteht als Produkt zweier Funktionen von x, die jede für sich differenziert und integriert werden können. Das ist ein Hinweis darauf, dass dieses Integral eventuell mit der partiellen Integration gelöst werden kann.

Bei der Wahl von $u(x) = x^2$ und $v'(x) = \sin x$ entstehen nach dem Differenzieren $u'(x) = 2x$ und dem Integrieren $v(x) = -\cos x$.
Diese vier Teilergebnisse werden in die Formel (*.2) eingesetzt

$$\int x^2 \sin x\,dx = -x^2 \cdot \cos x - \int 2x(-\cos x)dx = -x^2 \cdot \cos x + 2\int x \cdot \cos x\,dx$$

oder

$$(\#.3) \quad \int x^2 \sin x\,dx = -x^2 \cdot \cos x + 2\int x \cdot \cos x\,dx .$$

Nach der partiellen Integration ist auf der rechten Seite der Gleichung (#.3) ein neues Integral entstanden, das ebenfalls zu lösen ist.
Der Integrand von $\int x \cdot \cos x\,dx$ besteht als Produkt zweier Funktionen von x, die jede für sich differenziert und integriert werden können.
Bei der Wahl von $u(x) = x$ und $v'(x) = \cos x$ entstehen nach dem Differenzieren $u'(x) = 1$ und dem Integrieren $v(x) = \sin x$.
Diese vier Teilergebnisse werden in die Gleichung (#.3) für das Integral $\int x \cdot \cos x\,dx$ nach der Regel (*.2) eingesetzt

$$= -x^2 \cdot \cos x + 2\left[x \cdot \sin x - \int 1 \cdot \sin x\,dx\right]$$

$$(\#.4) \quad = -x^2 \cdot \cos x + 2x \cdot \sin x - 2\int \sin x\,dx .$$

Nach der partiellen Integration ist auf der rechten Seite der Gleichung (#.4) ein neues Integral entstanden, das ebenfalls zu lösen ist. Die beiden partiellen Integrale haben zu einer deutlichen Vereinfachung des Restintegrals $\int \sin x\,dx$ geführt.
Dieses Integral ist als Grundintegral bekannt und kann sofort gelöst werden

$$\int x^2 \sin x\,dx = -x^2 \cdot \cos x + 2x \cdot \sin x - 2(-\cos x) + C$$

oder

$$= -x^2 \cdot \cos x + 2x \cdot \sin x + 2\cos x + C.$$

Durch die unbestimmte Integration konnte eine Stammfunktion

$$(\#.5) \quad F(x) = -x^2 \cdot \cos x + 2x \cdot \sin x + 2\cos x + C$$

ermittelt werden.

Das Integral (#.2) kann durch Anwenden der Stammfunktion (#.5)

$$\int_0^{\pi} x^2 \sin(x)dx = F(\pi) - F(0)$$

bestimmt werden.

Das bestimmte Integral ergibt sich nach

$$\int_0^{\pi} x^2 \sin(x)dx = \left[-x^2 \cdot \cos x + 2x \cdot \sin x + 2\cos x\right]_0^{\pi}$$

durch Einsetzen der Grenzen in die Stammfunktion und bilden der Differenz von beiden. Bei der Differenzbildung verschwindet die Integrationskonstante C.

$$F(\pi) - F(0) = \left[-\pi^2 \cdot \cos\pi + 2\pi \cdot \sin\pi + 2\cos\pi\right] - \left[-0^2 \cdot \cos 0 + 2 \cdot 0 \cdot \sin 0 + 2\cos 0\right]$$

$$= \pi^2 - 2 - 2 = 5{,}8696\ldots$$

Das Integral[9] $\int_0^{\pi} x^2 \sin(x)dx$ ergibt den Wert 5,8696…

Diese Zahl 5,8696… ist ein Maß für die Fläche zwischen der Funktion $f(x) = x^2 \cdot \sin x$ und der x-Achse im Intervall $0 \le x \le \pi$. Die Funktion $f(x) = x^2 \cdot \sin x$ besitzt an den Stellen $x = 0$ und $x = \pi$ Nullstellen, so dass die Fläche in dem unten stehenden Bild eindeutig erkennbar ist.

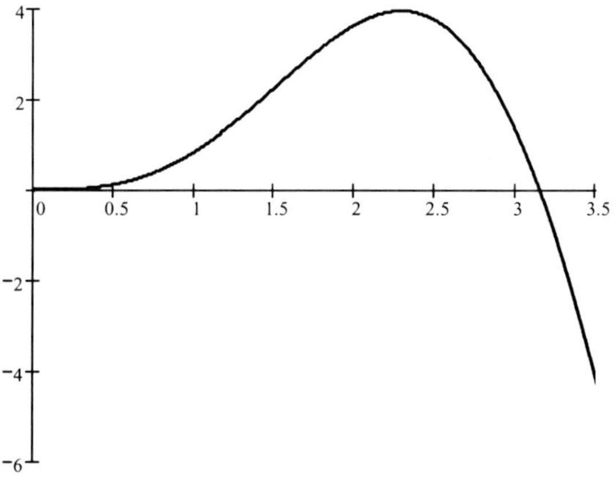

Bild 1.7.2 Fläche zwischen der Funktion und der x-Achse

[9] Bei der Berechnung der Ausdrücke ist zu beachten, dass am Rechner das Winkelmaß für die trigonometrischen Funktionen auf Bogenmaß (rad) eingestellt ist. Bei Einstellungen von Grad oder Neugrad werden falsche Funktionswerte berechnet.

Aufgabe 7.3

Man berechne das bestimmte Integral $\int\limits_{\frac{\pi}{2}}^{\frac{3\pi}{2}} e^x \cdot \cos(x)dx$.

Lösung

Das bestimmte Integral

$$(\#.1) \quad \int\limits_{\frac{\pi}{2}}^{\frac{3\pi}{2}} e^x \cdot \cos(x)dx = \int\limits_a^b f(x)\,dx$$

wird als Fläche zwischen der Funktion $f(x)$ und der x-Achse im Intervall von $a \le x \le b$ interpretiert.

Zur Berechnung wird der Hauptsatz der Integralrechnung verwendet.
Ist die Funktion $f(x)$ im abgeschlossenen Intervall $[a,b]$ stetig und die Funktion $F(x)$ eine Stammfunktion von $f(x)$, dann gilt

$$\int\limits_a^b f(x)\,dx = F(b) - F(a).$$

Die Fläche kann exakt berechnet werden, wenn die Stammfunktion des Integranden gefunden werden kann. Die Stammfunktion wiederum wird durch unbestimmte Integration bestimmt

$$(\#.2) \quad \int\limits_{\frac{\pi}{2}}^{\frac{3\pi}{2}} e^x \cdot \cos(x)dx = F(\tfrac{3\pi}{2}) - F(\tfrac{\pi}{2}).$$

Die Art und Weise der unbestimmten Integration richtet sich nach der Form des Integranden.

Aus der Produktregel der Differenzialrechnung lässt sich die partielle Integration ableiten.

Aus $\int \frac{d(u(x) \cdot v(x))}{dx} dx = \int u'(x) \cdot v(x)dx + \int u(x) \cdot v'(x)dx$ folgt

$$(*.1) \quad \int u'(x) \cdot v(x)dx = u(x) \cdot v(x) - \int u(x) \cdot v'(x)dx$$

oder

$$(*.2) \quad \int u(x) \cdot v'(x)dx = u(x) \cdot v(x) - \int u'(x) \cdot v(x)dx.$$

Ist die Stammfunktion $v(x)$ von $v'(x)$ bekannt und ist $u(x)$ eine differenzierbare Funktion, so gilt die Gleichung

$$\int u(x) \cdot v'(x)dx = u(x) \cdot v(x) - \int u'(x) \cdot v(x)dx \; .$$

Der Integrand besteht aus dem Produkt zweier Funktionen z.B. $u(x)$ und $v'(x)$ (oder $u'(x)$ und $v(x)$), von denen einer zu integrieren und der andere zu differenzieren ist, um die rechte Seite der Gleichung zu bilden. Es wird also nur ein Teil des Integranden integriert. Nach der teilweisen Integration entsteht ein anderes Integral, das vielleicht ein Grundintegral ist oder durch andere Integrationsmethoden gelöst werden kann.

Der Integrand von $\int e^x \cos x\,dx$ besteht als Produkt zweier Funktionen von x, die jede für sich differenziert und integriert werden können. Das ist ein Hinweis darauf, dass dieses Integral eventuell mit der partiellen Integration gelöst werden kann.

Bei der Wahl von $u(x) = e^x$ und $v'(x) = \cos x$ entstehen nach dem Differenzieren $u'(x) = e^x$ und dem Integrieren $v(x) = \sin x$.
Diese vier Teilergebnisse werden in die Formel (*.2) eingesetzt

$$(\#.3)\quad \int e^x \cos x\,dx = e^x \cdot \sin x - \int e^x \sin x\,dx\ .$$

Nach der partiellen Integration ist auf der rechten Seite der Gleichung (#.3) ein neues Integral entstanden, das ebenfalls zu lösen ist.
Der Integrand von $\int e^x \sin x\,dx$ besteht als Produkt zweier Funktionen von x, die jede für sich differenziert und integriert werden können.

Bei der Wahl von $u(x) = e^x$ und $v'(x) = \sin x$ entstehen nach dem Differenzieren $u'(x) = e^x$ und dem Integrieren $v(x) = -\cos x$.
Diese vier Teilergebnisse werden in die Gleichung (#.3) für das Integral $\int e^x \sin x\,dx$ nach der Regel (*.2) eingesetzt

$$= e^x \cdot \sin x - [e^x(-\cos x) - \int e^x(-\cos x)dx]$$

oder

$$(\#.4)\quad \int e^x \cos x\,dx = e^x \cdot \sin x + e^x \cos x - \int e^x \cos x\,dx\ .$$

Nach zwei partiellen Integrationen ist auf der rechten Seite der Gleichung (#.4) das ursprüngliche Integral noch einmal entstanden.
Die beiden Integrale $\int e^x \cos x\,dx$ können zusammengefasst werden

$$2 \cdot \int e^x \cos x\,dx = e^x \cdot \sin x + e^x \cos x$$

oder

$$\int e^x \cos x\,dx = \frac{e^x \cdot \sin x + e^x \cos x}{2} + C.$$

Durch die unbestimmte Integration konnte eine Stammfunktion

$$(\#.5)\quad F(x) = \frac{e^x}{2} \cdot (\sin x + \cos x) + C$$

ermittelt werden.

Das Integral (#.2) kann durch Anwenden der Stammfunktion (#.5)

$$\int_{\frac{\pi}{2}}^{\frac{3\pi}{2}} e^x \cdot \cos(x)dx = F(\tfrac{3\pi}{2}) - F(\tfrac{\pi}{2})$$

bestimmt werden.

Das bestimmte Integral ergibt sich nach

$$\int_{\frac{\pi}{2}}^{\frac{3\pi}{2}} e^x \cdot \cos(x)dx = \left[\frac{e^x}{2}\cdot(\sin x + \cos x)\right]_{\frac{\pi}{2}}^{\frac{3\pi}{2}}$$

durch Einsetzen der Grenzen in die Stammfunktion und bilden der Differenz von beiden. Bei der Differenzbildung verschwindet die Integrationskonstante C.

$$F(\tfrac{3\pi}{2}) - F(\tfrac{\pi}{2}) = \frac{e^{\frac{3\pi}{2}}}{2}\cdot(\sin\tfrac{3\pi}{2} + \cos\tfrac{3\pi}{2}) - \frac{e^{\frac{\pi}{2}}}{2}\cdot(\sin\tfrac{\pi}{2} + \cos\tfrac{\pi}{2})$$

$$= \frac{e^{\frac{3\pi}{2}}}{2}\cdot(-1+0) - \frac{e^{\frac{\pi}{2}}}{2}\cdot(1+0) = -58{,}0641\ldots$$

Das Integral[10] $\int_{\frac{\pi}{2}}^{\frac{3\pi}{2}} e^x \cdot \cos(x)dx$ ergibt den Wert $-58{,}0641\ldots$

Diese Zahl $-58{,}0641\ldots$ist ein Maß für die Fläche zwischen der Funktion $f(x) = e^x \cdot \cos x$ und der x-Achse im Intervall $\frac{\pi}{2} \le x \le \frac{3\pi}{2}$. Das Vorzeichen − weist darauf hin, dass die berechnete Fläche unterhalb der x-Achse liegt.

Das Integral $\int_a^b f(x)\,dx$ im unten stehenden Bild ist positiv, während das Integral $\int_b^c f(x)\,dx$ ein negatives Vorzeichen erhält.

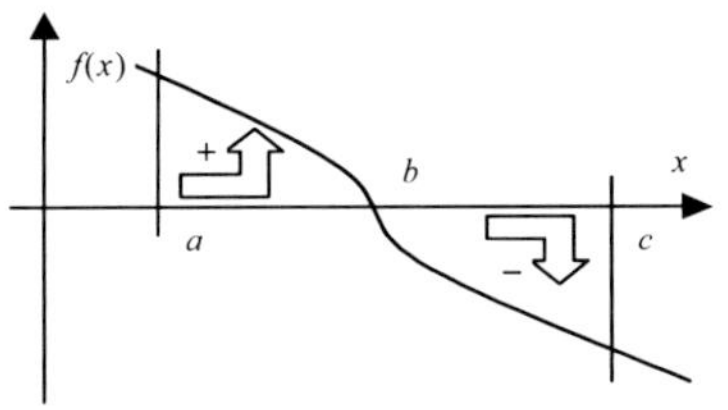

Bild 1.7.3a Vorzeichenregel bei bestimmten Integralen

Der Vorzeichenwechsel muss bei Durchlaufen von Nullstellen des Integranden beachtet werden.

---

[10] Bei der Berechnung der Ausdrücke ist zu beachten, dass am Rechner das Winkelmaß für die trigonometrischen Funktionen auf Bogenmaß (rad) eingestellt ist. Bei Einstellungen von Grad oder Neugrad werden falsche Funktionswerte berechnet.

Die Funktion $f(x) = e^x \cdot \cos x$ besitzt an den Stellen $x = \frac{\pi}{2}$ und $x = \frac{3\pi}{2}$ Nullstellen, so dass die berechnete Fläche in dem unten stehenden Bild vollständig unterhalb der x-Achse liegt.

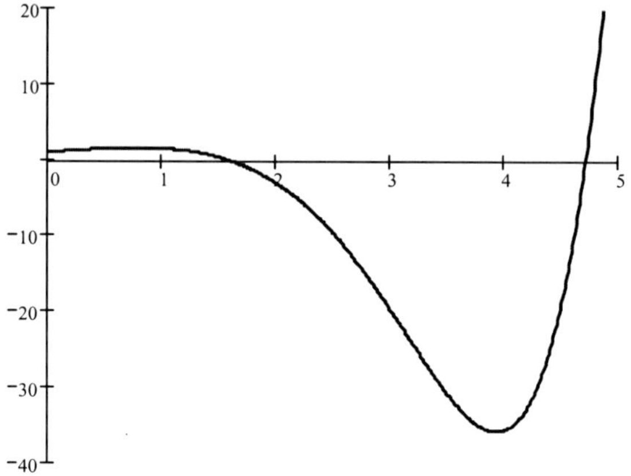

Bild 1.7.3b Fläche zwischen der Funktion und der x-Achse

Aufgabe 7.4

Man bestimme das Integral $\int_1^3 x^2 \cdot e^{2-x}\,dx$ mittels numerischer Verfahren.

Lösung

Es sind verschiedene numerische Verfahren zum Bestimmen von bestimmten Integralen bekannt. Hier sollen zwei dieser Verfahren, die Trapezregel und die Simpsonregel, zur Lösung des Problems herangezogen werden.

In der **Lösungsvariante 1** wird die Trapezregel verwendet.

Das Integral

$$(*.1)\quad \int_a^b f(x)\,dx = \frac{b-a}{n}\left(\frac{f(a)+f(b)}{2} + \sum_{k=1}^{n-1} f(x_k)\right) + R_n$$

kann näherungsweise durch die Summe ersetzt werden.

Der Fehler R_n kann abgeschätzt werden mit $R_n = \frac{(b-a)h^2}{12} f''(\xi)$. Hierbei gilt $a < \xi < b$.

Die Integration der Funktion $f(x)$ wird auf die Summe der Funktionswerte dieser Funktion zurückgeführt.

Praktisch wird das bestimmte Integral als Fläche zwischen der Funktion $f(x) = x^2 \cdot e^{2-x}$ und der x-Achse im Bereich von $1 \le x \le 3$ berechnet.

Die zu bestimmende Fläche wird in schmale Streifen zerlegt. Diese Streifen werden dann als Trapezflächen berechnet. Im Bild ist zu erkennen, dass diese stückweise Linearisierung der Funktion $f(x)$ kleine Verfahrensfehler bei der Berechnung beinhaltet.

Zur Einführung wird die Gesamtfläche in vier Streifen der Breite $h = \frac{b-a}{n} = \frac{3-1}{4} = 0{,}5$ zerlegt.

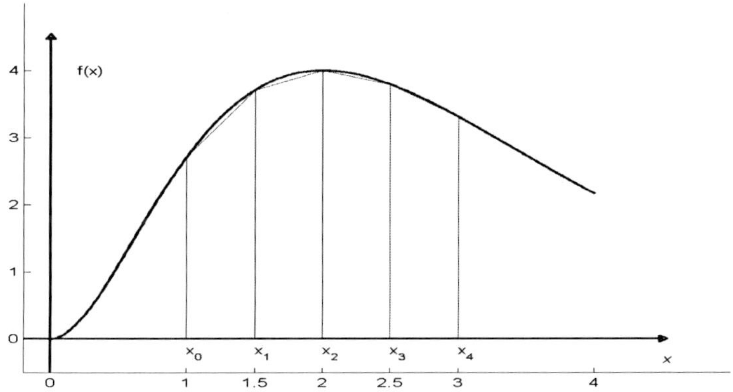

Bild 1.7.4a Fläche unter der Funktion $f(x)$ im Bereich $1 \le x \le 3$

Für die Formel (*.1) werden Stützstellen x_k benötigt, die von 0 beginnend bis n durchnummeriert werden. Für die Berechnung der x_k gilt die Formel $x_k = a + k \cdot h$.

Für den Fall $n = 4$ heißt die Formel (*.1) dann

$$(*.2)\quad \int_a^b f(x)\,dx = \frac{b-a}{4}\left(\frac{f(a)+f(b)}{2} + \sum_{k=1}^{5} f(x_k)\right) + R_n.$$

Sehr übersichtlich können die benötigten Zahlen in einer Tabelle dargestellt werden.

k	x_k	$f(x_k)$
0	1,0	0,906093943
1	1,5	1,85481143
2	2,0	2,666666667
3	2,5	3,159013853
4	3,0	3,310914971

$$(*.3)\quad \int_a^b f(x)\,dx = 0{,}5 \cdot \left(\frac{0{,}906093943 + 3{,}310914971}{2} + \right. \\ \left. + 1{,}85481143 + 2{,}666666667 + 3{,}159013853\right)$$

Aus dieser Summenformel (*.3) ergibt sich der Wert $I_T = 7{,}25751894$.

Jetzt stellt sich die Frage: wie genau ist dieses Ergebnis?

Mit dem Restglied $R_n = \frac{(b-a)h^2}{12} f''(\xi)$ kann die Güte des Ergebnisses geprüft werden. Für die Abschätzung wird die zweite Ableitung $f''(x)$ benötigt.

Die Funktion $f(x) = x^2 \cdot e^{2-x}$ besitzt die Ableitungen

$$f'(x) = (2x - x^2) \cdot e^{2-x} \text{ und } f''(x) = (2 - 4x + x^2) \cdot e^{2-x}.$$

Die zweite Ableitung wird in die Formel für das Restglied eingesetzt.
Die entstandene Formel

$$(*.4)\quad R_n(x) = \frac{(b-a)h^2}{12}(2 - 4x + x^2) \cdot e^{2-x}$$

wird dann für verschiedene x-Werte berechnet.

Für die Abschätzung wird der Betrag des Restgliedes mit dem größten Wert verwendet. Es ergeben sich $R_n(1) = |-0{,}1132617|$, $R_n(1{,}3) = |-0{,}126698|$ und $R_n(3) = |-0{,}015328|$. Der betragsmäßig größte Wert liegt bei 0,126..., d.h. der Wert des Integrals $\int_1^3 x^2 \cdot e^{2-x}\,dx$ liegt zwischen $I_T - 0{,}126$ und $I_T + 0{,}126$.
Das Integral besitzt einen Wert zwischen 7,130 820 und 7,384 217.

Um die Lösung für das Integral etwas präziser zu bestimmen, muss die Schrittweite h verkleinert werden. Die Schrittweite h wird verkleinert, indem die Anzahl der Streifen (oder die Anzahl der Stützstellen) bei der Berechnung erhöht wird.

Für $n = 10$ entsteht die Schrittweite $h = 0{,}2$. Wird das Restglied mit $h = 0{,}2$ berechnet, ergibt sich der größte Wert zu 0,02027... Das bedeutet eine Verbesserung des Resultats für das Integral. Für $n = 20$, also mit der Schrittweite $h = 0{,}1$, ist der Wert des Restgliedes mit 0,00506... noch so groß, dass nur eine Stelle hinter dem Komma als gültig angesehen werden kann.

Für $n = 50$ ergibt sich die Schrittweite $h = 0{,}04$. Für diese Schrittweite erhält man für das Restglied den Wert 0,00081...

Von dem berechneten Wert für das Integral I_T = 7,336 949 04 können nur zwei Stellen hinter dem Komma mit Sicherheit als richtig angenommen werden.

Eine Verkleinerung der Schrittweite zieht nur eine langsame Verbesserung des Resultats nach sich.

In der **Lösungsvariante 2** wird die Simpsonregel verwendet.

Das Integral

$$(\#.1) \quad \int_a^b f(x)\,dx = \frac{b-a}{3n}\left(f(a) + f(b) + 4 \sum_{k=ungerade} f(x_k) + 2 \sum_{k=gerade} f(x_k) \right) + R_n$$

kann näherungsweise durch die Summe ersetzt werden.

Der Fehler R_n kann abgeschätzt werden mit $R_n = \frac{(b-a)h^4}{180} f^{(4)}(\xi)$. Hierbei gilt $a < \xi < b$.

Die zu bestimmende Fläche wird in schmale Streifen zerlegt. Für die Simpsonformel wird das Integrationsintervall in eine gerade Anzahl von Teilintervallen der gleichen Länge zerlegt. Die Kurve der Funktion $f(x)$ wird für jeweils zwei benachbarte Teilintervalle durch eine Parabel ersetzt.

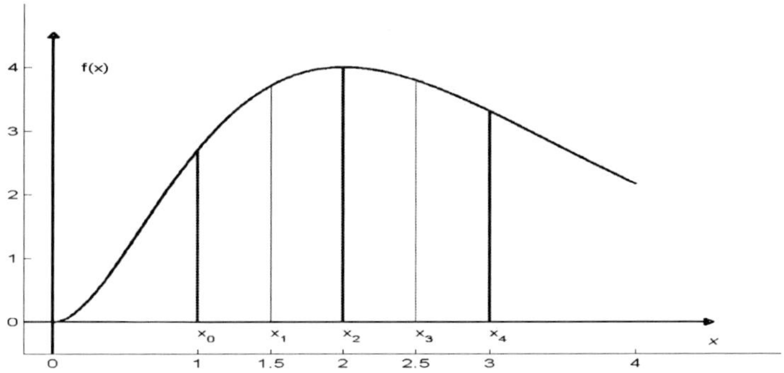

Bild 1.7.4b Fläche unter der Funktion $f(x)$ im Bereich $1 \le x \le 3$

In dem Bild ist kaum ein Unterschied zwischen der gegebenen Funktion $f(x)$ und der Annäherung durch die Parabelstücke zu erkennen.

Vor der Summation der Funktionswerte wird deren Position nach geradem und ungeradem Index der Stützstelle sortiert. Die Summe der Funktionswerte mit ungeradem Index [$f(x_1), f(x_3)$, ...] wird mit 4 und die Summe der Funktionswerte mit geradem Index [$f(x_2), f(x_4)$, ...] mit 2 multipliziert.

Für die Formel (#.1) werden Stützstellen x_k benötigt, die von 0 beginnend bis n durchnummeriert werden. Für die Berechnung der x_k gilt die Formel $x_k = a + k \cdot h$.

Für den Fall $n = 4$ heißt die Formel (#.1) dann

$$(\#.2)\quad \int_a^b f(x)\,dx = \frac{b-a}{3 \cdot 4}\big(f(a) + f(b) + 4[f(x_1) + f(x_3)] + 2f(x_2)\big) + R_n.$$

Die Funktionswerte für die Formel (#.2) werden sehr übersichtlich in einer Tabelle dargestellt.

k		x_k	$f(x_k)$	Faktor
0		1,0	0,906093943	1
1	ungerade	1,5	1,85481143	4
2	gerade	2,0	2,666666667	2
3	ungerade	2,5	3,159013853	4
4		3,0	3,310914971	1

$$(\#.3)\quad \int_a^b f(x)\,dx = \frac{0{,}5}{3} \cdot \begin{pmatrix} 0{,}906093943 + 3{,}310914971 + 4 \cdot [1{,}85481143 + 3{,}159013853] + \\ + 2 \cdot 2{,}666666667 \end{pmatrix}$$

Aus dieser Summenformel (#.3) ergibt sich der Wert $I_S = 7{,}338\,492\,45$.

Jetzt stellt sich die Frage: wie genau ist das Ergebnis mit der Simpsonformel?

Mit dem Restglied $R_n = \frac{(b-a)h^4}{180} f^{(4)}(\xi)$ kann die Güte des Ergebnisses geprüft werden. Für die Abschätzung wird die vierte Ableitung $f^{(4)}(x)$ benötigt.

Die Funktion $f(x) = x^2 \cdot e^{2-x}$ besitzt die Ableitungen

$$f'''(x) = (-6 + 6x - x^2) \cdot e^{2-x} \text{ und } f^{(4)}(x) = (12 - 8x + x^2) \cdot e^{2-x}.$$

Die vierte Ableitung wird in die Formel für das Restglied eingesetzt.
Die entstandene Formel

$$(*.4)\quad R_n(x) = \frac{(b-a)h^2}{12}(12 - 8x + x^2) \cdot e^{2-x}$$

wird dann für verschiedene x-Werte berechnet.

Für die Abschätzung wird der Betrag des Restgliedes mit dem größten Wert verwendet. Es ergeben sich $R_n(1) = 0{,}009\,438$ und $R_n(3) = |-0{,}000766|$. Der betragsmäßig größte Wert liegt bei 0,009438..., d.h. der Wert des Integrals $\int_1^3 x^2 \cdot e^{2-x}\,dx$ liegt zwischen $I_S - 0{,}009438$ und $I_S +$ 0,009438.
Das Integral besitzt einen Wert zwischen 7,329 053 und 7,347 930.

Um die Lösung für das Integral etwas präziser zu bestimmen, muss die Schrittweite h verkleinert werden. Die Schrittweite h wird verkleinert, indem die Anzahl der Streifen (oder die Anzahl der Stützstellen) bei der Berechnung erhöht wird.

Für $n = 10$ entsteht die Schrittweite $h = 0{,}2$. Wird das Restglied mit $h = 0{,}2$ berechnet, ergibt sich der größte Wert zu 0,000 241... Das bedeutet, dass eine Verbesserung des Resultats für das Integral um eine Dezimalstelle erfolgt.
Für $n = 20$, also mit der Schrittweite $h = 0{,}1$, ist der Wert des Restgliedes mit 0,000 015 1... so groß, dass vier Stellen hinter dem Komma als gültig angesehen werden können.

Für $n = 50$ ergibt sich die Schrittweite $h = 0{,}04$. Für diese Schrittweite erhält man für das Restglied den Wert 0,000 000 39.

Von dem mit $n = 50$ berechneten Wert für das Integral I_S = 7,337 458 7 können fünf Stellen hinter dem Komma mit Sicherheit als richtig angenommen werden.

Alle berechneten Werte sind in der Tabelle zum Vergleich zusammen gestellt.

	Trapezregel		**Simpsonregel**	
	untere Grenze	**obere Grenze**	**untere Grenze**	**obere Grenze**
h = 0,5	7,257 518		7,338 492	
n = 4	7,130 820	7,384 217	7,329 053	7,347 930
h = 0,2	7,324 710		7,337 491 35	
n = 10	7,304 438	7,344 982	7,337 249	7,337 732
h = 0,1	7,334 273		7,337 460 75	
n = 20	7,329 205	7,339 341	7,337 445	7,337 475
h = 0,04	7,336 949 04		7,337 458 7	
n = 50	7,336 138	7,337 759	7,337 458 31	7,337 459 08

Zunächst ist deutlich, dass eine Verkleinerung der Schrittweite h eine Verkleinerung des Lösungsintervalls, oder eine Erhöhung der Anzahl der gültigen Stellen hinter dem Komma, nach sich zieht.

Die Ergebnisse aus der Trapezregel sind deutlich schlechter als die Ergebnisse aus der Simpsonregel.
Bei genauerem Betrachten des Bildes zur Trapezregel stellt sich heraus, dass bei allen Streifen eine zu kleine Fläche berechnet wird. Diese Fehler summieren sich über alle Streifen und ergeben so ein relativ schlechtes Ergebnis. Das tritt immer auf, wenn die Kurve im Berechnungsintervall nur konkav ist.

Außerdem kann daraus abgeleitet werden, dass alle Ergebnisse aus der Trapezregel zu klein sind. Das Ergebnis für $n = 20$ aus der Simpsonregel ist akzeptabel, wenn vier Stellen nach dem Komma als Genauigkeit für das Ergebnis gefordert werden. Diese Genauigkeit wird mit der Trapezregel erst bei $n = 250$ oder $h = 0{,}008$ erreicht.

Die exakte Lösung dieses Integrals $\int_1^3 x^2 \cdot e^{2-x}\,dx$ existiert und kann mit 7,337 458 64 angegeben werden.

Aufgabe 7.5

Man bestimme das Integral $\frac{1}{3}\int_0^3 x^3 \cdot e^{2-x}\,dx$ mittels numerischer Verfahren.

Lösung

Es sind verschiedene numerische Verfahren zum Bestimmen von bestimmten Integralen bekannt. Hier sollen zwei dieser Verfahren, die Trapezregel und die Simpsonregel, zur Lösung des Problems herangezogen werden.

In der **Lösungsvariante 1** wird die Trapezregel verwendet.

Das Integral

$$(*.1) \quad \int_a^b f(x)\,dx = \frac{b-a}{n}\left(\frac{f(a)+f(b)}{2} + \sum_{k=1}^{n-1} f(x_k)\right) + R_n$$

kann näherungsweise durch die Summe ersetzt werden.

Der Fehler R_n kann abgeschätzt werden mit $R_n = \frac{(b-a)h^2}{12} f''(\xi)$. Hierbei gilt $a < \xi < b$.

Die Integration der Funktion $f(x)$ wird auf die Summe der Funktionswerte dieser Funktion zurückgeführt.

Praktisch wird das bestimmte Integral als Fläche zwischen der Funktion $f(x) = \frac{x^3}{3} \cdot e^{2-x}$ und der x-Achse im Bereich von $0 \le x \le 3$ berechnet.

Die zu bestimmende Fläche wird in schmale Streifen zerlegt. Diese Streifen werden dann als Trapezflächen berechnet. Im Bild ist zu erkennen, dass diese stückweise Linearisierung der Funktion $f(x)$ kleine Verfahrensfehler bei der Berechnung beinhaltet.

Zur Einführung wird die Gesamtfläche in sechs Streifen der Breite $h = \frac{b-a}{n} = \frac{3-0}{6} = 0{,}5$ zerlegt.

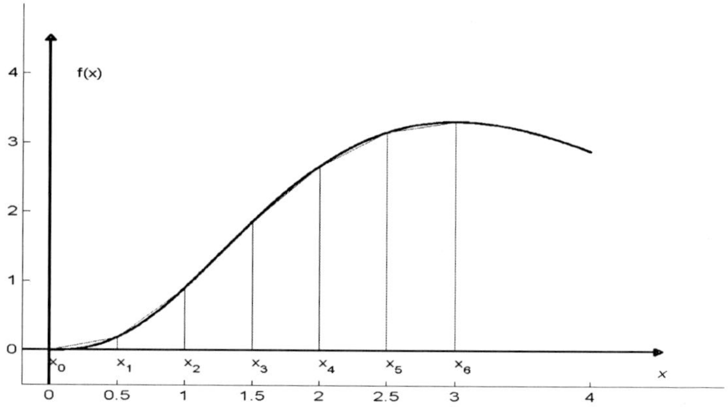

Bild 1.7.5a Fläche unter der Funktion $f(x)$ im Bereich $0 \le x \le 3$

Für die Formel (*.1) werden Stützstellen x_k benötigt, die von 0 beginnend bis n durchnummeriert werden. Für die Berechnung der x_k gilt die Formel $x_k = a + k \cdot h$.

Für den Fall $n = 6$ heißt die Formel (*.1) dann

$$(*.2) \quad \int_a^b f(x)\,dx = \frac{b-a}{6}\left(\frac{f(a)+f(b)}{2} + \sum_{k=1}^{5} f(x_k)\right) + R_n.$$

Sehr übersichtlich können die benötigten Zahlen in einer Tabelle dargestellt werden.

k	x_k	$f(x_k)$
0	0	0,0
1	0,5	0,186737045
2	1,0	0,906093943
3	1,5	1,85481143
4	2,0	2,666666667
5	2,5	3,159013853
6	3,0	3,310914971

$$(*.3) \quad \int_a^b f(x)\,dx = 0{,}5 \cdot \left(\begin{array}{r} \dfrac{0 + 3{,}310914971}{2} + 0{,}186737045 + 0{,}906093943 + \\ + 1{,}85481143 + 2{,}666666667 + 3{,}159013853 \end{array}\right)$$

Aus dieser Summenformel (*.3) ergibt sich der Wert $I_T = 5{,}21439021$.

Jetzt stellt sich die Frage: wie genau ist dieses Ergebnis?

Mit dem Restglied $R_n = \frac{(b-a)h^2}{12} f''(\xi)$ kann die Güte des Ergebnisses geprüft werden. Für die Abschätzung wird die zweite Ableitung $f''(x)$ benötigt.

Die Funktion $f(x) = \frac{x^3}{3} \cdot e^{2-x}$ besitzt die Ableitungen

$$f'(x) = (x^2 - \frac{x^3}{3}) \cdot e^{2-x} \text{ und } f''(x) = (2x - 2x^2 + \frac{x^3}{3}) \cdot e^{2-x}.$$

Die zweite Ableitung wird in die Formel für das Restglied eingesetzt.
Die entstandene Formel

$$(*.4) \quad R_n(x) = \frac{(b-a)h^2}{12}(2x - 2x^2 + \frac{x^3}{3}) \cdot e^{2-x}$$

wird dann für verschiedene x-Werte berechnet.

Für die Abschätzung wird der Betrag des Restgliedes mit dem größten Wert verwendet. Es ergeben sich $R_n(0) = 0$, $R_n(0{,}5) = 0{,}1517238$ und $R_n(3) = |-0{,}0689774|$. Der betragsmäßig größte Wert liegt bei 0,15..., d.h. der Wert des Integrals $\frac{1}{3}\int_0^3 x^3 \cdot e^{2-x}\,dx$ liegt zwischen $I_T - 0{,}15$ und $I_T + 0{,}15$.
Das Integral besitzt einen Wert zwischen 5,0626 und 5,3661.

Um die Lösung für das Integral etwas präziser zu bestimmen, muss die Schrittweite h verkleinert werden. Die Schrittweite h wird verkleinert, indem die Anzahl der Streifen (oder die Anzahl der Stützstellen) bei der Berechnung erhöht wird.
Für $n = 10$ entsteht die Schrittweite $h = 0{,}3$. Wird das Restglied mit $h = 0{,}3$ berechnet, ergibt sich der größte Wert zu 0,0546... Das bedeutet keine wesentliche Verbesserung des Resultats für das Integral.
Auch für $n = 20$, also mit der Schrittweite $h = 0{,}15$, ist der Wert des Restgliedes mit 0,0136... noch so groß, dass nur eine Stelle hinter dem Komma als gültig angesehen werden kann.

Für $n = 50$ ergibt sich die Schrittweite $h = 0{,}06$. Für diese Schrittweite erhält man für das Restglied den Wert 0,0021...

Von dem berechneten Wert für das Integral $I_T = 5{,}21324698$ können nur zwei Stellen hinter dem Komma mit Sicherheit als richtig angenommen werden.

Eine Verkleinerung der Schrittweite zieht nur eine langsame Verbesserung des Resultats nach sich.

In der **Lösungsvariante 2** wird die Simpsonregel verwendet.

Das Integral

$$(\#.1)\quad \int_a^b f(x)\,dx = \frac{b-a}{3n}\left(f(a) + f(b) + 4 \sum_{k=ungerade} f(x_k) + 2 \sum_{k=gerade} f(x_k) \right) + R_n$$

kann näherungsweise durch die Summe ersetzt werden.

Der Fehler R_n kann abgeschätzt werden mit $R_n = \dfrac{(b-a)h^4}{180} f^{(4)}(\xi)$. Hierbei gilt $a < \xi < b$.

Die zu bestimmende Fläche wird in schmale Streifen zerlegt. Für die Simpsonformel wird das Integrationsintervall in eine gerade Anzahl von Teilintervallen der gleichen Länge zerlegt. Die Kurve der Funktion $f(x)$ wird für jeweils zwei benachbarte Teilintervalle durch eine Parabel ersetzt.

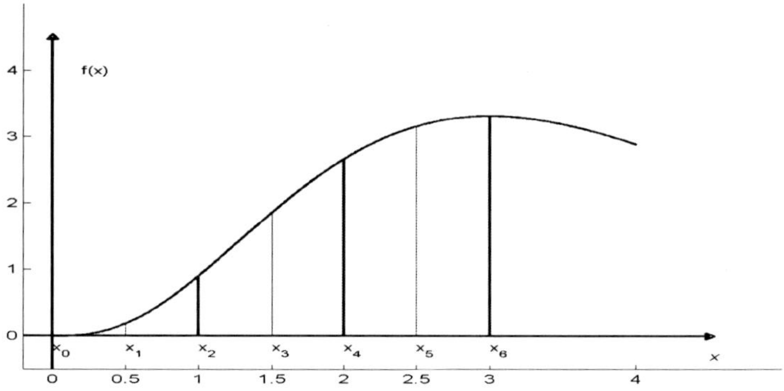

Bild 1.7.5b Fläche unter der Funktion $f(x)$ im Bereich $0 \leq x \leq 3$

In dem Bild ist kaum ein Unterschied zwischen der gegebenen Funktion $f(x)$ und der Annäherung durch die Parabelstücke zu erkennen.

Vor der Summation der Funktionswerte wird deren Position nach geradem und ungeradem Index der Stützstelle sortiert. Die Summe der Funktionswerte mit ungeradem Index [$f(x_1), f(x_3), \ldots$] wird mit 4 und die Summe der Funktionswerte mit geradem Index [$f(x_2), f(x_4), \ldots$] mit 2 multipliziert.

Für die Formel (#.1) werden Stützstellen x_k benötigt, die von 0 beginnend bis n durchnummeriert werden. Für die Berechnung der x_k gilt die Formel $x_k = a + k \cdot h$.

Für den Fall $n = 6$ heißt die Formel (#.1) dann

$$(\#.2) \quad \int_a^b f(x)\,dx = \frac{b-a}{3\cdot 6}\left(f(a) + f(b) + 4[f(x_1) + f(x_3) + f(x_5)] + 2[f(x_2) + f(x_4)]\right) + R_n.$$

Die Funktionswerte für die Formel (#.2) werden sehr übersichtlich in einer Tabelle dargestellt.

k		x_k	$f(x_k)$	Faktor
0		0	0,0	1
1	ungerade	0,5	0,186737045	4
2	gerade	1,0	0,906093943	2
3	ungerade	1,5	1,85481143	4
4	gerade	2,0	2,666666667	2
5	ungerade	2,5	3,159013853	4
6		3,0	3,310914971	1

$$(\#.3) \quad \int_a^b f(x)\,dx = \frac{0{,}5}{3}\cdot\begin{pmatrix} 0{,}0 + 3{,}310914971 + 4\cdot[0{,}186737045 + 1{,}85481143 + 3{,}159013853] + \\ + 2\cdot[0{,}906093943 + 2{,}666666667] \end{pmatrix}$$

Aus dieser Summenformel (#.3) ergibt sich der Wert $I_S = 5{,}20978092$.

Jetzt stellt sich die Frage: wie genau ist das Ergebnis mit der Simpsonformel?

Mit dem Restglied $R_n = \frac{(b-a)h^4}{180} f^{(4)}(\xi)$ kann die Güte des Ergebnisses geprüft werden. Für die Abschätzung wird die vierte Ableitung $f^{(4)}(x)$ benötigt.

Die Funktion $f(x) = \frac{x^3}{3} \cdot e^{2-x}$ besitzt die Ableitungen

$$f'''(x) = (2 - 6x + 3x^2 - \frac{x^3}{3}) \cdot e^{2-x} \text{ und } f^{(4)}(x) = (-8 + 12x - 4x^2 + \frac{x^3}{3}) \cdot e^{2-x}.$$

Die vierte Ableitung wird in die Formel für das Restglied eingesetzt.
Die entstandene Formel

$$(*.4) \quad R_n(x) = \frac{(b-a)h^2}{12}(-8 + 12x - 4x^2 + \frac{x^3}{3}) \cdot e^{2-x}$$

wird dann für verschiedene x-Werte berechnet.

Für die Abschätzung wird der Betrag des Restgliedes mit dem größten Wert verwendet. Es ergeben sich $R_n(0) = |-0{,}06157547|$ und $R_n(3) = |0{,}00038321|$. Der betragsmäßig größte Wert liegt bei 0,061…, d.h. der Wert des Integrals $\frac{1}{3}\int_0^3 x^3 \cdot e^{2-x}\,dx$ liegt zwischen $I_S - 0{,}0615$ und $I_S + 0{,}0615$.
Das Integral besitzt einen Wert zwischen 5,1482 und 5,2713.

Um die Lösung für das Integral etwas präziser zu bestimmen, muss die Schrittweite h verkleinert werden. Die Schrittweite h wird verkleinert, indem die Anzahl der Streifen (oder die Anzahl der Stützstellen) bei der Berechnung erhöht wird.
Für $n = 10$ entsteht die Schrittweite $h = 0{,}3$. Wird das Restglied mit $h = 0{,}3$ berechnet, ergibt sich der größte Wert zu 0,00798… Das bedeutet, dass eine Verbesserung des Resultats für das Integral um eine Dezimalstelle erfolgt.
Für $n = 20$, also mit der Schrittweite $h = 0{,}15$, ist der Wert des Restgliedes mit 0,000498… so groß, dass drei Stellen hinter dem Komma als gültig angesehen werden können.

Für $n = 50$ ergibt sich die Schrittweite $h = 0{,}06$. Für diese Schrittweite erhält man für das Restglied den Wert 0,00001277.

Von dem mit $n = 50$ berechneten Wert für das Integral I_S = 5,21324572 können vier Stellen hinter dem Komma mit Sicherheit als richtig angenommen werden.

Alle berechneten Werte sind in der Tabelle zum Vergleich zusammen gestellt.

	Trapezregel		**Simpsonregel**	
	untere Grenze	**obere Grenze**	**untere Grenze**	**obere Grenze**
h = 0,5	5,214 390 21		5,209 780 92	
n = 6	5,062 666	5,366 114	5,148 205 45	5,271 356 38
h = 0,3	5,213 401 13		5,212 684 47	
n = 10	5,158 780 55	5,268 021 72	5,204 704 29	5,22 664 65
h = 0,15	5,213 256 54		5,213 208 35	
n = 20	5,199 601 4	5,226 911 69	5,212 709 59	5,213 707 11
h = 0,06	5,213 246 98		5,213 245 72	
n = 50	5,211 062 16	5,215 431 8	5,213 232 95	5,213 258 49

Zunächst ist deutlich, dass eine Verkleinerung der Schrittweite h eine Verkleinerung des Lösungsintervalls, oder eine Erhöhung der Anzahl der gültigen Stellen hinter dem Komma, nach sich zieht.

Außerdem sind die Ergebnisse aus der Trapezregel besser als die Abschätzung mit dem Restglied vermuten lässt.
Bei genauerem Betrachten des Bildes zur Trapezregel stellt sich heraus, dass bei den ersten Streifen (links beginnend) eine zu große Fläche berechnet wird, jedoch die letzten Streifen (auf der rechten Seite) zu klein berechnet werden. Diese Fehler gleichen sich etwas aus und führen zu dem relativ guten Ergebnis. Das tritt immer auf, wenn die Kurve im Berechnungsintervall sowohl konvex als auch konkav ist.

Die exakte Lösung dieses Integrals $\frac{1}{3}\int_0^3 x^3 \cdot e^{2-x}\,dx$ existiert und kann mit 5,213 246 73 angegeben werden.

2.2 Analysis II

Aufgabe 1.1

Gegeben ist die Funktion $R = R(p,q) = p \cdot (p^2 + \frac{4}{3}) - q \cdot (2p - q + 4)$.

Man bestimme für die Funktion *R* mit den Variablen *p* und *q* alle partiellen Ableitungen erster und zweiter Ordnung. Schreiben Sie

a) den Gradienten und

b) die Hessematrix auf.

Lösung

Die Funktion $R = R(p,q) = p \cdot (p^2 + \frac{4}{3}) - q \cdot (2p - q + 4)$ enthält die beiden unabhängigen Variablen *p* und *q*.

Die Funktion wird etwas übersichtlicher, wenn alle Klammern ausmultipliziert werden. Für die Funktion $R = R(p,q) = p \cdot (p^2 + \frac{4}{3}) - q \cdot (2p - q + 4)$ ergibt sich der neue Ausdruck

$$(\#.1) \quad R = R(p,q) = p^3 + \tfrac{4}{3}p - 2pq + q^2 - 4q\,.$$

Eine partielle Ableitung ist eine Ableitung nach (nur) einer Variablen. Da diese Funktion *R* aber zwei Variablen enthält, muss beim Differenzieren jeweils eine Variable als Konstante angenommen werden.

Zunächst die **partielle Ableitung erster Ordnung** $\frac{\partial R(p,q)}{\partial p}$.

Diese Schreibweise ist vorzuziehen, da die gewählte Symbolik keine Verwechslungen zulässt und genau das Vorgehen beschreibt.

Das Symbol ∂ im Zähler steht für eine partielle Ableitung erster Ordnung. Die nachfolgende Funktion *R(p, q)* im Zähler ist zu differenzieren. Die Wiederholung des Zeichens ∂ mit dem folgenden Buchstaben *p* im Nenner zeigt an, nach welcher Variablen zu differenzieren ist.

Eine partielle Ableitung nach *p* kann nur bestimmt werden, wenn alle Variablen, die nicht *p* heißen, als Konstante behandelt werden. In diesem Fall ist das die Variable *q*. Bei der Ableitung von *R(p, q)* nach *p* wird die Variable *q* als konstant betrachtet. Die Ableitungsregeln gelten nur für die Variable *p*.

Die Funktion (#.1) wird nach der Summenregel differenziert, indem jeder Summand einzeln differenziert wird. Alle Summanden, die kein *p* enthalten, werden als konstant betrachtet.

Die Ableitung einer Konstanten ergibt 0.

Die partielle Ableitung erster Ordnung $\frac{\partial R(p,q)}{\partial p}$ ergibt $\frac{\partial R(p,q)}{\partial p} = 3p^2 + \frac{4}{3} - 2q$.

Nun die partielle Ableitung erster Ordnung $\frac{\partial R(p,q)}{\partial q}$.

Eine partielle Ableitung nach q kann nur bestimmt werden, wenn alle Variablen, die nicht q heißen, als Konstante behandelt werden. In diesem Fall ist das die Variable p. Bei der Ableitung von $R(p, q)$ nach q wird die Variable p als konstant betrachtet. Die Ableitungsregeln gelten nur für die Variable q.

Die partielle Ableitung nach q wird unabhängig von der gerade bestimmten partiellen Ableitung nach p wiederum von der Ausgangsfunktion $R(p, q)$ bestimmt.

Die Funktion (#.1) wird nach der Summenregel differenziert, indem jeder Summand einzeln differenziert wird. Alle Summanden, die kein q enthalten, werden als konstant betrachtet. Die Ableitung einer Konstanten ergibt 0.

Die partielle Ableitung erster Ordnung $\frac{\partial R(p,q)}{\partial q}$ ergibt $\frac{\partial R(p,q)}{\partial q} = -2p + 2q - 4$.

Der Gradient ist der Vektor aller partiellen Ableitungen erster Ordnung

$$(\#.2) \quad grad\, R(p,q) = \begin{pmatrix} \frac{\partial R(p,q)}{\partial p} \\ \frac{\partial R(p,q)}{\partial q} \end{pmatrix} = \begin{pmatrix} 3p^2 + \frac{4}{3} - 2q \\ -2p + 2q - 4 \end{pmatrix}.$$

Eine **partielle Ableitung zweiter Ordnung** wird gebildet, indem eine Ableitung erster Ordnung ein zweites Mal differenziert wird. Es existieren zwei verschiedene partielle Ableitungen erster Ordnung. Jede dieser beiden Ableitungen soll sowohl nach p als auch nach q differenziert werden. Somit ergeben sich vier partielle Ableitungen zweiter Ordnung, die sich jeweils durch die Reihenfolge der gewählten Variablen beim Differenzieren unterscheiden.

Zunächst soll die partielle Ableitung zweiter Ordnung $\frac{\partial^2 R(p,q)}{\partial p^2}$ gebildet werden.

Das Symbol ∂^2 im Zähler steht für eine partielle Ableitung zweiter Ordnung. Die nachfolgende Funktion $R(p, q)$ im Zähler ist zu differenzieren.

Die Wiederholung des Zeichens ∂ mit dem folgenden Buchstaben p im Nenner zeigt an, nach welcher Variablen zu differenzieren ist. Im Nenner gibt es die Möglichkeiten $\partial p \partial p$ oder auch ∂p^2 zu schreiben. Beide Schreibweisen besagen, dass zweimal hintereinander nach p zu differenzieren ist.

Die Funktion $R(p, q)$ wird zweimal nacheinander nach p differenziert oder die Ableitung $\frac{\partial R(p,q)}{\partial p} = 3p^2 + \frac{4}{3} - 2q$ wird noch einmal nach p differenziert. Es ist wiederum die Summenregel anzuwenden.

Die partielle Ableitung zweiter Ordnung $\frac{\partial^2 R(p,q)}{\partial p^2}$ lautet $\frac{\partial^2 R(p,q)}{\partial p^2} = 6p$.

Eine andere partielle Ableitung zweiter Ordnung entsteht, indem man die Funktion $R(p, q)$ zweimal (nacheinander) zunächst nach p und anschließend nach q differenziert oder die Ableitung $\frac{\partial R(p,q)}{\partial p} = 3p^2 + \frac{4}{3} - 2q$ noch einmal nach q differenziert. Es ist wiederum die Summenregel anzuwenden.

Die partielle Ableitung zweiter Ordnung $\frac{\partial^2 R(p,q)}{\partial p \partial q}$ lautet $\frac{\partial^2 R(p,q)}{\partial p \partial q} = -2$.

Es gibt noch zwei weitere partielle Ableitungen zweiter Ordnung, indem die partielle Ableitung erster Ordnung nach q $\frac{\partial R(p,q)}{\partial q}$ jeweils einmal nach p bzw. nach q differenziert wird.

Die partielle Ableitung $\frac{\partial^2 R(p,q)}{\partial q \partial p}$ entsteht, indem man die Funktion $R(p, q)$ zweimal (nacheinander) zunächst nach q und anschließend nach p differenziert oder die Ableitung $\frac{\partial R(p,q)}{\partial q} = -2p + 2q - 4$ noch einmal nach p differenziert. Es ist wiederum die Summenregel anzuwenden.

Die partielle Ableitung zweiter Ordnung $\frac{\partial^2 R(p,q)}{\partial q \partial p}$ lautet $\frac{\partial^2 R(p,q)}{\partial q \partial p} = -2$.

Es gibt noch eine vierte partielle Ableitungen zweiter Ordnung, indem die partielle Ableitung erster Ordnung nach q $\frac{\partial R(p,q)}{\partial q}$ noch einmal nach q differenziert wird.

Die partielle Ableitung zweiter Ordnung $\frac{\partial^2 R(p,q)}{\partial q^2}$ lautet $\frac{\partial^2 R(p,q)}{\partial q^2} = 2$.

Die Hessematrix ist eine Matrix aller partiellen Ableitungen zweiter Ordnung

$$(\#.3)\quad H_R(p,q) = \begin{pmatrix} \dfrac{\partial^2 R(p,q)}{\partial p^2} & \dfrac{\partial^2 R(p,q)}{\partial p \partial q} \\ \dfrac{\partial^2 R(p,q)}{\partial q \partial p} & \dfrac{\partial^2 R(p,q)}{\partial q^2} \end{pmatrix} = \begin{pmatrix} 6p & -2 \\ -2 & 2 \end{pmatrix}.$$

Aufgabe 1.2

Gegeben ist die Funktion $W = W(K,L,R) = K^3 \cdot \cos(L + R^2)$.
Man bestimme für die Funktion W mit den Variablen K, L und R alle partiellen Ableitungen erster und zweiter Ordnung. Schreiben Sie
a) den Gradienten und
b) die Hessematrix auf.

Lösung

Die Funktion

$$(\#.1) \quad W = W(K,L,R) = K^3 \cdot \cos(L + R^2)$$

enthält die drei unabhängigen Variablen K, L und R.

Eine partielle Ableitung ist eine Ableitung nach (nur) einer Variablen. Da diese Funktion W aber drei Variablen enthält, müssen beim Differenzieren jeweils zwei Variablen als Konstanten angenommen werden.

Zunächst die **partielle Ableitung erster Ordnung** $\frac{\partial W(K,L,R)}{\partial K}$.

Diese Schreibweise ist vorzuziehen, da die gewählte Symbolik keine Verwechslungen zulässt und genau das Vorgehen beschreibt.

Das Symbol ∂ im Zähler steht für eine partielle Ableitung erster Ordnung. Die nachfolgende Funktion $W(K,L,R)$ im Zähler ist zu differenzieren. Die Wiederholung des Zeichens ∂ mit dem folgenden Buchstaben K im Nenner zeigt an, nach welcher Variablen zu differenzieren ist.

Eine partielle Ableitung nach K kann nur bestimmt werden, wenn alle Variablen, die nicht K heißen, als Konstante behandelt werden. In diesem Fall sind das die Variablen L und R. Bei der Ableitung von $W(K,L,R)$ nach K werden die Variablen L und R als konstant betrachtet. Die Ableitungsregeln gelten nur für die Variable K.

Die Funktion (#.1) enthält den Ausdruck K^3 und den Faktor $\cos(L + R^2)$.

In der Ableitung $\frac{\partial W(K,L,R)}{\partial K}$ ist der Ausdruck $\cos(L + R^2)$ wie ein konstanter Faktor zu behandeln, da er kein K enthält.

Die partielle Ableitung erster Ordnung heißt

$$(*.1) \quad \frac{\partial W(K,L,R)}{\partial K} = 3K^2 \cdot \cos(L + R^2).$$

Nun die partielle Ableitung erster Ordnung $\frac{\partial W(K,L,R)}{\partial L}$.

Eine partielle Ableitung nach L kann nur bestimmt werden, wenn alle Variablen, die nicht L heißen, als Konstante behandelt werden. In diesem Fall sind das die Variablen K und R. Bei der Ableitung von $W(K,L,R)$ nach L werden die Variablen K und R als konstant betrachtet. Die Ableitungsregeln gelten nur für die Variable L.

Die partielle Ableitung nach L wird unabhängig von der gerade bestimmten partiellen Ableitung nach K wiederum von der Ausgangsfunktion $W(K,L,R)$ bestimmt.

Die Funktion (#.1) enthält den Faktor K^3 und den Ausdruck $\cos(L + R^2)$.

In der Ableitung $\dfrac{\partial W(K,L,R)}{\partial L}$ ist der Ausdruck K^3 wie ein konstanter Faktor zu behandeln, da er kein L enthält. Der Ausdruck $\cos(L+R^2)$ ist nach der Kettenregel zu differenzieren.

Durch Substitution der inneren Funktion $t(L) = L + R^2$ entsteht die äußere Funktion $\cos(t)$. Die zugehörigen Ableitungen heißen $\dfrac{\partial}{\partial t}\cos(t) = -\sin(t)$ sowie $\dfrac{\partial}{\partial L}(L+R^2) = 1$.
Als Ableitung $\dfrac{\partial W(K,L,R)}{\partial L}$ ergibt sich

$$(*.2)\quad \frac{\partial W(K,L,R)}{\partial L} = K^3 \cdot (-\sin(L+R^2)\cdot 1) = -K^3 \cdot \sin(L+R^2).$$

Dann die partielle Ableitung erster Ordnung $\dfrac{\partial W(K,L,R)}{\partial R}$.
Eine partielle Ableitung nach R kann nur bestimmt werden, wenn alle Variablen, die nicht R heißen, als Konstante behandelt werden. In diesem Fall sind das die Variablen K und L. Bei der Ableitung von $W(K,L,R)$ nach R werden die Variablen K und L als konstant betrachtet. Die Ableitungsregeln gelten nur für die Variable R.

Die partielle Ableitung nach R wird unabhängig von den gerade bestimmten partiellen Ableitung nach K bzw. L wiederum von der Ausgangsfunktion $W(K,L,R)$ bestimmt.

Die Funktion (#.1) enthält den Faktor K^3 und den Ausdruck $\cos(L+R^2)$.
In der Ableitung $\dfrac{\partial W(K,L,R)}{\partial R}$ ist der Ausdruck K^3 wie ein konstanter Faktor zu behandeln, da er kein R enthält. Der Ausdruck $\cos(L+R^2)$ ist nach der Kettenregel zu differenzieren.
Durch Substitution der inneren Funktion $t(L) = L + R^2$ entsteht die äußere Funktion $\cos(t)$. Die zugehörigen Ableitungen heißen $\dfrac{\partial}{\partial t}\cos(t) = -\sin(t)$ sowie $\dfrac{\partial}{\partial R}(L+R^2) = 2R$.
Als Ableitung $\dfrac{\partial W(K,L,R)}{\partial R}$ ergibt sich

$$(*.3)\quad \frac{\partial W(K,L,R)}{\partial R} = K^3 \cdot (-\sin(L+R^2)\cdot 2R) = -2K^3R \cdot \sin(L+R^2).$$

Der Gradient ist der Vektor aller partiellen Ableitungen erster Ordnung

$$(\#.2)\quad grad\ W(K,L,R) = \begin{pmatrix} \dfrac{\partial W(K,L,R)}{\partial K} \\ \dfrac{\partial W(K,L,R)}{\partial L} \\ \dfrac{\partial W(K,L,R)}{\partial R} \end{pmatrix} = \begin{pmatrix} 3K^2 \cdot \cos(L+R^2) \\ -K^3 \cdot \sin(L+R^2) \\ -2K^3R \cdot \sin(L+R^2) \end{pmatrix}.$$

Eine **partielle Ableitung zweiter Ordnung** wird gebildet, indem eine Ableitung erster Ordnung ein zweites Mal differenziert wird. Es existieren drei verschiedene partielle Ableitungen erster Ordnung. Jede dieser Ableitungen soll sowohl nach K, L als auch nach R differenziert werden.

Somit ergeben sich neun partielle Ableitungen zweiter Ordnung, die sich jeweils durch die Reihenfolge der gewählten Variablen beim Differenzieren unterscheiden.

Zunächst soll die partielle Ableitung zweiter Ordnung $\frac{\partial^2 W(K,L,R)}{\partial K^2}$ gebildet werden.

Das Symbol ∂^2 im Zähler steht für eine partielle Ableitung zweiter Ordnung. Die nachfolgende Funktion $W(K,L,R)$ im Zähler ist zu differenzieren.

Die Wiederholung des Zeichens ∂ mit dem folgenden Buchstaben K im Nenner zeigt an, nach welcher Variablen zu differenzieren ist. Im Nenner gibt es die Möglichkeiten $\partial K \partial K$ oder auch ∂K^2 zu schreiben. Beide Schreibweisen besagen, dass zweimal hintereinander nach K zu differenzieren ist.

Die Funktion $W(K,L,R)$ wird zweimal nacheinander nach K differenziert oder die Ableitung $\frac{\partial W(K,L,R)}{\partial K} = 3K^2 \cdot \cos(L+R^2)$ wird noch einmal nach K differenziert.

Die Ableitung (*.1) enthält den Ausdruck K^2 und den Faktor $3\cos(L+R^2)$.

In der Ableitung $\frac{\partial^2 W(K,L,R)}{\partial K^2}$ ist der Ausdruck $3\cos(L+R^2)$ wie ein konstanter Faktor zu behandeln, da er kein K enthält.
Die partielle Ableitung zweiter Ordnung heißt

$$(*.1.1) \quad \frac{\partial^2 W(K,L,R)}{\partial K^2} = 6K \cdot \cos(L+R^2).$$

Eine andere partielle Ableitung zweiter Ordnung entsteht, indem man die Funktion $W(K,L,R)$ zweimal (nacheinander) zunächst nach K und anschließend nach L differenziert oder die Ableitung $\frac{\partial W(K,L,R)}{\partial K} = 3K^2 \cdot \cos(L+R^2)$ noch einmal nach L differenziert.

Die Funktion (*.1) enthält den Ausdruck $3K^2$ und den Faktor $\cos(L+R^2)$.

In der Ableitung $\frac{\partial^2 W(K,L,R)}{\partial K \partial L}$ ist der Ausdruck $3K^2$ wie ein konstanter Faktor zu behandeln, da er kein L enthält. Der Ausdruck $\cos(L+R^2)$ ist nach der Kettenregel zu differenzieren.

Durch Substitution der inneren Funktion $t(L) = L + R^2$ entsteht die äußere Funktion $\cos(t)$. Die zugehörigen Ableitungen heißen $\frac{\partial}{\partial t}\cos(t) = -\sin(t)$ sowie $\frac{\partial}{\partial L}(L+R^2) = 1$.

Als Ableitung $\frac{\partial^2 W(K,L,R)}{\partial K \partial L}$ ergibt sich

$$\frac{\partial^2 W(K,L,R)}{\partial K \partial L} = 3K^2 \cdot (-\sin(L+R^2) \cdot 1) = -3K^2 \cdot \sin(L+R^2).$$

Die partielle Ableitung zweiter Ordnung $\frac{\partial^2 W(K,L,R)}{\partial K \partial L}$ lautet

$$(*.1.2) \quad \frac{\partial^2 W(K,L,R)}{\partial K \partial L} = -3K^2 \cdot \sin(L+R^2).$$

Eine dritte partielle Ableitung zweiter Ordnung entsteht, indem man die Funktion $W(K,L,R)$ zweimal (nacheinander) zunächst nach K und anschließend nach R differenziert oder die Ableitung $\frac{\partial W(K,L,R)}{\partial K} = 3K^2 \cdot \cos(L+R^2)$ noch einmal nach R differenziert.

Die Funktion (*.1) enthält den Ausdruck $3K^2$ und den Faktor $\cos(L+R^2)$.

In der Ableitung $\frac{\partial^2 W(K,L,R)}{\partial K \partial R}$ ist der Ausdruck $3K^2$ wie ein konstanter Faktor zu behandeln, da er kein L enthält. Der Ausdruck $\cos(L+R^2)$ ist nach der Kettenregel zu differenzieren.

Durch Substitution der inneren Funktion $t(L) = L + R^2$ entsteht die äußere Funktion $\cos(t)$. Die zugehörigen Ableitungen heißen $\frac{\partial}{\partial t}\cos(t) = -\sin(t)$ sowie $\frac{\partial}{\partial R}(L+R^2) = 2R$.

Als Ableitung $\frac{\partial^2 W(K,L,R)}{\partial K \partial R}$ ergibt sich

$$\frac{\partial^2 W(K,L,R)}{\partial K \partial R} = 3K^2 \cdot (-\sin(L+R^2) \cdot 2R) = -6K^2 R \cdot \sin(L+R^2).$$

Die partielle Ableitung zweiter Ordnung $\frac{\partial^2 W(K,L,R)}{\partial K \partial R}$ lautet

$$(*.1.3) \quad \frac{\partial^2 W(K,L,R)}{\partial K \partial R} = -6K^2 R \cdot \sin(L+R^2).$$

Es gibt noch weitere sechs partielle Ableitungen.

Zunächst soll die partielle Ableitung zweiter Ordnung $\frac{\partial^2 W(K,L,R)}{\partial L \partial K}$ gebildet werden.

Die Funktion $W(K,L,R)$ wird zweimal nacheinander zunächst nach L und anschließend nach K differenziert oder die Ableitung $\frac{\partial W(K,L,R)}{\partial L} = -K^3 \cdot \sin(L+R^2)$ wird noch einmal nach K differenziert.

Die Ableitung (*.2) enthält den Ausdruck K^3 und den Faktor $-\sin(L+R^2)$.

In der Ableitung $\frac{\partial^2 W(K,L,R)}{\partial L \partial K}$ ist der Ausdruck $-\sin(L+R^2)$ wie ein konstanter Faktor zu behandeln, da er kein K enthält.

Die partielle Ableitung zweiter Ordnung heißt

$$(*.2.1) \quad \frac{\partial^2 W(K,L,R)}{\partial L \partial K} = -3K^2 \cdot \sin(L+R^2).$$

Eine andere partielle Ableitung zweiter Ordnung entsteht, indem man die Funktion $W(K,L,R)$ zweimal (nacheinander) nach L differenziert oder die Ableitung $\frac{\partial W(K,L,R)}{\partial L} = -K^3 \cdot \sin(L+R^2)$ noch einmal nach L differenziert.

Die Funktion (*.2) enthält den Ausdruck $-K^3$ und den Faktor $\sin(L+R^2)$.

In der Ableitung $\frac{\partial^2 W(K,L,R)}{\partial L^2}$ ist der Ausdruck $-K^3$ wie ein konstanter Faktor zu behandeln, da er kein L enthält. Der Ausdruck $\sin(L+R^2)$ ist nach der Kettenregel zu differenzieren.

Durch Substitution der inneren Funktion $t(L) = L + R^2$ entsteht die äußere Funktion $\sin(t)$. Die zugehörigen Ableitungen heißen $\frac{\partial}{\partial t}\sin(t) = \cos(t)$ sowie $\frac{\partial}{\partial L}(L + R^2) = 1$.

Als Ableitung $\frac{\partial^2 W(K,L,R)}{\partial L^2}$ ergibt sich

$$\frac{\partial^2 W(K,L,R)}{\partial L^2} = -K^3 \cdot \cos(L + R^2) \cdot 1 = -K^3 \cdot \cos(L + R^2).$$

Die partielle Ableitung zweiter Ordnung $\frac{\partial^2 W(K,L,R)}{\partial L^2}$ lautet

$$(*.2.2) \quad \frac{\partial^2 W(K,L,R)}{\partial L^2} = -K^3 \cdot \cos(L + R^2).$$

Eine weitere partielle Ableitung zweiter Ordnung entsteht, indem man die Funktion $W(K,L,R)$ zweimal (nacheinander) zunächst nach L und anschließend nach R differenziert oder die Ableitung $\frac{\partial W(K,L,R)}{\partial L} = -K^3 \cdot \sin(L + R^2)$ noch einmal nach R differenziert.

Die Funktion (*.2) enthält den Ausdruck $-K^3$ und den Faktor $\sin(L + R^2)$.

In der Ableitung $\frac{\partial^2 W(K,L,R)}{\partial L \partial R}$ ist der Ausdruck $-K^3$ wie ein konstanter Faktor zu behandeln, da er kein L enthält. Der Ausdruck $\sin(L + R^2)$ ist nach der Kettenregel zu differenzieren.

Durch Substitution der inneren Funktion $t(L) = L + R^2$ entsteht die äußere Funktion $\sin(t)$. Die zugehörigen Ableitungen heißen $\frac{\partial}{\partial t}\sin(t) = \cos(t)$ sowie $\frac{\partial}{\partial R}(L + R^2) = 2R$.

Als Ableitung $\frac{\partial^2 W(K,L,R)}{\partial L \partial R}$ ergibt sich

$$\frac{\partial^2 W(K,L,R)}{\partial L \partial R} = -K^3 \cdot \cos(L + R^2) \cdot 2R = -2K^3 R \cdot \cos(L + R^2).$$

Die partielle Ableitung zweiter Ordnung $\frac{\partial^2 W(K,L,R)}{\partial L \partial R}$ lautet

$$(*.2.3) \quad \frac{\partial^2 W(K,L,R)}{\partial L \partial R} = -2K^3 R \cdot \cos(L + R^2).$$

Weiter soll die partielle Ableitung $\frac{\partial^2 W(K,L,R)}{\partial R \partial K}$ gebildet werden.

Die Funktion $W(K,L,R)$ wird zweimal nacheinander zunächst nach R und anschließend nach K differenziert oder die Ableitung $\frac{\partial W(K,L,R)}{\partial R} = -2K^3 R \cdot \sin(L + R^2)$ wird noch einmal nach K differenziert.

Die Ableitung (*.3) enthält den Ausdruck K^3 und den Faktor $-2R \cdot \sin(L + R^2)$.

In der Ableitung $\frac{\partial^2 W(K,L,R)}{\partial R \partial K}$ ist der Ausdruck $-2R \cdot \sin(L + R^2)$ wie ein konstanter Faktor zu behandeln, da er kein K enthält.

Die partielle Ableitung zweiter Ordnung heißt

$$(*.3.1) \quad \frac{\partial^2 W(K,L,R)}{\partial R \partial K} = -6K^2 R \cdot \sin(L+R^2).$$

Eine andere partielle Ableitung zweiter Ordnung entsteht, indem man die Funktion $W(K,L,R)$ zweimal (nacheinander) nach R und anschließend nach L differenziert oder die Ableitung $\frac{\partial W(K,L,R)}{\partial R} = -2K^3 R \cdot \sin(L+R^2)$ noch einmal nach L differenziert.

Die Funktion (*.3) enthält den Ausdruck $-2K^3 R$ und den Faktor $\sin(L+R^2)$.

In der Ableitung $\frac{\partial^2 W(K,L,R)}{\partial R \partial L}$ ist der Ausdruck $-2K^3 R$ wie ein konstanter Faktor zu behandeln, da er kein L enthält. Der Ausdruck $\sin(L+R^2)$ ist nach der Kettenregel zu differenzieren.

Durch Substitution der inneren Funktion $t(L) = L + R^2$ entsteht die äußere Funktion $\sin(t)$. Die zugehörigen Ableitungen heißen $\frac{\partial}{\partial t}\sin(t) = \cos(t)$ sowie $\frac{\partial}{\partial L}(L+R^2) = 1$.

Als Ableitung $\frac{\partial^2 W(K,L,R)}{\partial R \partial L}$ ergibt sich

$$\frac{\partial^2 W(K,L,R)}{\partial R \partial L} = -2K^3 R \cdot \cos(L+R^2) \cdot 1 .$$

Die partielle Ableitung zweiter Ordnung $\frac{\partial^2 W(K,L,R)}{\partial R \partial L}$ lautet

$$(*.3.2) \quad \frac{\partial^2 W(K,L,R)}{\partial R \partial L} = -2K^3 R \cdot \cos(L+R^2).$$

Eine letzte partielle Ableitung zweiter Ordnung entsteht, indem man die Funktion $W(K,L,R)$ zweimal (nacheinander) nach R differenziert oder die Ableitung $\frac{\partial W(K,L,R)}{\partial R} = -2K^3 R \cdot \sin(L+R^2)$ noch einmal nach R differenziert.

Die Funktion (*.3) enthält den Ausdruck $-2K^3$ und das Produkt $R \cdot \sin(L+R^2)$.

In der Ableitung $\frac{\partial^2 W(K,L,R)}{\partial R^2}$ ist der Ausdruck $-2K^3$ wie ein konstanter Faktor zu behandeln, da er kein R enthält. Der Ausdruck $R \cdot \sin(L+R^2)$ ist nach der Produktregel zu differenzieren.

Die Ableitung von $u(R) = R$ nach R ergibt $\frac{\partial u(R)}{\partial R} = 1$.

Die Ableitung von $v(R) = \sin(L+R^2)$ ist nach der Kettenregel zu differenzieren.

Durch Substitution der inneren Funktion $t(L) = L + R^2$ entsteht die äußere Funktion $\sin(t)$. Die zugehörigen Ableitungen heißen $\frac{\partial}{\partial t}\sin(t) = \cos(t)$ sowie $\frac{\partial}{\partial R}(L+R^2) = 2R$.

Als Ableitung von $v(R)$ nach R ergibt sich nach der Kettenregel

$$\frac{\partial v(R)}{\partial R} = \cos(L+R^2) \cdot 2R .$$

Als Ableitung $\frac{\partial^2 W(K,L,R)}{\partial R^2}$ ergibt sich nach der Produktregel

$$\frac{\partial^2 W(K,L,R)}{\partial R^2} = -2K^3\left(1 \cdot \sin(L+R^2) + R \cdot \cos(L+R^2) \cdot 2R\right).$$

Die partielle Ableitung zweiter Ordnung $\frac{\partial^2 W(K,L,R)}{\partial R^2}$ lautet

$$(*.3.3) \quad \frac{\partial^2 W(K,L,R)}{\partial R^2} = -2K^3\left(\sin(L+R^2) + 2R^2 \cdot \cos(L+R^2)\right).$$

Die Hessematrix ist eine Matrix aller partiellen Ableitungen zweiter Ordnung

$$H_W(K,L,R) = \begin{pmatrix} \frac{\partial^2 W(K,L,R)}{\partial K^2} & \frac{\partial^2 W(K,L,R)}{\partial K \partial L} & \frac{\partial^2 W(K,L,R)}{\partial K \partial R} \\ \frac{\partial^2 W(K,L,R)}{\partial L \partial K} & \frac{\partial^2 W(K,L,R)}{\partial L^2} & \frac{\partial^2 W(K,L,R)}{\partial L \partial R} \\ \frac{\partial^2 W(K,L,R)}{\partial R \partial K} & \frac{\partial^2 W(K,L,R)}{\partial R \partial L} & \frac{\partial^2 W(K,L,R)}{\partial R^2} \end{pmatrix}.$$

Die Hessematrix $H_W(K,L,R)$ lautet

$$\begin{pmatrix} 6K \cdot \cos(L+R^2) & -3K^2 \cdot \sin(L+R^2) & -6K^2R \cdot \sin(L+R^2) \\ -3K^2 \cdot \sin(L+R^2) & -K^3 \cdot \cos(L+R^2) & -2K^3R \cdot \cos(L+R^2) \\ -6K^2R \cdot \sin(L+R^2) & -2K^3R \cdot \cos(L+R^2) & -2K^3\left(\sin(L+R^2) + 2R^2 \cdot \cos(L+R^2)\right) \end{pmatrix}.$$

Der Satz von Schwarz gibt eine kleine Hilfestellung bei den Ableitungen. Der Satz lautet:

Besitzt eine Funktion $z = z(\boldsymbol{x})$ alle partiellen Ableitungen 2. Ordnung und sind diese stetig in $D_z \subseteq \mathrm{R}^n$, so gilt

$$\frac{\partial^2 z(\boldsymbol{x})}{\partial x_i \partial x_k} = \frac{\partial^2 z(\boldsymbol{x})}{\partial x_k \partial x_i} \quad \text{für} \quad i,k = 1,\ldots,n.$$

Für stetige Funktionen kann nach diesem Satz die Reihenfolge beim Differenzieren vertauscht werden.
Aus dem Satz von Schwarz folgt, dass die Hessematrix symmetrisch ist.

Andererseits kann bei gemischten Ableitungen durch Differenzieren in verschiedener Reihenfolge eine schwache Probe durchgeführt werden. Werden alle neun Ableitungen 2. Ordnung bestimmt und in die Hessematrix eingesetzt, muss eine symmetrische Matrix entstehen.

Aufgabe 2.1
Bei einer Materialprüfung wird der Wert für $S(h_1,h_2)$ aus der folgenden Beziehung

$$S(h_1,h_2)=\frac{E\cdot h_2^3}{12\cdot h_1}\cdot\frac{1}{r\cdot(h_1+h_2)}\cdot F$$

untersucht.
Die Materialgrößen $E=8.000$, $F=1{,}5$ und $r=10$ sind exakt bekannt.
Die Messwerte für $h_1=0{,}1$ und $h_2=0{,}4$ werden durch eine Versuchsreihe ermittelt.
Für den Wert von h_1 gilt eine Fehlertoleranz von $\pm 1\%$ und für den Wert von h_2 gilt eine Fehlertoleranz von $\pm 2\%$.

Man bestimme die absolute Maximalabweichung für $S(h_1,h_2)$ bei den gegebenen Ungenauigkeiten von h_1 und h_2.
Wie groß ist die relative Abweichung (der relative Fehler) für $S(h_1,h_2)$?

Lösung

Die Änderung ΔS eines Funktionswertes $S=S(h_1,h_2)$, die sich ergibt, wenn die unabhängigen Variablen, hier h_1 und h_2, sich um die kleinen Werte Δh_1 und Δh_2 ändern, ist

$$\Delta S=S(h_1+\Delta h_1,\,h_2+\Delta h_2)-S(h_1,h_2)\,.$$

Eine Abschätzung dieser Änderung kann über die Höhenänderung der zugehörigen Tangentialebene, die durch den Punkt $P(h_1,h_2,S)$ gelegt wird, erfolgen. Diese Abschätzung wird für kleine Δh_1 und Δh_2 mit dem totalen Differenzial vorgenommen. Es wird angenommen, dass $dh_1=\Delta h_1$ und $dh_2=\Delta h_2$ hinreichend klein sind.
Mit der Fehlerformel wird der absolute (maximale) Fehler ΔS in Abhängigkeit von den kleinen Fehlern der unabhängigen Variablen Δh_1 und Δh_2 bestimmt

$$(\#.1)\quad |\Delta S|\le\left|\frac{\partial S}{\partial h_1}\cdot\Delta h_1\right|+\left|\frac{\partial S}{\partial h_2}\cdot\Delta h_2\right|.$$

Die Anstiege $\frac{\partial S}{\partial h_1}$ und $\frac{\partial S}{\partial h_2}$ können jeweils positiv oder negativ sein. Damit sich bei entgegen gesetzten Vorzeichen die Änderungen nicht aufheben, werden von beiden Summanden jeweils die Beträge genommen.
Für die Bestimmung des absoluten Fehlers werden die beiden partiellen Ableitungen verwendet.
Für die Differenziation ist es vorteilhaft, die Funktion etwas in der Form umzustellen, um die Konstanten und Variablen besser unterscheiden zu können.

In der günstigeren Darstellung werden die Konstanten und Variablen voneinander getrennt

$$(\#.2)\quad S(h_1,h_2)=\frac{E\cdot F}{12\cdot r}\cdot\frac{h_2^3}{h_1^2+h_1\cdot h_2}\,.$$

Für die Bestimmung des Differenzials $\Delta S(h_1, h_2)$ werden die beiden partiellen Ableitungen $\frac{\partial S}{\partial h_1}$ und $\frac{\partial S}{\partial h_2}$ benötigt.

Um eine Funktion $S = S(h_1, h_2)$ nach einer Veränderlichen h_1 zu differenzieren, wird angenommen, dass alle Veränderlichen, außer h_1, konstant sind.

Für die Ableitung $\frac{\partial S}{\partial h_1}$ wird die Funktion (#.2) weiter umgeformt

$$(\#.3) \quad S(h_1, h_2) = \frac{E \cdot F \cdot h_2^3}{12 \cdot r} \cdot (h_1^2 + h_1 \cdot h_2)^{-1}.$$

In der Form (#.3) gibt es einen konstanten Faktor $\frac{E \cdot F \cdot h_2^3}{12 \cdot r}$ und die abzuleitende Funktion $f(h_1) = (h_1^2 + h_1 \cdot h_2)^{-1}$, die nach der Kettenregel differenziert wird.

Die innere Funktion wird substituiert durch $t(h_1) = h_1^2 + h_1 \cdot h_2$ und ergibt somit für die äußere Funktion $f(t) = t^{-1}$.

Die Kettenregel lautet $\frac{\partial f(h_1)}{\partial h_1} = \frac{\partial f(t)}{\partial t} \cdot \frac{\partial t(h_1)}{\partial h_1}$.

Die Ableitung der äußeren Funktion lautet $\frac{\partial f(t)}{\partial t} = \frac{\partial t^{-1}}{\partial t} = -1 \cdot t^{-2} = \frac{-1}{t^2}$.

Die Ableitung der inneren Funktion ist $\frac{\partial t(h_1)}{\partial h_1} = \frac{\partial}{\partial h_1}(h_1^2 + h_1 \cdot h_2) = 2h_1 + h_2$.

Unter Berücksichtigung des konstanten Faktors entsteht die Ableitung

$$(\#.4) \quad \frac{\partial S}{\partial h_1} = \frac{E \cdot F \cdot h_2^3}{12 \cdot r} \cdot \frac{-1}{(h_1^2 + h_1 \cdot h_2)^2} \cdot (2h_1 + h_2) = -\frac{E \cdot F \cdot h_2^3}{12 \cdot r} \cdot \frac{2h_1 + h_2}{(h_1^2 + h_1 \cdot h_2)^2}.$$

Um eine Funktion $S = S(h_1, h_2)$ nach einer Veränderlichen h_2 zu differenzieren, wird angenommen, dass alle Veränderlichen, außer h_2, konstant sind.

Für die Ableitung $\frac{\partial S}{\partial h_2}$ wird die Funktion (#.2) betrachtet, in der wiederum ein konstanter Faktor $\frac{E \cdot F}{12 \cdot r}$ enthalten ist. Die abzuleitende Funktion ist $f(h_2) = \frac{h_2^3}{h_1^2 + h_1 \cdot h_2} = \frac{u(h_2)}{v(h_2)}$, die nach der Quotientenregel $\left(\frac{u}{v}\right)' = \frac{u' \cdot v - u \cdot v'}{v^2}$ differenziert wird.

Die Ableitungen sind $\frac{\partial u(h_2)}{\partial h_2} = \frac{\partial}{\partial h_2} h_2^3 = 3 \cdot h_2^2$ und $\frac{\partial v(h_2)}{\partial h_2} = \frac{\partial}{\partial h_2}(h_1^2 + h_1 \cdot h_2) = h_1$.

Unter Berücksichtigung des konstanten Faktors entsteht nach Anwenden der Quotientenregel

$$(\#.5) \quad \frac{\partial S}{\partial h_2} = \frac{E \cdot F}{12 \cdot r} \cdot \frac{3h_2^2 \cdot (h_1^2 + h_1 \cdot h_2) - h_2^3 \cdot h_1}{(h_1^2 + h_1 \cdot h_2)^2}.$$

Die ermittelten Ableitungen (#.4) und (#.5) werden in die Formel (#.1) für die Berechnung der maximalen Abweichung (für den maximalen Fehler) eingesetzt

$$(\#.6)\quad |\Delta S| \le \left| -\frac{E\cdot F\cdot h_2^3}{12\cdot r}\cdot\frac{2h_1+h_2}{(h_1^2+h_1\cdot h_2)^2}\cdot\Delta h_1\right| + \left|\frac{E\cdot F}{12\cdot r}\cdot\frac{3h_2^2\cdot(h_1^2+h_1\cdot h_2)-h_2^3\cdot h_1}{(h_1^2+h_1\cdot h_2)^2}\cdot\Delta h_2\right|.$$

In der Aufgabenstellung sind die Werte für $E = 8.000$, $F = 1{,}5$, $r = 10$, $h_1 = 0{,}1$ und $h_2 = 0{,}4$ enthalten.

Die Werte für Δh_1 und Δh_2 müssen noch bestimmt werden.
Die Abweichung (der Fehler) von h_1 ist mit $\pm 1\%$ angegeben, somit ist $\Delta h_1 = \pm 1\%$ von h_1 $\Delta h_1 = \pm 0{,}1\cdot 0{,}01 = \pm 0{,}001$.
Die Abweichung (der Fehler) von h_2 ist mit $\pm 2\%$ angegeben, somit ist $\Delta h_2 = \pm 2\%$ von h_2 $\Delta h_2 = \pm 0{,}4\cdot 0{,}02 = \pm 0{,}008$.

Der Ausdruck (#.6) ist sehr umfangreich, deshalb werden die beiden Summanden vielleicht besser einzeln berechnet.

$$\left| -\frac{E\cdot F\cdot h_2^3}{12\cdot r}\cdot\frac{2h_1+h_2}{(h_1^2+h_1\cdot h_2)^2}\cdot\Delta h_1\right| = 1{,}536$$

$$\left|\frac{E\cdot F}{12\cdot r}\cdot\frac{3h_2^2\cdot(h_1^2+h_1\cdot h_2)-h_2^3\cdot h_1}{(h_1^2+h_1\cdot h_2)^2}\cdot\Delta h_2\right| = 5{,}632$$

Die maximale Abweichung ergibt sich aus der Summe der beiden Teilergebnisse

$$|\Delta S| \le 1{,}536 + 5{,}632 = 7{,}168.$$

Bei der Bestimmung des Wertes für $S(h_1,h_2)$ hat das Ergebnis eine absolute Abweichung von maximal 7,2 Einheiten.
Der Funktionswert an der Stelle $S(h_1,h_2)$ wird mit

$$S(0{,}1;\,0{,}4) = \frac{E\cdot h_2^3}{12\cdot h_1}\cdot\frac{1}{r\cdot(h_1+h_2)}\cdot F = 128$$

berechnet.

Der absolute Fehler besagt, dass das berechnete Ergebnis für $S(h_1,h_2)$ bei der gegebenen Toleranz von $\pm 1\%$ für h_1 und $\pm 2\%$ für h_2 mit einer maximalen Abweichung (Fehler) von 7,2 ermittelt werden kann.

Der Wert für $S(0{,}1;0{,}4)$ muss mit $128 \pm 7{,}168$ angenommen werden. Er liegt also zwischen 120,832 und 135,168.

Eine bessere Bewertung der Größenordnung des Fehlers kann mit dem relativen Fehler (Abweichung) vorgenommen werden. Der relative Fehler berechnet sich nach $\left|\frac{\Delta S}{S(h_1,h_2)}\right|$.

Für den relativen Fehler wird noch der absolute Fehler in das Verhältnis zum Funktionswert $S(h_1,h_2)$ gesetzt.

Für den relativen Fehler ergibt sich in Prozent $\left|\frac{\Delta S}{S(h_1,h_2)}\right| \cdot 100 = \frac{7{,}168}{128} \cdot 100 = 5{,}6\,\%$.

Der relative Fehler besagt, dass das ermittelte Ergebnis für $S(h_1,h_2)$ bei der gegebenen Toleranz von $\pm 1\%$ für h_1 und $\pm 2\%$ für h_2 mit einer maximalen Abweichung (Fehler) von 5,6 % behaftet ist.

Die relative Abweichung kann wieder in eine absolute Abweichung umgerechnet werden.

Der Wert für $S(0{,}1;0{,}4)$ muss mit einer Abweichung von $\pm 128 \cdot 0{,}056$ angenommen werden. Er liegt also zwischen $128 \cdot 0{,}944 = 128{,}832$ und $128 \cdot 1{,}056 = 135{,}168$.

Aufgabe 2.2

Die relative Stillstandszeit einer Maschine (das Verhältnis von Stillstandszeit zur gesamten Einsatzzeit) lässt sich in Abhängigkeit von der Zeit näherungsweise unter Verwendung zweier Parameter A und B durch folgenden funktionalen Zusammenhang beschreiben:

$$S(x,A,B)=1-\frac{1+e^{A}}{1+e^{A+Bx}}.$$

Die Parameter A und B sind spezifische Größen für einen bestimmten Maschinentyp und werden entsprechend aus Beobachtungswerten gewonnen.
In einem Spezialfall sei für A = 0,74 und für B = 0,26 ermittelt worden, wobei A mit einem Fehler von 3 % und B mit einem Fehler von 8 % behaftet sein können.

Für den Zeitpunkt x = 4 soll der maximale relative Fehler der durch den gegebenen funktionalen Zusammenhang errechneten Stillstandszeit angegeben werden.

Lösung

Die Änderung ΔS eines Funktionswertes $S=S(A,B)$, die sich ergibt, wenn die unabhängigen Variablen, hier A und B, sich um die kleinen Werte ΔA und ΔB ändern, ist

$$\Delta S=S(A+\Delta A,\,B+\Delta B)-S(A,B).$$

Eine Abschätzung dieser Änderung kann über die Höhenänderung der zugehörigen Tangentialebene, die durch den Punkt $P(A,B,S)$ gelegt wird, erfolgen. Diese Abschätzung wird für kleine ΔA und ΔB mit dem totalen Differenzial vorgenommen. Es wird angenommen, dass $dA=\Delta A$ und $dB=\Delta B$ hinreichend klein sind.
Mit der Fehlerformel wird der absolute (maximale) Fehler ΔS in Abhängigkeit von den kleinen Fehlern der unabhängigen Variablen ΔA und ΔB bestimmt

$$(\#.1)\quad |\Delta S|\le\left|\frac{\partial S}{\partial A}\cdot\Delta A\right|+\left|\frac{\partial S}{\partial B}\cdot\Delta B\right|.$$

Die Anstiege $\frac{\partial S}{\partial A}$ und $\frac{\partial S}{\partial B}$ können jeweils positiv oder negativ sein. Damit sich bei entgegen gesetzten Vorzeichen die Änderungen nicht aufheben, werden von beiden Summanden jeweils die Beträge genommen.
Für die Bestimmung des absoluten Fehlers werden zwei partielle Ableitungen verwendet.

$$(*.1)\quad S(x,A,B)=1-\frac{1+e^{A}}{1+e^{A+Bx}}$$

Für die Bestimmung des Differenzials $\Delta S(A,B)$ werden die beiden partiellen Ableitungen $\frac{\partial S}{\partial A}$ und $\frac{\partial S}{\partial B}$ benötigt.
Um eine Funktion $S=S(A,B)$ nach einer Veränderlichen A zu differenzieren, wird angenommen, dass alle Veränderlichen, außer A, konstant sind.
Für die Ableitung $\frac{\partial S(x,A,B)}{\partial A}$ ist die Funktion (*.1) nach der Quotientenregel zu differenzieren, wobei der konstante Summand durch die Ableitung zu Null wird.

In dem Bruch werden der Zähler mit $u(A) = 1 + e^{A}$ und der Nenner mit $v(A,B) = 1 + e^{A+B\cdot x}$ festgelegt. Die zugehörigen Ableitungen sind $\frac{\partial u(A)}{\partial A} = e^{A}$ und $\frac{\partial v(A,B)}{\partial A} = e^{A+B\cdot x}$.

Nach der Quotientenregel ergibt sich für

$$\frac{\partial S(x,A,B)}{\partial A} = -\frac{e^{A}\cdot(1+e^{A+B\cdot x}) - (1+e^{A})\cdot e^{A+B\cdot x}}{(1+e^{A+B\cdot x})^2}$$

$$= -\frac{e^{A} + e^{2A+B\cdot x} - e^{A+B\cdot x} - e^{2A+B\cdot x}}{(1+e^{A+B\cdot x})^2} = -\frac{e^{A} - e^{A+B\cdot x}}{(1+e^{A+B\cdot x})^2} = -\frac{e^{A}(1-e^{B\cdot x})}{(1+e^{A+B\cdot x})^2}.$$

Nach dem Vereinfachen entsteht die partielle Ableitung 1. Ordnung

$$(*.2) \quad \frac{\partial S(x,A,B)}{\partial A} = -\frac{e^{A}(1-e^{B\cdot x})}{(1+e^{A+B\cdot x})^2}.$$

Für die Ableitung $\frac{\partial S(x,A,B)}{\partial B}$ kann die Funktion (*.1) ebenfalls nach der Quotientenregel[1] differenziert werden, wobei der konstante Summand durch die Ableitung zu Null wird.

In dem Bruch werden der Zähler mit $u(A) = 1 + e^{A}$ und der Nenner mit $v(A,B) = 1 + e^{A+B\cdot x}$ festgelegt. Die zugehörigen Ableitungen sind $\frac{\partial u(A)}{\partial B} = 0$ und $\frac{\partial v(A,B)}{\partial B} = x\cdot e^{A+B\cdot x}$.

Der Ausdruck $e^{A+B\cdot x}$ ist nach der Kettenregel zu differenzieren. Durch Substitution der inneren Funktion $t(B) = A + B\cdot x$ entsteht die äußere Funktion e^{t}. Die zugehörigen Ableitungen heißen $\frac{\partial e^{t}}{\partial t} = e^{t}$ sowie $\frac{\partial}{\partial B}(A + B\cdot x) = x$. Somit ergibt sich nach der Kettenregel $\frac{\partial}{\partial B}e^{A+B\cdot x} = x\cdot e^{A+B\cdot x}$.

Nach der Quotientenregel ergibt sich für

$$\frac{\partial S(x,A,B)}{\partial B} = -\frac{0\cdot(1+e^{A+B\cdot x}) - (1+e^{A})\cdot x\cdot e^{A+B\cdot x}}{(1+e^{A+B\cdot x})^2}$$

oder

$$(*.3) \quad \frac{\partial S(x,A,B)}{\partial B} = \frac{(1+e^{A})\cdot x\cdot e^{A+B\cdot x}}{(1+e^{A+B\cdot x})^2}.$$

Die ermittelten Ableitungen (*.2) und (*.3) werden in die Formel (#.1) für die Berechnung der maximalen Abweichung (für den maximalen Fehler) eingesetzt

$$(*.4) \quad |\Delta S| \le \left| -\frac{e^{A}(1-e^{B\cdot x})}{(1+e^{A+B\cdot x})^2}\cdot \Delta A \right| + \left| \frac{(1+e^{A})\cdot x\cdot e^{A+B\cdot x}}{(1+e^{A+B\cdot x})^2}\cdot \Delta B \right|.$$

In der Aufgabenstellung sind Werte für $x = 4$, $A = 0{,}74$ und $B = 0{,}26$ enthalten. Die Werte für ΔA und ΔB müssen bestimmt werden.

Die Abweichung (der Fehler) von A ist mit $\pm 3\%$ angegeben, somit ist $\Delta A = \pm 3\%$ von A $\Delta A = \pm 0{,}74\cdot 0{,}03 = \pm 0{,}0222$.

[1] Es wäre auch die Kettenregel möglich.

Die Abweichung (der Fehler) von B ist mit $\pm 8\%$ angegeben, somit ist $\Delta B = \pm 8\%$ von B $\Delta B = \pm 0{,}26 \cdot 0{,}08 = \pm 0{,}0208$.

Der Ausdruck (*.4) ist sehr umfangreich, deshalb werden die beiden Summanden vielleicht besser einzeln berechnet

$$\left| -\frac{e^A(1-e^{B\cdot x})}{(1+e^{A+B\cdot x})^2} \cdot \Delta A \right| = 0{,}001\,772$$

sowie

$$\left| \frac{(1+e^A)\cdot x \cdot e^{A+B\cdot x}}{(1+e^{A+B\cdot x})^2} \cdot \Delta B \right| = 0{,}031\,806.$$

Die maximale Abweichung ergibt sich aus der Summe der beiden Teilergebnisse

$$|\Delta S| \le 0{,}001\,722 + 0{,}031\,806 = 0{,}033\,578.$$

Bei der Bestimmung des Wertes für $S = S(A,B)$ an der Stelle $x = 4$ hat das Ergebnis eine absolute Abweichung von maximal 0,033 6 Einheiten.
Der Funktionswert an der Stelle $S = S(A,B)$ wird mit

$$S(4;0{,}74;0{,}26) = 1 - \frac{1+e^A}{1+e^{A+Bx}} = 0{,}553\,247$$

berechnet.

Der absolute Fehler besagt, dass das berechnete Ergebnis für $S = S(A,B)$ bei der gegebenen Toleranz von $\pm 3\%$ für A und $\pm 8\%$ für B mit einer maximalen Abweichung (Fehler) von 0,033 6 ermittelt werden kann.

Der Wert für $S(4;0{,}74;0{,}26)$ muss mit $0{,}553\,247 \pm 0{,}033\,6$ angenommen werden. Er liegt also zwischen 0,519 8 und 0,586 8.
Eine bessere Bewertung der Größenordnung des Fehlers kann mit dem relativen Fehler (Abweichung) vorgenommen werden. Der relative Fehler berechnet sich nach $\left| \frac{\Delta S}{S(A,B)} \right|$.

Für den relativen Fehler wird noch der absolute Fehler in das Verhältnis zum Funktionswert $S = S(A,B)$ gesetzt.

Für den relativen Fehler ergibt sich in Prozent $\left| \frac{\Delta S}{S(A,B)} \right| \cdot 100 = \frac{0{,}033\,578}{0{,}553\,247} \cdot 100 = 6{,}069\,\%$.

Der relative Fehler besagt, dass das ermittelte Ergebnis für $S = S(A,B)$ bei der gegebenen Toleranz von $\pm 3\%$ für A und $\pm 8\%$ für B mit einer maximalen Abweichung (Fehler) von 6,07 % behaftet ist.
Die relative Abweichung kann wieder in eine absolute Abweichung umgerechnet werden.

Der Wert für $S(4;0{,}74;0{,}26)$ muss mit einer Abweichung von $\pm 0{,}553\,2 \cdot 0{,}060\,7$ angenommen werden. Er liegt also zwischen $0{,}553\,247 \cdot 0{,}9393 = 0.519\,6$ und $0{,}553\,247 \cdot 1{,}0607 = 0{,}586\,8$.

Aufgabe 3.1

Für die Ermittlung der Werkzeugkosten W_{St} je Stunde Standzeit einer Anlage wird die folgende Funktion benutzt

$$W_{St} = W_{St}(K_I, t_s) = \frac{(A-R)+K_I}{Z_s \cdot t_s}.$$

Hierbei sind:

Anschaffungskosten	A	= 75.000 €.
Restwert	R	= 5.800 €.
Kosten der Instandsetzung	K_I	= 30.000 €.
Zahl der Standzeiten	Z_s	= 37
mittlere Standzeit	t_s	= 1,5 h

a) Bilden Sie die partiellen Ableitungen 1. Ordnung nach K_I und t_s .

b) Bestimmen Sie die Elastizitäten der Werkzeugkosten je Stunde $W_{St}(K_I, t_s)$ bezüglich der Kosten der Instandsetzung K_I und der mittleren Standzeit t_s.

Lösung

Die Elastizität einer ökonomischen Kennzahl $z = z(\boldsymbol{x})$ bezüglich der unabhängigen Veränderlichen x_k an der Stelle $\boldsymbol{x} = \boldsymbol{a}$ ist

$$\varepsilon_{z,x_k}(\boldsymbol{a}) = \frac{\partial z(\boldsymbol{a})}{\partial x_k} \cdot \frac{a_k}{z(\boldsymbol{a})},$$

wenn die Ableitung $\frac{\partial z(\boldsymbol{x})}{\partial x_k}$ existiert und $z(\boldsymbol{a}) \neq 0$ ist.

Die Elastizität $\varepsilon_{z,x_k}(\boldsymbol{x})$ zeigt an, um wie viel Prozent sich der Funktionswert $z = z(\boldsymbol{x})$ ändert, wenn sich die Veränderliche x_k um 1% vergrößert.

Für die Bestimmung der partiellen Ableitungen ist es vorteilhaft, die Funktion etwas in der Form umzustellen, damit die Konstanten und Variablen besser unterschieden werden können.

$$\text{(\#.1)} \quad W_{St} = W_{St}(K_I, t_s) = \frac{(A-R)+K_I}{Z_s \cdot t_s}$$

Für die partielle Ableitung 1. Ordnung $\frac{\partial W_{St}}{\partial K_I}$ wird (#.1) umgeformt zu

$$\text{(\#.2)} \quad W_{St} = (A - R + K_I) \cdot \frac{1}{Z_s \cdot t_s}$$

Um eine Funktion $W_{St}(K_I, t_s)$ nach einer Veränderlichen K_I zu differenzieren, wird angenommen, dass alle Veränderlichen, außer K_I, konstant sind.

In der Form (#.2) ist nur der Klammerausdruck abhängig von K_I. Der zweite Faktor (der Bruch) ist als konstant anzusehen.

Die partielle Ableitung $\frac{\partial W_{St}}{\partial K_I}$ ergibt für den Klammerausdruck 1, der mit dem konstanten Faktor multipliziert werden muss

$$\text{(*.1)} \quad \frac{\partial W_{St}}{\partial K_I} = 1 \cdot \frac{1}{Z_s \cdot t_s}.$$

Für die partielle Ableitung 1. Ordnung $\frac{\partial W_{St}}{\partial t_s}$ wird (#.1) umgeformt zu

$$(\#.3)\quad W_{St} = \frac{A - R + K_I}{Z_s} \cdot \frac{1}{t_s}.$$

Um eine Funktion $W_{St}(K_I, t_s)$ nach einer Veränderlichen t_s zu differenzieren, wird angenommen, dass alle Veränderlichen, außer t_s, konstant sind.

In der Form (#.3) ist nur der zweite Faktor abhängig von t_s. Der erste Faktor (der Bruch) ist als konstant anzusehen.

Die partielle Ableitung $\frac{\partial W_{St}}{\partial t_s}$ ergibt für den Ausdruck $\frac{\partial \frac{1}{t_s}}{\partial t_s} = -\frac{1}{t_s^2}$, der mit dem konstanten Faktor multipliziert werden muss

$$(*.2)\quad \frac{\partial W_{St}}{\partial t_s} = -\frac{A - R + K_I}{Z_s} \cdot \frac{1}{t_s^2}.$$

Die partiellen Ableitungen 1. Ordnung lauten

$$\frac{\partial W_{St}}{\partial K_I} = \frac{1}{Z_s \cdot t_s} \text{ und } \frac{\partial W_{St}}{\partial t_s} = -\frac{A - R + K_I}{Z_s} \cdot \frac{1}{t_s^2}.$$

Die Elastizität der Werkzeugkosten je Stunde $W_{St}(K_I, t_s)$ bezüglich der unabhängigen Veränderlichen K_I (Kosten der Instandsetzung) an der Stelle $K_I = 30.000$ ist

$$(\#.4)\quad \varepsilon_{W_{St}, K_I}(K_I) = \frac{\partial W_{St}}{\partial K_I} \cdot \frac{K_I}{W_{St}(K_I, t_s)},$$

wenn die Ableitung $\frac{\partial W_{St}}{\partial K_I}$ existiert und $W_{St}(K_I, t_s) \neq 0$ ist.

Nach Einsetzen der partiellen Ableitung 1. Ordnung $\frac{\partial W_{St}}{\partial K_I}$ und der Funktion $W_{St}(K_I, t_s)$ in Formel (#.4) entsteht

$$(\#.5)\quad \varepsilon_{W_{St}, K_I}(K_I) = \frac{1}{Z_s \cdot t_s} \cdot \frac{Z_s \cdot t_s \cdot K_I}{A - R + K_I}.$$

Der Ausdruck (#.5) kann noch durch Kürzen vereinfacht werden

$$(\#.6)\quad \varepsilon_{W_{St}, K_I}(K_I) = \frac{K_I}{A - R + K_I}.$$

Die Elastizität $\varepsilon_{W_{St}, K_I}(30.000) = \frac{30.000}{75.000 - 5.800 + 30.000}$ ergibt den Wert 0,3024.

Die Elastizität der Werkzeugkosten je Stunde $W_{St}(K_I,t_s)$ bezüglich der unabhängigen Veränderlichen t_s (mittlere Standzeit) an der Stelle $t_s = 1{,}5$ ist

$$(\#.7) \quad \varepsilon_{W_{St},t_s}(t_s) = \frac{\partial W_{St}}{\partial t_s} \cdot \frac{t_s}{W_{St}(K_I,t_s)},$$

wenn die Ableitung $\frac{\partial W_{St}}{\partial t_s}$ existiert und $W_{St}(K_I,t_s) \neq 0$ ist.

Nach Einsetzen der partiellen Ableitung 1. Ordnung $\frac{\partial W_{St}}{\partial t_s}$ und der Funktion $W_{St}(K_I,t_s)$ in Formel (#.7) entsteht

$$(\#.8) \quad \varepsilon_{W_{St},t_s}(K_I) = -\frac{A - R + K_I}{Z_s} \cdot \frac{1}{t_s^2} \cdot \frac{Z_s \cdot t_s \cdot t_s}{A - R + K_I}.$$

Der Ausdruck (#.8) kann durch Kürzen stark vereinfacht werden

$$(\#.6) \quad \varepsilon_{W_{St},t_s}(K_I) = -1.$$

Die Elastizität $\varepsilon_{W_{St},t_s}(1{,}5) = -1$ ergibt den Wert $-1{,}0$.

Die Werkzeugkosten je Stunde W_{St} bezüglich der mittleren Standzeit t_s sind an der Stelle
$t_s = 1{,}5$
1-elastisch.

Eine Vergrößerung der mittleren Standzeit $t_s = 1{,}5h = 90\,\text{min}$ um 1 % auf 90,9 min senkt die Werkzeugkosten je Stunde $W_{St}(K_I,t_s)$ um 1 %, wenn alle anderen Werte konstant bleiben.

Die Elastizität $\varepsilon_{W_{St},K_I}(30.000) = 0{,}302$ sagt, dass die Werkzeugkosten je Stunde W_{St} bezüglich der Kosten der Instandsetzung K_I an der Stelle $K_I = 30.000$ € unelastisch sind.

Eine Verkleinerung der Kosten der Instandsetzung $K_I = 30.000$ € um 1 % auf 29.700 € reduziert die Werkzeugkosten je Stunde $W_{St}(K_I,t_s)$ um 0,3 %, wenn alle anderen Werte konstant bleiben.

Aufgabe 3.2

Für die Ermittlung des Kaufpreises für ein Unternehmen U_w wird bei der Methode der Übergewinnkapitalisierung die folgende Funktion benutzt

$$U_W = U_W(i,j) = R_W + \frac{G - i \cdot R_W}{j}.$$

Hierbei sind:

Unternehmenswert(Kaufpreis)	U_w	
Reproduktionswert(Substanzwert)	R_w	= 3.000.000 €.
Jährlicher Gewinn(Durchschnitt)	G	= 200.000 €.
Kalkulationszinssatz	i	= 0,1
Risikozinssatz für Übergewinne	j	= 0,15

a) Bilden Sie die partiellen Ableitungen 1. Ordnung nach i und j.

b) Bestimmen Sie die Elastizitäten des Unternehmenswertes $U_W = U_W(i,j)$ bezüglich des Kalkulationszinssatzes i und des Risikozinssatzes j.

c) Der jährliche Gewinn des Unternehmens betrage 400.000 €. Bestimmen Sie die Elastizitäten des Unternehmenswertes $U_W = U_W(i,j)$ bezüglich des Kalkulationszinssatzes i und des Risikozinssatzes j.

Lösung

Die Elastizität einer ökonomischen Kennzahl $z = z(\boldsymbol{x})$ bezüglich der unabhängigen Veränderlichen x_k an der Stelle $\boldsymbol{x} = \boldsymbol{a}$ ist

$$\varepsilon_{z,x_k}(\boldsymbol{a}) = \frac{\partial z(\boldsymbol{a})}{\partial x_k} \cdot \frac{a_k}{z(\boldsymbol{a})},$$

wenn die Ableitung $\frac{\partial z(\boldsymbol{x})}{\partial x_k}$ existiert und $z(\boldsymbol{a}) \neq 0$ ist.

Die Elastizität $\varepsilon_{z,x_k}(\boldsymbol{x})$ zeigt an, um wie viel Prozent sich der Funktionswert $z = z(\boldsymbol{x})$ ändert, wenn sich die Veränderliche x_k um 1% vergrößert.

Für die Bestimmung der partiellen Ableitungen ist es vorteilhaft, die Funktion etwas in der Form umzustellen, damit die Konstanten und Variablen besser unterschieden werden können

$$(\#.1) \quad U_W = U_W(i,j) = R_W + \frac{G - i \cdot R_W}{j}.$$

Für die partielle Ableitung 1. Ordnung $\frac{\partial U_W}{\partial i}$ wird (#.1) umgeformt zu

$$(\#.2) \quad U_W = U_W(i,j) = R_W + \frac{G}{j} - \frac{R_W}{j} \cdot i.$$

Um eine Funktion $U_W = U_W(i,j)$ nach einer Veränderlichen i zu differenzieren, wird angenommen, dass alle Veränderlichen, außer i, konstant sind.

In der Form (#.2) ist nur der dritte Summand von i abhängig. Die beiden ersten Summanden sind als konstant anzusehen.

Die partielle Ableitung $\frac{\partial U_W}{\partial i}$ ergibt den konstanten Ausdruck

$$(*.1)\quad \frac{\partial U_W}{\partial i} = -\frac{R_W}{j}.$$

Für die partielle Ableitung 1. Ordnung $\frac{\partial U_W}{\partial j}$ wird (#.1) umgeformt zu

$$(\#.3)\quad U_W = U_W(i,j) = R_W + (G - i \cdot R_W) \cdot \frac{1}{j}.$$

Um eine Funktion $U_W = U_W(i,j)$ nach einer Veränderlichen j zu differenzieren, wird angenommen, dass alle Veränderlichen, außer j, konstant sind.

In der Form (#.3) ist nur der zweite Summand abhängig von j. Der erste Summand ist als konstant anzusehen. Außerdem besitzt der zweite Summand einen konstanten Faktor $(G - i \cdot R_W)$.

Die partielle Ableitung $\frac{\partial U_W}{\partial j}$ ergibt für den Ausdruck $\frac{\partial \frac{1}{j}}{\partial j} = -\frac{1}{j^2}$, der mit dem konstanten

Faktor $(G - i \cdot R_W)$ multipliziert werden muss

$$(*.2)\quad \frac{\partial U_W}{\partial j} = -(G - i \cdot R_W) \cdot \frac{1}{j^2}.$$

Die partiellen Ableitungen 1. Ordnung lauten

$$\frac{\partial U_W}{\partial i} = -\frac{R_W}{j} \text{ und } \frac{\partial U_W}{\partial j} = -(G - i \cdot R_W) \cdot \frac{1}{j^2}.$$

Die Elastizität des Unternehmenswertes $U_W = U_W(i,j)$ bezüglich der unabhängigen Veränderlichen i (Kalkulationszinssatz) an der Stelle $i = 0{,}1$ ist

$$(\#.4)\quad \varepsilon_{U_W,i}(i) = \frac{\partial U_W}{\partial i} \cdot \frac{i}{U_W(i,j)},$$

wenn die Ableitung $\frac{\partial U_W}{\partial i}$ existiert und $U_W = U_W(i,j) \neq 0$ ist.

Nach Einsetzen der partiellen Ableitung 1. Ordnung $\frac{\partial U_W}{\partial i}$ und der Funktion $U_W(i,j)$ in Formel (#.4) entsteht

$$(\#.5)\quad \varepsilon_{U_W,i}(i) = -\frac{R_W}{j} \cdot \frac{i}{R_W + \frac{G - i \cdot R_W}{j}}.$$

Der Ausdruck (#.5) kann noch durch Kürzen vereinfacht werden

$$\varepsilon_{U_W,i}(i) = -\frac{R_W}{j} \cdot \frac{i}{\frac{R_W \cdot j + G - i \cdot R_W}{j}} = -\frac{R_W}{j} \cdot \frac{i \cdot j}{R_W \cdot j + G - i \cdot R_W}$$

$$(\#.6) \quad \varepsilon_{U_w,i}(i) = \frac{-i \cdot R_w}{G + (j-i) \cdot R_w}.$$

Die Elastizität $\varepsilon_{U_w,i}(0{,}1) = \dfrac{-0{,}1 \cdot 3.000.000}{200.000 + (0{,}15 - 0{,}1) \cdot 3.000.000}$ ergibt den Wert –0,857.

Die Elastizität des Unternehmenswertes $U_w(i, j)$ bezüglich der unabhängigen Veränderlichen j (Risikozinssatz) an der Stelle $j = 0{,}15$ ist

$$(\#.7) \quad \varepsilon_{U_w,j}(j) = \frac{\partial U_w}{\partial j} \cdot \frac{j}{U_w(i,j)},$$

wenn die Ableitung $\dfrac{\partial U_w}{\partial j}$ existiert und $U_w(i, j) \neq 0$ ist.

Nach Einsetzen der partiellen Ableitung 1. Ordnung $\dfrac{\partial U_w}{\partial j}$ und der Funktion $U_w(i, j)$ in Formel (#.7) entsteht

$$(\#.8) \quad \varepsilon_{U_w,j}(j) = -(G - i \cdot R_w) \cdot \frac{1}{j^2} \cdot \frac{j}{R_w + \dfrac{G - i \cdot R_w}{j}}.$$

Der Ausdruck (#.8) kann durch Kürzen stark vereinfacht werden

$$\varepsilon_{U_w,j}(j) = -(G - i \cdot R_w) \cdot \frac{1}{j^2} \cdot \frac{j}{\dfrac{R_w \cdot j + G - i \cdot R_w}{j}} = \frac{1}{j^2} \cdot \frac{-(G - i \cdot R_w) \cdot j^2}{R_w \cdot j + G - i \cdot R_w}$$

$$(\#.9) \quad \varepsilon_{U_w,j}(j) = \frac{i \cdot R_w - G}{G + (j-i) \cdot R_w}.$$

Die Elastizität $\varepsilon_{U_w,j}(0{,}15) = \dfrac{0{,}1 \cdot 3.000.000 - 200.000}{200.000 + (0{,}15 - 0{,}1) \cdot 3.000.000}$ ergibt den Wert 0,286.

Lösungen b)
Der Unternehmenswert $U_w(i, j)$ bezüglich des Kalkulationszinssatzes i ist an der Stelle $i = 0{,}1$ unelastisch.

Eine Vergrößerung des Kalkulationszinssatzes $i = 0{,}1 \mathrel{\hat{=}} 10\%$ um 1 % auf 10,1 % senkt ($\varepsilon < 0$) den Unternehmenswert $U_w(i, j)$ um 0,86 %, wenn alle anderen Werte konstant bleiben. Deutlicher wird die Aussage bei Vergrößerung des Kalkulationszinssatzes um 5 % auf 10,5 %. Eine Vergrößerung des Kalkulationszinssatzes $i = 0{,}1 \mathrel{\hat{=}} 10\%$ um 5 % auf 10,5 % senkt den Unternehmenswert $U_w(i, j)$ um etwa 4 %, wenn alle anderen Werte konstant bleiben.
Der Unternehmenswert liegt bei einem Kalkulationszinssatz von 10 % und einem Risikozinssatz von 15 % bei 2,33 Mio.€. 4 % dieser Summe bedeuten ein um 93 T€ geringerer Kaufpreis. Analog gilt auch ein Kalkulationszinssatz von 9,3 % würde einen um 93 T€ höheren Kaufpreis ergeben.

Der Unternehmenswert $U_w(i, j)$ bezüglich des Risikozinssatzes i ist an der Stelle $j = 0{,}15$ unelastisch.

Eine Vergrößerung des Risikozinssatzes $j = 0{,}15 \mathrel{\hat{=}} 15\%$ um 1 % auf 15,15 % erhöht ($\varepsilon > 0$) den Unternehmenswert $U_w(i,j)$ um 0,28 %, wenn alle anderen Werte konstant bleiben. Deutlicher wird das Ergebnis bei Vergrößerung des Risikozinssatzes um 4 % auf 15,6 %. Eine Vergrößerung des Risikozinssatzes $j = 0{,}15 \mathrel{\hat{=}} 15\%$ um 4 % auf 15,6 % erhöht den Unternehmenswert $U_w(i,j)$ um etwa 1 %, wenn alle anderen Werte konstant bleiben.

Der Unternehmenswert liegt bei einem Kalkulationszinssatz von 10 % und einem Risikozinssatz von 15 % bei 2,33 Mio.€. 1 % dieser Summe bedeuten ein um 23 T€ höherer Kaufpreis. Analog gilt auch ein Kalkulationszinssatz von 9,4 % würde einen um 23 T€ kleineren Kaufpreis ergeben.

Lösungen c)
Der jährliche Gewinn wird mit 400.000 € angenommen.

Die Elastizität $\varepsilon_{U_w,i}(0{,}1) = \dfrac{-0{,}1 \cdot 3.000.000}{400.000 + (0{,}15 - 0{,}1) \cdot 3.000.000}$ ergibt den Wert –0,545.

Die Elastizität $\varepsilon_{U_w,j}(0{,}15) = \dfrac{0{,}1 \cdot 3.000.000 - 400.000}{400.000 + (0{,}15 - 0{,}1) \cdot 3.000.000}$ ergibt den Wert −0,182.

Der Unternehmenswert liegt bei einem Kalkulationszinssatz von 10 % und einem Risikozinssatz von 15 % bei 3,667 Mio.€.
Eine Vergrößerung des Kalkulationszinssatzes $i = 0{,}1 \mathrel{\hat{=}} 10\%$ um 1 % auf 10,1 % senkt den Unternehmenswert $U_w(i,j)$ um 0,55 %, wenn alle anderen Werte konstant bleiben.
Eine Vergrößerung des Risikozinssatzes $j = 0{,}15 \mathrel{\hat{=}} 15\%$ um 1 % auf 15,15 % senkt den Unternehmenswert $U_w(i,j)$ um 0,18 %, wenn alle anderen Werte konstant bleiben.

Bei der Methode der Übergewinnkapitalisierung werden alle Gewinne, die über die Normalverzinsung des Substanzwertes hinausgehen, mit einem höheren Risikozinssatz bewertet. Als Normalgewinn wird die marktübliche Verzinsung des Substanzwertes bezeichnet. Gewinne, die darüber hinausgehen, tragen ein erhöhtes Konkurrenzrisiko.
Das Verfahren wird in der Praxis nur selten angewandt, da es keine Regeln für die Festlegung des Risikozinssatzes gibt und die Bestimmung eines durchschnittlichen Gewinns nur durch komplexe Betrachtungen der zurückliegenden Wirtschaftsjahre möglich ist.

Die Elastizität des Unternehmenswertes $U_w(i,j)$ bezüglich der unabhängigen Veränderlichen i (Kalkulationszinssatz)

$$\varepsilon_{U_w,i}(i) = \frac{-i \cdot R_W}{G + (j - i) \cdot R_W}$$

ist immer negativ, da der Risikozinssatz j immer größer als der (Normal-)Kalkulationszinssatz i ist und alle vorkommenden Größen größer als null sind.

Die Elastizität des Unternehmenswertes $U_w(i,j)$ bezüglich der unabhängigen Veränderlichen j (Risikozinssatz)

$$\varepsilon_{U_w,j}(j) = \frac{i \cdot R_W - G}{G + (j - i) \cdot R_W}$$

erhält das Vorzeichen entsprechend der Relation $i \cdot R_W - G$ im Zähler.

Die Elastizität $\varepsilon_{U_w,j}(j)$ wird positiv, wenn $i \cdot R_W > G$ ist, sie wird negativ für $i \cdot R_W < G$.

Aufgabe 4.1

Gegeben ist die Funktion $R = R(p,q) = p \cdot (p^2 + \frac{4}{3}) - q \cdot (2p - q + 4)$.

a) Man bestimme für die Funktion *R* mit den Variablen *p* und *q* alle partiellen Ableitungen erster und zweiter Ordnung. Schreiben Sie den Gradienten und die Hessematrix auf.
b) Man untersuche diese Funktion auf relative Extremwerte.

Lösung

Die Funktion $R = R(p,q) = p \cdot (p^2 + \frac{4}{3}) - q \cdot (2p - q + 4)$ enthält die beiden unabhängigen Variablen *p* und *q*.

Die Funktion wird etwas übersichtlicher, wenn alle Klammern ausmultipliziert werden. Für die Funktion $R = R(p,q) = p \cdot (p^2 + \frac{4}{3}) - q \cdot (2p - q + 4)$ ergibt sich der neue Ausdruck

$$(\#.1) \quad R = R(p,q) = p^3 + \tfrac{4}{3}p - 2pq + q^2 - 4q\,.$$

Eine partielle Ableitung ist eine Ableitung nach (nur) einer Variablen. Da diese Funktion *R* aber zwei Variablen enthält, muss beim Differenzieren jeweils eine Variable als Konstante angenommen werden.

Die Funktion (#.1) wird nach der Summenregel differenziert, indem jeder Summand einzeln differenziert wird. Alle Summanden, die kein *p* enthalten, werden als konstant betrachtet.

Die Ableitung einer Konstanten ergibt 0.

Die partielle Ableitung erster Ordnung $\frac{\partial R(p,q)}{\partial p}$ ergibt $\frac{\partial R(p,q)}{\partial p} = 3p^2 + \frac{4}{3} - 2q$.

Die partielle Ableitung erster Ordnung $\frac{\partial R(p,q)}{\partial q}$ ergibt $\frac{\partial R(p,q)}{\partial q} = -2p + 2q - 4$.

Der Gradient ist der Vektor aller partiellen Ableitungen erster Ordnung

$$(\#.2) \quad grad\,R(p,q) = \begin{pmatrix} \dfrac{\partial R(p,q)}{\partial p} \\ \dfrac{\partial R(p,q)}{\partial q} \end{pmatrix} = \begin{pmatrix} 3p^2 + \frac{4}{3} - 2q \\ \\ -2p + 2q - 4 \end{pmatrix}.$$

Eine **partielle Ableitung zweiter Ordnung** wird gebildet, indem eine Ableitung erster Ordnung ein zweites Mal differenziert wird. Es existieren zwei verschiedene partielle Ableitungen erster Ordnung. Jede dieser beiden Ableitungen soll sowohl nach *p* als auch nach *q* differenziert werden. Somit ergeben sich vier partielle Ableitungen zweiter Ordnung, die sich jeweils durch die Reihenfolge der gewählten Variablen beim Differenzieren unterscheiden.

Die Funktion $R(p, q)$ wird zweimal nacheinander nach p differenziert oder die Ableitung $\frac{\partial R(p,q)}{\partial p} = 3p^2 + \frac{4}{3} - 2q$ wird noch einmal nach p differenziert. Es ist wiederum die Summenregel anzuwenden.

Die partielle Ableitung zweiter Ordnung $\frac{\partial^2 R(p,q)}{\partial p^2}$ lautet $\frac{\partial^2 R(p,q)}{\partial p^2} = 6p$.

Eine andere partielle Ableitung zweiter Ordnung entsteht, indem man die Funktion $R(p, q)$ zweimal (nacheinander) zunächst nach p und anschließend nach q differenziert oder die Ableitung $\frac{\partial R(p,q)}{\partial p} = 3p^2 + \frac{4}{3} - 2q$ noch einmal nach q differenziert. Es ist wiederum die Summenregel anzuwenden.

Die partielle Ableitung zweiter Ordnung $\frac{\partial^2 R(p,q)}{\partial p \partial q}$ lautet $\frac{\partial^2 R(p,q)}{\partial p \partial q} = -2$.

Es gibt noch zwei weitere partielle Ableitungen zweiter Ordnung, indem die partielle Ableitung erster Ordnung nach q $\frac{\partial R(p,q)}{\partial q}$ jeweils einmal nach p bzw. nach q differenziert wird.

Die partielle Ableitung $\frac{\partial^2 R(p,q)}{\partial q \partial p}$ entsteht, indem man die Funktion $R(p, q)$ zweimal (nacheinander) zunächst nach q und anschließend nach p differenziert oder die Ableitung $\frac{\partial R(p,q)}{\partial q} = -2p + 2q - 4$ noch einmal nach p differenziert. Es ist wiederum die Summenregel anzuwenden.

Die partielle Ableitung zweiter Ordnung $\frac{\partial^2 R(p,q)}{\partial q \partial p}$ lautet $\frac{\partial^2 R(p,q)}{\partial q \partial p} = -2$.

Es gibt noch eine vierte partielle Ableitungen zweiter Ordnung, indem die partielle Ableitung erster Ordnung nach q $\frac{\partial R(p,q)}{\partial q}$ noch einmal nach q differenziert wird.

Die partielle Ableitung zweiter Ordnung $\frac{\partial^2 R(p,q)}{\partial q^2}$ lautet $\frac{\partial^2 R(p,q)}{\partial q^2} = 2$.

Die Hessematrix ist eine Matrix aller partiellen Ableitungen zweiter Ordnung

$$(\#.3) \quad H_R(p,q) = \begin{pmatrix} \frac{\partial^2 R(p,q)}{\partial p^2} & \frac{\partial^2 R(p,q)}{\partial p \partial q} \\ \frac{\partial^2 R(p,q)}{\partial q \partial p} & \frac{\partial^2 R(p,q)}{\partial q^2} \end{pmatrix} = \begin{pmatrix} 6p & -2 \\ -2 & 2 \end{pmatrix}.$$

Existieren für eine Funktion $z = z(\boldsymbol{x})$ mit $\boldsymbol{x} \in D_z \subseteq \mathrm{R}^n$ alle partiellen Ableitungen 1. Ordnung, so ist jede Lösung des Gleichungssystems

$$\frac{\partial z(\boldsymbol{x})}{\partial x_k} = 0 \text{ mit } k = 1, 2, \dots, n$$

ein stationärer Punkt der Funktion $z = z(\boldsymbol{x})$.

Für eine Funktion $R = R(p,q)$ von zwei Veränderlichen sind in einem Extremwert die beiden Ableitungen 1. Ordnung $\frac{\partial R(p,q)}{\partial p} = 0$ und $\frac{\partial R(p,q)}{\partial q} = 0$ null.

Aus dem Gradienten können die partiellen Ableitungen 1. Ordnung entnommen werden. Es ergeben sich zwei Gleichungen mit zwei Unbekannten

$$(\#.4.1) \quad \frac{\partial R(p,q)}{\partial p} = 0 = 3p^2 + \tfrac{4}{3} - 2q\,,$$

$$(\#.4.2) \quad \frac{\partial R(p,q)}{\partial q} = 0 = -2p + 2q - 4\,.$$

Leider ist das Gleichungssystem (#.4) nicht linear.
Zur Lösung wird die Gleichung (#.4.2) $0 = -2p + 2q - 4$ explizit nach q aufgelöst. Es ergibt sich

$$(\#.5) \quad q = p + 2\,.$$

Für q wird in Gleichung (#.4.1) $0 = 3p^2 + \frac{4}{3} - 2q$ der Ausdruck (#.5) $q = p + 2$ eingesetzt. Es ergibt sich die Gleichung

$$(\#.6) \quad 3p^2 + \tfrac{4}{3} - 2(p+2) = 0\,.$$

In Gleichung (#.6) wird die Klammer aufgelöst $3p^2 + \frac{4}{3} - 2p - 4 = 0$ und neu geordnet. Es entsteht eine quadratische Gleichung $3p^2 - 2p - \frac{8}{3} = 0$, die noch durch Division durch 3 auf die Normalform gebracht wird

$$(\#.7) \quad p^2 - \tfrac{2}{3}p - \tfrac{8}{9} = 0\,.$$

Mit Hilfe der Lösungsformel für quadratische Gleichungen können die beiden Lösungen der Gleichung (#.7) bestimmt werden

$$p_{1,2} = \tfrac{1}{3} \pm \sqrt{\tfrac{1}{9} + \tfrac{8}{9}} = \tfrac{1}{3} \pm 1\,.$$

Es ergeben sich die beiden Lösungen für p mit $p_1 = \frac{4}{3}$ und $p_2 = -\frac{2}{3}$.
Die Vorschrift (#.5) $q = p + 2$ wird benutzt, um die zugehörigen Werte für q_1 und q_2 zu ermitteln. Der Wert für $q_1 = p_1 + 2 = \frac{4}{3} + 2 = \frac{10}{3}$ und für $q_2 = p_2 + 2 = 2 - \frac{2}{3} = \frac{4}{3}$.
Zwei Punkte erfüllen die notwendige Bedingung $\frac{\partial R(p,q)}{\partial p} = 0$ und $\frac{\partial R(p,q)}{\partial q} = 0$.

Die stationären Punkte heißen $P_1(\frac{4}{3}; \frac{10}{3})$ und $P_2(-\frac{2}{3}; \frac{4}{3})$.

Diese stationären Punkte sind Punkte aus dem Definitionsbereich der Funktion
$R = R(p,q) = p \cdot (p^2 + \frac{4}{3}) - q \cdot (2p - q + 4)$

Als hinreichende Bedingung für Funktionen von mehreren Veränderlichen gilt der folgende Satz. Eine Funktion $z = z(\boldsymbol{x})$ besitzt an der Stelle $\boldsymbol{x} = \boldsymbol{a}$ einen lokalen Extremwert, wenn an der Stelle $\boldsymbol{a}$ alle Ableitungen 1. Ordnung $\frac{\partial z(\boldsymbol{a})}{\partial x_k} = 0$ mit $k = 1, 2, \ldots, n$ gleich null sind und die Hessematrix $\boldsymbol{H}_z(\boldsymbol{a})$ positiv oder negativ definit ist.
Die Hessematrix (#.3) lautet

$$H_R(p,q) = \begin{pmatrix} \frac{\partial^2 R(p,q)}{\partial p^2} & \frac{\partial^2 R(p,q)}{\partial p \partial q} \\ \frac{\partial^2 R(p,q)}{\partial q \partial p} & \frac{\partial^2 R(p,q)}{\partial q^2} \end{pmatrix} = \begin{pmatrix} 6p & -2 \\ -2 & 2 \end{pmatrix}.$$

Diese Hessematrix ist nur von dem Wert von p abhängig, die Werte von q sind ohne Einfluss.

Eine Matrix $\boldsymbol{M}$ ist positiv definit, wenn alle Hauptabschnittsdeterminanten größer als null sind.

Für den stationären Punkt $P_1(\frac{4}{3}; \frac{10}{3})$ ergibt sich die Hessematrix $H_R(p,q) = \begin{pmatrix} 6p & -2 \\ -2 & 2 \end{pmatrix}$ zu

$$\begin{pmatrix} 6\frac{4}{3} & -2 \\ -2 & 2 \end{pmatrix} = \begin{pmatrix} 8 & -2 \\ -2 & 2 \end{pmatrix}.$$

Die Hauptabschnittsdeterminanten heißen $|8|$ und $\begin{vmatrix} 8 & -2 \\ -2 & 2 \end{vmatrix}$ und besitzen die Werte 8 und 12.

Beide Hauptabschnittsdeterminanten sind größer als null. Die Hessematrix ist positiv definit und somit ist der Punkt $P_1(\frac{4}{3}; \frac{10}{3})$ ein lokaler Minimalpunkt.

Für den stationären Punkt $P_2(-\frac{2}{3}; \frac{4}{3})$ ergibt sich die Hessematrix $H_R(p,q) = \begin{pmatrix} 6p & -2 \\ -2 & 2 \end{pmatrix}$ zu

$$\begin{pmatrix} -6\frac{2}{3} & -2 \\ -2 & 2 \end{pmatrix} = \begin{pmatrix} -4 & -2 \\ -2 & 2 \end{pmatrix}.$$

Die Hauptabschnittsdeterminanten heißen $|-4|$ und $\begin{vmatrix} -4 & -2 \\ -2 & 2 \end{vmatrix}$ und besitzen die Werte -4 und -12. Beide Hauptabschnittsdeterminanten sind kleiner als null. Die Matrix ist nicht positiv definit.

Die Hessematrix $\boldsymbol{M}$ ist negativ definit, wenn $-\boldsymbol{M}$ positiv definit ist.
Ist diese Matrix $\begin{pmatrix} -4 & -2 \\ -2 & 2 \end{pmatrix}$ negativ definit?

Die Matrix $-\begin{pmatrix} -4 & -2 \\ -2 & 2 \end{pmatrix} = \begin{pmatrix} 4 & 2 \\ 2 & -2 \end{pmatrix}$ besitzt die Hauptabschnittsdeterminanten $|4|$ und $\begin{vmatrix} 4 & 2 \\ 2 & -2 \end{vmatrix}$ mit den Werten 4 und -12.
Die Matrix $\begin{pmatrix} -4 & -2 \\ -2 & 2 \end{pmatrix}$ ist nicht negativ definit. Mit der hinreichenden Bedingung kann kein Extremwert nachgewiesen werden.

Es kann nur der Punkt $P_1(\frac{4}{3}; \frac{10}{3})$ als lokales Minimum nachgewiesen werden.

Der Funktionswert für dieses Minimum ist $R(\frac{4}{3};\frac{10}{3}) = -6{,}962962...$

Das Minimum besitzt die Koordinaten $\text{Min}(\frac{4}{3};\frac{10}{3};-6{,}962...)$.

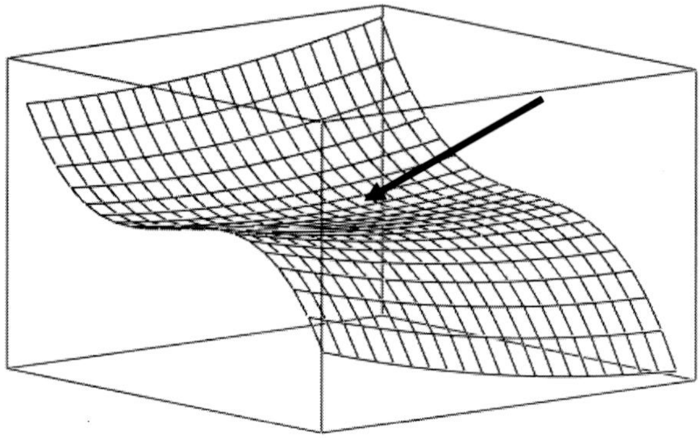

Bild_3D

Bild 2.4.1 Fläche im 3D-Raum

In dem Bild zeigt der Pfeil in etwa die Stelle, an der das berechnete lokale Minimum dieser Funktion liegt.

Aufgabe 4.2

Gegeben ist die Funktion $U = U(x,y,z) = -x^2 - y^2 - \frac{3}{2}z^2 + 2xz + 2y - 6z$.

a) Man bestimme für die Funktion *U* mit den Variablen *x, y* und *z* alle partiellen Ableitungen erster und zweiter Ordnung. Wie lauten der Gradient und die Hessematrix?
b) Man untersuche diese Funktion auf relative Extremwerte.

Lösung

Die Funktion

$$(\#.1)\quad U = U(x,y,z) = -x^2 - y^2 - \frac{3}{2}z^2 + 2xz + 2y - 6z$$

enthält die drei Unbekannten *x*, *y* und *z*.

Eine partielle Ableitung ist eine Ableitung nach (nur) einer Variablen. Da diese Funktion *U* aber drei Variablen enthält, müssen beim Differenzieren jeweils zwei Variablen als Konstante angenommen werden.

Die Funktion (#.1) wird nach der Summenregel differenziert, indem jeder Summand einzeln differenziert wird.

Die partielle Ableitung erster Ordnung $\frac{\partial U(x,y,z)}{\partial x}$ ergibt $\frac{\partial U(x,y,z)}{\partial x} = -2x + 2z$.

Alle Summanden, die kein *x* enthalten, werden als konstant betrachtet. Die Ableitung eines konstanten Summanden ergibt null.

Die partielle Ableitung erster Ordnung $\frac{\partial U(x,y,z)}{\partial y}$ ergibt $\frac{\partial U(x,y,z)}{\partial y} = -2y + 2$.

Alle Summanden, die kein *y* enthalten, werden als konstant betrachtet.

Die partielle Ableitung erster Ordnung $\frac{\partial U(x,y,z)}{\partial z}$ ergibt $\frac{\partial U(x,y,z)}{\partial z} = -3z - 6 + 2x$.

Alle Summanden, die kein *z* enthalten, werden als konstant betrachtet.

Der Gradient ist der Vektor aller partiellen Ableitungen erster Ordnung

$$(\#.2)\quad grad\ U(x,y,z) = \begin{pmatrix} \frac{\partial U(x,y,z)}{\partial x} \\ \frac{\partial U(x,y,z)}{\partial y} \\ \frac{\partial U(x,y,z)}{\partial z} \end{pmatrix} = \begin{pmatrix} -2x + 2z \\ -2y + 2 \\ 2x - 3z - 6 \end{pmatrix}.$$

Eine **partielle Ableitung zweiter Ordnung** wird gebildet, indem eine Ableitung erster Ordnung ein zweites Mal differenziert wird. Es existieren drei verschiedene partielle Ableitungen erster Ordnung. Jede dieser drei Ableitungen soll sowohl nach *x, y* als auch nach *z* differenziert werden. Somit ergeben sich drei mal drei gleich neun partielle Ableitungen zweiter Ordnung, die sich jeweils durch die Reihenfolge der gewählten Variablen beim Differenzieren unterscheiden.

Die Hessematrix ist eine Matrix aller partiellen Ableitungen zweiter Ordnung

$$(\#.3)\quad H_U(x,y,z)=\begin{pmatrix} \frac{\partial^2 U}{\partial x^2} & \frac{\partial^2 U}{\partial x \partial y} & \frac{\partial^2 U}{\partial x \partial z} \\ \frac{\partial^2 U}{\partial y \partial x} & \frac{\partial^2 U}{\partial y^2} & \frac{\partial^2 U}{\partial y \partial z} \\ \frac{\partial^2 U}{\partial z \partial x} & \frac{\partial^2 U}{\partial z \partial y} & \frac{\partial^2 U}{\partial z^2} \end{pmatrix}.$$

Die neun partiellen Ableitungen zweiter Ordnung werden systematisch bestimmt, indem jeweils eine Ableitung 1. Ordnung ein zweites Mal differenziert wird.

Die erste Zeile der Hessematrix entsteht, wenn die Ableitung $\frac{\partial U(x,y,z)}{\partial x}$ ein zweites Mal nach x, y oder nach z differenziert wird.

Die partielle Ableitung $\frac{\partial^2 U(x,y,z)}{\partial x^2}$ lautet $\frac{\partial^2 U(x,y,z)}{\partial x^2}=\frac{\partial(-2x+2z)}{\partial x}=-2$.

Die partielle Ableitung $\frac{\partial^2 U(x,y,z)}{\partial x \partial y}$ lautet $\frac{\partial^2 U(x,y,z)}{\partial x \partial y}=\frac{\partial(-2x+2z)}{\partial y}=0$.

Die partielle Ableitung $\frac{\partial^2 U(x,y,z)}{\partial x \partial z}$ lautet $\frac{\partial^2 U(x,y,z)}{\partial x \partial z}=\frac{\partial(-2x+2z)}{\partial z}=2$.

Die zweite Zeile der Hessematrix entsteht, wenn die Ableitung $\frac{\partial U(x,y,z)}{\partial y}$ ein zweites Mal nach x, y oder nach z differenziert wird.

Die partielle Ableitung $\frac{\partial^2 U(x,y,z)}{\partial y \partial x}$ lautet $\frac{\partial^2 U(x,y,z)}{\partial y \partial x}=\frac{\partial(-2y+2)}{\partial x}=0$.

Die partielle Ableitung $\frac{\partial^2 U(x,y,z)}{\partial y^2}$ lautet $\frac{\partial^2 U(x,y,z)}{\partial y^2}=\frac{\partial(-2y+2)}{\partial y}=-2$.

Die partielle Ableitung $\frac{\partial^2 U(x,y,z)}{\partial y \partial z}$ lautet $\frac{\partial^2 U(x,y,z)}{\partial y \partial z}=\frac{\partial(-2y+2)}{\partial z}=0$.

Die dritte Zeile der Hessematrix entsteht, wenn die Ableitung $\frac{\partial U(x,y,z)}{\partial z}$ ein zweites Mal nach x, y oder nach z differenziert wird.

Die partielle Ableitung $\frac{\partial^2 U(x,y,z)}{\partial z \partial x}$ lautet $\frac{\partial^2 U(x,y,z)}{\partial z \partial x}=\frac{\partial(2x-3z-6)}{\partial x}=2$.

Die partielle Ableitung $\frac{\partial^2 U(x,y,z)}{\partial z \partial y}$ lautet $\frac{\partial^2 U(x,y,z)}{\partial z \partial y}=\frac{\partial(2x-3z-6)}{\partial y}=0$.

Die partielle Ableitung $\frac{\partial^2 U(x,y,z)}{\partial z^2}$ lautet $\frac{\partial^2 U(x,y,z)}{\partial z^2}=\frac{\partial(2x-3z-6)}{\partial z}=-3$.

Die Hessematrix für diese Aufgabe heißt

$$(\#.4)\quad H_U(x,y,z)=\begin{pmatrix}\frac{\partial^2 U}{\partial x^2} & \frac{\partial^2 U}{\partial x\partial y} & \frac{\partial^2 U}{\partial x\partial z}\\ \frac{\partial^2 U}{\partial y\partial x} & \frac{\partial^2 U}{\partial y^2} & \frac{\partial^2 U}{\partial y\partial z}\\ \frac{\partial^2 U}{\partial z\partial x} & \frac{\partial^2 U}{\partial z\partial y} & \frac{\partial^2 U}{\partial z^2}\end{pmatrix}=\begin{pmatrix}-2 & 0 & 2\\ 0 & -2 & 0\\ 2 & 0 & -3\end{pmatrix}.$$

Existieren für eine Funktion $w = w(\boldsymbol{x})$ mit $\boldsymbol{x} \in D_w \subseteq \mathrm{R}^n$ alle partiellen Ableitungen 1. Ordnung, so ist jede Lösung des Gleichungssystems

$$\frac{\partial w(\boldsymbol{x})}{\partial x_k} = 0 \text{ mit } k = 1, 2, \ldots, n$$

ein stationärer Punkt der Funktion $w = w(\boldsymbol{x})$.

Für eine Funktion $U = U(x, y, z)$ von drei Veränderlichen sind in einem Extremwert die drei Ableitungen 1. Ordnung $\frac{\partial U(x,y,z)}{\partial x} = 0$, $\frac{\partial U(x,y,z)}{\partial y} = 0$ und $\frac{\partial U(x,y,z)}{\partial z} = 0$ null.

Die drei Ableitungen erster Ordnung können dem Gradienten (#.2) entnommen werden. Es entsteht das Gleichungssystem

$$(\#.5.1)\quad \frac{\partial U(x,y,z)}{\partial x} = -2x + 2z = 0,$$

$$(\#.5.2)\quad \frac{\partial U(x,y,z)}{\partial y} = -2y + 2 = 0 \text{ und}$$

$$(\#.5.3)\quad \frac{\partial U(x,y,z)}{\partial z} = 2x - 3z - 6 = 0.$$

Mit der notwendigen Bedingung wird ein lineares Gleichungssystem mit drei Unbekannten x, y und z beschrieben

$$(\#.6)\quad \begin{array}{rrrcr} -2x & & +2z & = & 0\\ & -2y & & = & -2.\\ 2x & & -3z & = & 6\end{array}$$

Die Lösung des Gleichungssystems (#.6) soll mittels Basistransformation bestimmt werden.

x	y	z	a
−2	0	2	0
0	−2	0	−2
2	0	−3	6
1	0	−1	0
0	**−2**	0	−2
0	0	−1	6
1	0	−1	0
0	1	0	1
0	0	**−1**	6
1	0	0	−6
0	1	0	1
0	0	1	−6
−6	1	−6	

Als Lösung aus dem linearen Gleichungssystem (#.6) ergibt sich nur einen stationären Punkt mit den Koordinaten $P\,(-6;\,1;\,-6)$. Dieser stationäre Punkt ist ein Punkt aus dem Definitionsbereich der Funktion $U = U(x,y,z) = -x^2 - y^2 - \frac{3}{2}z^2 + 2xz + 2y - 6z$.

Als hinreichende Bedingung für Funktionen von mehreren Veränderlichen gilt der folgende Satz. Eine Funktion $w = w\,(\boldsymbol{x})$ besitzt an der Stelle $\boldsymbol{x} = \boldsymbol{a}$ einen lokalen Extremwert, wenn an der Stelle $\boldsymbol{a}$ alle Ableitungen 1. Ordnung $\frac{\partial w\,(\boldsymbol{a})}{\partial x_k} = 0$ mit $k = 1, 2, \ldots, n$ gleich null sind und die Hessematrix $\boldsymbol{H}_w(\boldsymbol{a})$ positiv oder negativ definit ist.

Die Hessematrix lautet

$$(\#.7)\quad H_U(x,y,z) = \begin{pmatrix} -2 & 0 & 2 \\ 0 & -2 & 0 \\ 2 & 0 & -3 \end{pmatrix}.$$

Eine Matrix $\boldsymbol{M}$ ist positiv definit, wenn alle Hauptabschnittsdeterminanten größer als null sind.

Die Hauptabschnittsdeterminanten ergeben $|-2| = -2 < 0$, $\begin{vmatrix} -2 & 0 \\ 0 & -2 \end{vmatrix} = 4 > 0$ und

$$\begin{vmatrix} -2 & 0 & 2 \\ 0 & -2 & 0 \\ 2 & 0 & -3 \end{vmatrix} = -4 < 0.$$

Die Hessematrix $\boldsymbol{M}$ ist negativ definit, wenn $-\boldsymbol{M}$ positiv definit ist.

Ist diese Matrix $\begin{pmatrix} -2 & 0 & 2 \\ 0 & -2 & 0 \\ 2 & 0 & -3 \end{pmatrix}$ negativ definit?

Die Hauptabschnittsdeterminanten der Matrix $-\begin{pmatrix} -2 & 0 & 2 \\ 0 & -2 & 0 \\ 2 & 0 & -3 \end{pmatrix} = \begin{pmatrix} 2 & 0 & -2 \\ 0 & 2 & 0 \\ -2 & 0 & 3 \end{pmatrix}$ ergeben

$$|\,2\,| = 2 > 0,\ \begin{vmatrix} 2 & 0 \\ 0 & 2 \end{vmatrix} = 4 > 0 \text{ und } \begin{vmatrix} 2 & 0 & -2 \\ 0 & 2 & 0 \\ -2 & 0 & 3 \end{vmatrix} = 4 > 0.$$

Die Hessematrix (#.7) ist negativ definit. Der stationäre Punkt $P\,(-6;\,1;\,-6)$ ist ein Maximum.

Die Funktion $U = U(x,y,z) = -x^2 - y^2 - \frac{3}{2}z^2 + 2xz + 2y - 6z$ hat an der Stelle $P\,(-6;\,1;\,-6)$ ein Maximum mit dem Funktionswert $U = U\,(-6;\,1;\,-6) = 19$.

Aufgabe 5.1
Ein betriebswirtschaftlicher Zusammenhang zwischen den Kosten und dem sonstigen Verbrauch soll aus einer Beobachtungsserie funktionell dargestellt werden.

s_k	1	5	3	2	7
K_k	9	5	6	8	4

Als Funktion werden die Kosten K in Abhängigkeit vom sonstigen Verbrauch s $K(s) = A + B \cdot \frac{1}{s}$ angenommen.
Bestimmen Sie entsprechend der gegebenen Messwerte die Koeffizienten A und B der Regressionsfunktion $\hat{K}(s) = A + B \cdot \frac{1}{s}$.
Welche Kosten K sind für $s = 7{,}5$ zu erwarten?

Lösung

Gegeben sind $n = 5$ Punkte $\{(s_k;\, K_k)\}_{k=1}^{5}$ aus einer Messreihe. Es existiert eine Menge von Punkten mit den Koordinaten s_k und K_k. Es wird laut Aufgabenstellung angenommen, dass die Kosten K eine Funktion des sonstigen Verbrauchs s sind. Somit ist die Variable s die unabhängige Variable und K die abhängige Variable der gesuchten Regressionsfunktion $\hat{K}(s) = A + B \cdot \frac{1}{s}$.
Der Lösungsweg zum Bestimmen der Regressionsfunktion wird in einem kartesischen Koordinatensystem erklärt.
Die Methode der kleinsten Fehlerquadrate (MkQ) geht davon aus, dass für jeden bekannten Punkt $P_k(s_k;K_k)$ der Abstand vom bekannten Wert K_k zum Funktionswert der Regressionsfunktion $\hat{K}(s_k)$ an der Stelle s_k ein Minimum ist. Es wird für jedes s_k die Differenz zwischen $\hat{K}(s_k)$ und dem zugehörigen, bekannten Wert K_k gebildet.
Die Differenz $\hat{K}(s_k) - K_k$ kann jedoch positiv oder negativ sein, so dass eine Summe dieser Differenzen mit positivem oder negativem Vorzeichen die Differenz insgesamt (die Summe aller Differenzen / den Fehler) abschwächen könnte.
Das wird vermieden, wenn jede dieser Differenzen quadriert wird $\left(\hat{K}(s_k) - K_k\right)^2$, um für jede Differenz das Vorzeichen plus zu erhalten.
Die Summe aller Quadrate der Abweichungen $\left(\hat{K}(s_k) - K_k\right)^2$ für $k = 1,\ldots,n$ soll ein Minimum werden.
Die Koeffizienten A und B der Funktion

$$(*.1) \quad \hat{K}(s) = A + B \cdot \frac{1}{s}$$

sind Lösungen der Aufgabe

$$(*.2) \quad S(A,B) = \sum_{k=1}^{n} \left(\hat{K}(s_k) - K_k\right)^2 \rightarrow Minimum\,.$$

Mit der Funktion (*.2) $S(A, B)$ wird für jedes bekannte s_k die Summe der Quadrate der Abstände von K_k zum Funktionswert der Regressionsfunktion $\hat{K}(s_k)$ ermittelt.

Die aktuelle Funktion $S(A, B)$ entsteht durch Einsetzen der Regressionsfunktion (*.1) in die allgemeine Minimumfunktion (*.2).

Bei dieser Regression ist ein Extremwert (das Minimum) einer Funktion

$$(*.3) \quad S(A,B) = \sum_{k=1}^{n}\left(A + B \cdot \frac{1}{s_k} - K_k\right)^2$$

mit den Unbekannten A und B gesucht.
Zur Bestimmung eines stationären Punktes ist die notwendige Bedingung, bestehend aus zwei Teilen, $\frac{\partial S(A,B)}{\partial A} = 0$ und $\frac{\partial S(A,B)}{\partial B} = 0$ zu erfüllen.
Es kann allgemein gezeigt werden, dass die hinreichende Bedingung immer erfüllt und der stationäre Punkt ein Minimum ist. Darauf soll hier verzichtet werden.

Zunächst die **partielle Ableitung erster Ordnung** $\frac{\partial S(A,B)}{\partial A}$.

Das Symbol ∂ im Zähler steht für eine partielle Ableitung erster Ordnung. Die nachfolgende Funktion $S(A, B)$ im Zähler ist zu differenzieren. Die Wiederholung des Zeichens ∂ mit dem folgenden Buchstaben A im Nenner zeigt an, nach welcher Variablen zu differenzieren ist.

Eine partielle Ableitung nach A kann nur bestimmt werden, wenn alle Variablen, die nicht A heißen, als Konstante behandelt werden. In diesem Fall ist das die Variable B. Bei der Ableitung von $S(A, B)$ nach A wird die Variable B als konstant betrachtet. Die Ableitungsregeln gelten nur für die Variable A.

Die Funktion $S(A,B) = \sum_{k=1}^{n}\left(A + B \cdot \frac{1}{s_k} - K_k\right)^2$ soll zunächst nach A differenziert werden.

Hierzu muss zunächst geklärt werden, welche Regeln beim Differenzieren anzuwenden sind. Es ist die Summenregel anzuwenden.
Die Ableitung einer Summe von Funktionen ist gleich der Summe der Ableitungen jeder einzelnen Funktion $\left(\sum_{k=1}^{n} f_k(x)\right)' = \sum_{k=1}^{n} f_k'(x)$. Das Augenmerk ist folglich auf die Ableitungen der Funktionen $f_k(x)$ unter der Summe zu legen, die dann einfach aufsummiert werden.
Gleichzeitig ist auch die Kettenregel anzuwenden, denn die Funktionen unter der Summe haben die Struktur $f(g_k(x))$.

Die Ableitung einer mittelbaren Funktion $f(g_k(x)) = (g_k(x))^2$ wird mittels Substitution der inneren Funktion $t = g_k(x)$ und Ableitung der beiden Funktionen $f(t)$ nach t bzw. $g_k(x)$ nach x nach der Kettenregel $\frac{df(t)}{dt} \cdot \frac{dg_k(x)}{dx}$ bestimmt.
Auf die gegebene Regressionsfunktion bezogen, ist die Ableitung

$$\frac{\partial\left(A + B \cdot \frac{1}{s_k} - K_k\right)^2}{\partial A}$$

gesucht.

Die Substitution $t = A + B \cdot \frac{1}{s_k} - K_k$ führt auf die äußere Ableitung $\frac{\partial t^2}{\partial t}$ und die innere Ableitung

$$\frac{\partial(A + B \cdot \frac{1}{s_k} - K_k)}{\partial A}.$$

Die äußere Ableitung heißt $\frac{\partial t^2}{\partial t} = 2t$ und die innere Ableitung ergibt $\frac{\partial(A + B \cdot \frac{1}{s_k} - K_k)}{\partial A} = 1$. Die Kettenregel ergibt somit

$$\frac{\partial\left(A + B \cdot \frac{1}{s_k} - K_k\right)^2}{\partial A} = \frac{\partial t^2}{\partial t} \cdot \frac{\partial(A + B \cdot \frac{1}{s_k} - K_k)}{\partial A} = 2t \cdot 1 = 2 \cdot \left(A + B \cdot \frac{1}{s_k} - K_k\right) \cdot 1.$$

Jetzt die **partielle Ableitung erster Ordnung** $\frac{\partial S(A,B)}{\partial B}$.

Auf die gegebene Regressionsfunktion bezogen, ist die Ableitung

$$\frac{\partial\left(A + B \cdot \frac{1}{s_k} - K_k\right)^2}{\partial B}$$

gesucht.

Die Substitution $t = A + B \cdot \frac{1}{s_k} - K_k$ führt auf die äußere Ableitung $\frac{\partial t^2}{\partial t}$ und die innere Ableitung $\frac{\partial(A + B \cdot \frac{1}{s_k} - K_k)}{\partial B}$.

Die äußere Ableitung heißt wiederum $\frac{\partial t^2}{\partial t} = 2t$ und die innere Ableitung ergibt jetzt

$$\frac{\partial(A + B \cdot \frac{1}{s_k} - K_k)}{\partial B} = \frac{1}{s_k}.$$

Die Kettenregel ergibt somit

$$\frac{\partial\left(A + B \cdot \frac{1}{s_k} - K_k\right)^2}{\partial B} = \frac{\partial t^2}{\partial t} \cdot \frac{\partial(A + B \cdot \frac{1}{s_k} - K_k)}{\partial B} = 2t \cdot \frac{1}{s_k} = 2 \cdot \left(A + B \cdot \frac{1}{s_k} - K_k\right) \cdot \frac{1}{s_k}.$$

Zur Bestimmung der Unbekannten sind die notwendigen Bedingungen $\frac{\partial S(A,B)}{\partial A} = 0$ und $\frac{\partial S(A,B)}{\partial B} = 0$ zu erfüllen

$$(*.4.1) \quad \frac{\partial S(A,B)}{\partial A} = 2 \cdot \sum_{k=1}^{n} \left(A + B \cdot \frac{1}{s_k} - K_k\right) \cdot 1 = 0$$

und

$$(*.4.2) \quad \frac{\partial S(A,B)}{\partial B} = 2 \cdot \sum_{k=1}^{n} \left(A + B \cdot \frac{1}{s_k} - K_k\right) \cdot \frac{1}{s_k} = 0 .$$

Beide Gleichungen (*.4.1) und (*.4.2) können durch 2 dividiert werden. Nach dem Auflösen der Klammern nehmen die Gleichungen (*.4.1) und (*.4.2) die Form

$$(*.5.1) \quad \sum_{k=1}^{n} A + \sum_{k=1}^{n} B \cdot \frac{1}{s_k} - \sum_{k=1}^{n} K_k = 0$$

und

$$(*.5.2) \quad \sum_{k=1}^{n} A \cdot \frac{1}{s_k} + \sum_{k=1}^{n} B \cdot \frac{1}{s_k^2} - \sum_{k=1}^{n} K_k \cdot \frac{1}{s_k} = 0$$

an.

Die Gleichungen (*.5.1) und (*.5.2) werden ein weiteres Mal umgeformt. Bei der Umformung wird beachtet, dass A und B die gesuchten Größen sind und dass alle s_k und K_k und somit auch deren Summen bekannt sind

$$(*.6.1) \quad A\sum_{k=1}^{n} 1 + B\sum_{k=1}^{n} \frac{1}{s_k} = \sum_{k=1}^{n} K_k$$

und

$$(*.6.2) \quad A\sum_{k=1}^{n} \frac{1}{s_k} + B\sum_{k=1}^{n} \frac{1}{s_k^2} = \sum_{k=1}^{n} K_k \cdot \frac{1}{s_k}.$$

Die Gleichungen (*.6.1) und (*.6.2) sind lineare Gleichungen mit den beiden Variablen A und B. In diesem Gleichungssystem sind zuerst die fünf verschiedenen Summen zu ermitteln.

Es sei darauf hingewiesen, dass $\sum_{k=1}^{n} 1 = n$ verkürzt dargestellt werden kann.

Die benötigten Summen aus dem Gleichungssystem (*.6.1) und (*.6.2) werden übersichtlich in einer Tabelle ermittelt. Die Tabelle enthält die Spalten für s_k und K_k sowie je eine Spalte für die gesuchten Summen.

k	s_k	K_k	$\frac{1}{s_k}$	$\frac{1}{s_k^2}$	$K_k \cdot \frac{1}{s_k}$
1	1	9	1	1	9
2	5	5	0,2	0,04	1
3	3	6	0,33333333	0,11111111	2
4	2	8	0,5	0,25	4
5	7	4	0,14285714	0,02040816	0,57142857
	Summen	**32**	**2,17619048**	**1,42151927**	**16,5714286**

In der letzten Zeile der Tabelle werden die Summen der einzelnen Spalten aufgelistet. Aus der Tabelle werden die Koeffizienten für das lineare Gleichungssystem (*.6.1) und (*.6.2) entnommen

$$(*.7) \quad \begin{array}{lll} 5A & +2{,}176...B & = 32 \\ 2{,}176...A & +1{,}421...B & =16{,}571... \end{array}.$$

Bei der Berechnung der Summen muss große Sorgfalt walten, denn großzügige Rundungen können das Ergebnis stark beeinflussen. Gleichzeitig muss auch das zugehörige Gleichungssystem mit der bestmöglichen Genauigkeit gelöst werden.

Das Problem der Rundungen steht eigentlich nur bei Handrechnungen. Wenn diese Aufgabe mit einem PC gelöst wird, wird natürlich die Rechengenauigkeit des Rechners voll ausgeschöpft.

Die Lösungen dieses Gleichungssystems (*.7) sollen mit der Basistransformation ermittelt werden. Es werden zunächst das Element a_{11} und anschließend das Element a_{22} als Hauptelement gewählt.

A	*B*	*a*
5	2,17619048	32
2,17619048	1,42151927	16,5714286
1	0,435238096	6,4
0	**0,474358269**	2,643809528
1	0	3,974224588
0	1	5,57344459

Es werden die Lösungen für $A = 3{,}974224588$ und für $B = 5{,}57344459$ ermittelt. Die gefundenen Lösungen für A und B können dann leicht gerundet in die gesuchte Funktion eingesetzt werden. Die gesuchte Regressionsfunktion lautet somit

$$(*.8) \quad \hat{K}(s) = 3{,}97 + 5{,}57 \cdot \frac{1}{s}.$$

Das Bild zeigt die gegebenen Punkte und die Regressionsfunktion im Koordinatensystem.

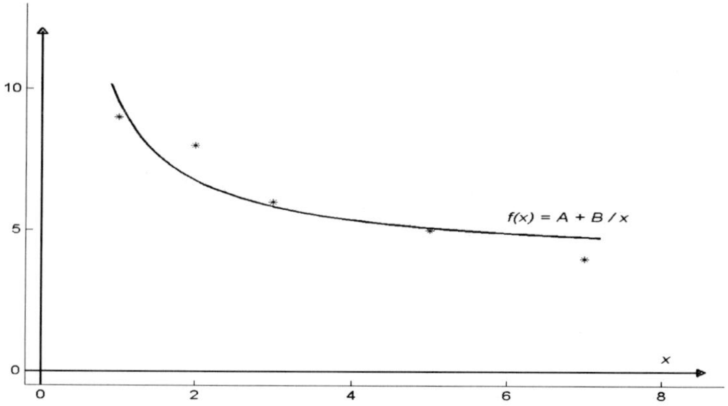

Bild 2.5.1 Messwerte und berechnete Regressionsfunktion

In dem Bild liegen die gegebenen Punkte auf beiden Seiten der berechneten Funktion einigermaßen gleichmäßig verteilt. Was als Faustregel für die Richtigkeit bei der Kontrolle des Ergebnisses angesehen werden kann.

Die Kosten bei einem sonstigen Verbrauch von $s = 7{,}5$ ergeben sich bei Benutzen der ermittelten Regressionsfunktion zu

$$\hat{K}(7{,}5) = 3{,}97 + 5{,}57 \cdot \frac{1}{7{,}5} = 4{,}71.$$

Aufgabe 5.2
Ein betriebswirtschaftlicher Zusammenhang zwischen den Kosten und dem sonstigen Verbrauch und den Mietkosten soll aus einer Beobachtungsserie funktionell dargestellt werden.

x_{1k}	1	2,1	2	2,2	4	5,1	1	3,4	2	1
x_{2k}	1,1	4	9,2	9	1,3	4	5,1	9	1,1	4,1
K_k	0,2	6,1	5,3	5,4	0,1	5,1	2,9	8,8	0,9	2,8

Als Funktion werden die Kosten K in Abhängigkeit vom sonstigen Verbrauch x_1 und den Mietkosten x_2 $K(x_1, x_2) = A + B \cdot x_1 + C \cdot \sqrt{x_2}$ angenommen.

Bestimmen Sie entsprechend der gegebenen Messwerte die Koeffizienten A, B und C der Regressionsfunktion $\hat{K}(x_1, x_2) = A + B \cdot x_1 + C \cdot \sqrt{x_2}$.

Welche Kosten K sind für $x_1 = 7{,}5$; $x_2 = 6{,}5$ zu erwarten?

Lösung

Gegeben sind $n = 10$ Punkte $\left\{(x_{1_k};\ x_{2_k};\ K_k)\right\}_{k=1}^{10}$ aus einer Messreihe. Es existiert eine Menge von Punkten mit den Koordinaten x_{1k}, x_{2k} und K_k.
Es wird laut Aufgabenstellung angenommen, dass die Kosten K eine Funktion des sonstigen Verbrauchs x_1 und der Mietkosten x_2 sind. Somit sind die Variablen x_1 und x_2 die unabhängigen Variablen und K die abhängige Variable der gesuchten Regressionsfunktion.

Ausgangspunkt ist die Funktion $\hat{Y} = A_0 X_0 + A_1 X_1 + A_2 X_2$, die auch durch weitere Summanden verlängert werden kann. Das Symbol Y steht für eine abhängige Variable (oder eine Funktion derselben) und die Symbole X_k stehen für unabhängige Variablen (oder Funktionen von denselben).

$$\hat{y} = A + Bx_1 + C\sqrt{x_2} \qquad \hat{Y} = \hat{y},\ X_0 = 1\ ,\ X_1 = x_1\ ,\ X_2 = \sqrt{x_2}$$

Die Funktion

$$(\#.1) \quad S(A,B,C) = \sum_{k=1}^{n} \left(A \cdot X_0 + B \cdot X_1 + C \cdot X_2 - Y\right)^2$$

entsteht nach dem Einsetzen der Regressionsfunktion.

In dieser Funktion stehen X_j für $f(x_{j,k})$ mit $j = 0, 1, 2$ und Y für $g(y_k)$. Die Unbekannten A, B und C werden aus der notwendigen Bedingung $\frac{\partial S}{\partial A} = 0$, $\frac{\partial S}{\partial B} = 0$ und $\frac{\partial S}{\partial C} = 0$ ermittelt

$$\frac{\partial S}{\partial A} = 2 \cdot \sum_{k=1}^{n} \left(A \cdot X_0 + B \cdot X_1 + C \cdot X_2 - Y\right) \cdot X_0 = 0$$

$$\frac{\partial S}{\partial B} = 2 \cdot \sum_{k=1}^{n} \left(A \cdot X_0 + B \cdot X_1 + C \cdot X_2 - Y\right) \cdot X_1 = 0 \text{ und}$$

$$\frac{\partial S}{\partial C} = 2 \cdot \sum_{k=1}^{n} \left(A \cdot X_0 + B \cdot X_1 + C \cdot X_2 - Y\right) \cdot X_2 = 0 .$$

Nach dem Ausmultiplizieren der Klammern und Sortieren der Unbekannten entsteht das System

$$A\sum X_0^{\,2} + B\sum X_0X_1 + C\sum X_0X_2 = \sum X_0Y$$
$$A\sum X_0X_1 + B\sum X_1^{\,2} + C\sum X_1X_2 = \sum X_1Y$$
$$A\sum X_0X_2 + B\sum X_1X_2 + C\sum X_2^{\,2} = \sum X_2Y$$

mit den Unbekannten *A*, *B* und *C*.

Die Methode der kleinsten Fehlerquadrate (MkQ) geht davon aus, dass für jeden bekannten Punkt $P_k(x_{1_k};x_{2_k};K_k)$ der Abstand vom bekannten Wert K_k zum Funktionswert der Regressionsfunktion $\hat{K}(x_{1k};x_{2k})$ an der Stelle $(x_{1k};x_{2k})$ ein Minimum ist. Es wird für jedes $(x_{1k};x_{2k})$ die Differenz zwischen $\hat{K}(x_{1k};x_{2k})$ und dem zugehörigen, bekannten Wert K_k gebildet.

Die Differenz $\hat{K}(x_{1k};x_{2k}) - K_k$ kann jedoch positiv oder negativ sein, so dass eine Summe dieser Differenzen mit positivem oder negativem Vorzeichen die Differenz insgesamt (die Summe aller Differenzen / den Fehler) abschwächen könnte.

Das wird vermieden, wenn jede dieser Differenzen quadriert wird $\left(\hat{K}(x_{1k};x_{2k}) - K_k\right)^2$, um für jede Differenz das Vorzeichen plus zu erhalten.

Die Summe aller Quadrate der Abweichungen $\left(\hat{K}(x_{1k};x_{2k}) - K_k\right)^2$ für $k = 1,\ldots,n$ soll ein Minimum werden.

Die Koeffizienten *A*, *B* und *C* der Funktion

$$(*.1)\quad \hat{K}(x_1;x_2) = A + B\cdot x_1 + C\cdot\sqrt{x_2}$$

sind Lösungen der Aufgabe

$$(*.2)\quad S(A,B,C) = \sum_{k=1}^{n}\left(\hat{K}(x_{1k};x_{2k}) - K_k\right)^2 \rightarrow \mathit{Minimum}\,.$$

Mit der Funktion (*.2) *S*(*A*, *B*, *C*) wird für jedes bekannte s_k die Summe der Quadrate der Abstände von K_k zum Funktionswert der Regressionsfunktion $\hat{K}(x_{1k};x_{2k})$ ermittelt.
Die aktuelle Funktion *S*(*A*, *B*, *C*) entsteht durch Einsetzen der Regressionsfunktion (*.1) in die allgemeine Minimumfunktion (*.2).

Bei dieser Regression ist ein Extremwert (das Minimum) einer Funktion

$$(*.3)\quad S(A,B,C) = \sum_{k=1}^{n}\left(A + B\cdot x_{1k} + C\cdot\sqrt{x_{2k}} - K_k\right)^2$$

mit den Unbekannten *A*, *B* und *C* gesucht.

Zur Bestimmung eines stationären Punktes ist die notwendige Bedingung, bestehend aus drei Teilen, $\frac{\partial S(A,B,C)}{\partial A} = 0$, $\frac{\partial S(A,B,C)}{\partial B} = 0$ und $\frac{\partial S(A,B,C)}{\partial C} = 0$ zu erfüllen.

Es kann allgemein gezeigt werden, dass die hinreichende Bedingung immer erfüllt und der stationäre Punkt ein Minimum ist. Darauf soll hier verzichtet werden.

Zunächst die **partielle Ableitung erster Ordnung** $\dfrac{\partial S(A,B,C)}{\partial A}$.

Das Symbol ∂ im Zähler steht für eine partielle Ableitung erster Ordnung. Die nachfolgende Funktion *S*(*A*, *B*) im Zähler ist zu differenzieren. Die Wiederholung des Zeichens ∂ mit dem folgenden Buchstaben *A* im Nenner zeigt an, nach welcher Variablen zu differenzieren ist.
Eine partielle Ableitung nach *A* kann nur bestimmt werden, wenn alle Variablen, die nicht *A* heißen, als Konstante behandelt werden. In diesem Fall ist das die Variable *B*. Bei der Ableitung von *S*(*A*, *B*) nach *A* wird die Variable *B* als konstant betrachtet. Die Ableitungsregeln gelten nur für die Variable *A*.

Die Funktion $S(A,B,C) = \sum_{k=1}^{n}\left(A + B\cdot x_{1k} + C\cdot\sqrt{x_{2k}} - K_k\right)^2$ soll zunächst nach *A* differenziert werden.
Hierzu muss zunächst geklärt werden, welche Regeln beim Differenzieren anzuwenden sind. Es ist die Summenregel anzuwenden.
Die Ableitung einer Summe von Funktionen ist gleich der Summe der Ableitungen jeder einzelnen Funktion $\left(\sum_{k=1}^{n} f_k(x)\right)' = \sum_{k=1}^{n} f_k'(x)$. Das Augenmerk ist folglich auf die Ableitungen der Funktionen $f_k(x)$ unter der Summe zu legen, die dann einfach aufsummiert werden.
Gleichzeitig ist auch die Kettenregel anzuwenden, denn die Funktionen unter der Summe haben die Struktur $f(g_k(x))$.

Die Ableitung einer mittelbaren Funktion $f(g_k(x)) = (g_k(x))^2$ wird mittels Substitution der inneren Funktion $t = g_k(x)$ und Ableitung der beiden Funktionen $f(t)$ nach *t* bzw. $g_k(x)$ nach x nach der Kettenregel $\dfrac{df(t)}{dt}\cdot\dfrac{dg_k(x)}{dx}$ bestimmt.
Auf die gegebene Regressionsfunktion bezogen, ist die Ableitung

$$\frac{\partial\left(A + B\cdot x_{1k} + C\cdot\sqrt{x_{2k}} - K_k\right)^2}{\partial A}$$

gesucht.

Die Substitution $t = A + B\cdot x_{1k} + C\cdot\sqrt{x_{2k}} - K_k$ führt auf die äußere Ableitung $\dfrac{\partial t^2}{\partial t}$ und die innere Ableitung $\dfrac{\partial(A + B\cdot x_{1k} + C\cdot\sqrt{x_{2k}} - K_k)}{\partial A}$.

Die äußere Ableitung heißt $\dfrac{\partial t^2}{\partial t} = 2t$ und die innere Ableitung ergibt

$$\frac{\partial(A + B\cdot x_{1k} + C\cdot\sqrt{x_{2k}} - K_k)}{\partial A} = 1.$$

Die Kettenregel ergibt somit

$$\frac{\partial\left(A + B\cdot x_{1k} + C\cdot\sqrt{x_{2k}} - K_k\right)^2}{\partial A} = \frac{\partial t^2}{\partial t}\cdot\frac{\partial(A + B\cdot x_{1k} + C\cdot\sqrt{x_{2k}} - K_k)}{\partial A} = 2t\cdot 1$$

$$= 2\cdot\left(A + B\cdot x_{1k} + C\cdot\sqrt{x_{2k}} - K_k\right)\cdot 1.$$

Jetzt die **partielle Ableitung erster Ordnung** $\frac{\partial S(A,B,C)}{\partial B}$.

Auf die gegebene Regressionsfunktion bezogen, ist die Ableitung

$$\frac{\partial\left(A+B\cdot x_{1k}+C\cdot\sqrt{x_{2k}}-K_k\right)^2}{\partial B}$$

gesucht.

Die Substitution $t = A+B\cdot x_{1k}+C\cdot\sqrt{x_{2k}}-K_k$ führt auf die äußere Ableitung $\frac{\partial t^2}{\partial t}$ und die innere Ableitung $\frac{\partial(A+B\cdot x_{1k}+C\cdot\sqrt{x_{2k}}-K_k)}{\partial B}$.

Die äußere Ableitung heißt wiederum $\frac{\partial t^2}{\partial t} = 2t$ und die innere Ableitung ergibt jetzt

$$\frac{\partial(A+B\cdot x_{1k}+C\cdot\sqrt{x_{2k}}-K_k)}{\partial B} = x_{1k}.$$

Die Kettenregel ergibt somit

$$\frac{\partial\left(A+B\cdot x_{1k}+C\cdot\sqrt{x_{2k}}-K_k\right)^2}{\partial B} = \frac{\partial t^2}{\partial t}\cdot\frac{\partial(A+B\cdot x_{1k}+C\cdot\sqrt{x_{2k}}-K_k)}{\partial B} = 2t\cdot x_{1k}$$

$$= 2\cdot\left(A+B\cdot x_{1k}+C\cdot\sqrt{x_{2k}}-K_k\right)\cdot x_{1k}.$$

Jetzt die **partielle Ableitung erster Ordnung** $\frac{\partial S(A,B,C)}{\partial C}$.

Auf die gegebene Regressionsfunktion bezogen, ist die Ableitung

$$\frac{\partial\left(A+B\cdot x_{1k}+C\cdot\sqrt{x_{2k}}-K_k\right)^2}{\partial C}$$

gesucht.

Die Substitution $t = A+B\cdot x_{1k}+C\cdot\sqrt{x_{2k}}-K_k$ führt auf die äußere Ableitung $\frac{\partial t^2}{\partial t}$ und die innere Ableitung $\frac{\partial(A+B\cdot x_{1k}+C\cdot\sqrt{x_{2k}}-K_k)}{\partial C}$.

Die äußere Ableitung heißt wiederum $\frac{\partial t^2}{\partial t} = 2t$ und die innere Ableitung ergibt jetzt

$$\frac{\partial(A+B\cdot x_{1k}+C\cdot\sqrt{x_{2k}}-K_k)}{\partial C} = \sqrt{x_{2k}}.$$

Die Kettenregel ergibt somit

$$\frac{\partial\left(A+B\cdot x_{1k}+C\cdot\sqrt{x_{2k}}-K_k\right)^2}{\partial C} = \frac{\partial t^2}{\partial t}\cdot\frac{\partial(A+B\cdot x_{1k}+C\cdot\sqrt{x_{2k}}-K_k)}{\partial C} = 2t\cdot\sqrt{x_{2k}} =$$

$$= 2\cdot\left(A+B\cdot x_{1k}+C\cdot\sqrt{x_{2k}}-K_k\right)\cdot\sqrt{x_{2k}}.$$

Zur Bestimmung der Unbekannten sind die notwendigen Bedingungen $\frac{\partial S(A,B,C)}{\partial A} = 0$, $\frac{\partial S(A,B,C)}{\partial B} = 0$ und $\frac{\partial S(A,B,C)}{\partial C} = 0$ zu erfüllen

$$(*.4.1) \quad \frac{\partial S(A,B,C)}{\partial A} = 2 \cdot \sum_{k=1}^{n} \left(A + B \cdot x_{1k} + C \cdot \sqrt{x_{2k}} - K_k \right) \cdot 1 = 0,$$

$$(*.4.2) \quad \frac{\partial S(A,B,C)}{\partial B} = 2 \cdot \sum_{k=1}^{n} \left(A + B \cdot x_{1k} + C \cdot \sqrt{x_{2k}} - K_k \right) \cdot x_{1k} = 0$$

und

$$(*.4.3) \quad \frac{\partial S(A,B,C)}{\partial C} = 2 \cdot \sum_{k=1}^{n} \left(A + B \cdot x_{1k} + C \cdot \sqrt{x_{2k}} - K_k \right) \cdot \sqrt{x_{2k}} = 0 .$$

Die Gleichungen (*.4.1), (*.4.2) und (*.4.3) können durch 2 dividiert werden. Nach dem Auflösen der Klammern nehmen die Gleichungen (*.4.1) bis (*.4.3) die Form

$$(*.5.1) \quad \sum_{k=1}^{n} A + \sum_{k=1}^{n} B \cdot x_{1k} + \sum_{k=1}^{n} C \cdot \sqrt{x_{2k}} - \sum_{k=1}^{n} K_k = 0,$$

$$(*.5.2) \quad \sum_{k=1}^{n} A \cdot x_{1k} + \sum_{k=1}^{n} B \cdot x_{1k}^{2} + \sum_{k=1}^{n} C \cdot x_{1k} \cdot \sqrt{x_{2k}} - \sum_{k=1}^{n} K_k \cdot x_{1k} = 0$$

und

$$(*.5.3) \quad \sum_{k=1}^{n} A \cdot \sqrt{x_{2k}} + \sum_{k=1}^{n} B \cdot x_{1k} \cdot \sqrt{x_{2k}} + \sum_{k=1}^{n} C \cdot x_{2k} - \sum_{k=1}^{n} K_k \cdot \sqrt{x_{2k}} = 0$$

an.

Die Gleichungen (*.5.1) bis (*.5.3) werden ein weiteres Mal umgeformt. Bei der Umformung wird beachtet, dass *A, B* und *C* die gesuchten Größen sind und dass alle x_{1k}, x_{2k} und K_k und somit auch deren Summen bekannt sind

$$(*.6.1) \quad A \sum_{k=1}^{n} 1 + B \cdot \sum_{k=1}^{n} x_{1k} + C \cdot \sum_{k=1}^{n} \sqrt{x_{2k}} = \sum_{k=1}^{n} K_k ,$$

$$(*.6.2) \quad A \sum_{k=1}^{n} x_{1k} + B \cdot \sum_{k=1}^{n} x_{1k}^{2} + C \cdot \sum_{k=1}^{n} x_{1k} \cdot \sqrt{x_{2k}} = \sum_{k=1}^{n} K_k \cdot x_{1k}$$

und

$$(*.6.3) \quad A \cdot \sum_{k=1}^{n} \sqrt{x_{2k}} + B \cdot \sum_{k=1}^{n} x_{1k} \cdot \sqrt{x_{2k}} + C \cdot \sum_{k=1}^{n} x_{2k} = \sum_{k=1}^{n} K_k \cdot \sqrt{x_{2k}} .$$

Die Gleichungen (*.6.1), (*.6.2) und (*.6.3) sind lineare Gleichungen mit den drei Variablen *A, B* und *C*. In diesem Gleichungssystem sind zuerst die acht verschiedenen Summen zu ermitteln.

Es sei darauf hingewiesen, dass $\sum_{k=1}^{n} 1 = n$ verkürzt dargestellt werden kann.

Die benötigten Summen aus dem Gleichungssystem (*.6.1) bis (*.6.3) werden übersichtlich in einer Tabelle ermittelt. Die Tabelle enthält die Spalten für x_{1k}, x_{2k} und K_k sowie je eine Spalte für die gesuchten Summen.

k	x_{1k}	x_{2k}	K_k	x_1^2	$\sqrt{x_2}$	$x_1\sqrt{x_2}$	$K \cdot x_1$	$K\sqrt{x_2}$
1	1	1,1	0,2	1	1,04880885	1,04880885	0,2	0,20976177
2	2,1	4	6,1	4,41	2	4,2	12,81	12,2
3	2	9,2	5,3	4	3,03315018	6,06630036	10,6	16,0756959
4	2,2	9	5,4	4,84	3	6,6	11,88	16,2
5	4	1,3	0,1	16	1,14017543	4,5607017	0,4	0,11401754
6	5,1	4	5,1	26,01	2	10,2	26,01	10,2
7	1	5,1	2,9	1	2,25831796	2,25831796	2,9	6,54912208
8	3,4	9	8,8	11,56	3	10,2	29,92	26,4
9	2	1,2	0,9	4	1,09544512	2,19089023	1,8	0,9859006
10	1	4,1	2,8	1	2,02484567	2,02484567	2,8	5,66956788
Σ	**23,8**	**48**	**37,6**	**73,82**	**20,6007432**	**49,3498648**	**99,32**	**94,6040658**

In der letzten Zeile der Tabelle werden die Summen der einzelnen Spalten aufgelistet. Aus der Tabelle werden die Koeffizienten für das lineare Gleichungssystem (*.6.1), (*.6.2) und (*.6.3) entnommen

$$(*.7)\qquad \begin{array}{rrrcr} 10A & +23{,}8B & +20{,}6007...C & = & 37{,}6 \\ 23{,}8A & +73{,}82B & +49{,}3498...C & = & 99{,}32 \\ 20{,}6007...A & +49{,}3489...B & +48C & = & 94{,}6040... \end{array} .$$

Bei der Berechnung der Summen muss große Sorgfalt walten, denn großzügige Rundungen können das Ergebnis stark beeinflussen. Gleichzeitig muss auch das zugehörige Gleichungssystem mit der bestmöglichen Genauigkeit gelöst werden.

Das Problem der Rundungen steht eigentlich nur bei Handrechnungen. Wenn diese Aufgabe mit einem PC gelöst wird, wird natürlich die Rechengenauigkeit des Rechners voll ausgeschöpft.

Die Lösungen dieses Gleichungssystems (*.7) sollen mit der Basistransformation ermittelt werden. Bei der Wahl des Hauptelementes wird immer das betragsmäßig größte Element berücksichtigt. Dadurch kann der numerische Fehler bei der Transformation klein gehalten werden.
Es werden zunächst das Element a_{22} und anschließend das Element a_{33} und zum Schluss a_{11} als Hauptelement gewählt.

A	***B***	***C***	***a***
10	23,8	20,6007432	32
23,8	**73,82**	49,34986477	99,32
20,6007432	49,34986477	48	94,60406582
2,32674...	0	4,69006...	5,57865...
0,32241...	1	0,66852...	1,34543...
4,69006...	0	**15,0088...**	28,2070...
0,86116...	0	0	−3,2357...
0,11350...	1	0	0,08905...
0,31249...	0	1	1,87936...
1	0	0	−3,75735...
0	1	0	0,51552...
0	0	1	3,05348...

Es werden die Lösungen für $A = -3{,}75735...$, $B = 0{,}51552...$ und für $C = 3{,}05348...$ ermittelt. Die gefundenen Lösungen für A, B und C können dann leicht gerundet in die gesuchte Funktion eingesetzt werden.

Die gesuchte Regressionsfunktion lautet somit

$$(*.8)\quad \hat{K}(x_1,x_2) = -3{,}7574 + 0{,}5155 \cdot x_1 + 3{,}0535 \cdot \sqrt{x_2}\,.$$

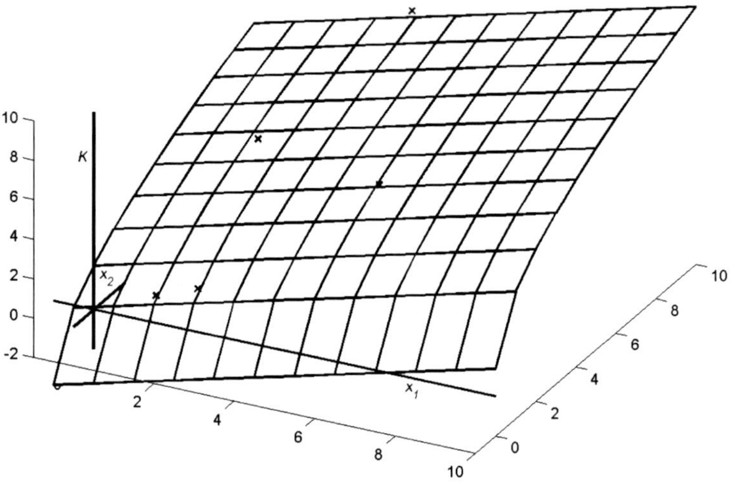

Bild 2.5.2 Messwerte und berechnete Trendfunktion im 3D-Raum

Das Bild zeigt die gegebenen Punkte und die Regressionsfunktion im Koordinatensystem.

In dem Bild liegen die gegebenen Punkte auf beiden Seiten der berechneten Funktion einigermaßen gleichmäßig verteilt (fünf Punkte oberhalb und fünf Punkte, hier unsichtbar, unterhalb der Funktion). Was als Faustregel für die Richtigkeit bei der Kontrolle des Ergebnisses angesehen werden kann.

Die Kosten bei einem sonstigen Verbrauch und den Mietkosten von $x_1 = 7{,}5$; $x_2 = 6{,}5$ ergeben sich bei Benutzen der ermittelten Regressionsfunktion zu

$$\hat{K}(7{,}5;6{,}5) = -3{,}7574 + 0{,}5155 \cdot 7{,}5 + 3{,}0535 \cdot \sqrt{6{,}5} = 7{,}8939.$$

2.3 Lineare Algebra

Aufgabe 1.1
Man bestimme die Determinante

$$\begin{vmatrix} 2 & -3 & 1 & -2 & 4 \\ -4 & 6 & -2 & 5 & -6 \\ 6 & -9 & 3 & -4 & 10 \\ 2 & -4 & 3 & 2 & -3 \\ -2 & 5 & -3 & 2 & -1 \end{vmatrix}$$

mit dem Entwicklungssatz von Laplace.

Lösung

Determinanten mit einer Ordnung größer als drei können mit dem Entwicklungssatz von Laplace einigermaßen übersichtlich bestimmt werden.

Die Determinante n-ter Ordnung wird bestimmt, indem man für eine bestimmte Zeile (oder Spalte) die Produkte aus den einzelnen Elementen und den zugehörigen Adjunkten summiert

$$D = \sum_{k=1}^{n} a_{rk} \cdot A_{rk} = \sum_{k=1}^{n} (-1)^{r+k} \cdot a_{rk} \cdot U_{rk} \,.$$

Die Anwendung des Entwicklungssatzes von Laplace führt auf die Summe von fünf Produkten jeweils eines Elementes dieser Determinante mit der zugehörigen Adjunkten vierter Ordnung. Jede dieser Adjunkten vierter Ordnung muss jedoch nach dem Entwicklungssatz wiederum auf vier Unterdeterminanten dritter Ordnung zurückgeführt werden. Es sind also fünf mal vier gleich zwanzig Determinanten dritter Ordnung zu bestimmen. Werden alle diese Determinanten dritter Ordnung auch noch entwickelt, ergeben sich zwanzig mal drei gleich sechzig Unterdeterminanten zweiter Ordnung, die dann alle „leicht“ bestimmt werden können.

Diese Vorgehensweise stößt sehr schnell an Grenzen, denn Determinanten höherer Ordnung führen auf weit mehr Unterdeterminanten zweiter Ordnung. Ein Ausweg aus diesem Dilemma bietet eine Eigenschaft von Determinanten wie folgt.

Eine Determinante ändert ihren Wert nicht, wenn man zu einer Zeile (oder Spalte) eine mit einem Faktor k multiplizierte andere Zeile (oder Spalte) entsprechend addiert.

Die Anwendung dieser Regel erfordert einige Übung.
Die erste Zeile soll mit 2 multipliziert werden und das Ergebnis wird zur zweiten Zeile addiert.

$$\begin{vmatrix} 2 & -3 & 1 & -2 & 4 \\ -4 & 6 & -2 & 5 & -6 \\ 6 & -9 & 3 & -4 & 10 \\ 2 & -4 & 3 & 2 & -3 \\ -2 & 5 & -3 & 2 & -1 \end{vmatrix} \begin{matrix} \cdot 2 \urcorner \\ \leftarrow\!\lrcorner + \\ \\ \\ \\ \end{matrix} =$$

Die Rechnungen werden mit der ursprünglichen Determinante ausgeführt und das Ergebnis wird in die „neue“ Determinante geschrieben.
Zunächst bleibt die erste Zeile unverändert und kann somit wieder hingeschrieben werden.
Ebenfalls die dritte, vierte und fünfte Zeile bleiben unverändert.

Die neuen Elemente der zweiten Zeile a_{21}, a_{22}, a_{23}, a_{24} und a_{25} ergeben sich aus
$a_{21} = -4 + 2 \cdot 2 = 0$, $a_{22} = 6 + 2 \cdot (-3) = 0$, $a_{23} = -2 + 2 \cdot 1 = 0$, $a_{24} = 5 + 2 \cdot (-2) = 1$ und
$a_{25} = -6 + 2 \cdot 4 = 2$

$$D = \begin{vmatrix} 2 & -3 & 1 & -2 & 4 \\ 0 & 0 & 0 & 1 & 2 \\ 6 & -9 & 3 & -4 & 10 \\ 2 & -4 & 3 & 2 & -3 \\ -2 & 5 & -3 & 2 & -1 \end{vmatrix}.$$

Diese Addition kann mit ein wenig Übung schnell erledigt werden. Welchen Vorteil hat das gebracht?
Die Entwicklung nach der zweiten Zeile soll das verdeutlichen

$$D = 0 \cdot A_{21} + 0 \cdot A_{22} + 0 \cdot A_{23} + 1 \cdot A_{24} + 2 \cdot A_{25}.$$

In dieser Summe zeigt sich, dass die Adjunkten A_{21}, A_{22} und A_{23} nicht bestimmt werden brauchen, da nach der Multiplikation mit 0 diese Summanden null werden. Anstelle der vorher fünf Determinanten vierter Ordnung konnte der Aufwand auf zwei Determinanten vierter Ordnung reduziert werden.

Der Vorteil ist offensichtlich, also warum sollte nicht durch wiederholte Zeilen- oder Spaltenaddition die Anzahl der Nullen weiter vergrößert werden?
Die vierte Spalte soll mit -2 multipliziert werden und zur fünften Spalte addiert werden.

$$\begin{vmatrix} 2 & -3 & 1 & -2 & 4 \\ 0 & 0 & 0 & 1 & 2 \\ 6 & -9 & 3 & -4 & 10 \\ 2 & -4 & 3 & 2 & -3 \\ -2 & 5 & -3 & 2 & -1 \end{vmatrix}$$

$\cdot(-2)$ → $+$

Die neuen Elemente der fünften Spalte a_{15}, a_{25}, a_{35}, a_{45} und a_{55} ergeben sich zu
$a_{15} = 4 + (-2) \cdot (-)2 = 8$, $a_{25} = 2 + (-2) \cdot 1 = 0$, $a_{35} = 10 + (-2) \cdot (-4) = 18$,
$a_{45} = -3 + (-2) \cdot 2 = -7$ und $a_{55} = -1 + (-2) \cdot 2 = -5$

$$= \begin{vmatrix} 2 & -3 & 1 & -2 & 8 \\ 0 & 0 & 0 & 1 & 0 \\ 6 & -9 & 3 & -4 & 18 \\ 2 & -4 & 3 & 2 & -7 \\ -2 & 5 & -3 & 2 & -5 \end{vmatrix}.$$

Die Entwicklung nach der zweiten Zeile zeigt die neue Situation

$$D = 0 \cdot A_{21} + 0 \cdot A_{22} + 0 \cdot A_{23} + 1 \cdot A_{24} + 0 \cdot A_{25}.$$

Die Multiplikation und anschließende Addition der vierten Spalte ist deutlich einfacher als die Berechnung der Adjunkten A_{25} vierter Ordnung.

Eine Adjunkte A_{ik} (auch Co-Faktor genannt) ist eine mit dem Faktor $(-1)^{i+k}$ multiplizierte Unterdeterminante U_{ik} $n{-}1$-ter Ordnung $A_{ik} = (-1)^{i+k} \cdot U_{ik}$. Die Unterdeterminante U_{ik} entsteht durch Streichen der i-ten Zeile und der k-ten Spalte der Determinante.
Die Unterdeterminante U_{24} entsteht durch Streichen der zweiten Zeile und der vierten Spalte der Determinante. Diese Unterdeterminante muss mit 1 multipliziert werden, da $(-1)^{2+4} = 1$.

Von der gesamten Entwicklung nach der zweiten Zeile bleibt $D = 1 \cdot A_{24}$ übrig

$$D = 1 \cdot \begin{vmatrix} 2 & -3 & 1 & 8 \\ 6 & -9 & 3 & 18 \\ 2 & -4 & 3 & -7 \\ -2 & 5 & -3 & -5 \end{vmatrix}.$$

Der Faktor 1 vor der Determinante muss nicht weiter mit geschrieben werden. In der Determinante vierter Ordnung wird jetzt eine Zeilenaddition wiederholt.

$$\begin{vmatrix} 2 & -3 & 1 & 8 \\ 6 & -9 & 3 & 18 \\ 2 & -4 & 3 & -7 \\ -2 & 5 & -3 & -5 \end{vmatrix} \begin{matrix} \cdot(-3) \\ \leftarrow + \\ \\ \\ \end{matrix}$$

Die erste Zeile wird mit -3 multipliziert und entsprechend zur zweiten Zeile addiert. Die Elemente der zweiten Zeile ändern sich in $a_{21} = 6 + (-3) \cdot 2 = 0$, $a_{22} = -9 + (-3) \cdot (-3) = 0$, $a_{23} = 3 + (-3) \cdot 1 = 0$ und $a_{24} = 18 + (-3) \cdot 8 = -6$

$$\begin{vmatrix} 2 & -3 & 1 & 8 \\ 0 & 0 & 0 & -6 \\ 2 & -4 & 3 & -7 \\ -2 & 5 & -3 & -5 \end{vmatrix}.$$

Die Entwicklung nach der zweiten Zeile führt auf die Summe

$$D = 0 \cdot A_{21} + 0 \cdot A_{22} + 0 \cdot A_{23} - 6 \cdot A_{24}.$$

In dieser Summe werden die ersten drei Produkte null und fallen somit weg

$$D = -6 \cdot \begin{vmatrix} 2 & -3 & 1 \\ 2 & -4 & 3 \\ -2 & 5 & -3 \end{vmatrix}.$$

Da die Zeilen- oder Spaltenaddition so einfach ist, wird auch die Determinante dritter Ordnung noch weiter vereinfacht.

$$-6\cdot\begin{vmatrix} 2 & -3 & 1 \\ 2 & -4 & 3 \\ -2 & 5 & -3 \end{vmatrix} \quad + \quad +$$

Die dritte Zeile wird zur ersten und zur zweiten Zeile addiert.
Es entstehen die Elemente $a_{11} = 2-2=0$, $a_{12} = -3+5=2$ und $a_{13} = 1-3=-2$, sowie $a_{21} = 2-2=0$, $a_{22} = -4+5=1$ und $a_{33} = 3-3=0$.
Die Determinante hat dann die Form

$$= -6\cdot\begin{vmatrix} 0 & 2 & -2 \\ 0 & 1 & 0 \\ -2 & 5 & -3 \end{vmatrix}.$$

Es bieten sich zwei Möglichkeiten für die weitere Behandlung dieser Determinante an, die Entwicklung nach der ersten Spalte

$$D = -6\cdot(0\cdot A_{11} + 0\cdot A_{21} - 2\cdot A_{31})$$

oder nach der zweiten Zeile

$$D = -6\cdot(0\cdot A_{21} + 1\cdot A_{22} + 0\cdot A_{23}).$$

In beiden Fällen bleibt eine Determinante zweiter Ordnung zu bestimmen.

$$D = -6\cdot(0\cdot A_{11} + 0\cdot A_{21} - 2\cdot A_{31}) = -6\cdot\left(0+0-2\cdot\begin{vmatrix} 2 & -2 \\ 1 & 0 \end{vmatrix}\right) = -6\cdot(-2)\cdot[2\cdot 0 - 1\cdot(-2)] = 24$$

$$D = -6\cdot(0\cdot A_{21} + 1\cdot A_{22} + 0\cdot A_{23}) = -6\cdot\left(0+1\cdot\begin{vmatrix} 0 & -2 \\ -2 & -3 \end{vmatrix} + 0\right) = -6\cdot 1\cdot[0\cdot(-3) - (-2)\cdot(-2)] =$$

24

Natürlich ist eine dieser beiden Lösungen ausreichend. Die Determinante hat den Wert 24.

Es gibt sicher auch andere Wege (Zeilen- oder Spaltenadditionen), die zur Lösung führen. Eine Determinante kann aber immer nur einen bestimmten festen Wert haben.

Aufgabe 1.2
Man bestimme die Determinante

$$\begin{vmatrix} 2 & -3 & 1 & -2 & 3 \\ -4 & 6 & -2 & 5 & -6 \\ 6 & -9 & 3 & -4 & 10 \\ 2 & -3 & 3 & -2 & -3 \\ -2 & 5 & -3 & 2 & -1 \end{vmatrix}$$

mit dem Entwicklungssatz von Laplace.

Lösung

Determinanten mit einer Ordnung größer als drei können mit dem Entwicklungssatz von Laplace einigermaßen übersichtlich bestimmt werden.

Die Determinante n-ter Ordnung wird bestimmt, indem man für eine bestimmte Zeile (oder Spalte) die Produkte aus den einzelnen Elementen und den zugehörigen Adjunkten summiert

$$D = \sum_{k=1}^{n} a_{rk} \cdot A_{rk} = \sum_{k=1}^{n} (-1)^{r+k} \cdot a_{rk} \cdot U_{rk} \,.$$

Die Anwendung des Entwicklungssatzes von Laplace führt auf die Summe von fünf Produkten jeweils eines Elementes dieser Determinante mit der zugehörigen Adjunkten vierter Ordnung. Jede dieser Adjunkten vierter Ordnung muss jedoch nach dem Entwicklungssatz wiederum auf vier Unterdeterminanten dritter Ordnung zurückgeführt werden. Es sind also „fünf mal vier gleich zwanzig“ Determinanten dritter Ordnung zu bestimmen. Werden alle diese Determinanten dritter Ordnung auch noch entwickelt, ergeben sich zwanzig mal drei gleich sechzig Unterdeterminanten zweiter Ordnung, die dann alle „leicht“ bestimmt werden können.

Diese Vorgehensweise stößt sehr schnell an Grenzen, denn Determinanten höherer Ordnung führen auf weit mehr Unterdeterminanten zweiter Ordnung. Ein Ausweg aus diesem Dilemma bietet eine Eigenschaft von Determinanten wie folgt.

Eine Determinante ändert ihren Wert nicht, wenn man zu einer Zeile (oder Spalte) eine mit einem Faktor k multiplizierte andere Zeile (oder Spalte) entsprechend addiert.

Die Anwendung dieser Regel erfordert einige Übung.
Die erste Zeile soll mit -1 multipliziert werden und das Ergebnis wird zur vierten Zeile addiert.

$$\begin{vmatrix} 2 & -3 & 1 & -2 & 3 \\ -4 & 6 & -2 & 5 & -6 \\ 6 & -9 & 3 & -4 & 10 \\ 2 & -3 & 3 & -2 & -3 \\ -2 & 5 & -3 & 2 & -1 \end{vmatrix} \begin{matrix} \cdot(-1) \\ \\ \\ \leftarrow \\ \\ \end{matrix} \quad \begin{matrix} + \\ = \end{matrix}$$

Die Rechnungen werden mit der ursprünglichen Determinante ausgeführt und das Ergebnis wird in die „neue“ Determinante geschrieben.
Zunächst bleibt die erste Zeile unverändert und kann somit wieder hingeschrieben werden.
Ebenfalls die zweite, dritte und fünfte Zeile bleiben unverändert.

Die neuen Elemente der vierten Zeile a_{41}, a_{42}, a_{43}, a_{44} und a_{45} ergeben sich aus
$a_{41} = 2 + 2 \cdot (-1) = 0$, $a_{42} = -3 + (-3) \cdot (-1) = 0$, $a_{43} = 3 + 1 \cdot (-1) = 2$, $a_{44} = -2 + (-2) \cdot (-1) = 0$
und $a_{45} = -3 + 3 \cdot (-1) = -6$

$$D = \begin{vmatrix} 2 & -3 & 1 & -2 & 3 \\ -4 & 6 & -2 & 5 & -6 \\ 6 & -9 & 3 & -4 & 10 \\ 0 & 0 & 2 & 0 & -6 \\ -2 & 5 & -3 & 2 & -1 \end{vmatrix}.$$

Diese Addition kann mit ein wenig Übung schnell erledigt werden. Welchen Vorteil hat das gebracht?
Die Entwicklung nach der vierten Zeile soll das verdeutlichen

$$D = 0 \cdot A_{41} + 0 \cdot A_{42} + 2 \cdot A_{43} + 0 \cdot A_{44} + (-6) \cdot A_{45}.$$

In dieser Summe zeigt sich, dass die Adjunkten A_{41}, A_{42} und A_{44} nicht bestimmt werden brauchen, da nach der Multiplikation mit 0 diese Summanden null werden. Anstelle der vorher fünf Determinanten vierter Ordnung konnte der Aufwand auf zwei Determinanten vierter Ordnung reduziert werden.

Der Vorteil ist offensichtlich, also warum sollte nicht durch wiederholte Zeilen- oder Spaltenaddition die Anzahl der Nullen weiter vergrößert werden?
Die dritte Spalte soll mit 3 multipliziert werden und zur fünften Spalte addiert werden.

$$\begin{vmatrix} 2 & -3 & 1 & -2 & 3 \\ -4 & 6 & -2 & 5 & -6 \\ 6 & -9 & 3 & -4 & 10 \\ 0 & 0 & 2 & 0 & -6 \\ -2 & 5 & -3 & 2 & -1 \end{vmatrix}$$

·3 +

Die neuen Elemente der fünften Spalte a_{15}, a_{25}, a_{35}, a_{45} und a_{55} ergeben sich zu $a_{15} = 3 + 1 \cdot 3 = 6$,
$a_{25} = -6 + (-2) \cdot 3 = -12$, $a_{35} = 10 + 3 \cdot 3 = 19$, $a_{45} = -6 + 2 \cdot 3 = 0$ und
$a_{55} = -1 + (-3) \cdot 3 = -10$

$$= \begin{vmatrix} 2 & -3 & 1 & -2 & 6 \\ -4 & 6 & -2 & 5 & -12 \\ 6 & -9 & 3 & -4 & 19 \\ 0 & 0 & 2 & 0 & 0 \\ -2 & 5 & -3 & 2 & -10 \end{vmatrix}.$$

Die Entwicklung nach der vierten Zeile zeigt die neue Situation

$$D = 0 \cdot A_{41} + 0 \cdot A_{42} + 2 \cdot A_{43} + 0 \cdot A_{44} + 0 \cdot A_{45}.$$

Die Multiplikation und anschließende Addition der vierten Spalte ist deutlich einfacher als die Berechnung der Adjunkten A_{45} vierter Ordnung.
Von der gesamten Entwicklung nach der vierten Zeile bleibt $D = 2 \cdot A_{43}$ übrig.

Eine Adjunkte A_{ik} (auch Co-Faktor genannt) ist eine mit dem Faktor $(-1)^{i+k}$ multiplizierte Unterdeterminante U_{ik} $n-1$-ter Ordnung $A_{ik} = (-1)^{i+k} \cdot U_{ik}$. Die Unterdeterminante U_{ik} entsteht durch Streichen der i-ten Zeile und der k-ten Spalte der Determinante.
Die Unterdeterminante U_{43} entsteht durch Streichen der vierten Zeile und der dritten Spalte der Determinante. Diese Unterdeterminante muss mit -1 multipliziert werden, da $(-1)^{4+3} = -1$

$$D = 2 \cdot (-1) \cdot \begin{vmatrix} 2 & -3 & -2 & 6 \\ -4 & 6 & 5 & -12 \\ 6 & -9 & -4 & 19 \\ -2 & 5 & 2 & -10 \end{vmatrix}.$$

Der Faktor -2 vor der Determinante darf im weiteren Verlauf nicht vergessen werden. In der Determinante vierter Ordnung wird jetzt eine Zeilenaddition wiederholt.

$$-2 \cdot \begin{vmatrix} 2 & -3 & -2 & 6 \\ -4 & 6 & 5 & -12 \\ 6 & -9 & -4 & 19 \\ -2 & 5 & 2 & -10 \end{vmatrix} \begin{matrix} \cdot 2 \\ \leftarrow + \\ \\ \\ \end{matrix}$$

Die erste Zeile wird mit 2 multipliziert und entsprechend zur zweiten Zeile addiert. Die Elemente der zweiten Zeile ändern sich in $a_{21} = -4 + 2 \cdot 2 = 0$, $a_{22} = 6 + (-3) \cdot 2 = 0$, $a_{23} = 5 + (-2) \cdot 2 = 1$ und $a_{24} = -12 + 6 \cdot 2 = 0$

$$-2 \cdot \begin{vmatrix} 2 & -3 & -2 & 6 \\ 0 & 0 & 1 & 0 \\ 6 & -9 & -4 & 19 \\ -2 & 5 & 2 & -10 \end{vmatrix}.$$

Die Entwicklung nach der zweiten Zeile führt auf die Summe

$$D = -2(0 \cdot A_{21} + 0 \cdot A_{22} + 1 \cdot A_{23} + 0 \cdot A_{24}).$$

In dieser Summe werden drei Produkte null und fallen somit weg. Es bleibt $D = -2 \cdot 1 \cdot A_{23}$ übrig.

Man beachte den Vorzeichenwechsel bei der Adjunkte A_{23}

$$D = -2 \cdot 1 \cdot (-1) \cdot \begin{vmatrix} 2 & -3 & 6 \\ 6 & -9 & 19 \\ -2 & 5 & -10 \end{vmatrix}.$$

Da die Zeilen- oder Spaltenaddition so einfach ist, wird auch die Determinante dritter Ordnung noch weiter vereinfacht.

$$2\cdot\begin{vmatrix} 2 & -3 & 6 \\ 6 & -9 & 19 \\ -2 & 5 & -10 \end{vmatrix} \begin{matrix} \cdot(-3) \\ \leftarrow + \\ \ \end{matrix}$$

Die erste Zeile wird mit −3 multipliziert und zur zweiten Zeile addiert.
Es entstehen die Elemente $a_{21} = 6 + 2\cdot(-3) = 0$, $a_{22} = -9 + (-3)\cdot(-3) = 0$ und $a_{23} = 19 + 6\cdot(-3) = 1$.
Die Determinante hat dann die Form

$$= 2\cdot\begin{vmatrix} 2 & -3 & 6 \\ 0 & 0 & 1 \\ -2 & 5 & -10 \end{vmatrix}.$$

Es bietet sich die Entwicklung nach der zweiten Zeile an

$$D = 2\cdot(0\cdot A_{21} + 0\cdot A_{22} + 1\cdot A_{23}).$$

Es bleibt $D = 2\cdot 1\cdot A_{23}$ eine Determinante zweiter Ordnung zu bestimmen.
Man beachte den Vorzeichenwechsel bei der Adjunkte A_{23}

$$D = 2\cdot 1\cdot(-1)\cdot\begin{vmatrix} 2 & -3 \\ -2 & 5 \end{vmatrix} = -2\cdot 4 = -8.$$

Die Determinante hat den Wert −8.

Es gibt sicher auch andere Wege (Zeilen- oder Spaltenadditionen), die zur Lösung führen. Eine Determinante kann aber immer nur einen bestimmten festen Wert haben.

Aufgabe 2.1

Gegeben sind die Matrizen $A = \begin{bmatrix} 1 & 0 & 2 \\ 1 & 2 & 1 \\ 0 & 3 & -1 \end{bmatrix}$ und $B = \begin{bmatrix} 1 & 2 & 3 \\ 3 & 4 & 7 \\ 2 & 1 & 3 \\ 1 & 1 & 2 \end{bmatrix}$.

a) Bestimmen Sie die Matrizen $C = A \cdot B$ und $D = B \cdot A$, wenn das möglich ist.
b) Welches Format haben die Matrizen C bzw. D?

Lösung

Zwei Matrizen A und B können in dieser Reihenfolge miteinander multipliziert werden, wenn sie verkettet sind. In dem Produkt $A \cdot B$ sind A und B verkettet, wenn die Spaltenzahl von A mit der Zeilenzahl von B übereinstimmt.
Die Anzahl der Spalten von A ist drei und die Anzahl der Zeilen von B ist vier. Für diese beiden gegebenen Matrizen A und B kann das Produkt $A \cdot B$ nicht gebildet werden.
In dem Produkt $B \cdot A$ sind B und A verkettet, wenn die Spaltenzahl von B mit der Zeilenzahl von A übereinstimmt.
Die Anzahl der Spalten von B ist drei und die Anzahl der Zeilen von A ist auch drei. Für diese beiden gegebenen Matrizen B und A kann das Produkt $D = B \cdot A$ gebildet werden.
Die Multiplikation $B \cdot A$ wird mit dem Falk'schen Schema ausgeführt. Es ist hilfreich, eine Zeilensummenprobe durchzuführen. Hierfür wird eine zusätzliche Spalte an das Schema angefügt, in der die Summen der Elemente jeder Zeile der Matrix A notiert werden.

			1	0	2	3
	$B \cdot A$		1	2	1	4
			0	3	−1	2
1	2	3	3	13	1	17
3	4	7	7	29	3	39
2	1	3	3	11	2	16
1	1	2	2	8	1	11

Für jede Zeile der Matrix B wird das Skalarprodukt mit jeder Spalte der Matrix A gebildet.
Das Element d_{ik} der Matrix D wird berechnet indem das Skalarprodukt der i-ten Zeile der Matrix B und der k-ten Spalte der Matrix A gebildet wird.

Das Element d_{11} wird berechnet indem das Skalarprodukt der 1ten Zeile der Matrix B und der 1ten Spalte der Matrix A gebildet wird $1 \cdot 1 + 2 \cdot 1 + 3 \cdot 0 = 3$.
Das Element d_{32} wird berechnet indem das Skalarprodukt der 3ten Zeile der Matrix B und der 2ten Spalte der Matrix A gebildet wird $2 \cdot 0 + 1 \cdot 2 + 3 \cdot 3 = 11$.

a) Das Produkt $D = B \cdot A$ ergibt $B \cdot A = \begin{bmatrix} 3 & 13 & 1 \\ 7 & 29 & 3 \\ 3 & 11 & 2 \\ 2 & 8 & 1 \end{bmatrix}$.

b) Die Matrix $D = B \cdot A$ hat das Format (4; 3). Die Matrix $C = A \cdot B$ existiert nicht.

Aufgabe 2.2
In einem Unternehmen werden Zwischenprodukte (Z_j) zu Endprodukten (E_k) verarbeitet. Der Rohstoffbedarf für die Produktion der Zwischenprodukte und der Bedarf an Zwischenprodukten für die Endfertigung jeweils in Mengeneinheiten (ME) sind der folgenden Tabelle zu entnehmen:

	Z_1	Z_2	Z_3
R_1	3	1	3
R_2	1	2	4
R_3	3	0	1
R_4	1	2	3

	E_1	E_2	E_3	E_4
Z_1	1	2	1	0
Z_2	2	3	0	1
Z_3	1	2	1	2

a) Das Unternehmen hat Lieferverpflichtungen für die Endprodukte bei E_1 mit 175 ME, bei E_2 mit 175 ME, bei E_3 mit 125 ME und bei E_4 mit 125 ME.
Welche Mengen der Rohstoffe (R_i) werden für die Lieferverpflichtungen benötigt?
b) Wie erhöht sich der Rohstoffverbrauch, wenn ein zusätzlicher Bedarf bei den drei Zwischenprodukten von Z_1 mit 10 ME, Z_2 mit 15 ME bzw. Z_3 mit 5 ME besteht?

Lösung

Die Verarbeitung erfolgt in drei Stufen. Die verschiedenen Rohstoffe R_i werden zu Zwischenprodukten Z_j und die verschiedenen Zwischenprodukte zur Endprodukten E_k verarbeitet.

Es werden die folgenden Bezeichnungen eingeführt.
Die verwendeten Mengen des Rohmaterials, also die Mengen der Stufe 1, werden im Vektor $\boldsymbol{x}_1 = \boldsymbol{r}$ angegeben. Die produzierten Zwischenprodukte, also die Mengen der Stufe 2, werden im Vektor $\boldsymbol{x}_2 = \boldsymbol{z}$ angegeben und die Mengen der produzierten Endprodukte, die Mengen der Stufe 3, werden im Vektor $\boldsymbol{x}_3 = \boldsymbol{e}$ angegeben.

Für diese Verflechtung 1. Art gilt:

Stufe	**Bezeichnung**	**allgemein**		**speziell**
1	$\boldsymbol{x}_1 = \boldsymbol{r}$			
		$\boldsymbol{x}_1 = \boldsymbol{A}_{1,2} \cdot \boldsymbol{x}_2 + \boldsymbol{y}_1$		$\boldsymbol{r} = \boldsymbol{A}_{1,2} \cdot \boldsymbol{z} + \boldsymbol{y}_1$
2	$\boldsymbol{x}_2 = \boldsymbol{z}$		oder	
		$\boldsymbol{x}_2 = \boldsymbol{A}_{2,3} \cdot \boldsymbol{x}_3 + \boldsymbol{y}_2$		$\boldsymbol{z} = \boldsymbol{A}_{2,3} \cdot \boldsymbol{e} + \boldsymbol{y}_2$
3	$\boldsymbol{x}_3 = \boldsymbol{e}$			

In den Verflechtungsmatrizen $\boldsymbol{A}_{1,2}$ und $\boldsymbol{A}_{2,3}$ wird der Verbrauch des Ausgangsmaterials in der entsprechenden Veredlung, z.B. in $\boldsymbol{A}_{1,2}$ der Rohstoffbedarf für die Herstellung von je einem der Zwischenprodukte, dargestellt. Es wird davon ausgegangen, dass diese Verflechtungsmatrizen immer bekannt sind. In der Aufgabenstellung sind die Verflechtungsmatrizen aus den Tabellen zu entnehmen.
In der Verflechtungsmatrix stehen in einer Spalte alle Mengen der vorhandenen Ausgangsmaterialien, die für die Herstellung eines der veredelten Produkte benötigt werden. In der ersten Spalte von $\boldsymbol{A}_{1,2}$ stehen die Mengen der Rohstoffe aus Stufe 1, die für die Fertigung eines Zwischenproduktes Z_1 der Stufe 2 benötigt werden. In der zweiten Spalte der Verflechtungsmatrix $\boldsymbol{A}_{2,3}$ stehen die Mengen der Zwischenprodukte der Stufe 2, die zur Fertigung des (eines) zweiten Endproduktes E_2 der Stufe 3 benötigt werden.

Die Verflechtungsmatrizen lauten

$$A_{1,2} = \begin{bmatrix} 3 & 1 & 3 \\ 1 & 2 & 4 \\ 3 & 0 & 1 \\ 1 & 2 & 3 \end{bmatrix} \text{ und } A_{2,3} = \begin{bmatrix} 1 & 2 & 1 & 0 \\ 2 & 3 & 0 & 1 \\ 1 & 2 & 1 & 2 \end{bmatrix}.$$

Zunächst die Lösung zur Fragestellung a).

Das Unternehmen hat Lieferverpflichtungen für die Endprodukte bei E_1 mit 175 ME, bei E_2 mit 175 ME, bei E_3 mit 125 ME und bei E_4 mit 125 ME.
Hieraus kann der Vektor $\boldsymbol{e}$ ermittelt werden, der die zu erzeugenden Mengen der Endprodukte E_1 bis E_4 enthält.

Der Vektor $\boldsymbol{e}$, der Mengen der Endprodukte, lautet $\boldsymbol{e} = \begin{bmatrix} e_1 \\ e_2 \\ e_3 \\ e_4 \end{bmatrix} = \begin{bmatrix} 175 \\ 175 \\ 125 \\ 125 \end{bmatrix}$.

Die benötigten Mengen der Zwischenprodukte $\boldsymbol{z}$ für die Endproduktion werden mit der Gleichung

$$(*.1) \qquad \boldsymbol{z} = A_{2,3} \cdot \boldsymbol{e} + \boldsymbol{y}_2$$

berechnet. Der Vektor $\boldsymbol{y}_2$ enthält die Mengen der Zwischenprodukte, die zusätzlich (für den Primärbedarf) bereitgestellt werden sollen. In der Fragestellung a) ist kein Primärbedarf vorgesehen. Der Vektor $\boldsymbol{y}_2$ ist also der Nullvektor $\boldsymbol{o}$.
Die Gleichung (*.1) reduziert sich auf

$$(*.2) \qquad \boldsymbol{z} = A_{2,3} \cdot \boldsymbol{e} \ .$$

Diese Multiplikation $A_{2,3} \cdot \boldsymbol{e}$ wird sehr übersichtlich mit dem Falk'schen Schema ausgeführt.
Für jede Zeile der Matrix $A_{2,3}$ wird das Skalarprodukt mit dem Vektor $\boldsymbol{e}$ gebildet.
Für die erste Zeile der Matrix $A_{2,3}$ heißt das $1 \cdot 175 + 2 \cdot 175 + 1 \cdot 125 + 0 \cdot 125 = 650$.
Für die zweite Zeile der Matrix $A_{2,3}$ ergibt sich das Skalarprodukt
$2 \cdot 175 + 3 \cdot 175 + 0 \cdot 125 + 1 \cdot 125 = 1000$. Für die dritte Zeile der Matrix $A_{2,3}$ ergibt sich das Skalarprodukt $1 \cdot 175 + 2 \cdot 175 + 1 \cdot 125 + 2 \cdot 125 = 900$.

				175
				175
		$A_{2,3} \cdot \boldsymbol{e}$		125
				125
1	2	1	0	650
2	3	0	1	1000
1	2	1	2	900

Für die Lieferverpflichtungen der Endprodukte bei E_1 mit 175 ME, bei E_2 mit 175 ME, bei E_3 mit 125 ME und bei E_4 mit 125 ME werden von dem Zwischenprodukt Z_1 650 ME, von dem Zwischenprodukt Z_2 1000 ME sowie von dem Zwischenprodukt Z_3 900 ME benötigt. Es ist jetzt der Vektor $\boldsymbol{z}$ bekannt mit $\boldsymbol{z} = \begin{bmatrix} 650 \\ 1000 \\ 900 \end{bmatrix}$.

Die Frage lautet jedoch, welche Mengen der Rohstoffe (R_i) werden für die Lieferverpflichtungen benötigt?
Die benötigten Mengen der Rohstoffe $\boldsymbol{r}$ für die Zwischenproduktion werden mit der Gleichung

$$(*.3) \qquad \boldsymbol{r} = \boldsymbol{A}_{1,2} \cdot \boldsymbol{z} + \boldsymbol{y}_1$$

berechnet.
In der Gleichung (*.3) enthält der Vektor $\boldsymbol{y}_1$ die Mengen der Rohstoffe für den Primärbedarf. Es sollen keine Rohstoffe außerhalb des Produktionsprogramms ausgegeben werden. Der Vektor $\boldsymbol{y}_1$ wird als Nullvektor angenommen $\boldsymbol{y}_1 = \boldsymbol{o}$. Die Gleichung (*.3) reduziert sich auf

$$(*.4) \qquad \boldsymbol{r} = \boldsymbol{A}_{1,2} \cdot \boldsymbol{z}\,.$$

Auch diese Multiplikation $\boldsymbol{A}_{1,2} \cdot \boldsymbol{z}$ wird mit dem Falk'schen Schema ausgeführt.

	$\boldsymbol{A}_{1,2} \cdot \boldsymbol{z}$		
			650
			1000
			900
3	1	3	5650
1	2	4	6250
3	0	1	2850
1	2	3	5350

Für die Lieferverpflichtungen der Endprodukte bei E_1 mit 175 ME, bei E_2 mit 175 ME, bei E_3 mit 125 ME und bei E_4 mit 125 ME werden von dem Rohstoff R_1 5650 ME, von dem Rohstoff R_2 6250 ME, von dem Rohstoff R_3 2850 ME sowie von dem Rohstoff R_4 5350 ME benötigt. Es ist jetzt der Vektor $\boldsymbol{r}$ bekannt mit $\boldsymbol{r} = \begin{bmatrix} 5650 \\ 6250 \\ 2850 \\ 5350 \end{bmatrix}$.

Die Lösung zu Fragestellung b).

Das Unternehmen hat Lieferverpflichtungen für die Endprodukte bei E_1 mit 175 ME, bei E_2 mit 175 ME, bei E_3 mit 125 ME und bei E_4 mit 125 ME.
Wie erhöht sich der Rohstoffverbrauch, wenn ein zusätzlicher Bedarf bei den drei Zwischenprodukten von Z_1 mit 10 ME, Z_2 mit 15 ME bzw. Z_3 mit 5 ME besteht?

Aus den Lieferverpflichtungen der Endprodukte ergibt sich der Vektor $\boldsymbol{e} = \begin{bmatrix} e_1 \\ e_2 \\ e_3 \\ e_4 \end{bmatrix} = \begin{bmatrix} 175 \\ 175 \\ 125 \\ 125 \end{bmatrix}$.

Der zusätzliche Bedarf (Primärbedarf) bei den Zwischenprodukten wird im Vektor $\boldsymbol{y}_2$ aufgelistet.

Der Vektor $\boldsymbol{y}_2$ lautet $\boldsymbol{y}_2 = \begin{bmatrix} 10 \\ 15 \\ 5 \end{bmatrix}$.

Die benötigten Mengen der Zwischenprodukte $\boldsymbol{z}$ für die Endproduktion werden mit der Gleichung

$$(*.1) \qquad \boldsymbol{z} = \boldsymbol{A}_{2,3} \cdot \boldsymbol{e} + \boldsymbol{y}_2$$

berechnet.

Der Vektor $\boldsymbol{y}_2$ enthält die Mengen der Zwischenprodukte, die zusätzlich (für den Primärbedarf) bereitgestellt werden sollen.

Zu dem Ergebnis aus $\boldsymbol{A}_{2,3} \cdot \boldsymbol{e}$ wird der Vektor $\boldsymbol{y}_2$ addiert $\boldsymbol{z} = \begin{bmatrix} 650 \\ 1000 \\ 900 \end{bmatrix} + \begin{bmatrix} 10 \\ 15 \\ 5 \end{bmatrix} = \begin{bmatrix} 660 \\ 1015 \\ 905 \end{bmatrix}$.

Die benötigten Mengen der Rohstoffe $\boldsymbol{r}$ für die erhöhte Zwischenproduktion werden mit der Gleichung

$$\boldsymbol{r} = \boldsymbol{A}_{1,2} \cdot \boldsymbol{z} + \boldsymbol{y}_1$$

neu berechnet.

Es sollen keine Rohstoffe außerhalb des Produktionsprogramms ausgegeben werden. Der Vektor $\boldsymbol{y}_1$ wird als Nullvektor angenommen $\boldsymbol{y}_1 = \boldsymbol{o}$. Die Gleichung (*.3) reduziert sich auf

$$\boldsymbol{r} = \boldsymbol{A}_{1,2} \cdot \boldsymbol{z}\,.$$

Auch diese Multiplikation $\boldsymbol{A}_{1,2} \cdot \boldsymbol{z}$ wird mit dem Falk'schen Schema ausgeführt.

$\boldsymbol{A}_{1,2} \cdot \boldsymbol{z}$			660 1015 905
3	1	3	5710
1	2	4	6310
3	0	1	2885
1	2	3	5405

Für die Lieferverpflichtungen der Endprodukte bei E_1 mit 175 ME, bei E_2 mit 175 ME, bei E_3 mit 125 ME und bei E_4 mit 125 ME werden von dem Rohstoff R_1 5710 ME, von dem Rohstoff R_2 6310 ME, von dem Rohstoff R_3 2885 ME sowie von dem Rohstoff R_4 5405 ME benötigt, wenn zusätzlich vom Zwischenprodukt Z_1 10 ME, vom Zwischenprodukt Z_2 15 ME sowie vom Zwischenprodukt Z_3 5 ME bereit gestellt werden.

Es ist jetzt der Vektor $\boldsymbol{r}$ bekannt mit $\boldsymbol{r} = \begin{bmatrix} 5710 \\ 6310 \\ 2885 \\ 5405 \end{bmatrix}$.

Der Mehrverbrauch an den einzelnen Rohstoffen ergibt sich aus der Differenz der Lösung für $\boldsymbol{r} = \begin{bmatrix} 5710 \\ 6310 \\ 2885 \\ 5405 \end{bmatrix}$ aus b) und der Lösung $\boldsymbol{r} = \begin{bmatrix} 5650 \\ 6250 \\ 2850 \\ 5350 \end{bmatrix}$ aus a).

$$\Delta\boldsymbol{r} = \begin{bmatrix} 5710 \\ 6310 \\ 2885 \\ 5405 \end{bmatrix} - \begin{bmatrix} 5650 \\ 6250 \\ 2850 \\ 5350 \end{bmatrix} = \begin{bmatrix} 60 \\ 60 \\ 35 \\ 55 \end{bmatrix}$$

Der Mehrverbrauch an Rohstoffen kann auch auf einem anderen Weg bestimmt werden.

Die benötigten Mengen der Zwischenprodukte $\boldsymbol{z}$ für die Endproduktion werden mit der Gleichung

$$\boldsymbol{z} = \boldsymbol{A}_{2,3} \cdot \boldsymbol{e} + \boldsymbol{y}_2$$

berechnet. Der Vektor $\boldsymbol{y}_2$ enthält die Mengen der Zwischenprodukte, die zusätzlich (für den Primärbedarf) bereitgestellt werden sollen.

Diese Gleichung wird in die Gleichung (*.4) für $\boldsymbol{z}$ eingesetzt

$$(*.5) \qquad \boldsymbol{r} = \boldsymbol{A}_{1,2}(\boldsymbol{A}_{2,3} \cdot \boldsymbol{e} + \boldsymbol{y}_2).$$

Nach dem Ausmultiplizieren der Klammer entsteht

$$(*.6) \qquad \boldsymbol{r} = \boldsymbol{A}_{1,2} \cdot \boldsymbol{A}_{2,3} \cdot \boldsymbol{e} + \boldsymbol{A}_{1,2} \cdot \boldsymbol{y}_2.$$

In der Gleichung (*.6) gibt der Ausdruck $\boldsymbol{A}_{1,2} \cdot \boldsymbol{A}_{2,3} \cdot \boldsymbol{e}$ die Mengen der Rohstoffe für die Produktion der geforderten Endprodukte an. Das Ergebnis wird in der Fragestellung a) bestimmt. Der Ausdruck $\boldsymbol{A}_{1,2} \cdot \boldsymbol{y}_2$ beschreibt den Bedarf an Rohstoffen für die zusätzlich bereit gestellten Zwischenprodukte.

Auch diese Multiplikation $\boldsymbol{A}_{1,2} \cdot \boldsymbol{y}_2$ wird mit dem Falk'schen Schema ausgeführt.

			10
	$\boldsymbol{A}_{1,2} \cdot \boldsymbol{y}_2$		15
			5
3	1	3	60
1	2	4	60
3	0	1	35
1	2	3	55

Der Rohstoffverbrauch für den zusätzlichen Bedarf an Zwischenprodukten von Z_1 mit 10 ME, Z_2 mit 15 ME und Z_3 mit 5 ME beträgt für den Rohstoff R_1 60 ME, für den Rohstoff R_2 60 ME, für den Rohstoff R_3 35 ME sowie für den Rohstoff R_4 55 ME.

Aufgabe 2.3

Ein Unternehmen benutzt für die Herstellung bestimmter Produkte fünf verschiedene Standorte. Die Zwischenprodukte werden von einem Standort zum nächsten transportiert. Außerdem werden nicht nur die Endprodukte sondern auch Zwischenprodukte für den Primärbedarf abgegeben.
Die Produktionskette kann schematisch wie folgt dargestellt werden.

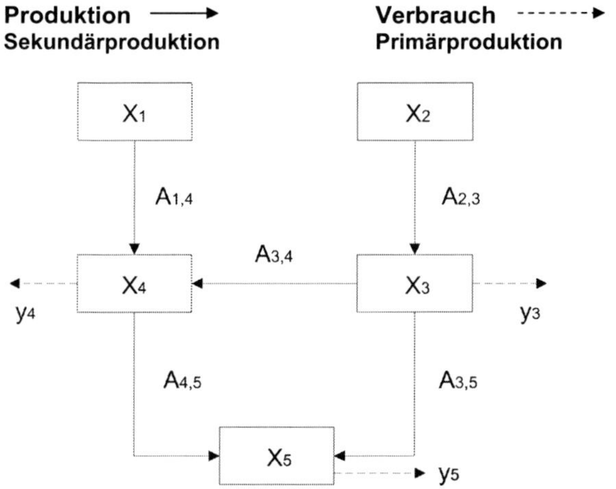

Die Verflechtungsmatrizen sind bekannt

$$\boldsymbol{A}_{1,4} = \begin{bmatrix} 2 & 1 & 2 & 1 \\ 1 & 3 & 2 & 5 \end{bmatrix},\ \boldsymbol{A}_{2,3} = \begin{bmatrix} 2 & 1 & 3 \\ 1 & 2 & 4 \\ 2 & 1 & 1 \end{bmatrix},\ \boldsymbol{A}_{3,4} = \begin{pmatrix} 2 & 2 & 3 & 3 \\ 1 & 1 & 2 & 2 \\ 1 & 2 & 3 & 4 \end{pmatrix},\ \boldsymbol{A}_{3,5} = \begin{pmatrix} 2 & 1 & 0 & 3 & 4 \\ 2 & 1 & 2 & 1 & 1 \\ 1 & 3 & 3 & 2 & 1 \end{pmatrix}$$

$$\text{und } \boldsymbol{A}_{4,5} = \begin{bmatrix} 1 & 0 & 2 & 0 & 3 \\ 0 & 1 & 5 & 0 & 7 \\ 1 & 2 & 0 & 4 & 1 \\ 2 & 2 & 1 & 3 & 0 \end{bmatrix}.$$

Wie groß ist der Rohstoffverbrauch (R) für eine Endfertigung (E) von 2 ME von E_1, von 4 ME von E_2, von 6 ME von E_3, von 8 ME von E_4 und 10 ME von E_5, wenn auch an den Standorten 3 und 4 Zwischenprodukte zum Verbrauch bereitgestellt werden?
Am Standort 3 werden von den drei Zwischenprodukten je 2 ME, 3 ME und 4 ME abgegeben. Am Standort 4 werden von den vier Zwischenprodukten jeweils 2 ME abgegeben.

Die Fertigung wird in vier Stufen $n = 4$ durchgeführt, die weiter miteinander vernetzt sind. Für die Stufen gelten $\boldsymbol{x}_1$, $\boldsymbol{x}_2, \boldsymbol{x}_3$, $\boldsymbol{x}_4$ und $\boldsymbol{x}_5$, sowie $\boldsymbol{y}_3, \boldsymbol{y}_4$ und $\boldsymbol{y}_5$.

Für die Produktion der einzelnen Stufen j gilt $\boldsymbol{x}_j = \boldsymbol{A}_{j,j+1}\, \boldsymbol{x}_{j+1} + \boldsymbol{y}_j$ mit $j = 1, 2, \ldots, n-1$.

Die Verflechtungen zwischen den einzelnen Produktionsstandorten (Produktionsstufen) werden durch Gleichungen beschrieben, die jeweils zwei benachbarte Standorte verbinden. Benachbarte Standorte sind direkt in der Produktionskette miteinander verbunden.

Zwischen dem Standort 1 und dem Standort 2 existiert keine direkte Verbindung, ebenso zwischen Standort 1 und 3.

Die Produktionsstandorte 1 und 4 sind miteinander verbunden. Der Zusammenhang wird durch die Verflechtungsmatrix $\boldsymbol{A}_{1,4}$ beschrieben. Es werden keine Ausgangsmaterialien $\boldsymbol{x}_1$ für den Primärbedarf zur Verfügung gestellt.
Somit beschreibt die Gleichung

$$\boldsymbol{x}_1 = \boldsymbol{A}_{1,4}\,\boldsymbol{x}_4$$

den Vorgang.

Die Produktionsstandorte 2 und 3 sind miteinander verbunden. Der Zusammenhang wird durch die Verflechtungsmatrix $\boldsymbol{A}_{2,3}$ beschrieben. Es werden keine Ausgangsmaterialien $\boldsymbol{x}_2$ für den Primärbedarf zur Verfügung gestellt.
Somit beschreibt die Gleichung

$$\boldsymbol{x}_2 = \boldsymbol{A}_{2,3}\,\boldsymbol{x}_3$$

den Vorgang.

Der Standort 3 ist direkt mit den Standorten 4 und 5 verbunden. Die Zwischenprodukte $\boldsymbol{x}_3$ werden sowohl am Standort 4 als auch am Standort 5 verarbeitet. Außerdem werden noch Zwischenprodukte $\boldsymbol{y}_3$ für den Primärbedarf bereitgestellt.
Die Gleichung

$$\boldsymbol{x}_3 = \boldsymbol{A}_{3,4}\,\boldsymbol{x}_4 + \boldsymbol{A}_{3,5}\,\boldsymbol{x}_5 + \boldsymbol{y}_3$$

beschreibt diese Dreierverbindung.

Der Anteil $\boldsymbol{A}_{3,4}\boldsymbol{x}_4$ gibt die Mengen der benötigten Zwischenprodukte $\boldsymbol{x}_3$ für Produktion der Zwischenprodukte $\boldsymbol{x}_4$, der Anteil $\boldsymbol{A}_{3,5}\boldsymbol{x}_5$ gibt die Mengen der benötigten Zwischenprodukte $\boldsymbol{x}_3$ für Produktion der Endprodukte $\boldsymbol{x}_5$ an und der Vektor $\boldsymbol{y}_3$ bezeichnet die Menge der Zwischenprodukte für den Primärbedarf.

Für die Endproduktion werden auch Zwischenprodukte vom Standort 4 benötigt. Außerdem werden noch Zwischenprodukte $\boldsymbol{y}_4$ für den Primärbedarf bereitgestellt.
Die Gleichung

$$\boldsymbol{x}_4 = \boldsymbol{A}_{4,5}\,\boldsymbol{x}_5 + \boldsymbol{y}_4$$

beschreibt diesen Vorgang.

Die Vektoren für die Primärproduktion $\boldsymbol{y}_1, \boldsymbol{y}_2, \boldsymbol{y}_3, \boldsymbol{y}_4$ und $\boldsymbol{y}_5$ lauten

$$\boldsymbol{y}_1 = \mathbf{o},\ \boldsymbol{y}_2 = \mathbf{o},\ \boldsymbol{y}_3 = \begin{pmatrix} 2 \\ 3 \\ 4 \end{pmatrix},\ \boldsymbol{y}_4 = \begin{bmatrix} 2 \\ 2 \\ 2 \\ 2 \end{bmatrix} \text{ und } \boldsymbol{x}_5 = \boldsymbol{y}_5 = \begin{bmatrix} 2 \\ 4 \\ 6 \\ 8 \\ 10 \end{bmatrix}.$$

Die Lösung kann nach zwei verschiedenen Lösungswegen ermittelt werden.

Beim Lösungsweg 1 werden alle Gleichungen schrittweise rückwärts gelöst. Es wird vorausgesetzt, dass die Verflechtungsmatrizen immer bekannt sind.

Die Mengen der Zwischenprodukte $\boldsymbol{x}_4$ können ermittelt werden, da $\boldsymbol{A}_{4,5}$, $\boldsymbol{x}_5$ und $\boldsymbol{y}_4$ bekannt sind.

(1) $x_4 = A_{4,5}\,x_5 + y_4$ mit $x_4 = \begin{bmatrix}1&0&2&0&3\\0&1&5&0&7\\1&2&0&4&1\\2&2&1&3&0\end{bmatrix}\begin{bmatrix}2\\4\\6\\8\\10\end{bmatrix}+\begin{bmatrix}2\\2\\2\\2\end{bmatrix}=\begin{bmatrix}46\\106\\54\\44\end{bmatrix}$

$A_{4,5}\,x_5$					
					2
					4
					6
					8
					10
1	0	2	0	3	44
0	1	5	0	7	104
1	2	0	4	1	52
2	2	1	3	0	42

Mit dem ermittelten x_4 kann dann auch x_3 ermittelt werden, da jetzt $A_{3,4}$, x_4, $A_{3,5}$, x_5 und y_3 bekannt sind.

(2) $x_3 = A_{3,4}\,x_4 + A_{3,5}\,x_5 + y_3$ mit $x_3 =$

$$\begin{pmatrix}2&2&3&3\\1&1&2&2\\1&2&3&4\end{pmatrix}\cdot\begin{bmatrix}46\\106\\54\\44\end{bmatrix}+\begin{pmatrix}2&1&0&3&4\\2&1&2&1&1\\1&3&3&2&1\end{pmatrix}\cdot\begin{bmatrix}2\\4\\6\\8\\10\end{bmatrix}+\begin{pmatrix}2\\3\\4\end{pmatrix}=\begin{pmatrix}672\\389\\658\end{pmatrix}$$

$A_{3,4}\,x_4$				
				46
				106
				54
				44
2	2	3	3	598
1	1	2	2	348
1	2	3	4	596

$A_{3,5}\,x_5$					
					2
					4
					6
					8
					10
2	1	0	3	4	72
2	1	2	1	1	38
1	3	3	2	1	58

Mit dem ermittelten x_3 kann dann auch x_2 ermittelt werden.

(3) $x_2 = A_{2,3}\,x_3$ mit $x_2 = \begin{bmatrix}2&1&3\\1&2&4\\2&1&1\end{bmatrix}\cdot\begin{pmatrix}672\\389\\658\end{pmatrix}=\begin{pmatrix}3707\\4082\\2391\end{pmatrix}$

				672
	$A_{2,3}\, x_3$			389
				658
2	2	3	3	3707
1	1	2	2	4082
1	2	3	4	2391

Für die Berechnung von x_1 wird nur x_4 benötigt.

(4) $$x_1 = A_{1,4}\, x_4 \text{ mit } x_1 = \begin{bmatrix} 2 & 1 & 2 & 1 \\ 1 & 3 & 2 & 5 \end{bmatrix} \cdot \begin{bmatrix} 46 \\ 106 \\ 54 \\ 44 \end{bmatrix} = \begin{bmatrix} 350 \\ 692 \end{bmatrix}$$

				46
	$A_{1,4}\, x_4$			106
				54
				44
2	1	2	1	350
1	3	2	5	692

Die Matrizenmultiplikationen werden vorteilhaft mit dem Schema von Falk ausgeführt.

Beim Lösungsweg 2 werden die Variablen jeweils durch die beschreibende Gleichung ersetzt. Es entstehen zwei Gleichungen, die direkt zur Lösung führen

$$(5)\ x_1 = A_{1,4}\,(A_{4,5}\, x_5 + y_4) = \begin{bmatrix} 350 \\ 692 \end{bmatrix}$$

und

$$(6)\ x_2 = A_{2,3}\,(A_{3,4}\, x_4 + A_{3,5}\, x_5 + y_3) = \begin{pmatrix} 3707 \\ 4082 \\ 2391 \end{pmatrix}.$$

Der Rohstoffverbrauch (R) für eine Endfertigung (E) von 2 ME von E_1, von 4 ME von E_2, von 6 ME von E_3, von 8 ME von E_4 und 10 ME von E_5 in der Rohstoffbasis I beträgt 350 ME von R_1 und 692 ME von R_2. Der Rohstoffverbrauch in der Rohstoffbasis II beträgt 3707 ME von R_3, 4082 ME von R_4 und 2391 ME von R_5. Hierbei ist zu beachten, dass am Standort 3 von den drei Zwischenprodukten je 2 ME, 3 ME und 4 ME und am Standort 4 von den vier Zwischenprodukten jeweils 2 ME abgegeben werden.

Aufgabe 3.1
Lösen Sie das folgende lineare Gleichungssystem und geben Sie die allgemeine Lösung in Vektorform an! Wie groß ist der Freiheitsgrad?

$$\begin{aligned} x_1 \quad -x_2 \quad -x_3 \quad +x_4 &= 5 \\ 2x_1 \quad +x_2 \quad +3x_3 \quad -x_4 &= 7 \\ -3x_1 \quad -3x_2 \quad -7x_3 \quad +3x_4 &= -9 \end{aligned}$$

Geben Sie zwei mögliche ganzzahlige Lösungen mit nicht negativen Werten für alle x_i $i = 1,2,3,4$ an.

Lösung

Von den bekannten Lösungsverfahren können nur die benutzt werden, die einen Freiheitsgrad in der Lösung zulassen. Das Gleichungssystem besteht aus drei Gleichungen mit vier Unbekannten, so dass mindestens ein Freiheitsgrad $f = n - r$ von 1 zu erwarten ist.

Zur Bestimmung der allgemeinen Lösung wird die Basistransformation benutzt. Mit Hilfe der Basistransformation wird ein beliebiges lineares Gleichungssystem in die kanonische Form überführt. In der kanonischen Form eines Gleichungssystems werden die Variablen nach Basisvariablen (**BV**) und Nichtbasisvariablen unterschieden.
Zunächst werden die Koeffizienten in das vorgeschlagene Rechenschema eingetragen. Zur Sicherung gegen Rechenfehler werden in der Spalte **s** die Zeilensummen und in der obersten Zeile die Spaltensummen eingetragen.

	0	−3	−5	3	3	
BV	x_1	x_2	x_3	x_4	***a***	***s***
	1	−1	−1	1	5	5
	2	1	3	−1	7	12
	−3	−3	−7	3	−9	−19

In dem ersten Schema existieren keine Basisvariablen. Mit einer Basistransformation kann eine Basisvariable erzeugt werden.
Der Koeffizient 1 von x_1 in der ersten Gleichung wird als Hauptelement für die erste Basistransformation benutzt. Das Hauptelement darf nicht 0 sein und in jeder Zeile sollte nur ein Hauptelement gewählt werden. Deshalb werden das Hauptelement, sowie die Hauptzeile und die Hauptspalte für die weitere Rechnung markiert.

	0	−3	−5	3	3	
BV	x_1	x_2	x_3	x_4	***a***	***s***
	1	−1	−1	1	5	5
	2	1	3	−1	7	12
	−3	−3	−7	3	−9	−19

Die Berechnungen der neuen Elemente des nächsten Schemas werden in dem alten Schema durchgeführt und die jeweiligen Ergebnisse werden in das nächste Schema eingetragen.
Zunächst wird die erste Gleichung in der ersten Spalte markiert, damit soll verhindert werden, dass diese Zeile noch einmal zur Hauptzeile gemacht wird. Es wird der Name der Variablen aus der Hauptspalte eingetragen.

Dann werden alle Elemente der Hauptzeile durch das Hauptelement dividiert $a_{rj}' = \dfrac{a_{rj}}{a_{rs}}$.

Die Wahl des Elementes $a_{11} = 1$ zieht nach sich, dass jedes Element der Hauptzeile durch 1 dividiert werden muss. Also kann die Hauptzeile so übernommen werden, wie sie vorliegt. Die restlichen Elemente der Hauptspalte werden 0.
Für die restlichen Elemente der Spalten x_2 bis x_4 gilt die Formel

$$(\,*.1\,) \quad a_{ij}' = a_{ij} - \frac{a_{is} \cdot a_{rj}}{a_{rs}} = \frac{a_{ij} \cdot a_{rs} - a_{is} \cdot a_{rj}}{a_{rs}}.$$

Das neue Element $a_{22}' = 1 - \frac{2 \cdot (-1)}{1}$ ergibt sich zu 3. Das neue Element $a_{23}' = 3 - \frac{2 \cdot (-1)}{1}$ ergibt sich zu 5. Das neue Element $a_{24}' = -1 - \frac{2 \cdot 1}{1}$ ergibt sich zu –3.

Die Formel (*.1) gilt sinngemäß für die rechte Seite des Gleichungssystems

$$(\,*.2\,) \quad a_i' = a_i - \frac{a_{is} \cdot a_r}{a_{rs}} = \frac{a_i \cdot a_{rs} - a_{is} \cdot a_r}{a_{rs}}.$$

Das neue Element $a_2' = 7 - \frac{2 \cdot 5}{1}$ ergibt sich zu –3.

Die Probe wird zunächst analog zur Formel (*.1) bzw. (*.2)

$$(\,*.3\,) \quad s_i' = s_i - \frac{a_{is} \cdot s_r}{a_{rs}} = \frac{s_i \cdot a_{rs} - a_{is} \cdot s_r}{a_{rs}}$$

gerechnet. Das neue Element $s_2' = 12 - \frac{2 \cdot 5}{1}$ ergibt 2. Die Summe aller neu berechneten Elemente ergibt ebenfalls 2. Es kann vermutet werden, dass alle Elemente der Zeile richtig berechnet wurden.

Die letzte Zeile wird analog zur Berechnung der zweiten Zeile des Gleichungssystems vorgenommen.

Es ergibt sich für $a_{32}' = -3 - \frac{-3 \cdot (-1)}{1} = -6$. usw.

BV	x_1	x_2	x_3	x_4	***a***	***s***
x_1	1	−1	−1	1	5	5
	0	3	5	−3	−3	2
	0	−6	−10	6	6	−4

Zur Bestimmung einer weiteren Basisvariablen muss ein neues Hauptelement festgelegt werden. In jeder Zeile wird nur einmal ein Hauptelement gewählt, so dass die markierte Zeile nicht mehr zur Verfügung steht. Das nächste Hauptelement kann in der zweiten oder dritten Zeile gewählt werden. Der Koeffizient $a_{22} = 3$ wird als weiteres Hauptelement festgelegt. Damit ergibt sich die zweite Zeile als Hauptzeile und die Spalte x_2 als Hauptspalte.

BV	x_1	x_2	x_3	x_4	***a***	***s***
x_1	1	−1	−1	1	5	5
	0	3	5	−3	−3	2
	0	−6	−10	6	6	−4

Zunächst wird die zweite Gleichung in der ersten Spalte markiert, damit soll verhindert werden, dass diese Zeile noch einmal zur Hauptzeile gemacht wird. Es wird der Name der Variablen aus der Hauptspalte eingetragen.

Dann werden alle Elemente der Hauptzeile durch das Hauptelement dividiert $a_{rj}' = \frac{a_{rj}}{a_{rs}}$. Die restlichen Elemente der Hauptspalte werden 0. Für die restlichen Elemente der Spalten x_1, x_3 und x_4 gilt die Formel

$$a_{ij}' = a_{ij} - \frac{a_{is} \cdot a_{rj}}{a_{rs}} = \frac{a_{ij} \cdot a_{rs} - a_{is} \cdot a_{rj}}{a_{rs}}.$$

Die Formel (*.1) gilt sinngemäß für die rechte Seite des Gleichungssystems ***a*** und die Probespalte ***s***.

BV	x_1	x_2	x_3	x_4	***a***	***s***
x_1	1	0	$\frac{2}{3}$	0	4	$\frac{17}{3}$
x_2	0	1	$\frac{5}{3}$	−1	−1	$\frac{2}{3}$
	0	0	0	0	0	0

Die Basistransformation wird solange wiederholt bis jede Zeile einmal Hauptzeile war. Da das Hauptelement nicht 0 werden darf, kann in der dritten Zeile kein Hauptelement bestimmt werden. Die dritte Zeile des Gleichungssystems besteht nur aus Nullen und kann deshalb gestrichen werden. Es existiert in jeder Zeile eine Basisvariable, somit ist das letzte Schema erreicht.

Jede Zeile in diesem Schema repräsentiert eine Gleichung des linearen Gleichungssystems. Unter diesem Blickwinkel kann festgestellt werden, dass die dritte Gleichung verschwunden ist.
Bei genauerem Betrachten des vorhergehenden Schemas fällt auf, dass die dritte Zeile nach Multiplikation der zweiten Zeile mit dem Faktor –2 entsteht. Diese beiden Zeilen (Gleichungen) sind proportional. Die dritte Zeile (Gleichung) kann schon hier gestrichen werden.

Der Rang der Koeffizientenmatrix $\boldsymbol{A} = \begin{pmatrix} 1 & 0 & \frac{2}{3} & 0 \\ 0 & 1 & \frac{5}{3} & -1 \end{pmatrix}$ ist $rg(\boldsymbol{A}) = 2$, da die Determinante

$D = \begin{vmatrix} 1 & 0 \\ 0 & 1 \end{vmatrix} = 1 \neq 0$ ist. Der Rang der Koeffizientenmatrix ist auch die Anzahl der Basisvariablen im letzten Schema.

Der Rang der erweiterten Koeffizientenmatrix $(\boldsymbol{A}, \boldsymbol{a}) = \begin{pmatrix} 1 & 0 & \frac{2}{3} & 0 & 4 \\ 0 & 1 & \frac{5}{3} & -1 & -1 \end{pmatrix}$ ist auch $rg(\boldsymbol{A}, \boldsymbol{a}) = 2$, da wieder eine Determinante zweiter Ordnung gefunden werden kann, die ungleich null ist.
Das Gleichungssystem ist lösbar, da $rg(\boldsymbol{A}) = rg(\boldsymbol{A}, \boldsymbol{a}) = 2$.
Der Freiheitsgrad ergibt sich nach $f = n - r = 4 - 2 = 2$.

Um eine Lösung des linearen Gleichungssystems zu bestimmen, werden $f = 2$ Variablen frei bestimmt.
Die kanonische Form des linearen Gleichungssystems kann aus dem letzten Schema abgelesen werden

$$(\#.1) \quad \begin{array}{lllll} 1x_1 & & +\frac{2}{3}x_3 & & = 4 \\ & 1x_2 & +\frac{5}{3}x_3 & -1x_4 & = -1 \end{array}.$$

In diesem Gleichungssystem werden x_1 und x_2 Basisvariablen genannt. Die Namen finden sich auch in der ersten Spalte des letzten berechneten Schemas. Die Unbekannten x_3 und x_4 sind keine Basisvariablen, sie werden Nichtbasisvariablen genannt.

Als allgemeine Lösung eines linearen inhomogenen Gleichungssystems $\boldsymbol{A}\,\boldsymbol{x} = \boldsymbol{a}$ wird die Summe aus einer speziellen Lösung des inhomogenen Gleichungssystems und der allgemeinen Lösung des zugehörigen homogenen Gleichungssystems $\boldsymbol{A}\,\boldsymbol{x} = \boldsymbol{o}$ bezeichnet.

Eine spezielle Lösung des Gleichungssystems (#.1) ergibt sich einfach, wenn die Nichtbasisvariablen x_3 und x_4 null gewählt werden. Einer Empfehlung folgend sollten die Nichtbasisvariablen frei (null) gewählt werden. Die Lösung des Gleichungssystems in kanonischer Form stimmt mit der Lösung des ursprünglichen Gleichungssystems überein.

Nach Einsetzen der gewählten Werte für x_3 und x_4 ergibt sich

$$\begin{array}{llll} 1x_1 & +0 & & = 4 \\ & 1x_2 & +0 \; -0 & = -1 \end{array}$$

mit der speziellen Lösung $x_1 = 4$, $x_2 = -1$, $x_3 = 0$ und $x_4 = 0$.

Das zugehörige homogene Gleichungssystem lautet

$$(\,\#.2\,)\quad \begin{array}{lllll} 1x_1 & & +\tfrac{2}{3}x_3 & & = 0 \\ & 1x_2 & +\tfrac{5}{3}x_3 & -1x_4 & = 0 \end{array}.$$

Laut Freiheitsgrad $f = 2$ hat dieses homogen Gleichungssystem zwei linear unabhängige Basislösungen. Diese beiden Basislösungen entstehen bei der Wahl von $x_3 = 1$ und $x_4 = 0$ bzw. $x_3 = 0$ und $x_4 = 1$.

Im Falle $x_3 = 1$ und $x_4 = 0$ ergibt sich (#.2) zu

$$\begin{array}{lllll} x_1 & & +\tfrac{2}{3} & & = 0 \\ & x_2 & +\tfrac{5}{3} & -0 & = 0 \end{array}$$

mit der Lösung $x_1 = -\tfrac{2}{3}$, $x_2 = -\tfrac{5}{3}$, $x_3 = 1$ und $x_4 = 0$.

Im Falle $x_3 = 0$ und $x_4 = 1$ ergibt sich (#.2) zu

$$\begin{array}{lllll} x_1 & & +0 & & = 0 \\ & x_2 & +0 & -1 & = 0 \end{array}$$

mit der Lösung $x_1 = 0$, $x_2 = 1$, $x_3 = 0$ und $x_4 = 1$.

Diese Lösungen können auch leicht aus dem letzten Schema abgelesen werden.

Die Werte für eine spezielle inhomogene Lösung können aus der a-Spalte (rechte Seite) entnommen werden. Hierbei erleichtert der Name der Basisvariablen (in der 1. Spalte) die Zuordnung der Werte.

Eine linear unabhängige Basislösung des zugehörigen homogenen Gleichungssystems ergibt sich, wenn $x_3 = 1$ und $x_4 = 0$ gesetzt werden. Die Werte für diese homogene Basislösung können aus der x_3-Spalte entnommen werden. Es ist lediglich das Vorzeichen zu ändern.

Eine zweite linear unabhängige Basislösung des zugehörigen homogenen Gleichungssystems ergibt sich, wenn $x_3 = 0$ und $x_4 = 1$ gesetzt werden. Die Werte für diese homogene Basislösung können aus der x_4-Spalte entnommen werden. Es ist lediglich das Vorzeichen zu ändern.

	0	−3	−5	3	3	
BV	x_1	x_2	x_3	x_4	$\boldsymbol{a}$	$\boldsymbol{s}$
x_1	1	0	$2/3$	0	4	$17/3$
x_2	0	1	$5/3$	−1	−1	$2/3$
	4	−1	**0**	**0**	spez.	inh.
	$-2/3$	$-5/3$	**1**	**0**		hom
	0	1	**0**	**1**		hom

Abschließend wird die Spaltensummenprobe mit den Teillösungen durchgeführt. Für die Spaltensummenprobe wird die erste Zeile des ersten Schemas benutzt. Die Summe der Produkte der x_k aus den jeweiligen Lösung mit den Spaltensummen u_k muss die Summe der Koeffizienten der rechten Seiten ergeben.

Für die inhomogene Lösung muss gelten $4 \cdot 0 - 1 \cdot (-3) + 0 \cdot (-5) + 0 \cdot 3 = 3$.

Für die homogenen Lösungen muss gelten $-\tfrac{2}{3} \cdot 0 - \tfrac{5}{3} \cdot (-3) + 1 \cdot (-5) + 0 \cdot 3 = 0$ bzw. $0 \cdot 0 + 1 \cdot (-3) + 0 \cdot (-5) + 1 \cdot 3 = 0$.

Alle Proben sind richtig. Es ist zu beachten, dass bei der Probe für die homogenen Lösungen die Summe der rechten Seiten null gesetzt wird. In einem homogenen Gleichungssystem sind alle Koeffizienten der rechten Seite null.

Die allgemeine Lösung des linearen Gleichungssystems ergibt sich als Summe einer speziellen inhomogenen Lösung des linearen Gleichungssystems und der Linearkombination der $f = 2$ linear unabhängigen Basislösungen des zugehörigen homogenen Gleichungssystems

$$\boldsymbol{x} = \boldsymbol{x}_{\text{inh}} + \boldsymbol{x}_{\text{hom}} = \boldsymbol{x}_{\text{inh}} + t_1\,\boldsymbol{x}_1 + t_2\,\boldsymbol{x}_2 .$$

Die allgemeine Lösung in Vektorform aufgeschrieben lautet

$$\begin{pmatrix} x_1 \\ x_2 \\ x_3 \\ x_4 \end{pmatrix} = \begin{pmatrix} 4 \\ -1 \\ 0 \\ 0 \end{pmatrix} + t_1 \begin{pmatrix} -\tfrac{2}{3} \\ -\tfrac{5}{3} \\ 1 \\ 0 \end{pmatrix} + t_2 \begin{pmatrix} 0 \\ 1 \\ 0 \\ 1 \end{pmatrix} .$$

Die allgemeine Lösung bedeutet, dass

$$\begin{aligned} x_1 &= 4 - \tfrac{2}{3} t_1 \\ x_2 &= -1 - \tfrac{5}{3} t_1 + t_2 \\ x_3 &= t_1 \\ x_4 &= t_2 \end{aligned} .$$

Die beiden Parameter t_1 und t_2 repräsentieren den Freiheitsgrad bzw. die frei wählbaren Unbekannten.

Um alle Unbekannten nicht negativ und als ganze Zahl zu bekommen, müssen t_1 und t_2 diesen Bedingungen genügen, denn es gilt $x_3 = t_1$ und $x_4 = t_2$.

Eine erste Möglichkeit wäre $x_3 = t_1 = 0$ und $x_4 = t_2 = 1$ zu setzen. Damit ergibt sich $x_1 = 4 - 0 = 4$ und $x_2 = -1 + 0 + 1 = 0$.

Eine zweite Möglichkeit wäre $x_3 = t_1 = 0$ und $x_4 = t_2 = 2$ zu setzen. Damit ergibt sich $x_1 = 4 - 0 = 4$ und $x_2 = -1 + 0 + 2 = 1$.

Es gibt unendlich viele weitere Möglichkeiten. Bei der Wahl $t_1 = 0$ kann für t_2 jeder Wert größer oder gleich 1 angenommen werden. Für $t_1 = 3$ gibt es Lösungen für t_2 größer oder gleich 6 und für $t_1 = 6$ gibt es Lösungen für t_2 größer oder gleich 11. Weitere Möglichkeiten für t_1 gibt es nicht, da x_1 sonst nicht positiv und ganzzahlig ist.

t_1	**0**	**0**	**0**	**3**	**3**	**3**	**3**	**6**	**6**	**6**	**6**	**6**
t_2	**1**	**2**	**...**	**6**	**7**	**8**	**...**	**11**	**12**	**13**	**14**	**...**
x_1	4	4		2	2	2		0	0	0	0	
x_2	0	1		0	1	2		0	1	2	3	
$x_3 = t_1$	0	0		3	3	3		6	6	6	6	
$x_4 = t_2$	1	2		6	7	8		11	12	13	14	

Aufgabe 3.2

Lösen Sie das folgende lineare Gleichungssystem und geben Sie die allgemeine Lösung in Vektorform an! Wie groß ist der Freiheitsgrad?

$$\begin{array}{rrrrrcr} & x_2 & +5x_3 & -3x_4 & +2x_5 & = & 51 \\ -x_1 & +3x_2 & -x_3 & -x_4 & +x_5 & = & 9 \\ 2x_1 & -x_2 & +4x_3 & -x_4 & -x_5 & = & 15 \\ x_1 & +3x_2 & +8x_3 & -5x_4 & +2x_5 & = & 75 \\ -x_1 & -x_2 & +2x_3 & -x_4 & +2x_5 & = & 27 \end{array}$$

Geben Sie zwei mögliche ganzzahlige Lösungen mit nicht negativen Werten für alle x_i $i = 1,2,3,4,5$ an.

Lösung

Zur Bestimmung der allgemeinen Lösung wird die Basistransformation benutzt. Mit Hilfe der Basistransformation wird ein beliebiges lineares Gleichungssystem in die kanonische Form überführt. In der kanonischen Form eines Gleichungssystems werden die Variablen nach Basisvariablen (**BV**) und Nichtbasisvariablen unterschieden.

Zunächst werden die Koeffizienten in das vorgeschlagene Rechenschema eingetragen. Zur Sicherung gegen Rechenfehler werden in der Spalte **s** die Zeilensummen und in der obersten Zeile die Spaltensummen eingetragen.

	1	5	18	−11	6	177	
BV	x_1	x_2	x_3	x_4	x_5	***a***	***s***
	0	1	5	−3	2	51	56
	−1	3	−1	−1	1	9	1
	2	−1	4	−1	−1	15	18
	1	3	8	−5	2	75	84
	−1	−1	2	−1	2	27	28

In dem ersten Schema existieren keine Basisvariablen. Mit einer Basistransformation kann eine Basisvariable erzeugt werden.

Der Koeffizient 1 von x_5 in der zweiten Gleichung wird als Hauptelement für die erste Basistransformation benutzt. Das Hauptelement darf nicht 0 sein und in jeder Zeile sollte nur ein Hauptelement gewählt werden. Deshalb werden das Hauptelement, sowie die Hauptzeile und die Hauptspalte für die weitere Rechnung markiert.

	1	5	18	−11	6	177	
BV	x_1	x_2	x_3	x_4	x_5	***a***	***s***
	0	1	5	−3	2	51	56
	−1	3	−1	−1	1	9	10
	2	−1	4	−1	−1	15	18
	1	3	8	−5	2	75	84
	−1	−1	2	−1	2	27	28

Die Berechnungen der neuen Elemente des nächsten Schemas werden in dem alten Schema durchgeführt und die jeweiligen Ergebnisse werden in das nächste Schema eingetragen.

Zunächst wird die zweite Gleichung in der ersten Spalte markiert, damit soll verhindert werden, dass diese Zeile noch einmal zur Hauptzeile gemacht wird. Es wird der Name der Variablen aus der Hauptspalte eingetragen.

Dann werden alle Elemente der Hauptzeile durch das Hauptelement dividiert $a_{rj}{}' = \frac{a_{rj}}{a_{rs}}$.

Die Wahl des Elementes $a_{25} = 1$ zieht nach sich, dass jedes Element der Hauptzeile durch 1 dividiert werden muss. Also kann die Hauptzeile so übernommen werden, wie sie vorliegt.
Die restlichen Elemente der Hauptspalte werden 0.

Für die restlichen Elemente der Spalten x_1 bis x_4 gilt die Formel

$$(\ *.1\ )\quad a_{ij}{}' = a_{ij} - \frac{a_{is} \cdot a_{rj}}{a_{rs}} = \frac{a_{ij} \cdot a_{rs} - a_{is} \cdot a_{rj}}{a_{rs}}.$$

Das neue Element $a_{11}{}' = 0 - \frac{2 \cdot (-1)}{1}$ ergibt sich zu 2. Das neue Element $a_{12}{}' = 1 - \frac{2 \cdot 3}{1}$ ergibt sich zu −5. Das neue Element $a_{13}{}' = 5 - \frac{2 \cdot (-1)}{1}$ ergibt sich zu 7. Das neue Element $a_{14}{}' = -3 - \frac{2 \cdot (-1)}{1}$ ergibt sich zu −1.

Die Formel (*.1) gilt sinngemäß für die rechte Seite des Gleichungssystems

$$(\ *.2\ )\quad a_i{}' = a_i - \frac{a_{is} \cdot a_r}{a_{rs}} = \frac{a_i \cdot a_{rs} - a_{is} \cdot a_r}{a_{rs}}.$$

Das neue Element $a_1{}' = 51 - \frac{2 \cdot 9}{1}$ ergibt sich zu 33.

Die Probe wird zunächst analog zur Formel (*.1) bzw. (*.2)

$$(\ *.3\ )\quad s_i{}' = s_i - \frac{a_{is} \cdot s_r}{a_{rs}} = \frac{s_i \cdot a_{rs} - a_{is} \cdot s_r}{a_{rs}}$$

gerechnet. Das neue Element $s_1{}' = 56 - \frac{2 \cdot 10}{1}$ ergibt 36. Die Summe aller neu berechneten Elemente ergibt ebenfalls 36. Es kann vermutet werden, dass alle Elemente der Zeile richtig berechnet wurden.

Die dritte, vierte und fünfte Zeile werden analog zur Berechnung der ersten Zeile des Gleichungssystems vorgenommen.

Es ergibt sich für $a_{31}{}' = 2 - \frac{-1 \cdot (-1)}{1} = 1$ usw.

	1	5	18	−11	6	177	
BV	x_1	x_2	x_3	x_4	x_5	***a***	***s***
	2	−5	7	−1	0	33	36
x_5	−1	3	−1	−1	1	9	10
	1	2	3	−2	0	24	28
	3	−3	10	−3	0	57	64
	1	−7	4	1	0	9	8

Zur Bestimmung einer weiteren Basisvariablen muss ein neues Hauptelement festgelegt werden. In jeder Zeile wird nur einmal ein Hauptelement gewählt, so dass die markierte Zeile nicht mehr zur Verfügung steht. Das nächste Hauptelement kann in der ersten oder dritten bis fünften Zeile gewählt werden. Der Koeffizient $a_{31} = 1$ wird als weiteres Hauptelement festgelegt. Damit ergibt sich die dritte Zeile als Hauptzeile und die Spalte x_1 als Hauptspalte.

	1	5	18	−11	6	177	
BV	x_1	x_2	x_3	x_4	x_5	***a***	***s***
	2	−5	7	−1	0	33	36
x_5	−1	3	−1	−1	1	9	10
	1	2	3	−2	0	24	28
	3	−3	10	−3	0	57	64
	1	−7	4	1	0	9	8

Zunächst wird die dritte Gleichung in der ersten Spalte markiert, damit soll verhindert werden, dass diese Zeile noch einmal zur Hauptzeile gemacht wird. Es wird der Name der Variablen aus der Hauptspalte eingetragen.

Dann werden alle Elemente der Hauptzeile durch das Hauptelement dividiert $a_{rj}' = \frac{a_{rj}}{a_{rs}}$. Die restlichen Elemente der Hauptspalte werden 0. Für die restlichen Elemente der Spalten x_2, x_3, x_4 und x_5 gilt die Formel

$$a_{ij}' = a_{ij} - \frac{a_{is} \cdot a_{rj}}{a_{rs}} = \frac{a_{ij} \cdot a_{rs} - a_{is} \cdot a_{rj}}{a_{rs}}.$$

Die Formel (*.1) gilt sinngemäß für die rechte Seite des Gleichungssystems ***a*** und die Probespalte ***s***.

	1	5	18	−11	6	177	
BV	x_1	x_2	x_3	x_4	x_5	***a***	***s***
	0	−9	1	3	0	−15	−20
x_5	0	5	2	−3	1	33	38
x_1	1	2	3	−2	0	24	28
	0	−9	1	3	0	−15	−20
	0	−9	1	3	0	−15	−20

Die Basistransformation wird solange wiederholt bis jede Zeile einmal Hauptzeile war.

Jede Zeile in diesem Schema repräsentiert eine Gleichung des linearen Gleichungssystems. Unter diesem Blickwinkel kann festgestellt werden, dass die erste, vierte und fünfte Gleichung identisch sind.
Zwei dieser drei Gleichungen können gestrichen werden. Es sollen die vierte und fünfte Zeile gestrichen werden. Dadurch verkleinert sich das Schema um zwei Zeilen. Falls diese beiden Zeilen nicht gestrichen werden (weil nicht erkannt wurde, dass sie identisch sind), ergeben sich im nächsten Schema zwei Zeilen, in denen nur Nullen stehen.

Zur Bestimmung einer weiteren Basisvariablen muss ein neues Hauptelement festgelegt werden. In jeder Zeile wird nur einmal ein Hauptelement gewählt, so dass die markierten Zeilen nicht mehr zur Verfügung stehen. Das nächste Hauptelement kann in der ersten Zeile gewählt werden. Der Koeffizient $a_{13} = 1$ wird als weiteres Hauptelement festgelegt. Damit ergibt sich die erste Zeile als Hauptzeile und die Spalte x_3 als Hauptspalte.

	1	5	18	−11	6	177	
BV	x_1	x_2	x_3	x_4	x_5	***a***	***s***
	0	−9	1	3	0	−15	−20
x_5	0	5	2	−3	1	33	38
x_1	1	2	3	−2	0	24	28

Zunächst wird die erste Gleichung in der ersten Spalte markiert. Es wird der Name der Variablen aus der Hauptspalte eingetragen.

Dann werden alle Elemente der Hauptzeile durch das Hauptelement dividiert $a_{rj}' = \frac{a_{rj}}{a_{rs}}$. Die restlichen Elemente der Hauptspalte werden 0. Für die restlichen Elemente der Spalten x_2 und x_4 gilt die Formel

$$a_{ij}' = a_{ij} - \frac{a_{is} \cdot a_{rj}}{a_{rs}} = \frac{a_{ij} \cdot a_{rs} - a_{is} \cdot a_{rj}}{a_{rs}}.$$

Die Formel (*.1) gilt sinngemäß für die rechte Seite des Gleichungssystems ***a*** und die Probespalte ***s***.

	1	5	18	−11	6	177	
BV	x_1	x_2	x_3	x_4	x_5	***a***	***s***
x_3	0	−9	1	3	0	−15	−20
x_5	0	23	0	−9	1	63	77
x_1	1	29	0	−11	0	69	88

In jeder Zeile steht eine Basisvariable, somit ist das letzte Schema erreicht. Vor der Auswertung des letzten Schemas soll diese noch sortiert werden. Die Zeilen werden so getauscht, dass die Basisvariablen in geordneter Reihenfolge erscheinen. (Dieser Schritt kann weggelassen werden, wenn man bei der Auswertung die Zeilen sorgfältig zuordnet.)

	1	5	18	−11	6	177	
BV	x_1	x_2	x_3	x_4	x_5	***a***	***s***
x_1	1	29	0	−11	0	69	88
x_3	0	−9	1	3	0	−15	−20
x_5	0	23	0	−9	1	63	77

Der Rang der Koeffizientenmatrix $\boldsymbol{A} = \begin{pmatrix} 1 & 29 & 0 & -11 & 0 \\ 0 & -9 & 1 & 3 & 0 \\ 0 & 23 & 0 & -9 & 1 \end{pmatrix}$ ist $rg(\boldsymbol{A}) = 3$, da die Determinante, nach Streichen der zweiten und vierten Spalte, $D = \begin{vmatrix} 1 & 0 & 0 \\ 0 & 1 & 0 \\ 0 & 0 & 1 \end{vmatrix} = 1 \neq 0$ ist.

Der Rang der Koeffizientenmatrix ist auch die Anzahl der Basisvariablen im letzten Schema.

Der Rang der erweiterten Koeffizientenmatrix $(\boldsymbol{A}, \boldsymbol{a}) = \begin{pmatrix} 1 & 29 & 0 & -11 & 0 & 69 \\ 0 & -9 & 1 & 3 & 0 & -15 \\ 0 & 23 & 0 & -9 & 1 & 63 \end{pmatrix}$ ist auch $rg(\boldsymbol{A}, \boldsymbol{a}) = 3$, da wieder eine Determinante dritter Ordnung gefunden werden kann, die ungleich null ist.

Das Gleichungssystem ist lösbar, da $rg(\boldsymbol{A}) = rg(\boldsymbol{A}, \boldsymbol{a}) = 3$.

Der Freiheitsgrad ergibt sich nach $f = n - r = 5 - 3 = 2$.

Um eine Lösung des linearen Gleichungssystems zu bestimmen, werden $f = 2$ Variablen frei bestimmt.

Die kanonische Form des linearen Gleichungssystems kann aus dem letzten Schema abgelesen werden

$$(\#.1) \quad \begin{array}{rrrrrcr} x_1 & +29x_2 & & -11x_4 & & = & 69 \\ & -9x_2 & +x_3 & +3x_4 & & = & -15. \\ & 23x_2 & & -9x_4 & +x_5 & = & 63 \end{array}$$

In diesem Gleichungssystem werden x_1, x_3 und x_5 Basisvariablen genannt. Die Namen finden sich auch in der ersten Spalte des letzten berechneten Schemas. Die Unbekannten x_2 und x_4 sind keine Basisvariablen, sie werden Nichtbasisvariablen genannt.

Die kanonische Form ist besser zuerkennen, wenn die Spalten umsortiert werden

$$(\#.2) \quad \begin{array}{rrrrrcr} x_1 & & & +29x_2 & -11x_4 & = & 69 \\ & x_3 & & -9x_2 & +3x_4 & = & -15. \\ & & x_5 & +23x_2 & -9x_4 & = & 63 \end{array}$$

Als allgemeine Lösung eines linearen inhomogenen Gleichungssystems $\boldsymbol{A}\,\boldsymbol{x} = \boldsymbol{a}$ wird die Summe aus einer speziellen Lösung des inhomogenen Gleichungssystems und der allgemeinen Lösung des zugehörigen homogenen Gleichungssystems $\boldsymbol{A}\,\boldsymbol{x} = \boldsymbol{o}$ bezeichnet.
Eine spezielle Lösung des Gleichungssystems (#.1) ergibt sich einfach, wenn die Nichtbasisvariablen x_2 und x_4 null gewählt werden. Einer Empfehlung folgend sollten die Nichtbasisvariablen frei (null) gewählt werden. Die Lösung des Gleichungssystems in kanonischer Form stimmt mit der Lösung des ursprünglichen Gleichungssystems überein.

Nach Einsetzen der gewählten Werte für $x_2 = 0$ und $x_4 = 0$ ergibt sich

$$\begin{array}{rrrrrcr} x_1 & & & +0 & -0 & = & 69 \\ & x_3 & & -0 & +0 & = & -15 \\ & & x_5 & +0 & -0 & = & 63 \end{array}$$

mit der speziellen Lösung $x_1 = 69$, $x_2 = 0$, $x_3 = -15$, $x_4 = 0$ und $x_5 = 63$.

Das zugehörige homogene Gleichungssystem lautet

$$(\#.3) \quad \begin{array}{rrrrrcr} x_1 & & & +29x_2 & -11x_4 & = & 0 \\ & x_3 & & -9x_2 & +3x_4 & = & 0. \\ & & x_5 & +23x_2 & -9x_4 & = & 0 \end{array}$$

Laut Freiheitsgrad $f = 2$ hat dieses homogen Gleichungssystem zwei linear unabhängige Basislösungen. Diese beiden Basislösungen entstehen bei der Wahl von $x_2 = 1$ und $x_4 = 0$ bzw. $x_2 = 0$ und $x_4 = 1$.

Im Falle $x_2 = 1$ und $x_4 = 0$ ergibt sich (#.3) zu

$$\begin{array}{lllrrcl} x_1 & & & +29 & -0 & = & 0 \\ & x_3 & & -9 & +0 & = & 0 \\ & & x_5 & +23 & -0 & = & 0 \end{array}$$

mit der Lösung $x_1 = -29$, $x_2 = 1$, $x_3 = 9$, $x_4 = 0$ und $x_5 = -23$.

Im Falle $x_2 = 0$ und $x_4 = 1$ ergibt sich (#.2) zu

$$\begin{array}{lllrrcl} x_1 & & & +0 & -11 & = & 0 \\ & x_3 & & -0 & +3 & = & 0 \\ & & x_5 & +0 & -9 & = & 0 \end{array}$$

mit der Lösung $x_1 = 11$, $x_2 = 0$, $x_3 = -3$, $x_4 = 1$ und $x_5 = 9$.

Diese Lösungen können auch leicht aus dem letzten Schema abgelesen werden WIE?

Die Werte für eine spezielle inhomogene Lösung können aus der a-Spalte (rechte Seite) entnommen werden. Hierbei erleichtert der Name der Basisvariablen (in der 1. Spalte) die Zuordnung der Werte.
Eine linear unabhängige Basislösung des zugehörigen homogenen Gleichungssystems ergibt sich, wenn $x_2 = 1$ und $x_4 = 0$ gesetzt werden. Die Werte für diese homogene Basislösung können aus der x_2-Spalte entnommen werden. Es ist lediglich das Vorzeichen zu ändern.

Eine zweite linear unabhängige Basislösung des zugehörigen homogenen Gleichungssystems ergibt sich, wenn $x_2 = 0$ und $x_4 = 1$ gesetzt werden. Die Werte für diese homogene Basislösung können aus der x_4-Spalte entnommen werden. Es ist lediglich das Vorzeichen zu ändern.

	1	5	18	−11	6	177	
BV	x_1	x_2	x_3	x_4	x_5	***a***	***s***
x_1	1	29	0	−11	0	69	88
x_3	0	−9	1	3	0	−15	−20
x_5	0	23	0	−9	1	63	77
	69	**0**	−15	**0**	63	spez.	inh.
	−29	**1**	9	**0**	−23		hom.
	11	**0**	−3	**1**	9		hom.

Abschließend wird die Spaltensummenprobe mit den Teillösungen durchgeführt. Für die Spaltensummenprobe wird die erste Zeile des ersten Schemas benutzt. Die Summe der Produkte der x_k aus den jeweiligen Lösung mit den Spaltensummen u_k muss die Summe der Koeffizienten der rechten Seiten ergeben.

Für die inhomogene Lösung muss gelten $69 \cdot 1 + 0 \cdot 5 - 15 \cdot 18 + 0 \cdot (-11) + 63 \cdot 6 = 177$.
Für die homogenen Lösungen muss gelten $-29 \cdot 1 + 1 \cdot 5 + 9 \cdot 18 + 0 \cdot (-11) - 23 \cdot 6 = 0$ bzw. $11 \cdot 1 + 0 \cdot 5 - 3 \cdot 18 + 1 \cdot (-11) + 9 \cdot 6 = 0$.

Alle Proben sind richtig. Es ist zu beachten, dass bei der Probe für die homogenen Lösungen die Summe der rechten Seiten null gesetzt wird. In einem homogenen Gleichungssystem sind alle Koeffizienten der rechten Seite null.
Die allgemeine Lösung des linearen Gleichungssystems ergibt sich als Summe einer speziellen inhomogenen Lösung des linearen Gleichungssystems und der Linearkombination der $f = 2$ linear unabhängigen Basislösungen des zugehörigen homogenen Gleichungssystems

$$\boldsymbol{x} = \boldsymbol{x}_{\text{inh}} + \boldsymbol{x}_{\text{hom}} = \boldsymbol{x}_{\text{inh}} + t_1\,\boldsymbol{x}_1 + t_2\,\boldsymbol{x}_2 \,.$$

Die allgemeine Lösung in Vektorform aufgeschrieben lautet

$$\begin{pmatrix} x_1 \\ x_2 \\ x_3 \\ x_4 \\ x_5 \end{pmatrix} = \begin{pmatrix} 69 \\ 0 \\ -15 \\ 0 \\ 63 \end{pmatrix} + t_1 \begin{pmatrix} -29 \\ 1 \\ 9 \\ 0 \\ -23 \end{pmatrix} + t_2 \begin{pmatrix} 11 \\ 0 \\ -3 \\ 1 \\ 9 \end{pmatrix} .$$

Die allgemeine Lösung bedeutet, dass

$$\begin{aligned} x_1 &= 69 - 29t_1 + 11t_2 \\ x_2 &= t_1 \\ x_3 &= -15 + 9t_1 - 3t_2 \,. \\ x_4 &= t_2 \\ x_5 &= 63 - 23t_1 + 9t_2 \end{aligned}$$

Die beiden Parameter t_1 und t_2 repräsentieren den Freiheitsgrad bzw. die frei wählbaren Unbekannten.

Um alle Unbekannten nicht negativ und als ganze Zahl zu bekommen, müssen t_1 und t_2 diesen Bedingungen genügen, denn es gilt $x_2 = t_1$ und $x_4 = t_2$.
Eine erste Möglichkeit wäre $x_2 = t_1 = 2$ und $x_4 = t_2 = 0$ zu setzen. Damit ergibt sich
$x_1 = 69 - 58 + 0 = 11$, $x_3 = -15 + 18 - 0 = 3$ und $x_5 = 63 - 46 + 0 = 17$.

Eine zweite Möglichkeit wäre $x_2 = t_1 = 2$ und $x_4 = t_2 = 1$ zu setzen. Damit ergibt sich
$x_1 = 69 - 58 + 11 = 22$, $x_3 = -15 + 18 - 3 = 0$ und $x_5 = 63 - 46 + 9 = 26$.

Es gibt unendlich viele weitere Möglichkeiten.

t_1	**2**	**2**	**3**	**3**	**3**	**4**	**4**	**4**	**5**	**5**	**5**	**5**	**6**	
t_2	**0**	**1**	**2**	**3**	**4**	**5**	**6**	**7**	**7**	**8**	**9**	**10**	**10**	**...**
x_1	11	22	4	15	26	8	19	30	1	12	23	34	5	
$x_2 = t_1$	2	2	3	3	3	4	4	4	5	5	5	5	6	
x_3	3	0	6	3	0	6	3	0	9	6	3	0	9	
$x_4 = t_2$	0	1	2	3	4	5	6	7	7	8	9	10	10	
x_5	17	26	12	21	30	16	25	34	11	20	29	38	15	

Aufgabe 4.1
Aus der Gleichung $A - X \cdot B = C - 2X$ mit

$$A = \begin{pmatrix} 1 & 2 & 3 \\ 0 & 1 & 2 \\ 0 & 0 & 1 \end{pmatrix}, \; B = \begin{pmatrix} 2 & 1 & 2 \\ 0 & 2 & 3 \\ 1 & 0 & 2 \end{pmatrix} \text{ und } C = \begin{pmatrix} 1 & 1 & -5 \\ -2 & -1 & -5 \\ -1 & 0 & -5 \end{pmatrix}$$

ist die Matrix X zu bestimmen.

Lösung

Zunächst wird versucht, die Matrizengleichung explizit nach X aufzulösen.

Aus der Gleichung

$$(*.1) \quad A - X \cdot B = C - 2X$$

wird durch Seitentausch von A und $2X$ die Gleichung $2X - X \cdot B = C - A$.
In dieser Gleichung kann die Matrix X erst ausgeklammert werden, wenn sie mit bekannten Matrizen nur von einer Seite verknüpft ist.

In $X \cdot B$ ist die unbekannte Matrix X mit der bekannten Matrix B von rechts verknüpft. Ein Ausklammern von X ist auf der linken Seite nur möglich, wenn im Ausdruck $2X$ auch eine bekannte Matrix auf der rechten Seite von X steht.

Es ist bekannt, dass eine Multiplikation mit der Einheitsmatrix $M \cdot E = E \cdot M = M$ oder $2X = 2X \cdot E$ keine Veränderung nach sich zieht. Das wird hier verwendet.
Aus der Gleichung $2X - X \cdot B = C - A$ wird durch Einfügen einer Einheitsmatrix eine günstigere Form

$$(*.2) \quad 2X \cdot E - X \cdot B = C - A$$

gewonnen.
Es muss noch darauf hingewiesen werden, dass der Faktor 2 in dem Produkt $2X \cdot E$ beliebig getauscht werden kann $2X \cdot E = X \cdot 2E = X \cdot E \cdot 2$.

Man bedenke bei allen folgenden Operationen, dass das Kommutativgesetz für die Matrizenmultiplikation nicht gilt. Es muss streng auf die Reihenfolge der Matrizen geachtet werden.

Beim Ausklammern der Matrix X auf der linken Seite von (*.2) entsteht

$$(*.3) \quad X \cdot (2E - B) = C - A.$$

Man beachte beim Ausklammern, dass der Faktor X vor und nach dem Ausklammern links steht, sowie die bekannten Matrizen E und B vor und nach dem Ausklammern rechts von X stehen.

Weiterhin ist bekannt, dass die Multiplikation einer Matrix M mit der zugehörigen inversen Matrix M^{-1} $M \cdot M^{-1} = M^{-1} \cdot M = E$ die Einheitsmatrix E ergibt.

Diese Regel auf (*.3) angewendet führt auf eine Vereinfachung

$$X \cdot (2E - B) \cdot (2E - B)^{-1} = (C - A) \cdot (2E - B)^{-1}.$$

Die Gleichung (*.3) muss mit der inversen Matrix $(2E - B)^{-1}$ von der rechten Seite multipliziert werden, damit $(2E - B)$ und $(2E - B)^{-1}$ unmittelbar nebeneinander stehen.

Nach dem Multiplizieren beider Seiten der Gleichung (*.3) mit dem Faktor $(2\boldsymbol{E}-\boldsymbol{B})^{-1}$ von rechts, ergibt sich auf der linken Seite

$$(*.4)\quad \boldsymbol{X}\cdot\boldsymbol{E}=\boldsymbol{X}=(\boldsymbol{C}-\boldsymbol{A})\cdot(2\boldsymbol{E}-\boldsymbol{B})^{-1}.$$

In (*.4) sind die Schritte für die Berechnung von $\boldsymbol{X}$ dargestellt, wenn alle Operation auf der rechten Seite möglich sind.

Die Differenz $\boldsymbol{C}-\boldsymbol{A}$ kann nur für Matrizen, die das gleiche Format haben, gebildet werden. Beide Matrizen $\boldsymbol{C}$ und $\boldsymbol{A}$ haben das Format (3; 3).
Für die Differenz $2\boldsymbol{E}-\boldsymbol{B}$ gilt die genannte Bedingung auch. Die benutzte Einheitsmatrix $\boldsymbol{E}$ wird mit dem Format (3; 3) eingeführt, damit auch diese Operation möglich ist.

Eine inverse Matrix kann nur von regulären Matrizen gebildet werden. Reguläre Matrizen sind quadratische Matrizen mit der Determinante ungleich null. Die Matrix $2\boldsymbol{E}-\boldsymbol{B}$ ist quadratisch. Der Nachweis, dass die Determinante ungleich null ist, steht noch aus.

Zwei Matrizen $(\boldsymbol{C}-\boldsymbol{A})\cdot(2\boldsymbol{E}-\boldsymbol{B})^{-1}$ können nur miteinander multipliziert werden, wenn sie verkettet sind.
Zwei Matrizen $\boldsymbol{M}_1$ und $\boldsymbol{M}_2$ sind in dieser Reihenfolge $\boldsymbol{M}_1\cdot\boldsymbol{M}_2$ miteinander verkettet, wenn die Spaltenzahl von $\boldsymbol{M}_1$ mit der Zeilenzahl von $\boldsymbol{M}_2$ übereinstimmt.

Die Spaltenanzahl von $\boldsymbol{C}-\boldsymbol{A}$ ist 3. Die Zeilenanzahl von $(2\boldsymbol{E}-\boldsymbol{B})^{-1}$ ist ebenfalls 3. Diese beiden Matrizen sind verkettet.

In Zeile (*.4) sind alle Schritte dargestellt, die zur Lösung führen, wenn die inverse Matrix $(2\boldsymbol{E}-\boldsymbol{B})^{-1}$ existiert.

Der nächste Schritt ist die Bestimmung der inversen Matrix $(2\boldsymbol{E}-\boldsymbol{B})^{-1}$. Nur wenn diese Matrix existiert, sind alle anderen Schritte auch möglich.

Die Matrix $2\boldsymbol{E}-\boldsymbol{B}$ lautet $2\boldsymbol{E}-\boldsymbol{B}=2\cdot\begin{pmatrix}1&0&0\\0&1&0\\0&0&1\end{pmatrix}-\begin{pmatrix}2&1&2\\0&2&3\\1&0&2\end{pmatrix}=\begin{pmatrix}0&-1&-2\\0&0&-3\\-1&0&0\end{pmatrix}$.

Nur für reguläre Matrizen existiert eine inverse Matrix, somit ergibt sich für reguläre Matrizen, dass der Rang r der Matrix gleich der Anzahl der Zeilen n ist. Nach n Basistransformationen entsteht auf der „rechten Seite des Gleichungssystems“ die inverse Matrix $\boldsymbol{M}^{-1}$.

$\boldsymbol{M}$	$\boldsymbol{E}$	s
⋮	⋮	⋮
$\boldsymbol{E}$	$\boldsymbol{M}^{-1}$	s

Die inverse Matrix $(2\boldsymbol{E}-\boldsymbol{B})^{-1}$ soll mit der Basistransformation bestimmt werden. Das zugehörige Schema lautet

	0	−1	−2	1	0	0	−2
	0	0	−3	0	1	0	−2
	−1	0	0	0	0	1	0
	0	**−1**	−2	1	0	0	−2
	0	0	−3	0	1	0	−2
*	1	0	0	0	0	−1	0
*	0	1	2	−1	0	0	2
	0	0	**−3**	0	1	0	−2
*	1	0	0	0	0	−1	0
*	0	1	0	−1	$2/3$	0	$2/3$
*	0	0	1	0	$-1/3$	0	$2/3$
*	1	0	0	0	0	−1	0
	1	0	0	0	0	−1	
	0	1	0	−1	$2/3$	0	
	0	0	1	0	$-1/3$	0	

Die inverse Matrix kann erst abgelesen werden, nachdem ein Zeilentausch so vorgenommen wird, dass auf dem Platz der ursprünglichen Matrix $\boldsymbol{M}$ die Einheitsmatrix $\boldsymbol{E}$ erscheint.

Die inverse Matrix $(2\boldsymbol{E}-\boldsymbol{B})^{-1}$ existiert und lautet

$$(2\boldsymbol{E}-\boldsymbol{B})^{-1}=\begin{pmatrix}0 & 0 & -1\\ -1 & 2/3 & 0\\ 0 & -1/3 & 0\end{pmatrix}.$$

Da die inverse Matrix existiert und auch bekannt ist, wird im nächsten Schritt die Differenz $\boldsymbol{C}-\boldsymbol{A}$ gebildet

$$\boldsymbol{C}-\boldsymbol{A}=\begin{pmatrix}1 & 1 & -5\\ -2 & -1 & -5\\ -1 & 0 & -5\end{pmatrix}-\begin{pmatrix}1 & 2 & 3\\ 0 & 1 & 2\\ 0 & 0 & 1\end{pmatrix}=\begin{pmatrix}0 & -1 & -8\\ -2 & -2 & -7\\ -1 & 0 & -6\end{pmatrix}.$$

Im letzten Schritt werden die beiden Matrizen $\boldsymbol{C}-\boldsymbol{A}$ und $(2\boldsymbol{E}-\boldsymbol{B})^{-1}$ miteinander multipliziert. Die Multiplikation wird mit dem Falk'schen Schema ausgeführt.

			0	0	−1	−1
			−1	$2/3$	0	$-1/3$
			0	$-1/3$	0	$-1/3$
0	−1	−8	1	2	0	3
−2	−2	−7	2	1	2	5
−1	0	−6	0	2	1	3

Die gesuchte Matrix $\boldsymbol{X}$ ergibt sich zu

$$\boldsymbol{X}=(\boldsymbol{C}-\boldsymbol{A})\cdot(2\boldsymbol{E}-\boldsymbol{B})^{-1}=\begin{pmatrix}1 & 2 & 0\\ 2 & 1 & 2\\ 0 & 2 & 1\end{pmatrix}.$$

Aufgabe 4.2
In einem Unternehmen werden Halbprodukte (H) eines Teilbetriebes zu Endprodukten (E) verarbeitet. Der Materialverbrauch (M) des Teilbetriebes und der Bedarf an Halbprodukten für die Endfertigung sind der folgenden Tabelle zu entnehmen:

alle Angaben in Mengeneinheiten ME !	Materialverbrauch des Teilbetriebes			Verbrauch an Halbprodukten bei der Endfertigung		
	M_1	M_2	M_3	E_1	E_2	E_3
Halbprodukt H_1	1		1	1		
Halbprodukt H_2	1	1		1	1	
Halbprodukt H_3		1	1		1	1
Halbprodukt H_4	1					1

An Rohmaterial sind die Mengen $M_1 = 800$, $M_2 = 680$ und $M_3 = 590$ ME vorhanden.
Welche Mengen des Endproduktes (E) können produziert werden, wenn von den Halbprodukten $y_{21} = 10$, $y_{22} = 22$ und $y_{23} = 50$ und $y_{24} = 20$ ME und vom Rohmaterial $y_{11} = 100$, $y_{12} = 200$ und $y_{13} = 150$ ME zusätzlich abgegeben werden sollen?

Lösung

Die Fertigung wird in drei Stufen $n = 3$ durchgeführt. Die verschiedenen Rohstoffe oder Ausgangsmaterialien M_i werden zu Zwischenprodukten oder Halbprodukten H_j und die verschiedenen Zwischenprodukte zur Endprodukten E_k verarbeitet.

Es werden die folgenden Bezeichnungen eingeführt.
Die verwendeten Mengen des Rohmaterials, also die Mengen der Stufe 1, werden im Vektor $\boldsymbol{x}_1 = \boldsymbol{m}$ angegeben. Die produzierten Halbprodukte, also die Mengen der Stufe 2, werden im Vektor $\boldsymbol{x}_2 = \boldsymbol{h}$ angegeben und die Mengen der produzierten Endprodukte, die Mengen der Stufe 3, werden im Vektor $\boldsymbol{x}_3 = \boldsymbol{e}$ angegeben.

Für diese Verflechtung 1. Art gilt:

Stufe	**Bezeichnung**	**allgemein**		**speziell**
1	$\boldsymbol{x}_1 = \boldsymbol{m}$			
		$\boldsymbol{x}_1 = \boldsymbol{A}_{1,2} \cdot \boldsymbol{x}_2 + \boldsymbol{y}_1$		$\boldsymbol{m} = \boldsymbol{A}_{1,2} \cdot \boldsymbol{h} + \boldsymbol{y}_1$
2	$\boldsymbol{x}_2 = \boldsymbol{h}$		oder	
		$\boldsymbol{x}_2 = \boldsymbol{A}_{2,3} \cdot \boldsymbol{x}_3 + \boldsymbol{y}_2$		$\boldsymbol{h} = \boldsymbol{A}_{2,3} \cdot \boldsymbol{e} + \boldsymbol{y}_2$
3	$\boldsymbol{x}_3 = \boldsymbol{e}$			

In den Verflechtungsmatrizen $\boldsymbol{A}_{1,2}$ und $\boldsymbol{A}_{2,3}$ wird der Verbrauch des Ausgangsmaterials in der entsprechenden Veredlung, z.B. in $\boldsymbol{A}_{1,2}$ der Rohstoffbedarf für die Herstellung von je einem der Halbprodukte, dargestellt. Es wird davon ausgegangen, dass diese Verflechtungsmatrizen immer bekannt sind. In der Aufgabenstellung sind die Verflechtungsmatrizen aus den Tabellen zu entnehmen.

In der Verflechtungsmatrix stehen in einer Spalte alle Mengen der vorhandenen Ausgangsmaterialien, die für die Herstellung eines der veredelten Produkte benötigt werden.

In der ersten Spalte von $A_{1,2}$ stehen die Mengen der Rohstoffe aus Stufe 1, die für die Fertigung eines Halbproduktes H_1 der Stufe 2 benötigt werden. In der zweiten Spalte der Verflechtungsmatrix $A_{2,3}$ stehen die Mengen der Halbprodukte der Stufe 2, die zur Fertigung des (eines) zweiten Endproduktes E_2 der Stufe 3 benötigt werden.

Für die Stufen gilt $\boldsymbol{x}_1 = \boldsymbol{m}$, $\boldsymbol{x}_2 = \boldsymbol{h}$ und $\boldsymbol{x}_3 = \boldsymbol{e}$.

Die Übergänge von der ersten zur zweiten bzw. zweiten zur dritten Produktionsstufe werden durch

$$(*.1)\quad \boldsymbol{m} = \boldsymbol{A}_{1,2}\,\boldsymbol{h} + \boldsymbol{y}_1$$

und

$$(*.2)\quad \boldsymbol{h} = \boldsymbol{A}_{2,3}\,\boldsymbol{e} + \boldsymbol{y}_2$$

beschrieben.

Die Verflechtungsmatrizen werden aus der Tabelle abgelesen

$$\boldsymbol{A}_{1,2} = \begin{bmatrix} 1 & 1 & 0 & 1 \\ 0 & 1 & 1 & 0 \\ 1 & 0 & 1 & 0 \end{bmatrix} \text{ und } \boldsymbol{A}_{2,3} = \begin{bmatrix} 1 & 0 & 0 \\ 1 & 1 & 0 \\ 0 & 1 & 1 \\ 0 & 0 & 1 \end{bmatrix}.$$

Der Vektor $\boldsymbol{m}$ des vorhandenen Ausgangsmaterials ist bekannt. Er lautet $\boldsymbol{m}^T = (800 \quad 680 \quad 590)$. Von diesem Ausgangsmaterial sollen $\boldsymbol{y}_1$ Mengen in den Primärverbrauch abgegeben werden. Somit ist der Vektor $\boldsymbol{y}_1^T = (100 \quad 200 \quad 150)$ bekannt.
Außerdem sollen von den Halbprodukten $\boldsymbol{y}_2$ Mengen dem Primärverbrauch zugeführt werden. Dadurch wird der Vektor $\boldsymbol{y}_2^T = (10 \quad 22 \quad 50 \quad 20)$ beschrieben.

Anstelle von $\boldsymbol{h}$ in der ersten Gleichung (*.1) kann die rechte Seite der zweiten Gleichung (*.2) eingesetzt werden

$$(*.3)\quad \boldsymbol{m} = A_{1,2} \cdot (A_{2,3} \cdot \boldsymbol{e} + y_2) + y_1 .$$

Die oben stehende Gleichung (*.3) ist nach $\boldsymbol{e}$ umzustellen. Dabei ist zu beachten, dass weder die inverse Matrix $A_{1,2}^{-1}$ noch die inverse Matrix $A_{2,3}^{-1}$ existieren[1].
Zunächst wird die Klammer ausmultipliziert

$$(\#.1)\quad \boldsymbol{m} = A_{1,2} \cdot A_{2,3} \cdot \boldsymbol{e} + A_{1,2} \cdot y_2 + y_1 .$$

Dann werden $A_{1,2} \cdot y_2$ und y_1 subtrahiert

$$(\#.2)\quad \boldsymbol{m} - A_{1,2} \cdot y_2 - y_1 = A_{1,2} \cdot A_{2,3} \cdot \boldsymbol{e}$$

und die Seiten der Gleichung (#.2) getauscht

$$(\#.3)\quad A_{1,2} \cdot A_{2,3} \cdot \boldsymbol{e} = \boldsymbol{m} - A_{1,2} \cdot y_2 - y_1 .$$

[1] Nur reguläre Matrizen besitzen eine inverse Matrix. Nur quadratische Matrizen können regulär sein.

Zum Schluss wird die Gleichung (#.3) von links mit der Inversen $(A_{1,2} \cdot A_{2,3})^{-1}$ multipliziert

$$(*.4) \quad \boldsymbol{e} = (A_{1,2} \cdot A_{2,3})^{-1} \cdot (\boldsymbol{m} - A_{1,2} \cdot \boldsymbol{y}_2 - \boldsymbol{y}_1).$$

Die Lösung (*.4) kann nur ermittelt werden, wenn die Inverse $(A_{1,2} \cdot A_{2,3})^{-1}$ existiert[2]. Aus diesem Grund sollte mit der Berechnung der inversen Matrix begonnen werden.
Werden eine Matrix $A_{1,2}$ vom Format (3, 4) und eine Matrix $A_{2,3}$ vom Format (4, 3) miteinander multipliziert entsteht eine Matrix vom Format (3, 3). Die zugehörige inverse Matrix soll mit der Basistransformation ermittelt werden.
Zunächst werden die beiden Matrizen $A_{1,2}$ und $A_{2,3}$ miteinander multipliziert. Die Multiplikation wird mit dem Falk'schen Schema ausgeführt.

				1	0	0	1
				1	1	0	2
				0	1	1	2
				0	0	1	1
1	1	0	1	2	1	1	4
0	1	1	0	1	2	1	4
1	0	1	0	1	1	1	3

Nur für reguläre Matrizen existiert eine inverse Matrix, somit ergibt sich für reguläre Matrizen, dass der Rang r der Matrix gleich der Anzahl der Zeilen n ist. Nach n Basistransformationen entsteht auf der „rechten Seite des Gleichungssystems" die inverse Matrix $\boldsymbol{M}^{1}$.

$\boldsymbol{M}$	$\boldsymbol{E}$	$\boldsymbol{s}$
⋮	⋮	⋮
$\boldsymbol{E}$	$\boldsymbol{M}^{1}$	s

Die inverse Matrix $(A_{1,2} \cdot A_{2,3})^{-1}$ soll mit der Basistransformation bestimmt werden. Das zugehörige Schema lautet

	2	1	1	1	0	0	5
	1	2	1	0	1	0	5
	1	1	**1**	0	0	1	4
	1	0	0	1	0	−1	1
	0	1	0	0	1	−1	1
*	1	1	1	0	0	1	4
*	1	0	0	1	0	−1	1
	0	**1**	0	0	1	−1	1
*	0	1	1	−1	0	2	3
*	1	0	0	1	0	−1	1
*	0	1	0	0	1	−1	1
*	0	0	1	−1	−1	3	2

[2] Falls die inverse Matrix nicht existiert, muss die Gleichung (*.3) vollständig ausmultipliziert werden und als lineares Gleichungssystem gelöst werden.

Die inverse Matrix $(A_{1,2} \cdot A_{2,3})^{-1}$ existiert und heißt

$$(\#.4) \quad (A_{1,2} \cdot A_{2,3})^{-1} = \begin{pmatrix} 1 & 0 & -1 \\ 0 & 1 & -1 \\ -1 & -1 & 3 \end{pmatrix}.$$

Zur weiteren Berechnung der Gleichung (*.4) muss der rechte Faktor (der zweite Klammerausdruck) $(\boldsymbol{m} - A_{1,2} \cdot \boldsymbol{y}_2 - \boldsymbol{y}_1)$ bestimmt werden. Hierzu wird zunächst das Produkt $A_{1,2} \cdot \boldsymbol{y}_2$ mit Hilfe des Falk'schen Schemas berechnet.

				10
				22
	$A_{1,2} \cdot \boldsymbol{y}_2$			50
				20
1	1	0	1	52
0	1	1	0	72
1	0	1	0	60

Diese Zwischenlösung wird weiter eingesetzt in

$$(\#.5) \quad (\boldsymbol{m} - A_{1,2} \cdot \boldsymbol{y}_2 - \boldsymbol{y}_1) = \begin{pmatrix} 800 \\ 680 \\ 590 \end{pmatrix} - \begin{pmatrix} 52 \\ 72 \\ 60 \end{pmatrix} - \begin{pmatrix} 100 \\ 200 \\ 150 \end{pmatrix} = \begin{pmatrix} 648 \\ 408 \\ 380 \end{pmatrix}.$$

Abschließend kann die Gleichung (*.4) für $\boldsymbol{e}$ wiederum mit dem Falk'schen Schema gelöst werden. Hierzu wird die inverse Matrix $(A_{1,2} \cdot A_{2,3})^{-1}$ mit dem Vektor $(\boldsymbol{m} - A_{1,2} \cdot \boldsymbol{y}_2 - \boldsymbol{y}_1)$ multipliziert.

			648
			408
			380
1	0	−1	268
0	1	−1	28
−1	−1	3	84

Aus den vorhandenen Mengen an Rohmaterial $M_1 = 800$, $M_2 = 680$ und $M_3 = 590$ (ME) können 268 ME des Endproduktes E_1, 28 ME des Endproduktes E_2 sowie 84 ME des Endproduktes E_3 produziert werden. Außerdem stehen noch 100 ME des Ausgangsmaterials M_1, 200 ME des Ausgangsmaterials M_2 sowie 150 ME des Ausgangsmaterial M_3 und 10 ME des Halbproduktes H_1, 22 ME des Halbproduktes H_2, 50 ME des Halbproduktes H_3 sowie 20 ME des Halbproduktes H_4 für die zusätzliche Auslieferung (für den Primärbedarf) zur Verfügung.

Aufgabe 5.1

Man bestimme für die Matrix $\boldsymbol{M} = \begin{pmatrix} 1 & 2 & 4 \\ 2 & 1 & -2 \\ 4 & 2 & 1 \end{pmatrix}$ alle Eigenwerte.

Wie lautet der Eigenvektor, der zum größten Eigenwert gehört?
Hinweis: Der Eigenvektor ist als Einheitsvektor anzugeben.

Lösung

Bei der Lösung von Eigenwertproblemen sind zwei Schritte zu unterscheiden.

Im ersten Schritt werden die Eigenwerte bestimmt. Dieser Schritt ist unabhängig von der Bestimmung der Eigenvektoren.
Im zweiten Schritt wird dann für einen bestimmten Eigenwert der zugehörige Eigenvektor ermittelt.

Die Eigenwerte der Matrix $\boldsymbol{M}$ sind die Lösungen der charakteristischen Gleichung $\det(\boldsymbol{M} - \lambda \boldsymbol{E}) = 0$.

Zunächst wird die Determinante

$$(\#.1) \quad \left| \begin{pmatrix} 1 & 2 & 4 \\ 2 & 1 & -2 \\ 4 & 2 & 1 \end{pmatrix} - \lambda \begin{pmatrix} 1 & 0 & 0 \\ 0 & 1 & 0 \\ 0 & 0 & 1 \end{pmatrix} \right| = \begin{vmatrix} 1-\lambda & 2 & 4 \\ 2 & 1-\lambda & -2 \\ 4 & 2 & 1-\lambda \end{vmatrix} = 0$$

berechnet und die entstehende Gleichung gelöst.

Die Determinante in (#.1) wird nach der ersten Zeile entwickelt

$$(1-\lambda) \cdot \begin{vmatrix} 1-\lambda & -2 \\ 2 & 1-\lambda \end{vmatrix} - 2 \cdot \begin{vmatrix} 2 & -2 \\ 4 & 1-\lambda \end{vmatrix} + 4 \cdot \begin{vmatrix} 2 & 1-\lambda \\ 4 & 2 \end{vmatrix} =$$

$$(1-\lambda) \cdot [(1-\lambda)^2 - (-2) \cdot 2] - 2 \cdot [2 \cdot (1-\lambda) - 4 \cdot (-2)] + 4 \cdot [2 \cdot 2 - 4 \cdot (1-\lambda)] =$$

$$\begin{aligned} (1-\lambda) \cdot (1 - 2\lambda + \lambda^2 + 4) - 2 \cdot (2 - 2\lambda + 8) + 4 \cdot (4 - 4 + 4\lambda) &= \\ (1-\lambda) \cdot (\lambda^2 - 2\lambda + 5) - 2 \cdot (10 - 2\lambda) + 4 \cdot 4\lambda &= \\ \lambda^2 - 2\lambda + 5 - \lambda^3 + 2\lambda^2 - 5\lambda - 20 + 4\lambda + 16\lambda &= \\ = -\lambda^3 + 3\lambda^2 + 13\lambda - 15 &= 0. \end{aligned}$$

Nach Multiplikation mit -1 entsteht die charakteristische Gleichung

$$(\#.2) \quad \lambda^3 - 3\lambda^2 - 13\lambda + 15 = 0.$$

Die charakteristische Gleichung stellt sich als Polynom mit der Unbekannten λ dar. Die Lösungen dieses Polynoms (#.2) sind die Eigenwerte.

Für das Lösen von Polynomgleichung gibt es verschiedene Verfahren. Hier soll die Polynomdivision benutzt werden. Bei der Polynomdivision wird das Polynom n-ten Grades in Faktoren von Polynomen niedrigeren Grades zerlegt. Voraussetzung ist die Kenntnis einer Nullstelle. Diese Nullstelle kann z.B. durch Probieren gefunden werden.
Es kann leicht durch Einsetzen gezeigt werden, dass $\lambda_1 = 1$ eine Lösung der Gleichung (#.2) ist. Das Polynom (#.2) wird durch $(\lambda - \lambda_1)$ dividiert.

$$\begin{array}{cccccl}
(\lambda^3 & -3\lambda^2 & -13\lambda & +15 &):(\lambda - 1) = & \lambda^2 \quad -2\lambda \quad -15 \\
-(\lambda^3 & -\lambda^2 & & & & \\
\cline{1-2}
 & -2\lambda^2 & -13\lambda & & & \\
 & -(-2\lambda^2 & 2\lambda & & & \\
\cline{2-3}
 & & -15\lambda & +15 & & \\
 & & -(-15\lambda & +15 & & \\
\cline{3-4}
 & & & 0 & &
\end{array}$$

Die Polynomdivision hat ergeben, dass die Zerlegung

$$(\#.3) \quad \lambda^3 - 3\lambda^2 - 13\lambda + 15 = 0 = (\lambda - 1)\cdot(\lambda^2 - 2\lambda - 15)$$

gilt.

Ein Produkt $a \cdot b$ ist null, wenn einer der Faktoren a oder b null ist.
Die Gleichung (#.3) ist erfüllt, wenn $(\lambda - 1) = 0$ oder wenn $(\lambda^2 - 2\lambda - 15) = 0$ ist.

Die Lösung für den Teil $(\lambda - 1) = 0$ hat man durch Probieren erhalten.

Für die Gleichung $(\lambda^2 - 2\lambda - 15) = 0$ gibt es eine Lösungsformel.
Die Lösungsformel für quadratische Gleichungen lautet $\lambda_{2,3} = -\frac{p}{2} \pm \sqrt{(\frac{p}{2})^2 - q}$.
Die weiteren Lösungen sind $\lambda_{2,3} = 1 \pm \sqrt{1+15} = 1 \pm \sqrt{16} = 1 \pm 4$.
Es ergeben sich die beiden Lösungen $\lambda_2 = 5$ und $\lambda_3 = -3$.

Die Eigenwerte der Matrix $\boldsymbol{M} = \begin{pmatrix} 1 & 2 & 4 \\ 2 & 1 & -2 \\ 4 & 2 & 1 \end{pmatrix}$ lauten $\lambda_1 = 1, \lambda_2 = 5$ und $\lambda_3 = -3$.

Die Nummerierung der Eigenwerte ist zufällig gewählt. Der größte Eigenwert ist $\lambda_2 = 5$. Für diesen Eigenwert ist der zugehörige Eigenvektor gesucht.

Ist λ_i ein Eigenwert der Matrix $\boldsymbol{M}$, so nennt man die Vektoren $\boldsymbol{x} \neq \boldsymbol{o}$, die die Gleichung $\boldsymbol{M}\,\boldsymbol{x} = \lambda_i \boldsymbol{x}$ erfüllen, die zum Eigenwert λ_i gehörenden Eigenvektoren der Matrix $\boldsymbol{M}$.

Wird ein Eigenwert λ_i in die Gleichung $(\boldsymbol{M} - \lambda_i \boldsymbol{E})\,\boldsymbol{x} = \boldsymbol{o}$ eingesetzt, entsteht ein homogenes Gleichungssystem, das nicht triviale Lösungen besitzt, wenn $(\boldsymbol{M} - \lambda_i \boldsymbol{E})$ singulär ist.

Für den größten Eigenwert $\lambda_2 = 5$ entsteht das homogene Gleichungssystem

$$\left[\begin{pmatrix} 1 & 2 & 4 \\ 2 & 1 & -2 \\ 4 & 2 & 1 \end{pmatrix} - \lambda_2 \begin{pmatrix} 1 & 0 & 0 \\ 0 & 1 & 0 \\ 0 & 0 & 1 \end{pmatrix}\right] \cdot \boldsymbol{x} = o$$

oder

$$\left[\begin{pmatrix} 1 & 2 & 4 \\ 2 & 1 & -2 \\ 4 & 2 & 1 \end{pmatrix} - 5 \begin{pmatrix} 1 & 0 & 0 \\ 0 & 1 & 0 \\ 0 & 0 & 1 \end{pmatrix}\right] \cdot \boldsymbol{x} = o$$

oder

$$(\#.4) \quad \begin{pmatrix} -4 & 2 & 4 \\ 2 & -4 & -2 \\ 4 & 2 & -4 \end{pmatrix} \cdot \boldsymbol{x} = o\,.$$

Der Vektor $\boldsymbol{x}$ in der Gleichung (#.4) besteht aus den drei Komponenten $\boldsymbol{x} = \begin{pmatrix} x_{21} \\ x_{22} \\ x_{23} \end{pmatrix}$.

Die Lösung des homogenen Gleichungssystems (#.4) wird mit der Basistransformation bestimmt.

BV	x_{21}	x_{22}	x_{23}	$\boldsymbol{a}$	$\boldsymbol{s}$
	−4	2	4	0	2
	2	−4	−2	0	−4
	4	2	−4	0	2
	0	−6	0	0	−6
x_{21}	1	−2	−1	0	−2
	0	**10**	0	0	10
	0	0	0	0	0
x_{21}	1	0	−1	0	0
x_{22}	0	1	0	0	1
	1	0	1		

Die erste Zeile in dem letzten Schema kann gestrichen werden, da sie nur aus Nullen besteht.

Der Rang der Koeffizientenmatrix ist 2. Der Freiheitsgrad des homogen Gleichungssystems (#.4) ist $f = n - r = 3 - 2 = 1$.

Die Lösung des Gleichungssystems ergibt den Eigenvektor $\boldsymbol{x} = \begin{pmatrix} 1 \\ 0 \\ 1 \end{pmatrix} \cdot t$.

Der normierte Eigenvektor berechnet sich nach $\boldsymbol{x}^o = \frac{1}{|\boldsymbol{x}|} \cdot \boldsymbol{x}$.

Der Betrag von $\boldsymbol{x}$ berechnet sich nach $|\boldsymbol{x}| = \sqrt{\boldsymbol{x}^T \cdot \boldsymbol{x}}$ oder $|\boldsymbol{x}| = \sqrt{1^2 + 0^2 + 1^2} = \sqrt{2}$.

Der normierte Eigenvektor zu dem größten Eigenwert $\lambda_2 = 5$ heißt $\boldsymbol{x}^o = \frac{1}{\sqrt{2}} \begin{pmatrix} 1 \\ 0 \\ 1 \end{pmatrix} = \begin{pmatrix} \frac{1}{\sqrt{2}} \\ 0 \\ \frac{1}{\sqrt{2}} \end{pmatrix}$.

Aufgabe 5.2

Man bestimme für die Matrix $\boldsymbol{M} = \begin{pmatrix} 5 & 0 & 0 \\ 2 & 3 & 2 \\ 3 & 4 & 5 \end{pmatrix}$ alle Eigenwerte.

Wie lautet der Eigenvektor, der zum größten Eigenwert gehört?
Hinweis: Der Eigenvektor ist als Einheitsvektor anzugeben.

Lösung

Bei der Lösung von Eigenwertproblemen sind zwei Schritte zu unterscheiden.

Im ersten Schritt werden die Eigenwerte bestimmt. Dieser Schritt ist unabhängig von der Bestimmung der Eigenvektoren.
Im zweiten Schritt wird dann für einen bestimmten Eigenwert der zugehörige Eigenvektor ermittelt.

Die Eigenwerte der Matrix $\boldsymbol{M}$ sind die Lösungen der charakteristischen Gleichung $\det(\boldsymbol{M} - \lambda \boldsymbol{E}) = 0$.

Zunächst wird die Determinante

$$(\#.1) \quad \left| \begin{pmatrix} 5 & 0 & 0 \\ 2 & 3 & 2 \\ 3 & 4 & 5 \end{pmatrix} - \lambda \begin{pmatrix} 1 & 0 & 0 \\ 0 & 1 & 0 \\ 0 & 0 & 1 \end{pmatrix} \right| = \begin{vmatrix} 5-\lambda & 0 & 0 \\ 2 & 3-\lambda & 2 \\ 3 & 4 & 5-\lambda \end{vmatrix} = 0$$

berechnet und die entstehende Gleichung gelöst.

Die Determinante in (#.1) wird vorteilhaft nach der ersten Zeile entwickelt

$$|M| = a_{11} \cdot A_{11} + a_{12} \cdot A_{12} + a_{13} \cdot A_{13} = (5-\lambda) \cdot \begin{vmatrix} 3-\lambda & 2 \\ 4 & 5-\lambda \end{vmatrix} - 0 \cdot \begin{vmatrix} 2 & 2 \\ 3 & 5-\lambda \end{vmatrix} + 0 \cdot \begin{vmatrix} 2 & 3-\lambda \\ 3 & 4 \end{vmatrix} = 0\,.$$

Worin liegt der Vorteil?
Bei der Entwicklung nach der 1. Zeile sind die Adjunkten A_{12} und A_{23} mit dem Faktor null zu multiplizieren. Was natürlich immer den Wert null ergibt

$$= (5-\lambda) \cdot \begin{vmatrix} 3-\lambda & 2 \\ 4 & 5-\lambda \end{vmatrix} - 0 + 0 = 0\,.$$

$$(5-\lambda) \cdot [(3-\lambda)(5-\lambda) - (4) \cdot 2] =$$

$$(5-\lambda) \cdot (15 - 3\lambda - 5\lambda + \lambda^2 - 8) =$$

$$(5-\lambda) \cdot (\lambda^2 - 8\lambda + 7) = 0.$$

Nach dem Ausmultiplizieren der eckigen Klammer entsteht die charakteristische Gleichung

$$(\#.2) \quad (5-\lambda) \cdot (\lambda^2 - 8\lambda + 7) = 0.$$

Die charakteristische Gleichung (#.2) stellt sich als Polynom mit der Unbekannten λ dar. Die Lösungen dieses Polynoms sind die Eigenwerte.
Die Gleichung (#.2) besitzt noch einen weiteren Vorteil.
Es gilt: „Ein Produkt $a \cdot b$ ist null, wenn einer der beiden Faktoren a oder b null ist".

In der Gleichung (#.2) stehen die beiden Faktoren $(5-\lambda)$ und $(\lambda^2 - 8\lambda + 7)$, für die sehr schnell die Nullstellen bestimmt werden können $(5-\lambda) = 0$ und $(\lambda^2 - 8\lambda + 7) = 0$.

Für die Gleichung $5 - \lambda = 0$ ergibt sich die Lösung $\lambda_1 = 5$.

Für die Gleichung $(\lambda^2 - 8\lambda + 7) = 0$ gibt es eine Lösungsformel.
Die Lösungsformel für quadratische Gleichungen lautet $\lambda_{2,3} = -\frac{p}{2} \pm \sqrt{(\frac{p}{2})^2 - q}$.
Die weiteren Lösungen sind $\lambda_{2,3} = 4 \pm \sqrt{16-7} = 4 \pm \sqrt{9} = 4 \pm 3$.
Es ergeben sich die beiden Lösungen $\lambda_2 = 7$ und $\lambda_3 = 1$.

Die Eigenwerte der Matrix $\boldsymbol{M} = \begin{pmatrix} 5 & 0 & 0 \\ 2 & 3 & 2 \\ 3 & 4 & 5 \end{pmatrix}$ lauten $\lambda_1 = 5, \lambda_2 = 7$ und $\lambda_3 = 1$.

Die Nummerierung der Eigenwerte ist zufällig gewählt. Der größte Eigenwert ist $\lambda_2 = 7$. Für diesen Eigenwert ist der zugehörige Eigenvektor gesucht.

Ist λ_i ein Eigenwert der Matrix $\boldsymbol{M}$, so nennt man die Vektoren $\boldsymbol{x} \neq \boldsymbol{o}$, die die Gleichung $\boldsymbol{M}\boldsymbol{x} = \lambda_i \boldsymbol{x}$ erfüllen, die zum Eigenwert λ_i gehörenden Eigenvektoren der Matrix $\boldsymbol{M}$.

Wird ein Eigenwert λ_i in die Gleichung $(\boldsymbol{M} - \lambda_i \boldsymbol{E})\boldsymbol{x} = \boldsymbol{o}$ eingesetzt, entsteht ein homogenes Gleichungssystem, das nicht triviale Lösungen besitzt, wenn $(\boldsymbol{M} - \lambda_i \boldsymbol{E})$ singulär ist.
Für den größten Eigenwert $\lambda_2 = 7$ entsteht das homogene Gleichungssystem

$$\left[\begin{pmatrix} 5 & 0 & 0 \\ 2 & 3 & 2 \\ 3 & 4 & 5 \end{pmatrix} - \lambda_2 \begin{pmatrix} 1 & 0 & 0 \\ 0 & 1 & 0 \\ 0 & 0 & 1 \end{pmatrix}\right] \cdot x = o$$

oder

$$\left[\begin{pmatrix} 5 & 0 & 0 \\ 2 & 3 & 2 \\ 3 & 4 & 5 \end{pmatrix} - 7 \begin{pmatrix} 1 & 0 & 0 \\ 0 & 1 & 0 \\ 0 & 0 & 1 \end{pmatrix}\right] \cdot x = o$$

oder

$$(\#.3) \quad \begin{pmatrix} -2 & 0 & 0 \\ 2 & -4 & 2 \\ 3 & 4 & -2 \end{pmatrix} \cdot x = o.$$

Der Vektor $\boldsymbol{x}$ in der Gleichung (#.3) besteht aus den drei Komponenten $\boldsymbol{x} = \begin{pmatrix} x_{21} \\ x_{22} \\ x_{23} \end{pmatrix}$.

Die Lösung des homogenen Gleichungssystems (#.3) wird mit der Basistransformation bestimmt.

BV	x_{21}	x_{22}	x_{23}	***a***	***s***
	−2	0	0	0	−2
	2	−4	2	0	0
	3	4	−2	0	5
	0	−4	2	0	−2
x_{21}	1	−2	1	0	0
	0	**10**	−5	0	5
	0	0	0	0	0
x_{21}	1	0	0	0	1
x_{23}	0	−2	1	0	−1
	0	1	2		

Die erste Zeile in dem letzten Schema kann gestrichen werden, da sie nur aus Nullen besteht.

Der Rang der Koeffizientenmatrix ist 2. Der Freiheitsgrad des homogen Gleichungssystems (#.3) ist $f = n - r = 3 - 2 = 1$.

Die Lösung des Gleichungssystems ergibt den Eigenvektor $x = \begin{pmatrix} 0 \\ 1 \\ 2 \end{pmatrix} \cdot t$.

Der normierte Eigenvektor berechnet sich nach $x^{\mathrm{o}} = \frac{1}{|x|} \cdot x$.

Der Betrag von $\boldsymbol{x}$ berechnet sich nach $|x| = \sqrt{x^T \cdot x}$ oder $|x| = \sqrt{0^2 + 1^2 + 2^2} = \sqrt{5}$.

Der normierte Eigenvektor zu dem größten Eigenwert $\lambda_2 = 7$ heißt $x^{\mathrm{o}} = \frac{1}{\sqrt{5}} \begin{pmatrix} 0 \\ 1 \\ 2 \end{pmatrix} = \begin{pmatrix} 0 \\ \frac{1}{\sqrt{5}} \\ \frac{2}{\sqrt{5}} \end{pmatrix}$.

2.4 Lineare Optimierung

Aufgabe 1.1
Ein Farmer bewirtschaftet 400 ha Ackerland. Er baut Raps, Mais und Roggen auf diesen Flächen an. Er hat für die Bearbeitung, Aussaat und Ernte insgesamt 80 T€ zur Verfügung, die er, auf 300 Arbeitstage verteilt, einsetzen kann.

	Raps	Mais	Roggen
Anbaukosten (€ je ha)	100	200	400
Arbeitstage (Tage je ha)	0,5	1	0,2
Gewinn (T€ je ha)	2	3	4

Mais soll auf höchstens 100 ha angebaut werden und die Anbaufläche für Raps soll mindestens 75% der Anbauflächen von Mais und Roggen zusammen betragen.
Wie viel ha sollte der Farmer von den einzelnen Fruchtarten anbauen, damit der Gesamtgewinn maximal wird?
Stellen Sie das mathematische Modell auf und geben Sie die zugehörige 1. Normalform an.

Lösung

Bei einer Aufgabe in Textform muss zunächst der Aufgabentyp ermittelt werden.
Im Text heißt es „*Wie viel ha sollte der Farmer von den einzelnen Fruchtarten anbauen, damit der Gesamtgewinn maximal wird?*“.

Es ist eine Gewinnfunktion gesucht, für die ein Maximum ermittelt werden soll.
Der Gewinn berechnet sich nach der vierten Zeile der Tabelle aus der Größe der Anbaufläche einer Frucht multipliziert mit dem Gewinn in Tausendeuro (T€) je Hektar.
Es muss also auch die Anbaufläche jeder Fruchtart in Hektar bestimmt werden.

Er baut Raps, Mais und Roggen auf diesen Flächen an.
Zur mathematischen Bearbeitung werden einige Kurzbezeichnungen (Variablen) eingeführt

- x_1 – die Anbaufläche von Raps in Hektar,
- x_2 – die Anbaufläche von Mais in Hektar,
- x_3 – die Anbaufläche von Roggen in Hektar.

Der Farmer erwartet je Hektar Raps einen Gewinn von 2.000 €. Wird der Gewinn je Hektar mit der angebauten Fläche Raps in Hektar multipliziert, erhält man den Gewinn $2.000 \cdot x_1$ für die insgesamt mit Raps bebaute Fläche. Um Nullen zu sparen, wird der Gewinn in Tausendeuro (T€) $2 \cdot x_1$ aufgeschrieben.
Der Gewinn für die insgesamt bebaute Ackerfläche mit Mais ergibt sich analog zu $3 \cdot x_2$. Der erzielte Gewinn für Roggen wird mit $4 \cdot x_3$ in Tausendeuro bestimmt. Die Summe der Teilgewinne für Raps, Mais und Roggen ergibt den Gesamtgewinn.
Der Gesamtgewinn z in T€ berechnet sich dann nach $z = 2 \cdot x_1 + 3 \cdot x_2 + 4 \cdot x_3$.
Die Gewinnfunktion ist eine lineare Funktion mit den drei Veränderlichen x_1, x_2 und x_3.

Extremwerte linearer Funktionen werden mit Methoden der Optimierung unter Benutzung von Nebenbedingungen und Nichtnegativitätsbedingungen bestimmt.

Die eingeführten Variablen (Kurzbezeichnungen) sind geeignet, um eine lineare Zielfunktion für den gesuchten Gewinn

$$(*.1) \quad z = 2 \cdot x_1 + 3 \cdot x_2 + 4 \cdot x_3 \to \max$$

aufzuschreiben.

Welche Nebenbedingungen sind vorhanden?
Ein Farmer bewirtschaftet 400 ha Ackerland.
Die Gesamtanbaufläche, die aus der Summe der Anbauflächen je Fruchtart besteht, kann 400 ha nicht überschreiten. Es ist nicht klar, ob die gesamte zur Verfügung stehende Ackerfläche auch tatsächlich bebaut wird, deshalb wird ein $\leq$ benutzt.

$$(*.2) \quad x_1 + x_2 + x_3 \leq 400 .$$

Er hat für die Bearbeitung, Aussaat und Ernte insgesamt 80 T€ zur Verfügung,...
Der Farmer rechnet mit 100 € je Hektar Raps an Kosten für Bearbeitung, Aussaat und Ernte. Werden die Kosten je Hektar Raps mit der angebauten Fläche multipliziert, ergeben sich die Gesamtkosten für den angebauten Raps $100 \cdot x_1$. Die Kosten für die insgesamt bebaute Ackerfläche mit Mais ergeben sich analog zu $200 \cdot x_2$. Die Kosten für Roggen werden mit $400 \cdot x_3$ in Euro bestimmt. Die Summe der Teilkosten für Raps, Mais und Roggen ergibt die Gesamtkosten.

Die gesamten Kosten für Bearbeitung, Aussaat und Ernte, die nicht größer als 80 T€ sein sollen, ergeben sich (nach der zweiten Zeile der Tabelle) aus den Anbauflächen je Fruchtart multipliziert mit den jeweiligen Kosten je Hektar. Natürlich wäre der Farmer glücklich, wenn er nicht die volle Summe für die Produktion einsetzen müsste, deshalb wird ein $\leq$ benutzt

$$(*.3) \quad 100 \cdot x_1 + 200 \cdot x_2 + 400 \cdot x_3 \leq 80.000 .$$

Er hat für die Bearbeitung, Aussaat und Ernte ... auf 300 Arbeitstage verteilt ...
Bei einem Zeitaufwand von 0,5 Tage je Hektar Raps ergibt sich der Gesamtaufwand für die bebaute Fläche Raps zu $0{,}5 \cdot x_1$. Analog ergeben sich für Mais $1 \cdot x_2$ bzw. für Roggen $0{,}2 \cdot x_3$ an Aufwand in Tagen.
Die insgesamt benötigten Arbeitstage berechnen sich (nach der dritten Zeile der Tabelle) aus den Anbauflächen je Fruchtart multipliziert mit den jeweiligen benötigten Zeiten je Hektar zu

$$(*.4) \quad 0{,}5 \cdot x_1 + 1 \cdot x_2 + 0{,}2 \cdot x_3 \leq 300 .$$

Mais soll auf höchstens 100 ha angebaut werden
Die Anbaufläche von Mais ist auf maximal 100 Hektar beschränkt

$$(*.5) \quad x_2 \leq 100 .$$

... die Anbaufläche für Raps soll mindestens 75% der Anbauflächen von Mais und Roggen zusammen betragen.
Die Anbaufläche für Raps ist x_1. Die Anbaufläche für Mais und Roggen zusammen ist $x_2 + x_3$.
Die Anbaufläche soll ... *mindestens 75 %...* bedeutet, dass die Anbaufläche von Raps x_1 gleich oder größer als 75 % der Anbaufläche von Mais und Roggen zusammen $x_2 + x_3$ sein kann. 75 % wiederum heißt 75 von 100 oder ¾ der Fläche $x_2 + x_3$. Die Nebenbedingung ergibt sich zu

$$x_1 \geq \frac{3}{4}(x_2 + x_3) .$$

Die Form dieser Nebenbedingung passt nicht zu den vorher aufgeschriebenen Nebenbedingungen. In den Nebenbedingungen stehen die Unbekannten zweckmäßigerweise immer auf der linken Seite der Relation. Diese Nebenbedingung sollte umgeformt werden.

Zunächst wird die Nebenbedingung $x_1 \geq \frac{3}{4}(x_2 + x_3)$ mit vier multipliziert.

Es entsteht $4x_1 \geq 3(x_2 + x_3)$. Nach dem Ausmultiplizieren der Klammer $4x_1 \geq 3x_2 + 3x_3$ und dem Subtrahieren der rechten Seite der Relation entsteht

$$(*.6) \quad 4x_1 - 3x_2 - 3x_3 \geq 0.$$

Weitere Nebenbedingungen sind nicht vorhanden.
Es muss festgestellt werden, dass sowohl die Zielfunktion als auch alle Nebenbedingungen linear sind.

Für die Lösung eines Linearen Optimierungsproblems ist noch die Nichtnegativitätsbedingung von Bedeutung.
Die Anbauflächen x_1, x_2 und x_3 sind reale Flächen, die mit einer Zahl größer als Null bestimmt werden. Wird eine Fruchtart nicht angebaut, ergibt sich für die jeweilige Fläche der Wert null. Ein negativer Wert kann nicht entstehen.
Für die drei Variablen gilt

$$(*.7) \quad x_1 \geq 0, x_2 \geq 0, x_3 \geq 0$$

die Nichtnegativitätsbedingung.

Die Zusammenstellung aller Aussagen ergibt das mathematische Modell für ein lineares Optimierungsproblem mit einer Zielfunktion, fünf Nebenbedingungen und gültigen Nichtnegativitätsbedingungen für die drei vorkommenden Variablen.

Zielfunktion	$z = 2 \cdot x_1 + 3 \cdot x_2 + 4 \cdot x_3 \to \max$
Nebenbedingungen	$x_1 + x_2 + x_3 \leq 400$
	$100 \cdot x_1 + 200 \cdot x_2 + 400 \cdot x_3 \leq 80.000$
	$0{,}5 \cdot x_1 + 1 \cdot x_2 + 0{,}2 \cdot x_3 \leq 300$
	$x_2 \leq 100$
	$4x_1 - 3x_2 - 3x_3 \geq 0$
Nichtnegativitätsbedingung	$x_1 \geq 0, x_2 \geq 0, x_3 \geq 0$

In einem linearen Optimierungsproblem in der ersten Normalform wird die Zielfunktion

$$z = c_0 + c_1x_1 + c_2x_2 + \ldots + c_nx_n \to \max$$

ein Maximum, deren Unbekannte $x_1, x_2, \ldots, x_n$ den Nebenbedingungen

$$\begin{array}{lllll} a_{11}x_1 & + a_{12}x_2 & \cdots & + a_{1n}x_n & = b_1 \\ a_{21}x_1 & + a_{22}x_2 & & & = b_2 \\ \vdots & & \ddots & & \vdots \quad \vdots \\ a_{m1}x_1 & \cdots & & + a_{mn}x_n & = b_m \end{array}$$

und der Nichtnegativitätsbedingung $x_k \geq 0$ für $k = 1, 2, \ldots, n$ genügen.

Jedes lineare Optimierungsproblem kann in die erste Normalform umgeformt werden.

Liegt eine Nebenbedingung als Ungleichung[1]

$$a_{k1}x_1 \quad + \ldots \quad + a_{kn}x_n \quad \leq \quad b_k$$

vor, kann sie durch Einfügen einer Schlupfvariablen $x_s \geq 0$ in eine Gleichung

$$a_{k1}x_1 \quad + \ldots \quad + a_{kn}x_n \quad + x_s \quad = \quad b_k$$

umgeformt werden.

Die Nebenbedingung (*.2) $x_1 + x_2 + x_3 \leq 400$ wird in die 1. Normalform überführt, indem eine Schlupfvariable x_4, die die Nichtnegativitätsbedingung erfüllt, auf der linken Seite addiert wird

$$(*.2.1) \quad x_1 + x_2 + x_3 + x_4 = 400\,.$$

Die Schlupfvariable x_4 wird ebenfalls Bestandteil der Zielfunktion, jedoch mit dem Koeffizienten null.

Die Nebenbedingung (*.3) $100 \cdot x_1 + 200 \cdot x_2 + 400 \cdot x_3 \leq 80.000$ wird in die 1. Normalform überführt, indem eine Schlupfvariable x_5, die die Nichtnegativitätsbedingung erfüllt, auf der linken Seite addiert wird

$$(*.3.1) \quad 100 \cdot x_1 + 200 \cdot x_2 + 400 \cdot x_3 + x_5 = 80.000\,.$$

Die Schlupfvariable x_5 wird ebenfalls Bestandteil der Zielfunktion, jedoch mit dem Koeffizienten null.

Die Nebenbedingung (*.4) $0{,}5 \cdot x_1 + 1 \cdot x_2 + 0{,}2 \cdot x_3 \leq 300$ wird in die 1. Normalform überführt, indem eine Schlupfvariable x_6, die die Nichtnegativitätsbedingung erfüllt, auf der linken Seite addiert wird

$$(*.4.1) \quad 0{,}5 \cdot x_1 + 1 \cdot x_2 + 0{,}2 \cdot x_3 + x_6 = 300\,.$$

Die Schlupfvariable x_6 wird ebenfalls Bestandteil der Zielfunktion, jedoch mit dem Koeffizienten null.

Die Nebenbedingung (*.5) $x_2 \leq 100$ wird in die 1. Normalform überführt, indem eine Schlupfvariable x_7, die die Nichtnegativitätsbedingung erfüllt, auf der linken Seite addiert wird

$$(*.5.1) \quad x_2 + x_7 = 100\,.$$

Die Schlupfvariable x_7 wird ebenfalls Bestandteil der Zielfunktion, jedoch mit dem Koeffizienten null.

Liegt eine Nebenbedingung als Ungleichung

$$a_{k1}x_1 \quad + \ldots \quad + a_{kn}x_n \quad \geq \quad b_k$$

vor, kann sie durch Multiplikation mit -1 in eine Ungleichung[2]

$$- a_{k1}x_1 \quad - \ldots \quad - a_{kn}x_n \quad \leq \quad - b_k$$

umgeformt werden.
Anschließend wird durch Einfügen einer Schlupfvariablen die erste Normalform erzeugt

$$-a_{k1}\,x_1 - \quad \ldots \quad -a_{kn}\,x_n + x_s = -\,b_k\,.$$

---

[1] Diese Ungleichung liegt in der 2. Normalform vor.

[2] Eine Ungleichung $a \geq b$ wird zunächst in die 2. Normalform $a \leq b$ überführt.

Die Nebenbedingung (*.6) $4x_1 - 3x_2 - 3x_3 \geq 0$ wird in zwei Schritten in die 1. Normalform überführt, indem die Ungleichung zunächst mit -1 multipliziert wird

$$-4x_1 + 3x_2 + 3x_3 \leq 0$$ [3]

und anschließend eine Schlupfvariable x_8, die die Nichtnegativitätsbedingung erfüllt, auf der linken Seite addiert wird

$$(*.6.1) \quad -4x_1 + 3x_2 + 3x_3 + x_8 = 0 .$$

Die Schlupfvariable x_8 wird ebenfalls Bestandteil der Zielfunktion, jedoch mit dem Koeffizienten null.

Alle eingeführten Schlupfvariablen x_4, x_5, x_6, x_7 und x_8 werden auch in die Zielfunktion aufgenommen. Die Zielfunktion (*.1) $z = 2 \cdot x_1 + 3 \cdot x_2 + 4 \cdot x_3 \to \max$ lautet in der 1. Normalform

$$(*.1.1) \quad z = 2 \cdot x_1 + 3 \cdot x_2 + 4 \cdot x_3 + 0x_4 + 0x_5 + 0x_6 + 0x_7 + 0x_8 \to \max .$$

Alle Variablen x_1, x_2, x_3, x_4, x_5, x_6, x_7 und x_8 erfüllen die Nichtnegativitätsbedingung

$$(*.7.1) \quad x_1 \geq 0, x_2 \geq 0, x_3 \geq 0, x_4 \geq 0, x_5 \geq 0, x_6 \geq 0, x_7 \geq 0, x_8 \geq 0 .$$

Die 1. Normalform eines linearen Optimierungsproblems ist ein möglicher Ausgangspunkt für eine Bestimmung der Lösung eines solchen Problems.

Die 1. Normalform dieses linearen Optimierungsproblems lautet

Zielfunktion	$z = 2 \cdot x_1 + 3 \cdot x_2 + 4 \cdot x_3 + 0x_4 + 0x_5 + 0x_6 + 0x_7 + 0x_8 \to \max$,
Nebenbedingungen	$x_1 + x_2 + x_3 + x_4 = 400$,
	$100 \cdot x_1 + 200 \cdot x_2 + 400 \cdot x_3 + x_5 = 80.000$,
	$0{,}5 \cdot x_1 + 1 \cdot x_2 + 0{,}2 \cdot x_3 + x_6 = 300$,
	$x_2 + x_7 = 100$,
	$-4x_1 + 3x_2 + 3x_3 + x_8 = 0$,
Nichtnegativitätsbedingung	$x_1 \geq 0, x_2 \geq 0, x_3 \geq 0, x_4 \geq 0, x_5 \geq 0, x_6 \geq 0, x_7 \geq 0, x_8 \geq 0$.

[3] Eine Ungleichung $a > b$ wird mit -1 multipliziert, indem beide Seiten mit -1 multipliziert werden und das Relationszeichen umgedreht wird. Aus $a > b$ folgt $-a < -b$.

Aufgabe 1.2
In einem mechanischen Betrieb werden aus vorgefertigten Teilen drei Produkte A, B und C hergestellt. Für die Endmontage aller drei Produkte wird eine gemeinsame Maschine benutzt, deren Maschinenzeit von maximal 120 h je Woche einen Engpass (Flaschenhals) darstellt.

	A	B	C
Verkaufspreis je Stück (€ je Stk.) p	14.000	12.000	10.000
Variable Kosten je Stück (€ je Stk.) k_v	13.000	9.000	6.000
Belastung der Maschine (h je Stk.)	1	2	3

Von jedem der Produkte A, B und C sollen mindestens 6 und höchstens 30 Stück je Woche hergestellt werden. Dem Betrieb entstehen 100.000€ je Woche an Fixkosten während der Produktion.
Mit welcher Stückproduktion erzielt der Betrieb den höchsten Bruttogewinn (absoluter Deckungsbeitrag $d = p - k_v$)?
Stellen Sie das mathematische Modell auf und geben Sie die zugehörige 1. Normalform an.

Lösung

Bei einer Aufgabe in Textform muss zunächst der Aufgabentyp ermittelt werden.
Im Text heißt es „*Mit welcher Stückproduktion erzielt der Betrieb den höchsten Bruttogewinn?*“.

Es ist eine Gewinnfunktion gesucht, für die ein Maximum ermittelt werden soll.

In einem mechanischen Betrieb werden aus vorgefertigten Teilen drei Produkte A, B und C hergestellt.
Zur mathematischen Bearbeitung werden einige Kurzbezeichnungen (Variablen) eingeführt

x_1 – die Menge der hergestellten Produkte A je Woche,
x_2 – die Menge der hergestellten Produkte B je Woche,
x_3 – die Menge der hergestellten Produkte C je Woche.

Der Bruttogewinn je Produkt kann über den absoluten Deckungsbeitrag ermittelt werden. Der Bruttogewinn für ein Produkt A ergibt sich aus der Differenz von Verkaufspreis und variablen Kosten für das Produkt A, $d_1 = p_1 - k_{v1} = 14.000 - 13.000 = 1.000$€ je Stück.
Der Bruttogewinn für ein Produkt B ergibt sich aus der Differenz von Verkaufspreis und variablen Kosten für das Produkt B, $d_2 = p_2 - k_{v2} = 12.000 - 9.000 = 3.000$€ je Stück.
Der Bruttogewinn für ein Produkt C ergibt sich aus der Differenz von Verkaufspreis und variablen Kosten für das Produkt C, $d_3 = p_3 - k_{v3} = 10.000 - 6.000 = 4.000$€ je Stück.

Der Bruttogewinn der Gesamtproduktion berechnet sich aus der Summe der Bruttogewinne der einzelnen Produkte abzüglich der Fixkosten.
Es muss also die Menge der hergestellten Produkte A, B und C je Woche bestimmt werden.
Der Bruttogewinn für ein Produkt A multipliziert mit der produzierten Menge des Produktes A ergibt den gesamten Bruttogewinn für alle produzierten Produkte A $1.000 \cdot x_1$ € je Woche.
Um Nullen zu sparen, wird der Gewinn in Tausendeuro (T€) $1 \cdot x_1$ aufgeschrieben.

Der Bruttogewinn für ein Produkt B multipliziert mit der produzierten Menge des Produktes B ergibt den gesamten Bruttogewinn für alle produzierten Produkte B $3.000 \cdot x_2$ € je Woche.
Der Bruttogewinn für alle Produkte B ergibt sich zu $3 \cdot x_2$ T€ je Woche.

Der Bruttogewinn für ein Produkt C multipliziert mit der produzierten Menge des Produktes C ergibt den gesamten Bruttogewinn für alle produzierten Produkte C $4.000 \cdot x_3$ € je Woche.

Der Bruttogewinn für alle Produkte C ergibt sich zu $4 \cdot x_3$ T€ je Woche.

Der Bruttogewinn der Gesamtproduktion ergibt sich dann zu $z = 1 \cdot x_1 + 3 \cdot x_2 + 4 \cdot x_3 - 100$ in T€ je Woche.

Die Gewinnfunktion ist eine lineare Funktion mit den drei Veränderlichen x_1, x_2 und x_3.

Extremwerte linearer Funktionen werden mit Methoden der Optimierung unter Benutzung von Nebenbedingungen und Nichtnegativitätsbedingungen bestimmt.

Die eingeführten Variablen (Kurzbezeichnungen) sind geeignet, um eine lineare Zielfunktion für den gesuchten Gewinn

$$(*.1) \quad z = 1 \cdot x_1 + 3 \cdot x_2 + 4 \cdot x_3 - 100 \rightarrow \max$$

aufzuschreiben.

Welche Nebenbedingungen sind vorhanden?

... deren Maschinenzeit von maximal 120 h je Woche einen Engpass (Flaschenhals) darstellt.
Die gesamte Maschinenzeit, die aus der Summe der Maschinenzeiten für die einzelnen Produkte besteht, kann 120 h nicht überschreiten. Es ist nicht klar, ob die gesamte zur Verfügung stehende Maschinenzeit auch tatsächlich benötigt wird, deshalb wird ein $\leq$ benutzt.

Bei einem Zeitaufwand für ein Produkt A von 1h ergibt sich für alle Produkte A ein Zeitaufwand auf der Maschine (im Engpass) von $1 \cdot x_1$ h. Analog ergeben sich für die Produktion aller Produkte B ein Zeitaufwand von $2 \cdot x_2$ h und für alle Produkte C von $3 \cdot x_3$ h.
Die Gesamtzeit für die Produktion aller Produkte A, B und C auf der Maschine ergibt sich als Summe aus dem Zeitaufwand je Produkt multipliziert mit der Anzahl der jeweiligen Produkte. Dieser gesamte Zeitaufwand darf nicht größer als 120h sein

$$(*.2) \quad 1 \cdot x_1 + 2 \cdot x_2 + 3 \cdot x_3 \leq 120 .$$

Für das Produkt A ist eine Mindestmenge von 6 Stück und eine Höchstmenge von 30 Stück je Woche zu beachten

$$6 \leq x_1 \leq 30 .$$

Daraus werden zwei Nebenbedingungen abgeleitet

$$(*.3\,) \quad 6 \leq x_1 \qquad \text{oder } x_1 \geq 6$$

und

$$(*.4\,) \quad x_1 \leq 30 .$$

Für das Produkt B ist eine Mindestmenge von 6 Stück und eine Höchstmenge von 30 Stück je Woche zu beachten

$$6 \leq x_2 \leq 30 .$$

Daraus werden zwei weitere Nebenbedingungen abgeleitet

$$(*.5\,) \quad 6 \leq x_2 \qquad \text{oder } x_2 \geq 6$$

und

$$(*.6\,) \quad x_2 \leq 30 .$$

Für das Produkt C ist eine Mindestmenge von 6 Stück und eine Höchstmenge von 30 Stück je Woche zu beachten

$$6 \le x_3 \le 30\,.$$

Daraus werden zwei Nebenbedingungen abgeleitet

$$(*.7)\quad 6 \le x_3 \qquad \text{oder } x_3 \ge 6$$

und

$$(*.8)\quad x_3 \le 30\,.$$

Weitere Nebenbedingungen sind nicht vorhanden.
Es muss festgestellt werden, dass sowohl die Zielfunktion als auch alle Nebenbedingungen linear sind.

Für die Lösung eines linearen Optimierungsproblems ist noch die Nichtnegativitätsbedingung von Bedeutung.
Für die drei Produkte A, B und C ist eine Mindestmenge vorgegeben, die die Nichtnegativität der Variablen x_1, x_2 und x_3 beschreibt.
Für die drei Variablen gilt die Nichtnegativitätsbedingung

$$(*.9)\quad x_1 \ge 0, x_2 \ge 0, x_3 \ge 0\,.$$

Die Zusammenstellung aller Aussagen ergibt das mathematische Modell für ein lineares Optimierungsproblem mit einer Zielfunktion, sieben Nebenbedingungen und gültigen Nichtnegativitätsbedingungen für die drei vorkommenden Variablen.

Zielfunktion	$z = 1 \cdot x_1 + 3 \cdot x_2 + 4 \cdot x_3 - 100 \rightarrow \max$
Nebenbedingungen	$x_1 + 2 \cdot x_2 + 3 \cdot x_3 \le 120$
	$x_1 \ge 6$
	$x_1 \le 30$
	$x_2 \ge 6$
	$x_2 \le 30$
	$x_3 \ge 6$
	$x_3 \le 30$
Nichtnegativitätsbedingung	$x_1 \ge 0, x_2 \ge 0, x_3 \ge 0$

In einem linearen Optimierungsproblem in der ersten Normalform wird die Zielfunktion

$$z = c_0 + c_1 x_1 + c_2 x_2 + \ldots + c_n x_n \rightarrow \max$$

ein Maximum, deren Unbekannte $x_1, x_2, \ldots, x_n$ den Nebenbedingungen

$$\begin{array}{lllll} a_{11}x_1 & + a_{12}x_2 & \cdots & + a_{1n}x_n & = & b_1 \\ a_{21}x_1 & + a_{22}x_2 & & & = & b_2 \\ \vdots & & \ddots & & \vdots & \vdots \\ a_{m1}x_1 & \cdots & & + a_{mn}x_n & = & b_m \end{array}$$

und der Nichtnegativitätsbedingung $x_k \ge 0$ für $k = 1, 2, \ldots, n$ genügen.

Jedes lineare Optimierungsproblem kann in die erste Normalform umgeformt werden.

Liegt eine Nebenbedingung als Ungleichung[4]

$$a_{k1}x_1 \quad + \ldots \quad + a_{kn}x_n \quad \leq \quad b_k$$

vor, kann sie durch Einfügen einer Schlupfvariablen $x_s \geq 0$ in eine Gleichung

$$a_{k1}x_1 \quad + \ldots \quad + a_{kn}x_n \quad + x_s \quad = \quad b_k$$

umgeformt werden.

Die Nebenbedingung (*.2) $x_1 + 2 \cdot x_2 + 3 \cdot x_3 \leq 120$ wird in die 1. Normalform überführt, indem eine Schlupfvariable x_4, die die Nichtnegativitätsbedingung erfüllt, auf der linken Seite addiert wird

$$(*.2.1) \quad x_1 + 2 \cdot x_2 + 3 \cdot x_3 + x_4 = 120 .$$

Die Schlupfvariable x_4 wird ebenfalls Bestandteil der Zielfunktion, jedoch mit dem Koeffizienten null.

Liegt eine Nebenbedingung als Ungleichung[5]

$$a_{k1}x_1 \quad + \ldots \quad + a_{kn}x_n \quad \geq \quad b_k$$

vor, kann sie durch Multiplikation mit -1 in eine Ungleichung[6]

$$- a_{k1}x_1 \quad - \ldots \quad - a_{kn}x_n \quad \leq \quad - b_k$$

umgeformt werden.
Anschließend wird durch Einfügen einer Schlupfvariablen die erste Normalform erzeugt

$$-a_{k1}\,x_1 - \quad \ldots \quad -a_{kn}\,x_n + x_s = - b_k .$$

Die Nebenbedingung (*.3) $x_1 \geq 6$ wird in zwei Schritten in die 1. Normalform überführt, indem die Ungleichung zunächst mit -1 multipliziert wird

$$- x_1 \leq -6$$

und anschließend eine Schlupfvariable x_5, die die Nichtnegativitätsbedingung erfüllt, auf der linken Seite addiert wird

$$(*.3.1) \quad - x_1 + x_5 = -6 .$$

Die Schlupfvariable x_5 wird ebenfalls Bestandteil der Zielfunktion, jedoch mit dem Koeffizienten null.

Die Nebenbedingung (*.4) $x_1 \leq 30$ wird in die 1. Normalform überführt, indem eine Schlupfvariable x_6, die die Nichtnegativitätsbedingung erfüllt, auf der linken Seite addiert wird

$$(*.4.1\ ) \quad x_1 + x_6 = 30 .$$

Die Schlupfvariable x_6 wird ebenfalls Bestandteil der Zielfunktion, jedoch mit dem Koeffizienten null.

---

[4] Diese Ungleichung liegt in der 2. Normalform vor.

[5] Eine Ungleichung $a \geq b$ wird zunächst in die 2. Normalform $a \leq b$ überführt.

[6] Eine Ungleichung $a > b$ wird mit -1 multipliziert, indem beide Seiten mit -1 multipliziert werden und das Relationszeichen umgedreht wird. Aus $a > b$ folgt $-a < -b$.

Die Nebenbedingung (*.5) $x_2 \geq 6$ wird in zwei Schritten in die 1. Normalform überführt, indem die Ungleichung zunächst mit -1 multipliziert wird

$$-x_2 \leq -6$$

und anschließend eine Schlupfvariable x_7, die die Nichtnegativitätsbedingung erfüllt, auf der linken Seite addiert wird

$$(*.5.1) \quad -x_2 + x_7 = -6 .$$

Die Schlupfvariable x_7 wird ebenfalls Bestandteil der Zielfunktion, jedoch mit dem Koeffizienten null.

Die Nebenbedingung (*.6) $x_2 \leq 30$ wird in die 1. Normalform überführt, indem eine Schlupfvariable x_8, die die Nichtnegativitätsbedingung erfüllt, auf der linken Seite addiert wird

$$(*.6.1) \quad x_2 + x_8 = 30 .$$

Die Schlupfvariable x_8 wird ebenfalls Bestandteil der Zielfunktion, jedoch mit dem Koeffizienten null.

Die Nebenbedingung (*.7) $x_3 \geq 6$ wird in zwei Schritten in die 1. Normalform überführt, indem die Ungleichung zunächst mit -1 multipliziert wird

$$-x_3 \leq -6$$

und anschließend eine Schlupfvariable x_9, die die Nichtnegativitätsbedingung erfüllt, auf der linken Seite addiert wird

$$(*.7.1) \quad -x_3 + x_9 = -6 .$$

Die Schlupfvariable x_9 wird ebenfalls Bestandteil der Zielfunktion, jedoch mit dem Koeffizienten null.

Die Nebenbedingung (*.8) $x_3 \leq 30$ wird in die 1. Normalform überführt, indem eine Schlupfvariable x_{10}, die die Nichtnegativitätsbedingung erfüllt, auf der linken Seite addiert wird

$$(*.8.1) \quad x_3 + x_{10} = 30 .$$

Die Schlupfvariable x_{10} wird ebenfalls Bestandteil der Zielfunktion, jedoch mit dem Koeffizienten null.

Alle eingeführten Schlupfvariablen x_4, x_5, x_6, x_7, x_8, x_9 und x_{10} werden auch in die Zielfunktion aufgenommen.
Die Zielfunktion (*.1) $z = 1 \cdot x_1 + 3 \cdot x_2 + 4 \cdot x_3 - 100 \rightarrow \max$ lautet in der 1. Normalform

$$(*.1.1) \quad z = 1 \cdot x_1 + 3 \cdot x_2 + 4 \cdot x_3 + 0x_4 + 0x_5 + 0x_6 + 0x_7 + 0x_8 + 0x_9 + 0x_{10} - 100 \rightarrow \max .$$

Alle Variablen x_1, x_2, x_3, x_4, x_5, x_6, x_7, x_8, x_9 und x_{10} erfüllen die Nichtnegativitätsbedingung

$$(*.9.1) \quad x_1 \geq 0, x_2 \geq 0, x_3 \geq 0, x_4 \geq 0, x_5 \geq 0, x_6 \geq 0, x_7 \geq 0, x_8 \geq 0, x_9 \geq 0, x_{10} \geq 0 .$$

Die 1. Normalform eines linearen Optimierungsproblems ist ein möglicher Ausgangspunkt für eine Bestimmung der Lösung eines solchen Problems.

Die 1. Normalform dieses linearen Optimierungsproblems lautet

Zielfunktion $z = 1 \cdot x_1 + 3 \cdot x_2 + 4 \cdot x_3 + 0x_4 + 0x_5 + 0x_6 + 0x_7 + 0x_8 + 0x_9 + 0x_{10} - 100 \rightarrow \max$,

Nebenbedingungen

$$x_1 + 2 \cdot x_2 + 3 \cdot x_3 + x_4 = 120,$$
$$-x_1 + x_5 = -6,$$
$$x_1 + x_6 = 30,$$
$$-x_2 + x_7 = -6,$$
$$x_2 + x_8 = 30,$$
$$-x_3 + x_9 = -6,$$
$$x_3 + x_{10} = 30,$$

Nichtnegativitätsbedingung

$$x_1 \geq 0, x_2 \geq 0, x_3 \geq 0, x_4 \geq 0, x_5 \geq 0, x_6 \geq 0, x_7 \geq 0, x_8 \geq 0, x_9 \geq 0, x_{10} \geq 0.$$

Aufgabe 2.1

Gegeben ist das Optimierungsproblem $z = 2x_1 - 3x_2 \rightarrow max$

$$\begin{aligned} -x_1 + x_2 &\leq 9 \\ 6x_1 + 5x_2 &\leq 60 \quad \text{mit } x_1 \geq 0 \text{ und } x_2 = \text{beliebig.} \\ 2x_1 + 3x_2 &\geq 12 \end{aligned}$$

Man löse dieses lineare Optimierungsproblem grafisch.

Lösung

Eine grafische Darstellung des linearen Optimierungsproblems ist nur bei Problemen mit zwei Variablen möglich.
Bei drei Variablen ist eine Darstellung des Problems unter Berücksichtigung von Projektionen in eine Ebene noch möglich. Bei mehr als drei Variablen wäre eine Darstellung in einem höher dimensionalen Raum nötig.

Der Lösungsweg besteht aus mehreren Schritten.
Zunächst werden die einzelnen Nebenbedingungen in ein kartesisches Koordinatensystem eingetragen, um den zulässigen Lösungsbereich zu ermitteln.
Danach wird die Zielfunktion dargestellt und in das Maximum verschoben.

Als wesentliches mathematisches Objekt werden Geraden gezeichnet und diskutiert.
Es gibt verschiedene Möglichkeiten, die Lage einer Geraden zu bestimmen. Eine Gerade kann gezeichnet werden, wenn zwei Punkte oder ein Punkt und die Richtung bekannt sind.

Ist eine Nebenbedingung als Gleichung $ax_1 + bx_2 = c$ gegeben, erfüllen alle Punkte auf der Geraden diese Nebenbedingung.

Ist eine Nebenbedingung als Ungleichung $ax_1 + bx_2 \leq c$ gegeben, erfüllen alle Punkte, die auf einer Seite der Geraden liegen und die Punkte der Geraden selbst die Nebenbedingung.

Wo liegt der zulässige Bereich der Nebenbedingung (1) $-x_1 + x_2 \leq 9$? Welche Werte x_1 und x_2 erfüllen die erste Nebenbedingung?

Alle Punkte der Geraden $-x_1 + x_2 = 9$ erfüllen die Nebenbedingung. Wie verläuft diese Gerade?

Eine Gerade ist eindeutig bestimmt, wenn zwei Punkte der Geraden bekannt sind. Diese beiden Punkte sollten hinreichend weit von einander entfernt sein, um den Anstieg der Geraden möglichst genau zu erhalten.
Die Schnittpunkte mit den Koordinatenachsen sind oft gut geeignete Punkte, um die Lage einer Geraden zu bestimmen. Alle Punkte auf der x_1-Achse haben als zweite Koordinate den Wert $x_2 = 0$. Alle Punkte auf der x_2-Achse haben als zweite Koordinate den Wert $x_1 = 0$.

Durch Nullsetzen von x_1 entsteht die Gleichung $0 + x_2 = 9$ mit der Lösung $x_1 = 0$ und $x_2 = 9$.
Durch Nullsetzen von x_2 entsteht die Gleichung $-x_1 + 0 = 9$ mit der Lösung $x_1 = -9$ und $x_2 = 0$.

Es sind zwei Punkte der Geraden $-x_1 + x_2 = 9$ bekannt und somit kann diese Gerade gezeichnet werden.

Wie wird die zulässige Halbebene bestimmt, die die Ungleichung $-x_1 + x_2 \leq 9$ erfüllt?
Hierzu wird ein beliebiger Punkt, der nicht auf der Geraden selbst liegt, (z.B. den Koordinatenursprung $x_1 = 0$, $x_2 = 0$) in die Nebenbedingung eingesetzt.
Erfüllt der Punkt die Nebenbedingung, so gehören er und alle Punkte auf derselben Seite zum zulässigen Bereich dieser Nebenbedingung. Erfüllt der Punkt die Nebenbedingung nicht, so gehört er nicht zum zulässigen Bereich, und alle Punkte auf der anderen Seite der Geraden gehören zum zulässigen Bereich dieser Nebenbedingung.
Der Koordinatenursprung erfüllt die Nebenbedingung $0+0 \leq 9$. Daraus folgt, dass der Koordinatenursprung und alle Punkte, die „unterhalb" (besser: die auf derselben Seite) liegen, die erste Nebenbedingung erfüllen..

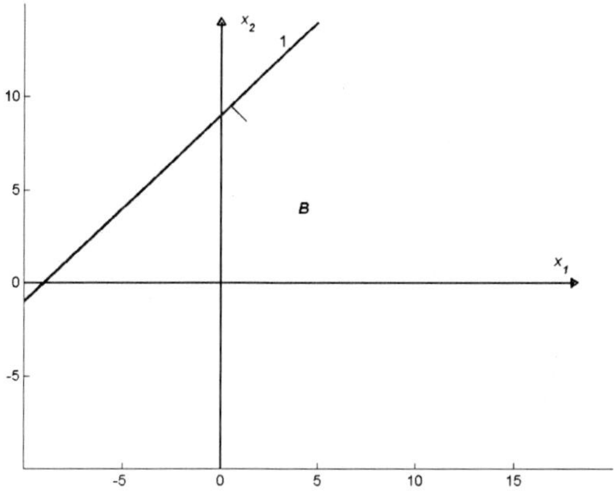

Bild 4.2.1a zulässige Halbebene laut 1. Nebenbedingung

Man beachte den kleinen Haken an der Geraden 1, der die zulässige Halbebene anzeigt.

Wo liegt der zulässige Bereich der Nebenbedingung (2) $6x_1 + 5x_2 \leq 60$?

Alle Punkte der Geraden $6x_1 + 5x_2 = 60$ erfüllen die Nebenbedingung. Wie verläuft diese Gerade?
Durch Nullsetzen von x_1 entsteht die Gleichung $0 + 5x_2 = 60$ mit der Lösung $x_1 = 0$ und $x_2 = 12$.
Durch Nullsetzen von x_2 entsteht die Gleichung $6x_1 + 0 = 60$ mit der Lösung $x_1 = 10$ und $x_2 = 0$.

Der Koordinatenursprung erfüllt die zweite Nebenbedingung $6 \cdot 0 + 5 \cdot 0 \leq 60$. Der Koordinatenursprung und alle Punkte, die auf derselben Seite der Geraden liegen, erfüllen diese Bedingung.

Der zulässige Bereich wird durch die zweite Bedingung weiter eingeschränkt. Nur Punkte, die beide Bedingungen erfüllen, können Lösung dieser Aufgabe sein.

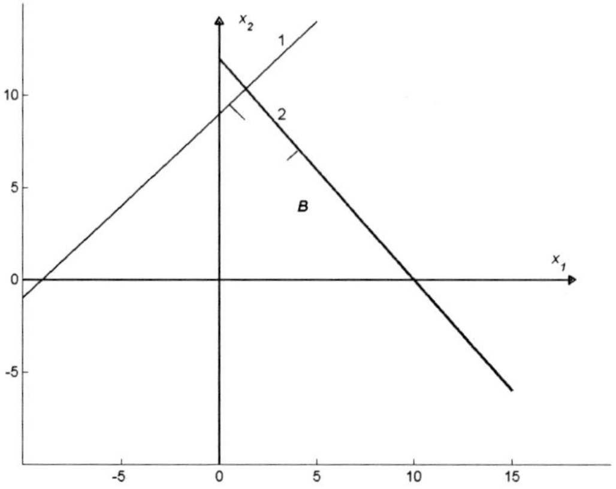

Bild 4.2.1b zulässiger Bereich laut der 1. und 2. Nebenbedingung

Wo liegt der zulässige Bereich der Nebenbedingung (3) $2x_1 + 3x_2 \geq 12$?
Alle Punkte der Geraden $2x_1 + 3x_2 = 12$ erfüllen die Nebenbedingung. Wie verläuft diese Gerade?

Durch Nullsetzen von x_1 entsteht die Gleichung $0 + 3x_2 = 12$ mit der Lösung $x_1 = 0$ und $x_2 = 4$.
Durch Nullsetzen von x_2 entsteht die Gleichung $2x_1 + 0 = 12$ mit der Lösung $x_1 = 6$ und $x_2 = 0$.
Der Koordinatenursprung erfüllt die dritte Nebenbedingung $2 \cdot 0 + 3 \cdot 0 \geq 12$ nicht. Der Koordinatenursprung und alle Punkte, die auf derselben Seite der Geraden liegen, erfüllen diese Bedingung nicht. Daraus folgt, dass alle Punkte auf der gegenüberliegenden Seite der Geraden und auf der Geraden selbst die dritte Nebenbedingung erfüllen.

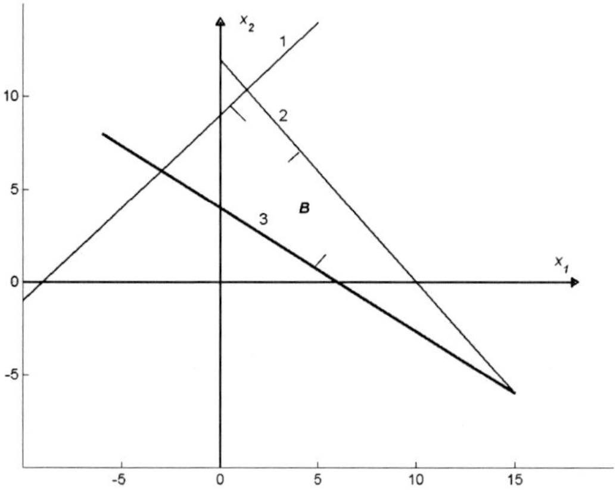

Bild 4.2.1c zulässiger Bereich der ersten drei Nebenbedingungen

Nur Punkte, die alle drei Bedingungen erfüllen, können Lösung sein. Der zulässige Bereich wird auf das Dreieck, das durch die drei Geraden eingeschlossen wird, deutlich verkleinert.

Die Lösung muss die drei Nebenbedingungen und die Nichtnegativitätsbedingung erfüllen.
Die Nichtnegativitätsbedingung $x_1 \geq 0$ verlangt, dass nur Punkte, deren x_1-Werte nicht negativ sind, Lösung sein können. Für den x_2-Wert sind in dieser Aufgabe keine Einschränkungen formuliert. Die Werte für x_2 können positiv oder negativ oder null sein.
Der zulässige Lösungsbereich wird durch die Nichtnegativitätsbedingung weiter verkleinert. Punkte auf der linken Seite der x_2-Achse gehören nicht zum zulässigen Bereich, da die x_1-Koordinate dort negativ ist. Die Punkte unterhalb der x_1-Achse gehören zum zulässigen Bereich, da für x_2 negative Werte zugelassen sind.

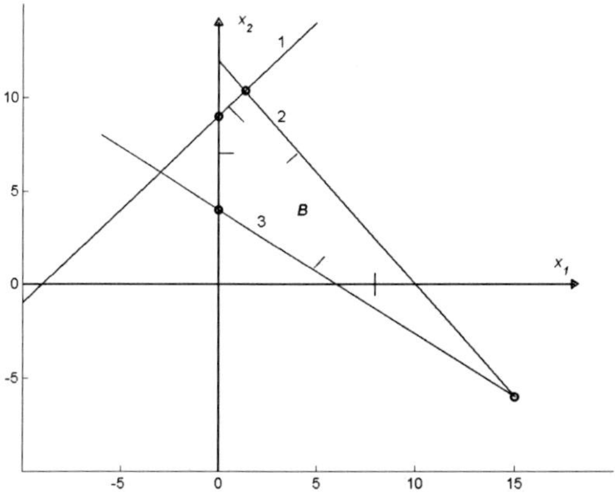

Bild 4.2.1d zulässiger Bereich der Nebenbedingungen und der Nichtnegativitäsbedingung

Die Eckpunkte des konvexen zulässigen Lösungsbereiches sind mit „o“ markiert.

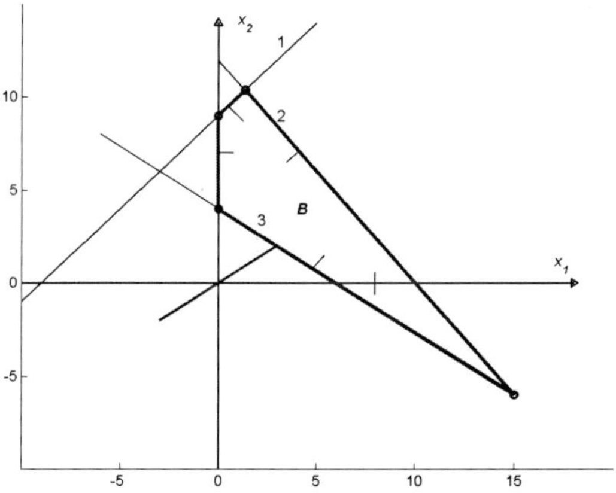

Bild 4.2.1e Zielfunktion und zulässiger Bereich im Koordinatensystem

Ein wesentlicher Teil der Aufgabe ist jetzt gelöst. Der zulässige Bereich B, in dem das Maximum zu suchen ist, ist bekannt. Wie wird das Maximum bestimmt?

Von der Zielfunktion $z = 2x_1 - 3x_2 \rightarrow \max$ ist der Wert z, den sie im Maximum annimmt, nicht bekannt. Von dieser Geraden kann jedoch die Richtung bestimmt werden, indem irgendein z_o angenommen wird.

Die Zielfunktion wird durch den Koordinatenursprung gelegt, wenn $z = 0$ gesetzt wird.
Aus $z = 0 = 2x_1 - 3x_2$ folgt durch Auflösen der Gleichung nach x_2 die Gleichung $x_2 = \frac{2}{3}x_1$. Diese Gerade hat den Anstieg $\frac{2}{3}$ und verläuft durch den Koordinatenursprung.
Die Zielfunktion

$$z = 2x_1 - 3x_2$$

hat im Koordinatenursprung mit $x_1 = 0$ und $x_2 = 0$ den Wert $z = 0$.
Der z-Wert vergrößert sich, wenn x_1 vergrößert wird. Der Wert von z vergrößert sich auch, wenn x_2 verkleinert wird.
Das Maximum der Zielfunktion besitzt einen großen x_1-Wert und einen kleinen x_2-Wert.
Die Gerade der Zielfunktion muss in die positive Richtung der x_1-Achse und die negative Richtung der x_2-Achse verschoben werden, um den Wert der Zielfunktion zu vergrößern.

Das Maximum wird durch Parallelverschiebung der Zielfunktion z_o (durch den Koordinatenursprung) in Richtung des vierten Quadranten bestimmt.

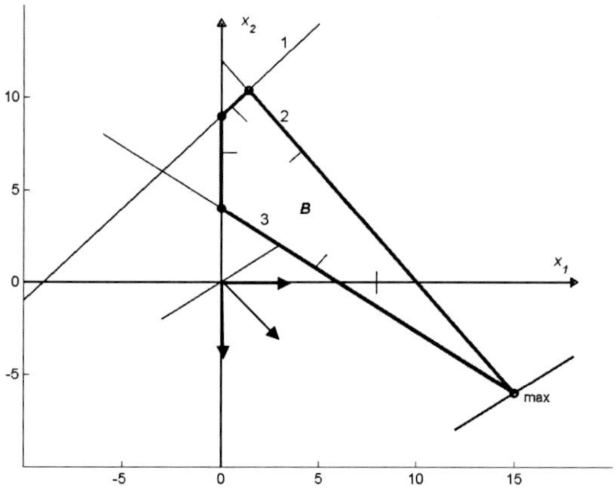

Bild 4.2.1f Zielfunktion im Maximum des zulässigen Bereiches

Die Zielfunktion muss den zulässigen Bereich im Maximum noch berühren, denn das Maximum muss ein Punkt aus dem zulässigen Bereich sein.
Die Koordinaten des Maximums werden aus der grafischen Darstellung (so genau wie möglich) abgelesen. Natürlich können das nur Näherungswerte sein.
Die Koordinaten des Maximalpunktes der Zielfunktion werden mit $x_1 = 15$ und $x_2 = -6$ bestimmt.
Der Maximalwert der Zielfunktion $z = 2x_1 - 3x_2$ wird mit den vorher abgelesenen Koordinaten berechnet. Für die Zielfunktion ergibt sich der Maximalwert $z = 2 \cdot 15 - 3 \cdot (-6) = 48$.

Das lineare Optimierungsproblem nimmt für $x_1 = 15$ und $x_2 = -6$ den maximalen Wert von $z_{max} = 48$ an.

Aufgabe 2.2

Gegeben ist das Optimierungsproblem $z = 12x_1 - 4x_2 \to \min$

$$\begin{aligned} -x_1 &+ x_2 &\le 8 \\ x_1 &+ 3x_2 &\ge 6 \\ x_1 &+ 2x_2 &\le 10 \\ -3x_1 &+ x_2 &\le 12 \end{aligned} \quad \text{mit } x_1 \text{ und } x_2 = \text{beliebig.}$$

Man löse dieses lineare Optimierungsproblem grafisch.

Lösung

Eine grafische Darstellung des linearen Optimierungsproblems ist nur bei Problemen mit zwei Variablen möglich.
Bei drei Variablen ist eine Darstellung des Problems unter Berücksichtigung von Projektionen in eine Ebene noch möglich. Bei mehr als drei Variablen wäre eine Darstellung in einem höher dimensionalen Raum nötig.

Der Lösungsweg besteht aus mehreren Schritten.
Zunächst werden die einzelnen Nebenbedingungen in ein kartesisches Koordinatensystem eingetragen, um den zulässigen Lösungsbereich zu ermitteln.
Danach wird die Zielfunktion dargestellt und in das Maximum verschoben.

Als wesentliches mathematisches Objekt werden Geraden gezeichnet und diskutiert.
Es gibt verschiedene Möglichkeiten, die Lage einer Geraden zu bestimmen. Eine Gerade kann gezeichnet werden, wenn zwei Punkte oder ein Punkt und die Richtung bekannt sind.

Ist eine Nebenbedingung als Gleichung $ax_1 + bx_2 = c$ gegeben, erfüllen alle Punkte auf der Geraden diese Nebenbedingung.

Ist eine Nebenbedingung als Ungleichung $ax_1 + bx_2 \le c$ gegeben, erfüllen alle Punkte, die auf einer Seite der Geraden liegen und die Punkte der Geraden selbst die Nebenbedingung.

Wo liegt der zulässige Bereich der Nebenbedingung (1) $-x_1 + x_2 \le 8$? Welche Werte x_1 und x_2 erfüllen die erste Nebenbedingung?

Alle Punkte der Geraden $-x_1 + x_2 = 8$ erfüllen die Nebenbedingung. Wie verläuft diese Gerade?

Eine Gerade ist eindeutig bestimmt, wenn zwei Punkte der Geraden bekannt sind. Diese beiden Punkte sollten hinreichend weit von einander entfernt sein, um den Anstieg der Geraden möglichst genau zu erhalten.
Die Schnittpunkte mit den Koordinatenachsen sind oft gut geeignete Punkte, um die Lage einer Geraden zu bestimmen. Alle Punkte auf der x_1-Achse haben als zweite Koordinate den Wert $x_2 = 0$. Alle Punkte auf der x_2-Achse haben als zweite Koordinate den Wert $x_1 = 0$.

Durch Nullsetzen von x_1 entsteht die Gleichung $0 + x_2 = 8$ mit der Lösung $x_1 = 0$ und $x_2 = 8$.
Durch Nullsetzen von x_2 entsteht die Gleichung $-x_1 + 0 = 8$ mit der Lösung $x_1 = -8$ und $x_2 = 0$.

Es sind zwei Punkte der Geraden $-x_1 + x_2 = 8$ bekannt und somit kann diese Gerade gezeichnet werden.
Wie wird die zulässige Halbebene bestimmt, die die Ungleichung $-x_1 + x_2 \leq 9$ erfüllt?
Hierzu wird ein beliebiger Punkt, der nicht auf der Geraden selbst liegt, (z.B. den Koordinatenursprung $x_1 = 0$, $x_2 = 0$) in die Nebenbedingung eingesetzt.
Erfüllt der Punkt die Nebenbedingung, so gehören er und alle Punkte auf derselben Seite zum zulässigen Bereich dieser Nebenbedingung. Erfüllt der Punkt die Nebenbedingung nicht, so gehört er nicht zum zulässigen Bereich, und alle Punkte auf der anderen Seite der Geraden gehören zum zulässigen Bereich dieser Nebenbedingung.
Der Koordinatenursprung erfüllt die Nebenbedingung $0+0 \leq 8$. Daraus folgt, dass der Koordinatenursprung und alle Punkte, die „unterhalb" (besser: die auf derselben Seite) liegen, die erste Nebenbedingung erfüllen..

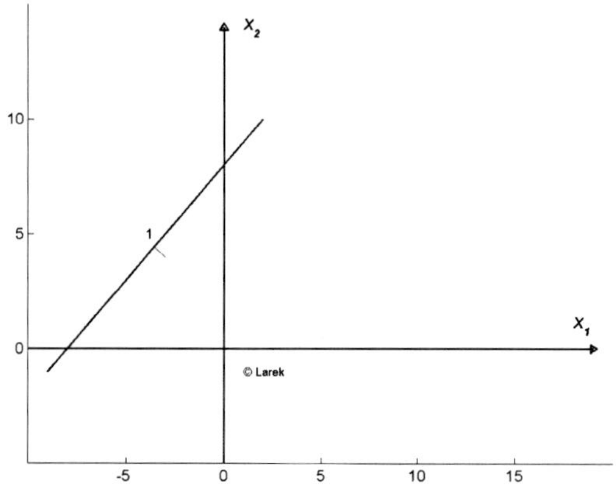

Bild 4.2.2a zulässige Halbebene laut 1. Nebenbedingung

Man beachte den kleinen Haken an der Geraden 1, der die zulässige Halbebene anzeigt.

Wo liegt der zulässige Bereich der Nebenbedingung (2) $x_1 + 3x_2 \geq 6$?
Alle Punkte der Geraden $x_1 + 3x_2 = 6$ erfüllen die Nebenbedingung. Wie verläuft diese Gerade?

Durch Nullsetzen von x_1 entsteht die Gleichung $0 + 3x_2 = 6$ mit der Lösung $x_1 = 0$ und $x_2 = 2$.
Durch Nullsetzen von x_2 entsteht die Gleichung $x_1 + 0 = 6$ mit der Lösung $x_1 = 6$ und $x_2 = 0$.

Der Koordinatenursprung erfüllt die zweite Nebenbedingung nicht $1 \cdot 0 + 3 \cdot 0 \geq 6$. Der Koordinatenursprung und keiner der Punkte, die auf derselben Seite der Geraden liegen, erfüllen diese Bedingung. Daraus folgt, dass alle Punkte auf der anderen Seite die Bedingung erfüllen.

Der zulässige Bereich B wird durch die zweite Bedingung weiter eingeschränkt. Nur Punkte, die beide Bedingungen erfüllen, können Lösung dieser Aufgabe sein.

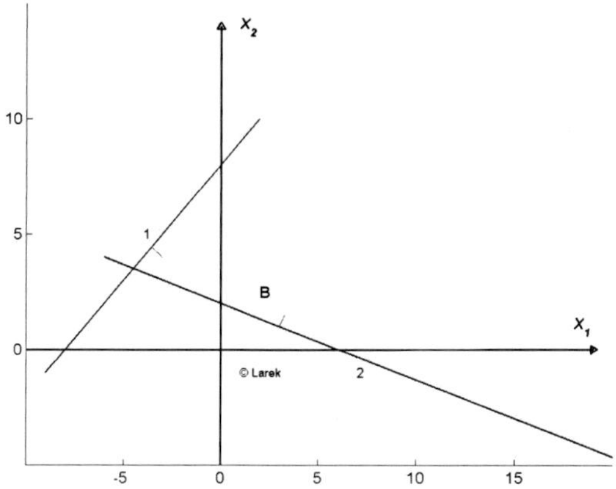

Bild 4.2.2b zulässiger Bereich laut 1. und 2. Nebenbedingung

Wo liegt der zulässige Bereich der Nebenbedingung (3) $x_1 + 2x_2 \leq 10$?
Alle Punkte der Geraden $x_1 + 2x_2 = 10$ erfüllen die Nebenbedingung. Wie verläuft diese Gerade?

Durch Nullsetzen von x_1 entsteht die Gleichung $0 + 2x_2 = 10$ mit der Lösung $x_1 = 0$ und $x_2 = 5$.
Durch Nullsetzen von x_2 entsteht die Gleichung $x_1 + 0 = 10$ mit der Lösung $x_1 = 10$ und $x_2 = 0$.
Der Koordinatenursprung erfüllt die dritte Nebenbedingung $0 + 2 \cdot 0 \leq 10$. Der Koordinatenursprung und alle Punkte, die auf derselben Seite der Geraden liegen, erfüllen diese Bedingung.

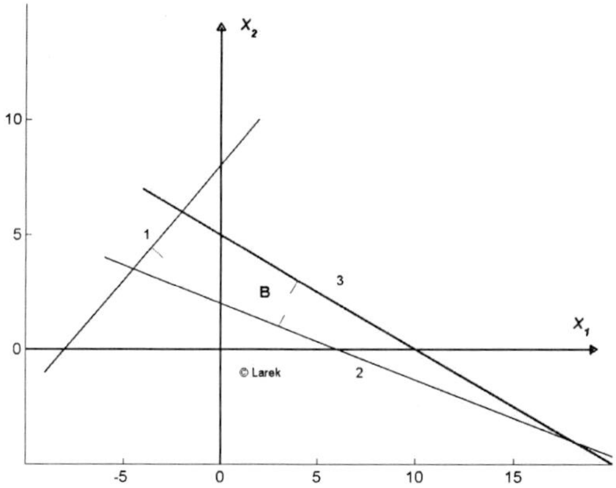

Bild 4.2.2c zulässiger Bereich der ersten drei Nebenbedingungen

Wo liegt der zulässige Bereich der Nebenbedingung (4) $-3x_1 + x_2 \leq 12$?
Alle Punkte der Geraden $-3x_1 + x_2 = 12$ erfüllen die Nebenbedingung. Wie verläuft diese Gerade?

Durch Nullsetzen von x_1 entsteht die Gleichung $0 + x_2 = 12$ mit der Lösung $x_1 = 0$ und $x_2 = 12$.
Durch Nullsetzen von x_2 entsteht die Gleichung $-3x_1 + 0 = 12$ mit der Lösung $x_1 = -4$ und $x_2 = 0$.
Der Koordinatenursprung erfüllt die dritte Nebenbedingung $-3 \cdot 0 + 0 \leq 12$. Der Koordinatenursprung und alle Punkte, die auf derselben Seite der Geraden liegen, erfüllen diese Bedingung.

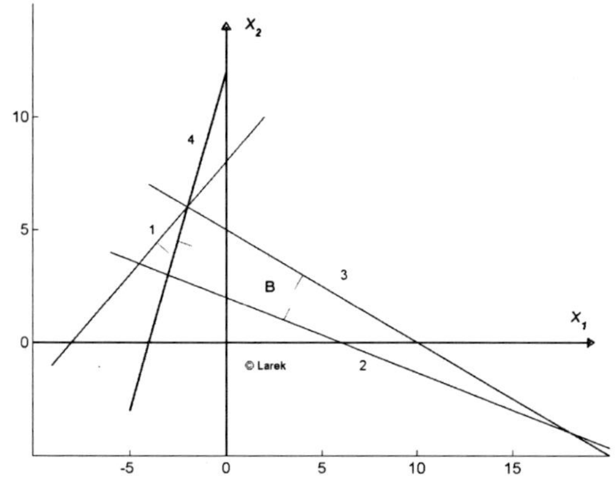

Bild 4.2.2d zulässiger Bereich der ersten vier Nebenbedingungen

Nur Punkte, die alle vier Bedingungen erfüllen, können Lösung sein. Der zulässige Bereich wird auf das Dreieck, das durch drei Geraden eingeschlossen wird, bestimmt. In dem Bild wird deutlich, dass die Nebenbedingung (1) keinen Einfluss auf den zulässigen Bereich hat. Diese Nebenbedingung ist überflüssig.

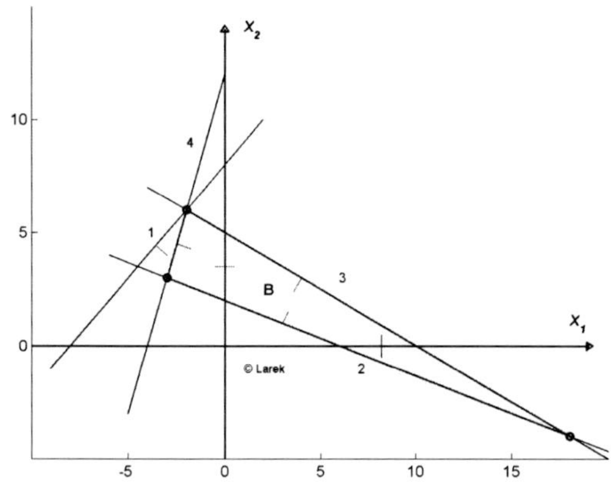

Bild 4.2.2e zulässiger Bereich

Die Lösung muss die vier Nebenbedingungen und die Nichtnegativitätsbedingung erfüllen.

Die Nichtnegativitätsbedingung verlangt, dass nur Punkte, deren x-Werte nicht negativ sind, Lösung sein können. Für den x_1- und x_2-Wert sind in dieser Aufgabe keine Einschränkungen formuliert. Die Werte für x_1 und x_2 können positiv oder negativ oder null sein.

Die Eckpunkte des konvexen zulässigen Lösungsbereiches B sind mit „o“ markiert.
Ein wesentlicher Teil der Aufgabe ist jetzt gelöst. Der Bereich B, in dem das Minimum zu suchen ist, ist bekannt. Wie wird das Minimum bestimmt?

Von der Zielfunktion $z = 12x_1 - 4x_2 \rightarrow \min$ ist der Wert z, den sie im Minimum annimmt, nicht bekannt. Von dieser Geraden kann jedoch die Richtung bestimmt werden, indem irgendein z_o angenommen wird.
Die Zielfunktion wird durch den Koordinatenursprung gelegt, wenn $z = 0$ gesetzt wird.
Aus $z = 0 = 12x_1 - 4x_2$ folgt durch Auflösen der Gleichung nach x_2 die Gleichung $x_2 = 3x_1$.
Diese Gerade hat den Anstieg 3 und verläuft durch den Koordinatenursprung.

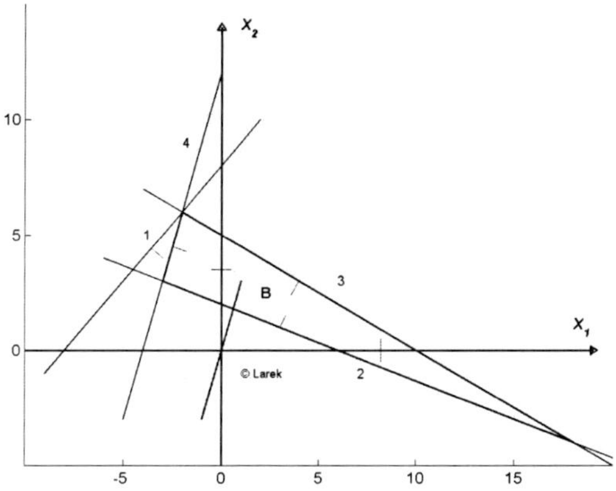

Bild 4.2.2f zulässiger Bereich und Zielfunktion

Die Zielfunktion $z = 12x_1 - 4x_2$ hat im Koordinatenursprung mit $x_1 = 0$ und $x_2 = 0$ den Wert $z = 0$.
Der z-Wert verkleinert sich, wenn x_1 verkleinert wird. Der Wert von z verkleinert sich auch, wenn x_2 vergrößert wird.
Das Minimum der Zielfunktion besitzt einen kleinen x_1-Wert und einen großen x_2-Wert.
Die Gerade der Zielfunktion muss in die negative Richtung der x_1-Achse und die positive Richtung der x_2-Achse verschoben werden, um den Wert der Zielfunktion zu verkleinern.

Das Minimum wird durch Parallelverschiebung der Zielfunktion z_o (durch den Koordinatenursprung) in Richtung des zweiten Quadranten bestimmt.
Die Zielfunktion muss den zulässigen Bereich im Minimum noch berühren, denn das Minimum muss ein Punkt aus dem zulässigen Bereich sein.

Die Koordinaten des Minimums werden aus der grafischen Darstellung (so genau wie möglich) abgelesen. Natürlich können das nur Näherungswerte sein.

Die Zielfunktion verläuft parallel zur vierten Nebenbedingung. Somit gibt es zwei Eckpunkte des zulässigen Bereiches, die für die Zielfunktion ein Minimum ergeben. Die beiden Eckpunkte

(−3; 3) und (−2; 6) sowie alle Punkte auf der Strecke zwischen den beiden Punkten sind Lösungen der Aufgabe.

Alle Koordinaten der Minimalpunkte der Zielfunktion werden mit der konvexen Linearkombination dieser beiden Punkte $x_{\text{min}} = \begin{pmatrix} -3 \\ 3 \end{pmatrix} \cdot t_1 + \begin{pmatrix} -2 \\ 6 \end{pmatrix} \cdot t_2$, $t_{1,2} > 0$ und $t_1 + t_2 = 1$ beschrieben.

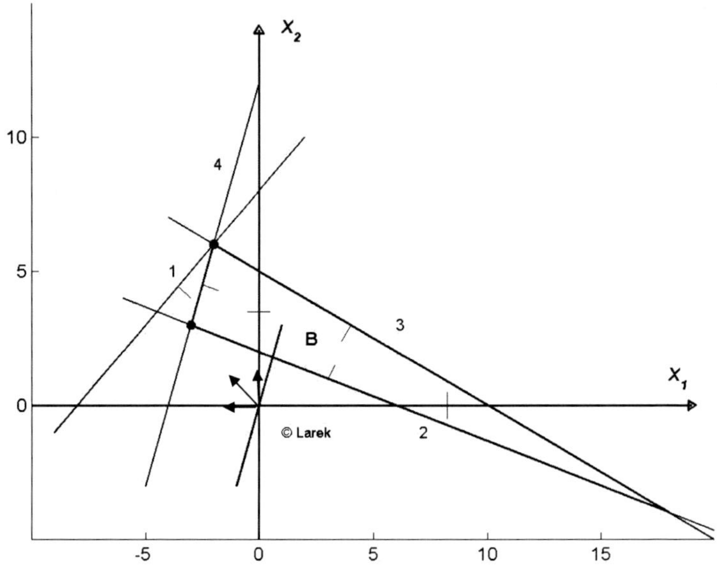

Bild 4.2.2g Zielfunktion im Minimum des zulässigen Bereiches

Der Minimalwert der Zielfunktion $z = 12x_1 - 4x_2$ wird mit den vorher abgelesenen Koordinaten berechnet. Für die Zielfunktion ergibt sich der Minimalwert $z = 12 \cdot (-3) - 4 \cdot (3) = -48$.
Die Zielfunktion hat für jeden Punkt in dem optimalen Intervall den Minimalwert $z_{\text{min}} = -48$.

Aufgabe 3.1
Die Zusammenstellung aller Aussagen ergibt das mathematische Modell für ein lineares Optimierungsproblem mit einer Zielfunktion, fünf Nebenbedingungen und gültigen Nichtnegativitätsbedingungen für die drei vorkommenden Variablen x_1, x_2 und x_3.

Zielfunktion	$z = 2 \cdot x_1 + 3 \cdot x_2 + 4 \cdot x_3 \to \max$
Nebenbedingungen	$x_1 + x_2 + x_3 \leq 400$
	$100 \cdot x_1 + 200 \cdot x_2 + 400 \cdot x_3 \leq 80.000$
	$0{,}5 \cdot x_1 + 1 \cdot x_2 + 0{,}2 \cdot x_3 \leq 300$
	$x_2 \leq 100$
	$4x_1 - 3x_2 - 3x_3 \geq 0$
Nichtnegativitätsbedingung	$x_1 \geq 0, x_2 \geq 0, x_3 \geq 0$

Wie lautet die 1. Normalform dieses linearen Optimierungsproblems?
Lösen Sie diese Aufgabe mit dem Simplexalgorithmus.

Lösung

In einem linearen Optimierungsproblem in der ersten Normalform wird die Zielfunktion

$$z = c_0 + c_1x_1 + c_2x_2 + \ldots + c_nx_n \to \max$$

ein Maximum, deren Unbekannte $x_1, x_2, \ldots, x_n$ den Nebenbedingungen

$$\begin{array}{ccccccc} a_{11}x_1 & +a_{12}x_2 & \cdots & +a_{1n}x_n & = & b_1 \\ a_{21}x_1 & +a_{22}x_2 & & & = & b_2 \\ \vdots & & \ddots & & \vdots & \vdots \\ a_{m1}x_1 & \cdots & & +a_{mn}x_n & = & b_m \end{array}$$

und der Nichtnegativitätsbedingung $x_k \geq 0$ für $k = 1, 2, \ldots, n$ genügen.

Jedes lineare Optimierungsproblem kann in die erste Normalform umgeformt werden.

Liegt eine Nebenbedingung als Ungleichung[7]

$$a_{k1}x_1 \quad + \ldots \quad + a_{kn}x_n \quad \leq \quad b_k$$

vor, kann sie durch Einfügen einer Schlupfvariablen $x_s \geq 0$ in eine Gleichung

$$a_{k1}x_1 \quad + \ldots \quad + a_{kn}x_n \quad + x_s \quad = \quad b_k$$

umgeformt werden.

Die Nebenbedingung (*.2) $x_1 + x_2 + x_3 \leq 400$ wird in die 1. Normalform überführt, indem eine Schlupfvariable x_4, die die Nichtnegativitätsbedingung erfüllt, auf der linken Seite addiert wird

$$(*.2.1) \quad x_1 + x_2 + x_3 + x_4 = 400\,.$$

Die Schlupfvariable x_4 wird ebenfalls Bestandteil der Zielfunktion, jedoch mit dem Koeffizienten null.

[7] Diese Ungleichung liegt in der 2. Normalform vor.

Die Nebenbedingung (*.3) $100 \cdot x_1 + 200 \cdot x_2 + 400 \cdot x_3 \leq 80.000$ wird in die 1. Normalform überführt, indem eine Schlupfvariable x_5, die die Nichtnegativitätsbedingung erfüllt, auf der linken Seite addiert wird

$$(*.3.1) \quad 100 \cdot x_1 + 200 \cdot x_2 + 400 \cdot x_3 + x_5 = 80.000 .$$

Die Schlupfvariable x_5 wird ebenfalls Bestandteil der Zielfunktion, jedoch mit dem Koeffizienten null.

Die Nebenbedingung (*.4) $0{,}5 \cdot x_1 + 1 \cdot x_2 + 0{,}2 \cdot x_3 \leq 300$ wird in die 1. Normalform überführt, indem eine Schlupfvariable x_6, die die Nichtnegativitätsbedingung erfüllt, auf der linken Seite addiert wird

$$(*.4.1) \quad 0{,}5 \cdot x_1 + 1 \cdot x_2 + 0{,}2 \cdot x_3 + x_6 = 300 .$$

Die Schlupfvariable x_6 wird ebenfalls Bestandteil der Zielfunktion, jedoch mit dem Koeffizienten null.

Die Nebenbedingung (*.5) $x_2 \leq 100$ wird in die 1. Normalform überführt, indem eine Schlupfvariable x_7, die die Nichtnegativitätsbedingung erfüllt, auf der linken Seite addiert wird

$$(*.5.1) \quad x_2 + x_7 = 100 .$$

Die Schlupfvariable x_7 wird ebenfalls Bestandteil der Zielfunktion, jedoch mit dem Koeffizienten null.

Liegt eine Nebenbedingung als Ungleichung

$$a_{k1}x_1 \quad + \ldots \quad + a_{kn}x_n \quad \geq \quad b_k$$

vor, kann sie durch Multiplikation mit -1 in eine Ungleichung[8]

$$- a_{k1}x_1 \quad - \ldots \quad - a_{kn}x_n \quad \leq \quad - b_k$$

umgeformt werden.
Anschließend wird durch Einfügen einer Schlupfvariablen die erste Normalform erzeugt

$$-a_{k1}\, x_1 - \quad \ldots \quad -a_{kn}\, x_n + x_s = - \, b_k \, .$$

Die Nebenbedingung (*.6) $4x_1 - 3x_2 - 3x_3 \geq 0$ wird in zwei Schritten in die 1. Normalform überführt, indem die Ungleichung zunächst mit -1 multipliziert wird

$$- 4x_1 + 3x_2 + 3x_3 \leq 0$$ [9]

und anschließend eine Schlupfvariable x_8, die die Nichtnegativitätsbedingung erfüllt, auf der linken Seite addiert wird

$$(*.6.1) \quad - 4x_1 + 3x_2 + 3x_3 + x_8 = 0 .$$

Die Schlupfvariable x_8 wird ebenfalls Bestandteil der Zielfunktion, jedoch mit dem Koeffizienten null.

Alle eingeführten Schlupfvariablen x_4, x_5, x_6, x_7 und x_8 werden auch in die Zielfunktion aufgenommen. Die Zielfunktion (*.1) $z = 2 \cdot x_1 + 3 \cdot x_2 + 4 \cdot x_3 \rightarrow \max$ lautet in der 1. Normalform

$$(*.1.1) \quad z = 2 \cdot x_1 + 3 \cdot x_2 + 4 \cdot x_3 + 0x_4 + 0x_5 + 0x_6 + 0x_7 + 0x_8 \rightarrow \max .$$

---

[8] Eine Ungleichung $a \geq b$ wird zunächst in die 2. Normalform $a \leq b$ überführt.

[9] Eine Ungleichung $a > b$ wird mit -1 multipliziert, indem beide Seiten mit -1 multipliziert werden und das Relationszeichen umgedreht wird. Aus $a > b$ folgt $- a < -b$.

Alle Variablen $x_1, x_2, x_3, x_4, x_5, x_6, x_7$ und x_8 erfüllen die Nichtnegativitätsbedingung

$$(*.7.1) \quad x_1 \geq 0, x_2 \geq 0, x_3 \geq 0, x_4 \geq 0, x_5 \geq 0, x_6 \geq 0, x_7 \geq 0, x_8 \geq 0.$$

Die 1. Normalform eines linearen Optimierungsproblems ist ein möglicher Ausgangspunkt für eine Bestimmung der Lösung eines solchen Problems.

Die 1. Normalform dieses linearen Optimierungsproblems lautet

Zielfunktion $\quad z = 2 \cdot x_1 + 3 \cdot x_2 + 4 \cdot x_3 + 0x_4 + 0x_5 + 0x_6 + 0x_7 + 0x_8 \to \max$,

Nebenbedingungen

$$x_1 + x_2 + x_3 + x_4 = 400,$$
$$100 \cdot x_1 + 200 \cdot x_2 + 400 \cdot x_3 + x_5 = 80.000,$$
$$0{,}5 \cdot x_1 + 1 \cdot x_2 + 0{,}2 \cdot x_3 + x_6 = 300,$$
$$x_2 + x_7 = 100,$$
$$-4x_1 + 3x_2 + 3x_3 + x_8 = 0,$$

Nichtnegativitätsbedingung $\quad x_1 \geq 0, x_2 \geq 0, x_3 \geq 0, x_4 \geq 0, x_5 \geq 0, x_6 \geq 0, x_7 \geq 0, x_8 \geq 0$.

Das lineare Optimierungsproblem in der 1. Normalform besitzt fünf Nebenbedingungen und acht Variablen. Eine rechnerische Lösung soll mit dem Simplexalgorithmus bestimmt werden.

Die Simplexmethode kann benutzt werden, wenn
- das lineare Optimierungsproblem in der ersten Normalform vorliegt und
- eine zulässige Basislösung aus der Basisdarstellung bekannt ist.

Die erzeugte 1. Normalform besitzt ebenfalls die kanonische Form, aus der sehr leicht eine Basislösung ermittelt werden kann.

In dem hier verwendeten verkürzten Schema wird die Einheitsmatrix weggelassen, da sie aus der Kenntnis der Basisvariablen in jeder Zeile rekonstruiert werden kann.

Das verkürzte Schema des Simplexalgorithmus entsteht aus dem vollständigen Schema durch Weglassen der Einheitsmatrix und durch zusätzliches Einfügen (Notieren) der Zielfunktion parallel zur Liste der Namen der benutzten Variablen. Die Elemente der Koeffizientenmatrix sind mit a_{ik} und die Koeffizienten der rechten Seite mit b_i bezeichnet.

	NBV	x_1	x_2	...	x_k	$\boldsymbol{b}$	
BV	-1	c_1	c_2	...	c_k	0	$\boldsymbol{q}$
x_{k+1}	0	a_{11}	a_{12}	...	a_{1k}	b_1	q_1
x_{k+2}	0	a_{21}	a_{22}		a_{2k}	b_2	q_2
$\vdots$	$\vdots$	$\vdots$			$\vdots$	$\vdots$	$\vdots$
x_s	0						
x_n^*	$-M$	a_{m1}	...		a_{mk}	b_m	q_m
	g	g_1	g_2	...	g_k	c	
	g*	g_1^*	g_2^*	...	g_k^*	c^*	
	p	p_1	p_2	...	p_k		

Die **g**- Zeile entsteht aus dem Skalarprodukt der zweiten Spalte mit den entsprechenden Spalten der Koeffizientenmatrix $\boldsymbol{A}$ und der rechten Seite $\boldsymbol{b}$. Der Anteil der $\boldsymbol{x}^*$-Variablen wird in eine eigene Zeile $\mathbf{g}^*$ geschrieben, die verschwindet, wenn keine künstlichen Variablen unter den Basisvariablen mehr sind.

Zunächst werden die Zielfunktion und alle Nebenbedingungen in das verkürzte Rechenschema eingetragen. Die Spalten x_4 bis x_8, die zwischen x_3 und $\boldsymbol{b}$ stehen müssten, werden in diesem Schema nicht aufgeschrieben.
Die Spalte x_6 z.B. besteht nur aus Nullen und hat in der Zeile x_6 eine Eins.

Der Wert für g_1 ergibt sich aus $g_1 = -1 \cdot 2 + 0 \cdot 1 + 0 \cdot 100 + 0 \cdot \frac{1}{2} + 0 \cdot 0 + 0 \cdot (-4) = -2$. Der Wert für g_2 wird analog durch das Skalarprodukt $g_2 = -1 \cdot 3 + 0 \cdot 1 + 0 \cdot 200 + 0 \cdot 1 + 0 \cdot 1 + 0 \cdot 3 = -3$ und $g_3 = -1 \cdot 4 + 0 \cdot 1 + 0 \cdot 400 + 0 \cdot \frac{1}{5} + 0 \cdot 0 + 0 \cdot 3 = -4$. In dem Schema wird auch laufend der aktuelle Wert der Zielfunktion c berechnet
$c = -1 \cdot 0 + 0 \cdot 400 + 0 \cdot 80.000 + 0 \cdot 300 + 0 \cdot 100 + 0 \cdot = 0$.

Eine Variable x^* gibt es in dieser Aufgabe nicht, somit existiert auch keine g^*-Zeile.

1	**NBV**	x_1	x_2	x_3	$\boldsymbol{b}$	
BV	−1	2	3	4	0	$\boldsymbol{q}$
x_4	0	1	1	1	400	
x_5	0	100	200	400	80.000	
x_6	0	$\frac{1}{2}$	1	$\frac{1}{5}$	300	
x_7	0	0	1	0	100	
x_8	0	−4	3	3	0	
	g	−2	−3	−4	0	

Jede zulässige Lösung $\boldsymbol{x}$ eines linearen Optimierungsproblems erfüllt die Nebenbedingungen und die Nichtnegativitätsbedingung.
Dieses 1. Schema zeigt eine zulässige Basislösung in der die Nichtbasisvariablen (NBV) x_1, x_2 und x_3 null sind und die Basisvariablen (BV) $x_4 = 400$, $x_5 = 80.000$, $x_6 = 300$, $x_7 = 100$ und $x_8 = 0$ alle größer oder gleich null sind.
Die Lösungen für die Basisvariablen werden aus der Spalte $\boldsymbol{b}$ entnommen.

Hat die Zielfunktion in der Basisdarstellung die Form

$$g_0 + g_1 x_1 + g_2 x_2 + \ldots + g_n x_n = c$$

mit $g_j \geq 0$ für $j = 0, 1, \ldots, n$, so ist jede zulässige Basislösung $\mathbf{x}$ der zugehörigen Basisdarstellung des linearen Optimierungsproblems auch maximale Lösung.

Der Wert für g_0 ist in dieser Aufgabe gleich null $g_0 = 0$. Eine maximale Lösung liegt in dem 1. Schema nicht vor, da $g_1 = -2$, $g_2 = -3$ und $g_3 = -4$ sind.

Unter Benutzung der Quotienten $q_i = \dfrac{b_i}{a_{is}}$ kann erreicht werden, dass man von einer zulässigen Basislösung ausgehend eine weitere zulässige Basislösung findet. Ist also eine zulässige Basislösung bekannt, werden in der Folge nur zulässige Basislösungen ermittelt, wenn man die Zeile mit dem kleinsten q_i zur Hauptzeile macht.

Der Wert der Zielfunktion vergrößert sich in jedem Simplexschritt, wenn das lineare Optimierungsproblem nicht ausgeartet ist.
Eine zulässige Basislösung wird ausgeartet genannt, wenn wenigstens eine Basisvariable null ist. Die Basisvariable x_8 ist null $x_8 = 0$.

Mit der Simplexmethode wird eine andere Basisdarstellung des Problems bestimmt, die eine „günstigere" Form hat oder die die Unlösbarkeit zeigt. Diese andere Basisdarstellung wird ausgehend von einem Hauptelement (Kreuzelement, Pivotelement) mit der Basistransformation bestimmt.

Das Hauptelement befindet sich in der Hauptzeile und in der Hauptspalte.

Zur Bestimmung der Hauptspalte wird die g-Zeile benutzt. Von allen $g_j \le 0$ wird das Minimum bestimmt. Die Spalte, in der das Minimum steht, wird die Hauptspalte.

Im 1. Schema ist die Spalte x_3 (da g_3 das Minimum ist) als Hauptspalte zu nehmen.
Man berechne die Quotienten $q_i = \frac{b_i}{a_{is}}$ für die positiven Koeffizienten der Hauptspalte und die nicht negativen Koeffizienten der b-Spalte.
Für den Quotienten q_1 ergibt sich $q_1 = \frac{400}{1} = 400$, für $q_2 = \frac{80.000}{400} = 200$,
$q_3 = \frac{300}{1/5} = \frac{300 \cdot 5}{1} = 1.500$, für $q_4 = \frac{100}{0} = \%$ [10] und $q_5 = \frac{0}{3} = 0$.

1	NBV	x_1	x_2	x_3	**b**	
BV	−1	2	3	4	0	**q**
x_4	0	1	1	1	400	400
x_5	0	100	200	400	80.000	200
x_6	0	$1/2$	1	$1/5$	300	1.500
x_7	0	0	1	0	100	%
x_8	0	−4	3	3	0	0
	g	−2	−3	−4	0	
				min		

Das Minimum der q-Spalte wird als Hauptzeile genommen.

1	NBV	x_1	x_2	x_3	**b**	
BV	−1	2	3	4	0	**q**
x_4	0	1	1	1	400	400
x_5	0	100	200	400	80.000	200
x_6	0	$1/2$	1	$1/5$	300	1.500
x_7	0	0	1	0	100	%
x_8	0	−4	3	3	0	0
	g	−2	−3	−4	0	

Das Element a_{53} wird als Hauptelement bestimmt. Mit diesem Hauptelement wird eine Basistransformation in diesem verkürzten Schema ausgeführt. Alle Rechnungen werden in dem alten (1.) Schema vorgenommen und das Resultat wird in das neue (2.) Schema eingetragen.

[10] Das Zeichen % steht für „dieser Quotient wird nicht bestimmt".

Die Bezeichnungen aus dem 1. Schema werden weitgehend auf das 2. Schema übertragen. Die Variable x_8 aus der fünften Zeile der Koeffizientenmatrix wird mit der Variablen x_3 aus der dritten Spalte getauscht. Gleichzeitig werden auch die zugehörigen Koeffizienten der Zielfunktion 0 und 4 ausgetauscht.

Die Basistransformation beginnt mit der Umrechnung des Hauptelementes. Von dem Hauptelement a_{53} wird der Kehrwert gebildet $a'_{53} = \frac{1}{3}$ und das Ergebnis wird in das neue (2.) Schema eingetragen.

Dann werden alle Elemente der Hauptspalte (Spalte x_3) neu berechnet, indem der vorhandene Wert durch das negative (alte) Hauptelement dividiert wird. Für a_{13} ergibt sich $a'_{13} = -\,{}^{1}\!/_{3}$, für $a'_{23} = {}^{400}\!/_{-3}$, für $a'_{33} = {}^{1}\!/_{5} \div (-3) = -\frac{1}{5 \cdot 3} = -\,{}^{1}\!/_{15}$, für $a'_{43} = {}^{0}\!/_{-3} = 0$ und für $g'_3 = {}^{-4}\!/_{-3} = {}^{4}\!/_{3}$.

Alle Elemente der Hauptzeile (Zeile x_8) werden neu berechnet, indem der vorhandene Wert durch das (alte) Hauptelement dividiert wird. Für a_{51} ergibt sich $a'_{51} = -\,{}^{4}\!/_{3}$, für $a'_{52} = {}^{3}\!/_{3} = 1$ und für $b'_5 = {}^{0}\!/_{3} = 0$.

Alle übrigen Elemente werden nach der bereits bekannten Regel

$$a_{ij}{}' = a_{ij} - \frac{a_{is} \cdot a_{rj}}{a_{rs}} = \frac{a_{ij} \cdot a_{rs} - a_{is} \cdot a_{rj}}{a_{rs}}$$

ermittelt.

Die neuen Elemente $a'_{11} = 1 - \frac{-4 \cdot 1}{3} = {}^{7}\!/_{3}$, $a'_{12} = 1 - \frac{3 \cdot 1}{3} = 0$ und $b'_1 = 400 - \frac{1 \cdot 0}{3} = 400$ bilden die restlichen Elemente der Zeile x_4 in dem 2. Schema. Die zweite Zeile berechnet sich zu $a'_{21} = 100 - \frac{-4 \cdot 400}{3} = \frac{1900}{3}$, $a'_{22} = 200 - \frac{3 \cdot 400}{3} = -200$ und $b'_2 = 80.000 - \frac{0 \cdot 400}{3} = 80.000$. Die dritte Zeile ($x_6$) berechnet sich nach $a'_{31} = \frac{1}{2} - \frac{-4}{3} \cdot \frac{1}{5} = \frac{15}{30} + \frac{8}{30} = \frac{23}{30}$, $a'_{32} = 1 - \frac{3}{3} \cdot \frac{1}{5} = \frac{15}{15} - \frac{3}{15} = \frac{4}{5}$ und $b'_3 = 300 - \frac{0}{3} \cdot \frac{1}{5} = 300$.

In der Hauptzeile steht an der Stelle b_5 eine Null. Als Konsequenz daraus zeigt sich, dass die *b*-Spalte unverändert bleibt. Das kann analog auf eine Null in der Hauptspalte übertragen werden. Gibt es eine Null in der Hauptspalte bleiben bei der Neuberechnung der Tabelle die Elemente der entsprechenden Zeile unverändert.

Die Elemente der vierten (x_7) Zeile können unverändert in das nächste (2.) Schema übernommen werden.

Die neuen Elemente der g-Zeile werden nach der gleichen Formel berechnet. Es ergibt sich für $g'_1 = -2 - \frac{-4 \cdot (-4)}{3} = -\frac{22}{3}$, $g'_2 = -3 - \frac{-4 \cdot 3}{3} = 1$ und $c' = 0 - \frac{-4 \cdot 0}{3} = 0$.

2	NBV	x_1	x_2	x_8	b	
BV	−1	2	3	0	0	q
x_4	0	$7/3$	0	$-1/3$	400	
x_5	0	$1900/3$	−200	$-400/3$	80.000	
x_6	0	$23/30$	$4/5$	$-1/15$	300	
x_7	0	0	1	0	100	
x_3	4	$-4/3$	1	$1/3$	0	
	g	$-22/3$	1	$4/3$	0	

Die Lösungen für die Basisvariablen stehen in der b-Spalte und die Lösungen für die Nichtbasisvariablen werden mit 0 angenommen.
Das zweite Schema beinhaltet eine weitere Basisdarstellung der Nebenbedingungen mit derselben Basislösung, in der die Nichtbasisvariablen (NBV) x_1, x_2 und x_8 null sind und die Basisvariablen (BV) $x_4 = 400$, $x_5 = 80.000$, $x_6 = 300$, $x_7 = 100$ und $x_3 = 0$ alle größer oder gleich null sind. Ebenso hat sich der Wert der Zielfunktion nicht verändert, er bleibt $c = 0$.

Dieselbe Basislösung ergibt sich häufig als typische Konsequenz bei entarteten Tabellen. Es wird eine Basisvariable mit dem Wert null gegen eine Nichtbasisvariable, die auch den Wert null hat, getauscht, wobei nach dem Tausch beide Variablen den Wert null behalten.
Folgt man dem Simplexalgorithmus, wird nach der Basistransformation geprüft, ob ein Maximum vorliegt. Ist das nicht der Fall, wird ein neues Hauptelement bestimmt und die Basistransformation wiederholt.
Im 2. Schema liegt kein Maximum vor, da der Wert g_1 negativ mit $g_1 = -\frac{22}{3}$ ist. Der Simplexalgorithmus arbeitet iterativ. Es wird durch wiederholte Basistransformationen versucht, das Maximum zu finden.

Das Minimum der g-Zeile ist kleiner als null $g_1 = -22/3$. Somit wird die Spalte x_1 als Hauptspalte für die nächste Transformation festgelegt. Mit dieser Hauptspalte wird die q-Spalte berechnet $q_1 = \frac{400 \cdot 3}{7} = \frac{1200}{7}$, $q_2 = \frac{80.000 \cdot 3}{1.900} = \frac{2.400}{19}$, $q_3 = \frac{300 \cdot 30}{23} = \frac{9.000}{23}$, $q_4 = \frac{100}{0} = \%$ und $q_5 = 0 \cdot (-\frac{3}{4}) = \%$.

Das Minimum der q-Spalte liefert q_3, so dass folglich die x_5-Zeile als Hauptzeile zu benutzen ist. Das Hauptelement ist bekannt, somit kann die Basistransformation durchgeführt werden.

2	NBV	x_1	x_2	x_8	b	
BV	−1	2	3	0	0	q
x_4	0	$7/3$	0	$-1/3$	400	$\frac{1200}{7}$
x_5	0	$1900/3$	−200	$-400/3$	80.000	$\frac{2.400}{19}$
x_6	0	$23/30$	$4/5$	$-1/15$	300	$\frac{9.000}{23}$
x_7	0	0	1	0	100	%
x_3	4	$-4/3$	1	$1/3$	0	%
	g	$-22/3$	1	$4/3$	0	

Von dem Hauptelement a_{21} wird der Kehrwert gebildet und das Ergebnis wird in das neue (3.) Schema eingetragen. Dann werden alle Elemente der Hauptspalte (Spalte x_1) neu berechnet, indem der vorhandene Wert durch das negative (alte) Hauptelement dividiert wird.

Alle Elemente der Hauptzeile (Zeile x_5) werden neu berechnet, indem der vorhandene Wert durch das (alte) Hauptelement dividiert wird.

Alle übrigen Elemente werden nach der bereits bekannten Regel

$$a_{ij}' = a_{ij} - \frac{a_{is} \cdot a_{rj}}{a_{rs}} = \frac{a_{ij} \cdot a_{rs} - a_{is} \cdot a_{rj}}{a_{rs}}$$

ermittelt.

3	NBV	x_5	x_2	x_8	*b*	
BV	−1	0	3	0	0	***q***
x_4	0	$-7/1900$	$14/19$	$3/19$	$2000/19$	
x_1	2	$3/1900$	$-6/19$	$-4/19$	$2400/19$	
x_6	0	$-23/19000$	$99/95$	$9/95$	$3860/19$	
x_7	0	0	1	0	100	
x_3	4	$1/475$	$11/19$	$1/19$	$3200/19$	
	g	$11/950$	$-25/19$	$-4/19$	$17600/19$	

Das dritte Schema beinhaltet eine weitere Basisdarstellung der Nebenbedingungen mit der Basislösung $x_1 = 2400/19$, $x_2 = 0$, $x_3 = 3200/19$, $x_4 = 0$, $x_5 = 0$, $x_6 = 3860/19$, $x_7 = 100$ und $x_8 = 0$, in der die Basisvariablen (BV) x_1, x_3, x_4, x_6 und x_7 alle größer als null und die Nichtbasisvariablen x_2, x_5 und x_8 gleich null sind. Der Wert der Zielfunktion hat sich auf $c = 17600/19 = 926{,}3157...$ vergrößert.

Nach der Basistransformation wird geprüft, ob ein Maximum vorliegt. Ist das nicht der Fall, wird ein neues Hauptelement bestimmt und die Basistransformation wiederholt.
Im 3. Schema liegt kein Maximum vor, da die Werte g_2 und g_3 negativ sind. Durch Wiederholen der Basistransformation wird versucht, das Maximum zu finden.

Das Minimum der g-Zeile ist kleiner als null $g_2 = -25/19$. Somit wird die Spalte x_2 als Hauptspalte für die nächste Transformation festgelegt. Mit dieser Hauptspalte wird die q-Spalte berechnet $q_1 = \frac{2000 \cdot 19}{14 \cdot 19} = \frac{1000}{7}$, $q_2 = -\frac{2400 \cdot 19}{19 \cdot 6} = \%$, $q_3 = \frac{3860 \cdot 95}{19 \cdot 99} = \frac{366.700}{1881}$, $q_4 = \frac{100}{1} = 100$ und $q_5 = \frac{3200}{19} \cdot \frac{19}{11} = \frac{3200}{11}$.

Das Minimum der q-Spalte liefert q_4, so dass folglich die x_7-Zeile als Hauptzeile zu benutzen ist.

Das Hauptelement ist bekannt, somit kann die Basistransformation durchgeführt werden.

3	NBV	x_5	x_2	x_8	b	
BV	−1	0	3	0	0	q
x_4	0	$-7/1900$	$14/19$	$3/19$	$2000/19$	$\frac{1000}{7}$
x_1	2	$3/1900$	$-6/19$	$-4/19$	$2400/19$	%
x_6	0	$-23/19000$	$99/95$	$9/95$	$3860/19$	$\frac{366.700}{1881}$
x_7	0	0	1	0	100	100
x_3	4	$1/475$	$11/19$	$1/19$	$3200/19$	$\frac{3200}{11}$
	g	$11/950$	$-25/19$	$-4/19$	$17600/19$	

Von dem Hauptelement a_{42} wird der Kehrwert gebildet und das Ergebnis wird in das neue (4.) Schema eingetragen.
Dann werden alle Elemente der Hauptspalte (Spalte x_2) neu berechnet, indem der vorhandene Wert durch das negative (alte) Hauptelement dividiert wird.
Alle Elemente der Hauptzeile (Zeile x_7) werden neu berechnet, indem der vorhandene Wert durch das (alte) Hauptelement 1 dividiert wird.
Alle übrigen Elemente werden nach der bereits bekannten Regel

$$a_{ij}' = a_{ij} - \frac{a_{is} \cdot a_{rj}}{a_{rs}} = \frac{a_{ij} \cdot a_{rs} - a_{is} \cdot a_{rj}}{a_{rs}}$$

ermittelt.
In der Hauptzeile stehen in der x_5- und x_8-Spalte Nullen. Bei der Basistransformation bleiben diese beiden Spalten unverändert.

Dieses Hauptelement wird vom Bearbeiter dankbar aufgenommen, denn es werden nur die Elemente der b-Spalte neu berechnet und von der Hauptspalte (außer beim Hauptelement) die Vorzeichen getauscht.

4	NBV	x_5	x_7	x_8	b	
BV	−1	0	0	0	0	q
x_4	0	$-7/1900$	$-14/19$	$3/19$	$5920/19$	
x_1	2	$3/1900$	$6/19$	$-4/19$	$3000/19$	
x_6	0	$-23/19000$	$-99/95$	$9/95$	$1880/19$	
x_2	3	0	1	0	100	
x_3	4	$1/475$	$-11/19$	$1/19$	$2100/19$	
	g	$11/950$	$25/19$	$-4/19$	$20100/19$	

Das vierte Schema beinhaltet eine weitere Basisdarstellung der Nebenbedingungen mit der Basislösung $x_1 = 3000/19$, $x_2 = 100$, $x_3 = 2100/19$, $x_4 = 0$, $x_5 = 0$, $x_6 = 1880/19$, $x_7 = 0$ und $x_8 = 0$, in der die Basisvariablen (BV) x_1, x_2, x_3, x_4 und x_6 alle größer als null und die Nichtbasisvariablen x_5, x_7 und x_8 gleich null sind. Der Wert der Zielfunktion hat sich auf $c = 20100/19 = 1057{,}8947...$ vergrößert.

Nach der Basistransformation wird geprüft, ob ein Maximum vorliegt. Ist das nicht der Fall, wird ein neues Hauptelement bestimmt und die Basistransformation wiederholt.

Im 4. Schema liegt kein Maximum vor, da der Wert g_3 negativ ist. Durch Wiederholen der Basistransformation wird versucht, das Maximum zu finden.

Das Minimum der g-Zeile ist kleiner als null $g_3 = -\frac{4}{19}$. Somit wird die Spalte x_8 als Hauptspalte für die nächste Transformation festgelegt. Mit dieser Hauptspalte wird die q-Spalte berechnet $q_1 = \frac{5920 \cdot 19}{19 \cdot 3} = \frac{5920}{3}$, $q_2 = -\frac{3000 \cdot 19}{19 \cdot 4} = \%$, $q_3 = \frac{1880 \cdot 95}{19 \cdot 9} = \frac{9400}{9}$, $q_4 = \frac{100}{0} = \%$ und $q_5 = \frac{2100}{19} \cdot \frac{19}{1} = 2100$.

Das Minimum der q-Spalte liefert q_1, so dass folglich die x_4-Zeile als Hauptzeile zu benutzen ist.

Das Hauptelement ist bekannt, somit kann die Basistransformation durchgeführt werden.

4	NBV	x_5	x_7	x_8	*b*	
BV	−1	0	0	0	0	***q***
x_4	0	$-\frac{7}{1900}$	$-\frac{14}{19}$	$\frac{3}{19}$	$\frac{5920}{19}$	$\frac{5920}{3}$
x_1	2	$\frac{3}{1900}$	$\frac{6}{19}$	$-\frac{4}{19}$	$\frac{3000}{19}$	%
x_6	0	$-\frac{23}{19000}$	$-\frac{99}{95}$	$\frac{9}{95}$	$\frac{1880}{19}$	$\frac{9400}{9}$
x_2	3	0	1	0	100	%
x_3	4	$\frac{1}{475}$	$-\frac{11}{19}$	$\frac{1}{19}$	$\frac{2100}{19}$	2100
	g	$\frac{11}{950}$	$\frac{25}{19}$	$-\frac{4}{19}$	$\frac{20100}{19}$	

Von dem Hauptelement a_{13} wird der Kehrwert gebildet und das Ergebnis wird in das neue (5.) Schema eingetragen.

Dann werden alle Elemente der Hauptspalte (Spalte x_8) neu berechnet, indem der vorhandene Wert durch das negative (alte) Hauptelement dividiert wird.

Alle Elemente der Hauptzeile (Zeile x_4) werden neu berechnet, indem der vorhandene Wert durch das (alte) Hauptelement dividiert wird.

Alle übrigen Elemente werden nach der bereits bekannten Regel

$$a_{ij}' = a_{ij} - \frac{a_{is} \cdot a_{rj}}{a_{rs}} = \frac{a_{ij} \cdot a_{rs} - a_{is} \cdot a_{rj}}{a_{rs}}$$

ermittelt.

5	NBV	x_5	x_7	x_4	*b*	
BV	−1	0	0	0	0	***q***
x_8	0	$-\frac{7}{300}$	$-\frac{14}{3}$	$\frac{19}{3}$	200	
x_1	2	$-\frac{1}{300}$	$-\frac{2}{3}$	$\frac{4}{3}$	200	
x_6	0	$\frac{1}{1000}$	$-\frac{3}{5}$	$-\frac{3}{5}$	80	
x_2	3	0	1	0	100	
x_3	4	$\frac{1}{300}$	$-\frac{1}{3}$	$-\frac{1}{3}$	100	
	g	$\frac{1}{150}$	$\frac{1}{3}$	$\frac{4}{3}$	1100	

Das fünfte Schema beinhaltet eine weitere Basisdarstellung der Nebenbedingungen mit der Basislösung $x_1 = 200$, $x_2 = 100$, $x_3 = 100$, $x_4 = 0$, $x_5 = 0$, $x_6 = 80$, $x_7 = 0$ und $x_8 = 200$, in der die Basisvariablen (BV) x_1, x_2, x_3, x_6 und x_8 alle größer als null und die Nichtbasisvariablen x_4, x_5 und x_7 gleich null sind. Der Wert der Zielfunktion hat sich auf $c = 1100$ vergrößert.

Die Prüfung des 5. Schemas zeigt, dass eine zulässige Basislösung vorliegt, in der alle Koeffizienten der Basisdarstellung der Zielfunktion (siehe g-Zeile) nicht negativ sind. Die Basislösung dieser Basisdarstellung ergibt das Maximum des linearen Optimierungsproblems.
Ein weiteres Maximum existiert nicht, da in der g-Zeile keine Null enthalten ist.

Die Lösungen für die Basisvariablen stehen in der b-Spalte und die Lösungen für die Nichtbasisvariablen werden mit 0 angenommen.

Aus dem 5. Schema wird die Basislösung $x_1 = 200$, $x_2 = 100$, $x_3 = 100$, $x_4 = 0$, $x_5 = 0$, $x_6 = 80$, $x_7 = 0$ und $x_8 = 200$ abgelesen.

Für die Lösung dieser Aufgabe sind die Werte $x_1 = 200$, $x_2 = 100$ und $x_3 = 100$ bedeutsam. Von den eingeführten Schlupfvariablen x_4, x_5, x_6, x_7 und x_8 wird nur gefordert, dass sie nicht negativ sind, was eine Überprüfung leicht zeigt.
Der Wert der Zielfunktion $z = 2 \cdot x_1 + 3 \cdot x_2 + 4 \cdot x_3 \rightarrow \max$ mit $z = 2 \cdot 200 + 3 \cdot 100 + 4 \cdot 100 = 1.100$ kann ebenfalls dem Schema mit $c = 1100$ (unten rechts) entnommen werden.

Aufgabe 3.2
Gegeben ist die Optimierungsaufgabe mit einer Zielfunktion, drei Nebenbedingungen und gültigen Nichtnegativitätsbedingungen für die vier vorkommenden Variablen x_1, x_2, x_3 und x_4.

Zielfunktion	(*.1)	$z = 2 \cdot x_1 - x_2 - x_3 - x_4 \to \min$
Nebenbedingungen	(*.2)	$2x_1 + x_3 - 2x_4 \leq 8$
	(*.3)	$x_1 - x_2 + x_3 - x_4 = -3$
	(*.4)	$-x_1 + x_3 + x_4 = 5$
Nichtnegativitätsbedingung		$x_1 \geq 0, x_2 \geq 0, x_3 \geq 0, x_4 \geq 0$

Wie lautet die 1. Normalform dieses linearen Optimierungsproblems?
Lösen Sie diese Aufgabe mit dem Simplexalgorithmus.

Lösung

In einem linearen Optimierungsproblem in der ersten Normalform wird die Zielfunktion

$$z = c_0 + c_1x_1 + c_2x_2 + \ldots + c_nx_n \to \max$$

ein Maximum, deren Unbekannte $x_1, x_2, \ldots, x_n$ den Nebenbedingungen

$$\begin{array}{lllllll} a_{11}x_1 & + a_{12}x_2 & \cdots & + a_{1n}x_n & = & b_1 \\ a_{21}x_1 & + a_{22}x_2 & & & = & b_2 \\ \vdots & & \ddots & & \vdots & \vdots \\ a_{m1}x_1 & \cdots & & + a_{mn}x_n & = & b_m \end{array}$$

und der Nichtnegativitätsbedingung $x_k \geq 0$ für $k = 1, 2, \ldots, n$ genügen.

Jedes lineare Optimierungsproblem kann in die erste Normalform umgeformt werden.

Eine Zielfunktion

$$z = c_1x_1 + c_2x_2 + \ldots + c_nx_n \to \min$$

wird durch Multiplikation mit -1 in eine gleichwertige Ersatzfunktion

$$z' = -z = -c_1x_1 - c_2x_2 - \ldots - c_nx_n \to \max$$

umgeformt, die der ersten Normalform genügt.

Die Zielfunktion (*.1) $z = 2 \cdot x_1 - x_2 - x_3 - x_4 \to \min$ wird durch Multiplikation mit -1 in die erste Normalform überführt

$$(*.1.1) \quad z' = -z = -2 \cdot x_1 + x_2 + x_3 + x_4 \to \max .$$

Liegt eine Nebenbedingung als Ungleichung[11]

$$a_{k1}x_1 \quad + \ldots \quad + a_{kn}x_n \quad \leq \quad b_k$$

vor, kann sie durch Einfügen einer Schlupfvariablen $x_s \geq 0$ in eine Gleichung

$$a_{k1}x_1 \quad + \ldots \quad + a_{kn}x_n \quad + x_s \quad = \quad b_k$$

umgeformt werden.

[11] Diese Ungleichung liegt in der 2. Normalform vor.

Die Nebenbedingung (*.2) $2x_1 + x_3 - 2x_4 \le 8$ wird in die 1. Normalform überführt, indem eine Schlupfvariable x_5, die die Nichtnegativitätsbedingung erfüllt, auf der linken Seite addiert wird

$$(*.2.1) \quad 2x_1 + x_3 - 2x_4 + x_5 = 8 .$$

Die Schlupfvariable x_5 wird ebenfalls Bestandteil der Zielfunktion, jedoch mit dem Koeffizienten null.

Liegt eine Nebenbedingung als Gleichung

$$a_{k1}x_1 \quad + \ldots \quad + a_{kn}x_n \quad = \quad b_k$$

vor, erfüllt sie die erste Normalform.
Zunächst sollte die rechte Seite b_k auf größer oder gleich null geprüft werden. Falls $b_k < 0$, sollte die Gleichung mit -1 multipliziert werden. Leider stört aber in der Regel solch eine Gleichung die kanonische Form der ersten Normalform.
Um diese Gleichung in der erste Normalform aufzuschreiben und gleichzeitig alle Nebenbedingungen in der kanonischen Form zu haben, wird in diese Gleichung eine künstliche Variable x_s^* eingefügt

$$a_{k1}x_1 \quad + \ldots \quad + a_{kn}x_n \quad + x_s^* \quad = \quad b_k \qquad \text{mit } x_s^* = 0 .$$

Die Nebenbedingung (*.3) $x_1 - x_2 + x_3 - x_4 = -3$ wird zunächst mit -1 multipliziert, um auf der rechten Seite einen Wert $b_k > 0$ zu erhalten

$$(*.3.1) \quad -x_1 + x_2 - x_3 + x_4 = 3 .$$

Die Nebenbedingung (*.3.1) $-x_1 + x_2 - x_3 + x_4 = 3$ wird in die kanonische Form überführt, indem eine künstliche Variable x_6^*, die die Bedingung $x_6^* = 0$ erfüllt, auf der linken Seite addiert wird

$$(*.3.2) \quad -x_1 + x_2 - x_3 + x_4 + x_6^* = 3 .$$

Die Variable x_6^* wird ebenfalls Bestandteil der Zielfunktion, jedoch mit dem Koeffizienten $-M$. Der Buchstabe M steht für eine große Zahl.

Die Nebenbedingung (*.4) $-x_1 + x_3 + x_4 = 5$ wird in die kanonische Form überführt, indem eine künstliche Variable x_7^*, die die Bedingung $x_7^* = 0$ erfüllt, auf der linken Seite addiert wird

$$(*.4.1) \quad -x_1 + x_3 + x_4 + x_7^* = 5 .$$

Die Variable x_7^* wird ebenfalls Bestandteil der Zielfunktion, jedoch mit dem Koeffizienten $-M$.

Alle eingeführten Schlupfvariablen x_5, x_6^* und x_7^* werden auch in die Zielfunktion aufgenommen. Die Zielfunktion (*.1.1) $z' = -z = -2 \cdot x_1 + x_2 + x_3 + x_4 \to \max$ lautet in der 1. Normalform

$$(*.1.2) \quad z' = -2 \cdot x_1 + x_2 + x_3 + x_4 + 0 \cdot x_5 - M \cdot x_6^* - M \cdot x_7^* \to \max .$$

Alle Variablen $x_1, x_2, x_3, x_4, x_5, x_6$ und x_7 erfüllen die Nichtnegativitätsbedingung

$$(*.7.1) \quad x_1 \geq 0, x_2 \geq 0, x_3 \geq 0, x_4 \geq 0, x_5 \geq 0, x_6^* \geq 0, x_7^* \geq 0 .$$

Die 1. Normalform eines linearen Optimierungsproblems ist ein möglicher Ausgangspunkt für eine Bestimmung der Lösung eines solchen Problems.

Die 1. Normalform dieses linearen Optimierungsproblems lautet

Zielfunktion $\quad z' = -2 \cdot x_1 + x_2 + x_3 + x_4 + 0 \cdot x_5 - M \cdot x_6^* - M \cdot x_7^* \to \max$,

Nebenbedingungen $\quad 2x_1 + x_3 - 2x_4 + x_5 = 8$,

$-x_1 + x_2 - x_3 + x_4 + x_6^* = 3$,

$-x_1 + x_3 + x_4 + x_7^* = 5$,

Nichtnegativitätsbedingung $\quad x_1 \geq 0, x_2 \geq 0, x_3 \geq 0, x_4 \geq 0, x_5 \geq 0, x_6^* \geq 0, x_7^* \geq 0$.

Das lineare Optimierungsproblem in der 1. Normalform besitzt drei Nebenbedingungen und sieben Variablen. Eine rechnerische Lösung soll mit dem Simplexalgorithmus bestimmt werden.

Die Simplexmethode kann benutzt werden, wenn
- das lineare Optimierungsproblem in der ersten Normalform vorliegt und
- eine zulässige Basislösung aus der Basisdarstellung bekannt ist.

Die erzeugte 1. Normalform besitzt ebenfalls die kanonische Form, aus der sehr leicht eine Basislösung ermittelt werden kann.

In dem hier verwendeten verkürzten Schema wird die Einheitsmatrix weggelassen, da sie aus der Kenntnis der Basisvariablen in jeder Zeile rekonstruiert werden kann.

Das verkürzte Schema des Simplexalgorithmus entsteht aus dem vollständigen Schema durch Weglassen der Einheitsmatrix und durch zusätzliches Einfügen (Notieren) der Koeffizienten der Zielfunktion parallel zur Liste der Namen der benutzten Variablen. Die Elemente der Koeffizientenmatrix sind mit a_{ik} und die Koeffizienten der rechten Seite mit b_i bezeichnet.

	NBV	x_1	x_2	...	x_k	$\boldsymbol{b}$	
BV	-1	c_1	c_2	...	c_k	0	$\boldsymbol{q}$
x_{k+1}	0	a_{11}	a_{12}	...	a_{1k}	b_1	q_1
x_{k+2}	0	a_{21}	a_{22}		a_{2k}	b_2	q_2
$\vdots$	$\vdots$	$\vdots$			$\vdots$	$\vdots$	$\vdots$
x_s	0						
x_n^*	$-$M	a_{m1}	...		a_{mk}	b_m	q_m
	g	g_1	g_2	...	g_k	c	
	$\mathbf{g}^*$	g_1^*	g_2^*	...	g_k^*	c^*	
	p	p_1	p_2	...	p_k		

Die **g**- Zeile entsteht aus dem Skalarprodukt der zweiten Spalte mit den entsprechenden Spalten der Koeffizientenmatrix $\boldsymbol{A}$ und der rechten Seite $\boldsymbol{b}$. Der Anteil der $\boldsymbol{x}^*$-Variablen wird in eine eigene Zeile $\mathbf{g}^*$ geschrieben, die verschwindet, wenn keine künstlichen Variablen unter den Basisvariablen mehr sind.

Zunächst werden die Zielfunktion und alle Nebenbedingungen in das verkürzte Rechenschema eingetragen. Die Spalten x_5 bis x_7, die zwischen x_4 und $\boldsymbol{b}$ stehen müssten, werden in diesem Schema nicht aufgeschrieben.
Die Spalte x_5 z.B. besteht nur aus Nullen und hat in der Zeile x_5 eine Eins.

Der Wert für g_1 ergibt sich aus $g_1 = -1\cdot(-2)+0\cdot 2+(-M)\cdot(-1)+(-M)\cdot(-1) = 2+2\cdot M$. Das Ergebnis für g_1 wird auf die g- und g^*-Zeile aufgeteilt. Der Anteil $2M$ wird in die g^*-Zeile in der x_1-Spalte eingetragen.
Die Werte für g_2, g_3 und g_4 werden analog durch die Skalarprodukte
$g_2 = -1\cdot 1+0\cdot 0+(-M)\cdot 1+(-M)\cdot 0 = -1-M$,
$g_3 = -1\cdot 1+0\cdot 1+(-M)\cdot(-1)+(-M)\cdot 1 = -1+0\cdot M$ und
$g_4 = -1\cdot 1+0\cdot(-2)+(-M)\cdot 1+(-M)\cdot 1 = -1-2\cdot M$ bestimmt.
In dem Schema wird auch laufend der aktuelle Wert der Zielfunktion c berechnet

$$c = -1\cdot 0+0\cdot 8+(-M)\cdot 3+(-M)\cdot 5 = 0-8\cdot M.$$

Solange es eine Variable x^* als Basisvariable gibt, existiert auch eine g^*-Zeile mit Koeffizienten $\neq 0$.

1	**NBV**	x_1	x_2	x_3	x_4	$\boldsymbol{b}$	
BV	-1	-2	1	1	1	0	$\boldsymbol{q}$
x_5	0	2	0	1	-2	8	
x_6^*	$-M$	-1	1	-1	1	3	
x_7^*	$-M$	-1	0	1	1	5	
	g	2	-1	-1	-1	0	
	g*	$2M$	$-M$	0	$-2M$	$-8M$	

Jede zulässige Lösung $\mathbf{x}$ eines linearen Optimierungsproblems erfüllt die Nebenbedingungen und die Nichtnegativitätsbedingung.

Dieses 1. Schema zeigt keine zulässige Basislösung.
Die Lösungen für die Basisvariablen werden aus der Spalte $\boldsymbol{b}$ entnommen.

Die Nichtbasisvariablen (NBV) x_1, x_2, x_3 und x_4 sind null und die Basisvariablen (BV) $x_5 = 8$, $x_6^* = 3$ und $x_7^* = 5$ sind alle größer null. Trotzdem liegt keine zulässige Basislösung vor.
Warum nicht?
Die künstlichen Variablen x_6^* und x_7^* wurden unter den Bedingungen $x_6^* = 0$ und $x_7^* = 0$ eingeführt, die beide Variablen nicht erfüllen.

Hat die Zielfunktion in der Basisdarstellung die Form

$$g_0 + g_1x_1 + g_2x_2 + \ldots + g_nx_n = c$$

mit $g_j \geq 0$ für $j = 0, 1, \ldots, n$, so ist jede zulässige Basislösung $\boldsymbol{x}$ der zugehörigen Basisdarstellung des linearen Optimierungsproblems auch maximale Lösung.

Der Wert für g ist in dem Ausgangsschema gleich $g = 0-8M$. Eine maximale Lösung liegt in dem 1. Schema nicht vor, da $x_6^* = 3$ und $x_7^* = 5$ sind.

Unter Benutzung der Quotienten $q_i = \frac{b_i}{a_{is}}$ kann erreicht werden, dass der Simplexalgorithmus nach endlich vielen Schritten eine zulässige Basislösung findet. Ist eine zulässige Basislösung bekannt, werden in der Folge nur zulässige Basislösungen ermittelt, wenn immer die Zeile mit dem kleinsten q_i Hauptzeile wird.

Der Wert der Zielfunktion vergrößert sich in jedem Simplexschritt, wenn eine zulässige Basislösung bekannt ist und das lineare Optimierungsproblem nicht ausgeartet ist.
Eine zulässige Basislösung wird ausgeartet genannt, wenn wenigstens eine Basisvariable null ist.
Das 1. Schema ist nicht ausgeartet.

Mit der Simplexmethode wird eine andere Basisdarstellung des Problems bestimmt, die eine „günstigere" Form hat oder die die Unlösbarkeit zeigt. Diese andere Basisdarstellung wird ausgehend von einem Hauptelement (Kreuzelement, Pivotelement) mit der Basistransformation bestimmt.

Das Hauptelement befindet sich in der Hauptzeile und in der Hauptspalte.

Zur Bestimmung der Hauptspalte wird die g-Zeile benutzt. Von allen $g_j \leq 0$ wird das Minimum bestimmt. Die Spalte, in der das Minimum steht, wird die Hauptspalte.

Im 1. Schema ist die Spalte x_4 als Hauptspalte zu nehmen, da in der g^*-Zeile in dieser Spalte das Minimum ist.

Man berechne die Quotienten $q_i = \frac{b_i}{a_{is}}$ für die positiven Koeffizienten der Hauptspalte und die nicht negativen Koeffizienten der b-Spalte.
Für den Quotienten q_1 ergibt sich $q_1 = \frac{8}{-2} = \%$[12], für $q_2 = \frac{3}{1} = 3$ und $q_3 = \frac{5}{1} = 5$.

1	NBV	x_1	x_2	x_3	x_4	**b**	
BV	−1	−2	1	1	1	0	***q***
x_5	0	2	0	1	−2	8	%
x_6^*	$-M$	−1	1	−1	1	3	3
x_7^*	$-M$	−1	0	1	1	5	5
	g	2	−1	−1	−1	0	
	g*	$2M$	$-M$	0	$-2M$	$-8M$	
					min		

Das Minimum der q-Spalte wird als Hauptzeile genommen.

[12] Das Zeichen % steht für „dieser Quotient wird nicht bestimmt".

1	NBV	x_1	x_2	x_3	x_4	**b**	
BV	−1	−2	1	1	1	0	***q***
x_5	0	2	0	1	−2	8	%
$\overset{*}{x}_6$	$-M$	−1	1	−1	**1**	3	3
$\overset{*}{x}_7$	$-M$	−1	0	1	1	5	5
	g	2	−1	−1	−1	0	
	$\mathbf{g}^*$	$2M$	$-M$	0	$-2M$	$-8M$	
					min		

Das Element a_{24} wird als Hauptelement bestimmt. Mit diesem Hauptelement wird eine Basistransformation in diesem verkürzten Schema ausgeführt. Alle Rechnungen werden in dem alten (1.) Schema vorgenommen und das Resultat wird in das neue (2.) Schema eingetragen.

Die Bezeichnungen aus dem 1. Schema werden weitgehend auf das 2. Schema übertragen. Die Variable $\overset{*}{x}_6$ aus der zweiten Zeile der Koeffizientenmatrix wird mit der Variablen x_4 aus der vierten Spalte getauscht. Gleichzeitig werden auch die zugehörigen Koeffizienten der Zielfunktion $-M$ und 1 ausgetauscht.

Die Basistransformation beginnt mit der Umrechnung des Hauptelementes. Von dem Hauptelement a_{24} wird der Kehrwert gebildet $a'_{24} = \frac{1}{1} = 1$ und das Ergebnis wird in das neue (2.) Schema eingetragen.

Dann werden alle Elemente der Hauptspalte (Spalte x_4) neu berechnet, indem der vorhandene Wert durch das negative (alte) Hauptelement dividiert wird. Für a_{14} ergibt sich $a'_{14} = \dfrac{-2}{-1} = 2$, für $a'_{34} = \frac{1}{-1} = -1$ und für $g'_4 = {}^{-1}\!/_{-1} = 1$ sowie $\overset{*'}{g_4} = \dfrac{-2M}{-1} = 2M$.

Alle Elemente der Hauptzeile (Zeile x_6) werden neu berechnet, indem der vorhandene Wert durch das (alte) Hauptelement dividiert wird. Für a_{21} ergibt sich $a'_{21} = -{}^{1}\!/_{1} = -1$, für $a'_{22} = {}^{1}\!/_{1} = 1$, für $a'_{23} = -{}^{1}\!/_{1} = -1$ und für $b'_2 = {}^{3}\!/_{1} = 3$.

Alle übrigen Elemente werden nach der bereits bekannten Regel

$$a_{ij}' = a_{ij} - \frac{a_{is} \cdot a_{rj}}{a_{rs}} = \frac{a_{ij} \cdot a_{rs} - a_{is} \cdot a_{rj}}{a_{rs}}$$

ermittelt.

Die neuen Elemente $a'_{11} = 2 - \frac{-2\cdot(-1)}{1} = 0$, $a'_{12} = 0 - \frac{-2\cdot 1}{1} = 2$, $a'_{13} = 1 - \frac{-2\cdot(-1)}{1} = -1$ und $b'_1 = 8 - \frac{-2\cdot 3}{1} = 14$ bilden die restlichen Elemente der Zeile x_5 in dem 2. Schema.

Die dritte Zeile berechnet sich zu $a'_{31} = -1 - \frac{-1\cdot 1}{1} = 0$, $a'_{32} = 0 - \frac{1\cdot 1}{1} = -1$, $a'_{33} = 1 - \frac{-1\cdot 1}{1} = 2$ und $b'_3 = 5 - \frac{3\cdot 1}{1} = 2$.

Die neuen Elemente der g- und g*-Zeile werden nach der gleichen Formel berechnet. Es ergibt sich für $g'_1 = 2 - \frac{-1\cdot(-1)}{1} = 1$, $g'_2 = -1 - \frac{-1\cdot 1}{1} = 0$, $g'_3 = -1 - \frac{-1\cdot(-1)}{1} = -2$ und $c' = 0 - \frac{-1\cdot 3}{1} = 3$, sowie für $g_1^{*'} = 2M - \frac{-1\cdot(-2M)}{1} = 0$, $g_2^{*'} = -M - \frac{1\cdot(-2M)}{1} = M$, $g_3^{*'} = 0 - \frac{-1\cdot(-2M)}{1} = -2M$ und $c^{*'} = -8M - \frac{3\cdot(-2M)}{1} = -2M$.

2	**NBV**	x_1	x_2	x_3	x_6^*	***b***	
BV	-1	-2	1	1	$-M$	0	***q***
x_5	0	0	2	-1	2	14	
x_4	1	-1	1	-1	1	3	
x_7^*	$-M$	0	-1	2	-1	2	
	g	1	0	-2	1	3	
	g*	0	M	$-2M$	$2M$	$-2M$	

Die Lösungen für die Basisvariablen stehen in der b-Spalte und die Lösungen für die Nichtbasisvariablen werden mit 0 angenommen.

Das zweite Schema beinhaltet eine weitere Basisdarstellung der Nebenbedingungen mit einer nicht zulässigen Basislösung, in der die Nichtbasisvariablen (NBV) x_1, x_2 und x_3 und x_6^* null sind und die Basisvariablen (BV) $x_4 = 3$, $x_5 = 14$ und $x_7^* = 2$ alle größer null sind. Der Wert der Zielfunktion hat sich auf $c = 3 - 2M$ verändert.

Folgt man dem Simplexalgorithmus, wird nach der Basistransformation geprüft, ob ein Maximum vorliegt. Ist das nicht der Fall, wird ein neues Hauptelement bestimmt und die Basistransformation wiederholt.

Im 2. Schema liegt kein Maximum vor, da keine zulässige Basislösung bekannt ist. Der Simplexalgorithmus arbeitet iterativ. Es wird durch wiederholte Basistransformationen versucht, das Maximum zu finden.

Eine Besonderheit muss hervorgehoben werden. Die Nichtbasisvariable $x_6^* = 0$ erfüllt eine wichtige Bedingung. Um zu verhindern, dass die Variable x_6^* wieder zurückgetauscht wird, wird die Spalte x_6^* gestrichen[13].

Das Minimum der g^*-Zeile ist kleiner als null $g_3^* = -2M$. Somit wird die Spalte x_3 als Hauptspalte für die nächste Transformation festgelegt.

Mit dieser Hauptspalte wird die q-Spalte berechnet $q_1 = \frac{14}{-1} = \%$, $q_2 = \frac{3}{-1} = \%$ und $q_3 = \frac{2}{2} = 1$.

Das Minimum der q-Spalte liefert q_3, so dass folglich die x_7^*-Zeile als Hauptzeile zu benutzen ist. Das Hauptelement ist bekannt, somit kann die Basistransformation durchgeführt werden.

---

[13] In dieser Musterlösung wird die Spalte x_6^* noch berechnet, um die Basistransformation zu zeigen. In der Praxis wird die Spalte nicht erst berechnet, um sie anschließend zu streichen. Aus Zeitgründen wird die x^*-Spalte nicht berechnet.

2	NBV	x_1	x_2	x_3	x_6^*	b	
BV	−1	−2	1	1	$-M$	0	q
x_5	0	0	2	−1	⋮	14	%
x_4	1	−1	1	−1	⋮	3	%
x_7^*	$-M$	0	−1	2	⋮	2	1
	g	1	0	−2	⋮	3	
	g*	0	M	$-2M$	⋮	$-2M$	
				min			

Von dem Hauptelement a_{33} wird der Kehrwert gebildet und das Ergebnis wird in das neue (3.) Schema eingetragen.

Dann werden alle Elemente der Hauptspalte (Spalte x_3) neu berechnet, indem der vorhandene Wert durch das negative (alte) Hauptelement dividiert wird.

Alle Elemente der Hauptzeile (Zeile x_7^*) werden neu berechnet, indem der vorhandene Wert durch das (alte) Hauptelement dividiert wird.

Alle übrigen Elemente werden nach der bereits bekannten Regel

$$a_{ij}' = a_{ij} - \frac{a_{is} \cdot a_{rj}}{a_{rs}} = \frac{a_{ij} \cdot a_{rs} - a_{is} \cdot a_{rj}}{a_{rs}}$$

ermittelt.

3	NBV	x_1	x_2	x_7^*	x_6^*	b	
BV	−1	−2	1	$-M$	$-M$	0	q
x_5	0	0	$3/2$	$1/2$	⋮	15	
x_4	1	−1	$1/2$	$1/2$	⋮	4	
x_3	1	0	$-1/2$	$1/2$	⋮	1	
	g	1	−1	1	⋮	5	
	g*	0	0	M	⋮	0	

Das dritte Schema beinhaltet eine weitere Basisdarstellung der Nebenbedingungen mit der ersten zulässigen Basislösung $x_1 = 0$, $x_2 = 0$, $x_3 = 1$, $x_4 = 4$, $x_5 = 15$, $x_6^* = 0$ und $x_7^* = 0$, in der die Basisvariablen (BV) x_3, x_4 und x_5 alle größer als null und die Nichtbasisvariablen x_1, x_2, x_6^* und x_7^* gleich null sind. Der Wert der Zielfunktion hat sich auf $c = 5$ vergrößert.

Nach der Basistransformation wird geprüft, ob ein Maximum vorliegt. Ist das nicht der Fall, wird ein neues Hauptelement bestimmt und die Basistransformation wiederholt.
Im 3. Schema liegt kein Maximum vor, da der Wert g_2 negativ ist. Durch Wiederholen der Basistransformation wird versucht, das Maximum zu finden.

Das Minimum der g-Zeile ist kleiner als null $g_2 = -1$. Somit wird die Spalte x_2 als Hauptspalte für die nächste Transformation festgelegt.

Mit dieser Hauptspalte wird die q-Spalte berechnet $q_1 = \frac{15}{3/2} = 10$, $q_2 = \frac{4}{1/2} = 8$ und $q_3 = \frac{1}{-1/2} = \%$.

Das Minimum der q-Spalte liefert q_2, so dass folglich die x_4-Zeile als Hauptzeile zu benutzen ist.

Das Hauptelement ist bekannt, somit kann die Basistransformation durchgeführt werden.

3	NBV	x_1	x_2	x_7^*	x_6^*	***b***	
BV	−1	−2	1	$-M$	$-M$	0	***q***
x_5	0	0	$3/2$	⋮	⋮	15	10
x_4	1	−1	$1/2$	⋮	⋮	4	8
x_3	1	0	$-1/2$	⋮	⋮	1	%
	g	1	−1	⋮	⋮	5	
	g*	0	0	⋮	⋮	0	

Von dem Hauptelement a_{22} wird der Kehrwert gebildet und das Ergebnis wird in das neue (4.) Schema eingetragen.

Dann werden alle Elemente der Hauptspalte (Spalte x_2) neu berechnet, indem der vorhandene Wert durch das negative (alte) Hauptelement dividiert wird.

Alle Elemente der Hauptzeile (Zeile x_4) werden neu berechnet, indem der vorhandene Wert durch das (alte) Hauptelement a_{22} dividiert wird.
Alle übrigen Elemente werden nach der bereits bekannten Regel

$$a_{ij}' = a_{ij} - \frac{a_{is} \cdot a_{rj}}{a_{rs}} = \frac{a_{ij} \cdot a_{rs} - a_{is} \cdot a_{rj}}{a_{rs}}$$

ermittelt.

4	NBV	x_1	x_4	***b***	
BV	−1	−2	1	0	***q***
x_5	0	3	−3	3	
x_2	1	−2	2	8	
x_3	1	−1	1	5	
	g	−1	2	13	

Die g^*-Zeile entfällt, wenn keine künstliche Variable x^* unter den Basisvariablen ist.

Das vierte Schema beinhaltet eine weitere Basisdarstellung der Nebenbedingungen mit der zulässigen Basislösung $x_1 = 0$, $x_2 = 8$, $x_3 = 5$, $x_4 = 0$, $x_5 = 3$, $x_6^* = 0$ und $x_7^* = 0$, in der die Basisvariablen (BV) x_2, x_3 und x_5 alle größer als null und die Nichtbasisvariablen x_1, x_4, x_6^* und x_7^* gleich null sind. Der Wert der Zielfunktion hat sich auf $c = 13$ vergrößert.

Nach der Basistransformation wird geprüft, ob ein Maximum vorliegt. Ist das nicht der Fall, wird ein neues Hauptelement bestimmt und die Basistransformation wiederholt.
Im 4. Schema liegt kein Maximum vor, da der Wert g_1 negativ ist. Durch Wiederholen der Basistransformation wird versucht, das Maximum zu finden.

Das Minimum der g-Zeile ist kleiner als null $g_1 = -1$. Somit wird die Spalte x_1 als Hauptspalte für die nächste Transformation festgelegt.
Mit dieser Hauptspalte wird die q-Spalte berechnet $q_1 = \frac{3}{3} = 1$, $q_2 = \frac{8}{-2} = \%$, und $q_3 = \frac{5}{-1} = \%$.

Das Minimum der q-Spalte liefert q_1, so dass folglich die x_5-Zeile als Hauptzeile zu benutzen ist.

Das Hauptelement ist bekannt, somit kann die Basistransformation durchgeführt werden.

4	**NBV**	x_1	x_4	***b***	
BV	−1	−2	1	0	***q***
x_5	0	**3**	−3	3	1
x_2	1	−2	2	8	%
x_3	1	−1	1	5	%
	g	−1	2	13	

Von dem Hauptelement a_{11} wird der Kehrwert gebildet und das Ergebnis wird in das neue (5.) Schema eingetragen.

Dann werden alle Elemente der Hauptspalte (Spalte x_1) neu berechnet, indem der vorhandene Wert durch das negative (alte) Hauptelement dividiert wird.
Alle Elemente der Hauptzeile (Zeile x_5) werden neu berechnet, indem der vorhandene Wert durch das (alte) Hauptelement dividiert wird.
Alle übrigen Elemente werden nach der bereits bekannten Regel

$$a_{ij}' = a_{ij} - \frac{a_{is} \cdot a_{rj}}{a_{rs}} = \frac{a_{ij} \cdot a_{rs} - a_{is} \cdot a_{rj}}{a_{rs}}$$

ermittelt.

5	**NBV**	x_5	x_4	***b***	
BV	−1	0	1	0	***q***
x_1	−2	$\frac{1}{3}$	−1	1	
x_2	1	$\frac{2}{3}$	0	10	
x_3	1	$\frac{1}{3}$	0	6	
	g	$\frac{1}{3}$	0	14	

Das fünfte Schema beinhaltet eine weitere Basisdarstellung der Nebenbedingungen mit der zulässigen Basislösung $x_1 = 1$, $x_2 = 10$, $x_3 = 6$, $x_4 = 0$, $x_5 = 0$, $\overset{*}{x_6} = 0$ und $\overset{*}{x_7} = 0$, in der die Basisvariablen (BV) x_1, x_2 und x_3 alle größer als null und die Nichtbasisvariablen x_4, x_5, x_6 und x_7 gleich null sind. Der Wert der Zielfunktion hat sich auf $c = 14$ vergrößert.

Die Prüfung des 5. Schemas zeigt, dass eine zulässige Basislösung vorliegt, in der alle Koeffizienten der Basisdarstellung der Zielfunktion (siehe g-Zeile) nicht negativ sind. Die Basislösung dieser Basisdarstellung ergibt das Maximum des linearen Optimierungsproblems.

Eine Null in der g-Zeile deutet auf eine weitere Lösung hin.
Ist das Minimum der g-Zeile ≤ 0? Ja. Die Spalte x_4 wird als Hauptspalte festgelegt, da $g_2 = 0$ ist.
Mit dieser Hauptspalte wird die q-Spalte berechnet $q_1 = \frac{1}{-1} = \%$, $q_2 = \frac{10}{0} = \%$ und $q_3 = \frac{6}{0} = \%$.
Es existiert kein $q_i \geq 0$. Somit hat das Simplexschema keine weitere Lösung.

Die Lösungen für die Basisvariablen stehen in der b-Spalte und die Lösungen für die Nichtbasisvariablen werden mit 0 angenommen.
Aus dem 5. Schema wird die zulässige Basislösung $x_1 = 1$, $x_2 = 10$, $x_3 = 6$, $x_4 = 0$, $x_5 = 0$, $x_6^* = 0$ und $x_7^* = 0$ abgelesen.

Für die Lösung dieser Aufgabe sind die Werte $x_1 = 1$, $x_2 = 10$, $x_3 = 6$ und $x_4 = 0$ bedeutsam. Von den eingeführten Schlupfvariablen x_5, x_6^* und x_7^* wird nur gefordert, dass sie nicht negativ sowie $x_6^* = 0$ und $x_7^* = 0$ echt gleich null sind, was eine Überprüfung leicht zeigt.

Der Wert der Zielfunktion $z' = -z = -2 \cdot x_1 + x_2 + x_3 + x_4 \to \max$ kann ebenfalls dem Schema $z' = -z = -2 \cdot 1 + 10 + 6 + 0 = 14$ mit $c = 14$ (unten rechts) entnommen werden.

Aus der Zielfunktion $z = 2 \cdot x_1 - x_2 - x_3 - x_4 \to \min$ wurde in Vorbereitung auf den Simplexalgorithmus die Ersatzzielfunktion $z' = -z = -2 \cdot x_1 + x_2 + x_3 + x_4 \to \max$ aufgestellt. Das Minimum der Zielfunktion (*.1) und das Maximum der Ersatzfunktion (*.1.1) liegen an derselben Stelle.

Der Wert der Zielfunktion $z = -z'$ muss noch zurück gerechnet werden $z_{\min} = -z'_{\max} = -14$.

Die Lösung der Optimierungsaufgabe lautet $x_1 = 1$, $x_2 = 10$, $x_3 = 6$ und $x_4 = 0$ mit $z_{\min} = -14$.

Aufgabe 3.3
Die Zusammenstellung aller Aussagen ergibt das mathematische Modell für ein lineares Optimierungsproblem mit einer Zielfunktion, drei Nebenbedingungen und gültigen Nichtnegativitätsbedingungen für die drei vorkommenden Variablen x_1, x_2 und x_3.

Zielfunktion	(*.1)	$z = 2 \cdot x_1 + 2 \cdot x_2 + 4 \cdot x_3 \to \max$
Nebenbedingungen	(*.2)	$x_1 + x_2 \leq 4$
	(*.3)	$x_1 + 2 \cdot x_3 \leq 8$
	(*.4)	$x_1 + x_2 + 2 \cdot x_3 \leq 10$
Nichtnegativitätsbedingung	(*.5)	$x_1 \geq 0, x_2 \geq 0, x_3 \geq 0$

Wie lautet die 1. Normalform dieses linearen Optimierungsproblems?
Lösen Sie diese Aufgabe mit dem Simplexalgorithmus.

Lösung

In einem linearen Optimierungsproblem in der ersten Normalform wird die Zielfunktion

$$z = c_0 + c_1 x_1 + c_2 x_2 + \ldots + c_n x_n \to \max$$

ein Maximum, deren Unbekannte $x_1, x_2, \ldots, x_n$ den Nebenbedingungen

$$\begin{array}{ccccccc} a_{11}x_1 & + a_{12}x_2 & \cdots & + a_{1n}x_n & = & b_1 \\ a_{21}x_1 & + a_{22}x_2 & & & = & b_2 \\ \vdots & & \ddots & & \vdots & \vdots \\ a_{m1}x_1 & \cdots & & + a_{mn}x_n & = & b_m \end{array}$$

und der Nichtnegativitätsbedingung $x_k \geq 0$ für $k = 1, 2, \ldots, n$ genügen.

Jedes lineare Optimierungsproblem kann in die erste Normalform umgeformt werden.

Liegt eine Nebenbedingung als Ungleichung[14]

$$a_{k1}x_1 \quad + \ldots \quad + a_{kn}x_n \quad \leq \quad b_k$$

vor, kann sie durch Einfügen einer Schlupfvariablen $x_s \geq 0$ in eine Gleichung

$$a_{k1}x_1 \quad + \ldots \quad + a_{kn}x_n \quad + x_s \quad = \quad b_k$$

umgeformt werden.

Die Nebenbedingung (*.2) $x_1 + x_2 \leq 4$ wird in die 1. Normalform überführt, indem eine Schlupfvariable x_4, die die Nichtnegativitätsbedingung erfüllt, auf der linken Seite addiert wird

$$(*.2.1) \quad x_1 + x_2 + x_4 = 4 .$$

Die Schlupfvariable x_4 wird ebenfalls Bestandteil der Zielfunktion, jedoch mit dem Koeffizienten null.

[14] Diese Ungleichung liegt in der 2. Normalform vor.

Die Nebenbedingung (*.3) $x_1 \quad +2\cdot x_3 \leq 8$ wird in die 1. Normalform überführt, indem eine Schlupfvariable x_5, die die Nichtnegativitätsbedingung erfüllt, auf der linken Seite addiert wird

$$(*.3.1) \quad x_1 \qquad +2\cdot x_3 + x_5 = 8\,.$$

Die Schlupfvariable x_5 wird ebenfalls Bestandteil der Zielfunktion, jedoch mit dem Koeffizienten null.

Die Nebenbedingung (*.4) $x_1 + x_2 + 2\cdot x_3 \leq 10$ wird in die 1. Normalform überführt, indem eine Schlupfvariable x_6, die die Nichtnegativitätsbedingung erfüllt, auf der linken Seite addiert wird

$$(*.4.1) \quad x_1 + x_2 + 2\cdot x_3 + x_6 = 10\,.$$

Die Schlupfvariable x_6 wird ebenfalls Bestandteil der Zielfunktion, jedoch mit dem Koeffizienten null.

Alle eingeführten Schlupfvariablen x_4, x_5 und x_6 werden auch in die Zielfunktion aufgenommen. Die Zielfunktion (*.1) $z = 2\cdot x_1 + 2\cdot x_2 + 4\cdot x_3 \rightarrow \max$ lautet in der 1. Normalform

$$(*.1.1) \quad z = 2\cdot x_1 + 2\cdot x_2 + 4\cdot x_3 + 0x_4 + 0x_5 + 0x_6 \rightarrow \max\,.$$

Alle Variablen x_1, x_2, x_3, x_4, x_5 und x_6 erfüllen die Nichtnegativitätsbedingung

$$(*.7.1) \quad x_1 \geq 0, x_2 \geq 0, x_3 \geq 0, x_4 \geq 0, x_5 \geq 0, x_6 \geq 0\,.$$

Die 1. Normalform eines linearen Optimierungsproblems ist ein möglicher Ausgangspunkt für eine Bestimmung der Lösung eines solchen Problems.

Die 1. Normalform dieses linearen Optimierungsproblems lautet

Zielfunktion	$z = 2\cdot x_1 + 2\cdot x_2 + 4\cdot x_3 + 0x_4 + 0x_5 + 0x_6 \rightarrow \max$,
Nebenbedingungen	$x_1 + x_2 + x_4 = 4$,
	$x_1 \qquad + 2\cdot x_3 + x_5 = 8$,
	$x_1 + x_2 + 2\cdot x_3 + x_6 = 10$,
Nichtnegativitätsbedingung	$x_1 \geq 0, x_2 \geq 0, x_3 \geq 0, x_4 \geq 0, x_5 \geq 0, x_6 \geq 0$.

Das lineare Optimierungsproblem in der 1. Normalform besitzt drei Nebenbedingungen und sechs Variablen. Eine rechnerische Lösung soll mit dem Simplexalgorithmus bestimmt werden.

Die Simplexmethode kann benutzt werden, wenn
- das lineare Optimierungsproblem in der ersten Normalform vorliegt und
- eine zulässige Basislösung aus der Basisdarstellung bekannt ist.

Die erzeugte 1. Normalform besitzt ebenfalls die kanonische Form, aus der sehr leicht eine Basislösung ermittelt werden kann.

In dem hier verwendeten verkürzten Schema wird die Einheitsmatrix weggelassen, da sie aus der Kenntnis der Basisvariablen in jeder Zeile rekonstruiert werden kann und die Basisdarstellung der Zielfunktion als weitere Zeile hinzugefügt.

Das verkürzte Schema des Simplexalgorithmus entsteht aus dem vollständigen Schema durch Weglassen der Einheitsmatrix und durch zusätzliches Einfügen (Notieren) der Zielfunktion parallel zur Liste der Namen der benutzten Variablen. Die Elemente der Koeffizientenmatrix sind mit a_{ik} und die Koeffizienten der rechten Seite mit b_i bezeichnet. Die Basisdarstellung der Zielfunktion wird in der angefügten **g**-Zeile für jedes Schema berechnet.

	NBV	x_1	x_2	…	x_k	***b***	
BV	−1	c_1	c_2		c_k	0	**q**
x_{k+1}	0	a_{11}	a_{12}	…	a_{1k}	b_1	q_1
x_{k+2}	0	a_{21}	a_{22}		a_{2k}	b_2	q_2
⋮	⋮	⋮			⋮	⋮	⋮
x_s	0						
x_n^*	−M	a_{m1}	…		a_{mk}	b_m	q_m
	g	g_1	g_2	…	g_k	c	
	g^*	g_1^*	g_2^*	…	g_k^*	c^*	
	p	p_1	p_2	…	p_k		

Die **g**- Zeile entsteht aus dem Skalarprodukt der zweiten Spalte mit den entsprechenden Spalten der Koeffizientenmatrix ***A*** und der rechten Seite ***b*** . Der Anteil der $\mathbf{x}^*$-Variablen wird in eine eigene Zeile $\mathbf{g}^*$ geschrieben, die verschwindet, wenn keine künstlichen Variablen unter den Basisvariablen sind.

Zunächst werden die Zielfunktion und alle Nebenbedingungen in das verkürzte Rechenschema eingetragen. Die Spalten x_4 bis x_6, die zwischen x_3 und ***b*** stehen müssten, werden in diesem Schema nicht aufgeschrieben.
Die Spalte x_6 z.B. besteht nur aus Nullen und hat in der Zeile x_6 eine Eins.

Der Wert für g_1 ergibt sich aus $g_1 = -1 \cdot 2 + 0 \cdot 1 + 0 \cdot 1 + 0 \cdot 1 = -2$.
Der Wert für g_2 wird analog durch das Skalarprodukt $g_2 = -1 \cdot 2 + 0 \cdot 1 + 0 \cdot 0 + 0 \cdot 1 = -2$ und $g_3 = -1 \cdot 4 + 0 \cdot 0 + 0 \cdot 2 + 0 \cdot 2 = -4$.
In dem Schema wird auch laufend der aktuelle Wert der Zielfunktion c berechnet
$c = -1 \cdot 0 + 0 \cdot 4 + 0 \cdot 8 + 0 \cdot 10 = 0$.

Eine Variable x^* gibt es in dieser Aufgabe nicht, somit existiert auch keine g^*-Zeile.

1	NBV	x_1	x_2	x_3	***b***	
BV	−1	2	2	4	0	**q**
x_4	0	1	1	0	4	
x_5	0	1	0	2	8	
x_6	0	1	1	2	10	
	g	−2	−2	−4	0	

Jede zulässige Lösung ***x*** eines linearen Optimierungsproblems erfüllt die Nebenbedingungen und die Nichtnegativitätsbedingung.
Dieses 1. Schema zeigt eine zulässige Basislösung in der die Nichtbasisvariablen (NBV) x_1, x_2 und x_3 null sind und die Basisvariablen (BV) $x_4 = 4$, $x_5 = 8$ und $x_6 = 10$ alle größer oder gleich null sind.
Die Lösungen für die Basisvariablen werden aus der Spalte ***b*** entnommen.

Hat die Zielfunktion in der Basisdarstellung die Form

$$g_0 + g_1x_1 + g_2x_2 + \ldots + g_nx_n = c$$

mit $g_j \geq 0$ für $j = 0, 1, \ldots, n$, so ist jede zulässige Basislösung $\boldsymbol{x}$ der zugehörigen Basisdarstellung des linearen Optimierungsproblems auch maximale Lösung.

Der Wert für g_0 ist in dieser Aufgabe gleich null $g_0 = 0$. Eine maximale Lösung liegt in dem 1. Schema nicht vor, da $g_1 = -2$, $g_2 = -2$ und $g_3 = -4$ sind.

Unter Benutzung der Quotienten $q_i = \frac{b_i}{a_{is}}$ kann erreicht werden, dass man von einer zulässigen Basislösung ausgehend eine weitere zulässige Basislösung findet. Ist also eine zulässige Basislösung bekannt, werden in der Folge nur zulässige Basislösungen ermittelt, wenn man die Zeile mit dem kleinsten q_i zur Hauptzeile macht.

Der Wert der Zielfunktion vergrößert sich in jedem Simplexschritt, wenn das lineare Optimierungsproblem nicht ausgeartet ist.
Eine zulässige Basislösung wird ausgeartet genannt, wenn wenigstens eine Basisvariable null ist. Dieses Schema ist nicht ausgeartet.

Mit der Simplexmethode wird eine andere Basisdarstellung des Problems bestimmt, die eine „günstigere" Form hat oder die die Unlösbarkeit zeigt. Diese andere Basisdarstellung wird ausgehend von einem Hauptelement (Kreuzelement, Pivotelement) mit der Basistransformation bestimmt.

Das Hauptelement befindet sich in der Hauptzeile und in der Hauptspalte.

Zur Bestimmung der Hauptspalte wird die g-Zeile benutzt. Von allen $g_j \leq 0$ wird das Minimum bestimmt. Die Spalte, in der das Minimum steht, wird die Hauptspalte.

Im 1. Schema ist die Spalte x_3 (da g_3 das Minimum ist) als Hauptspalte zu nehmen.
Man berechne die Quotienten $q_i = \frac{b_i}{a_{is}}$ für die positiven Koeffizienten der Hauptspalte und die nicht negativen Koeffizienten der b-Spalte.
Für den Quotienten q_1 ergibt sich $q_1 = \frac{4}{0} = \%$ [15], für $q_2 = \frac{8}{2} = 4$ und $q_3 = \frac{10}{2} = 5$.

1	**NBV**	x_1	x_2	x_3	***b***	
BV	−1	2	2	4	0	**q**
x_4	0	1	1	0	4	%
x_5	0	1	0	2	8	4
x_6	0	1	1	2	10	5
	g	−2	−2	−4	0	
				min		

Das Minimum der q-Spalte wird als Hauptzeile genommen.

[15] Das Zeichen % steht für „dieser Quotient wird nicht bestimmt".

1	NBV	x_1	x_2	x_3	b	
BV	−1	2	2	4	0	**q**
x_4	0	1	1	0	4	%
x_5	0	1	0	2	8	4
x_6	0	1	1	2	10	5
	g	−2	−2	−4	0	

Das Element a_{23} wird als Hauptelement bestimmt. Mit diesem Hauptelement wird eine Basistransformation in diesem verkürzten Schema ausgeführt. Alle Rechnungen werden in dem alten (1.) Schema vorgenommen und das Resultat wird in das neue (2.) Schema eingetragen.

Die Bezeichnungen aus dem 1. Schema werden weitgehend auf das 2. Schema übertragen. Die Variable x_5 aus der zweiten Zeile der Koeffizientenmatrix wird mit der Variablen x_3 aus der dritten Spalte getauscht. Gleichzeitig werden auch die zugehörigen Koeffizienten der Zielfunktion 0 und 4 ausgetauscht.

Die Basistransformation beginnt mit der Umrechnung des Hauptelementes. Von dem Hauptelement a_{23} wird der Kehrwert gebildet $a'_{23} = \frac{1}{2}$ und das Ergebnis wird in das neue (2.) Schema eingetragen.

Dann werden alle Elemente der Hauptspalte (Spalte x_3) neu berechnet, indem der vorhandene Wert durch das negative (alte) Hauptelement dividiert wird. Für a_{13} ergibt sich $a'_{13} = \frac{0}{-2} = 0$, für $a'_{33} = \frac{2}{-2} = -1$ und für $g'_3 = {}^{-4}\!/_{-2} = 2$.

Alle Elemente der Hauptzeile (Zeile x_5) werden neu berechnet, indem der vorhandene Wert durch das (alte) Hauptelement dividiert wird. Für a_{21} ergibt sich $a'_{21} = \frac{1}{2}$, für $a'_{22} = {}^{0}\!/_{2} = 0$ und für $b'_2 = {}^{8}\!/_{2} = 4$.

Alle übrigen Elemente werden nach der bereits bekannten Regel

$$a_{ij}' = a_{ij} - \frac{a_{is} \cdot a_{rj}}{a_{rs}} = \frac{a_{ij} \cdot a_{rs} - a_{is} \cdot a_{rj}}{a_{rs}}$$

ermittelt.

Die neuen Elemente $a'_{11} = 1 - \frac{0 \cdot 1}{2} = 1$, $a'_{12} = 1 - \frac{0 \cdot 0}{2} = 1$ und $b'_1 = 4 - \frac{0 \cdot 8}{2} = 4$ bilden die restlichen Elemente der Zeile x_4 in dem 2. Schema. Die dritte Zeile (x_6) berechnet sich nach $a'_{31} = 1 - \frac{1 \cdot 2}{2} = 0$, $a'_{32} = 1 - \frac{0 \cdot 2}{2} = 1$ und $b'_3 = 10 - \frac{2 \cdot 8}{2} = 2$.

In der Hauptspalte steht an der Stelle a_{13} eine Null. Als Konsequenz daraus zeigt sich, dass die x_4-Zeile unverändert bleibt. Das kann analog auf eine Null in der Hauptzeile übertragen werden. Gibt es eine Null in der Hauptzeile bleiben bei der Neuberechnung der Tabelle die Elemente der entsprechenden Spalte unverändert.

Die Elemente der zweiten (x_2) Spalte können unverändert in das nächste (2.) Schema übernommen werden.

Die neuen Elemente der g-Zeile werden nach der gleichen Formel berechnet. Es ergibt sich für $g'_1 = -2 - \frac{-4 \cdot 1}{2} = 0$, $g'_2 = -2 - \frac{0 \cdot (-4)}{2} = -2$ und $c' = 0 - \frac{-4 \cdot 8}{2} = 16$.

2	NBV	x_1	x_2	x_5	*b*	
BV	−1	2	2	0	0	**q**
x_4	0	1	1	0	4	
x_3	4	½	0	½	4	
x_6	0	0	1	−1	2	
	g	0	−2	2	16	

Die Lösungen für die Basisvariablen stehen in der b-Spalte und die Lösungen für die Nichtbasisvariablen werden mit 0 angenommen.
Das zweite Schema beinhaltet eine weitere Basisdarstellung der Nebenbedingungen mit einer anderen Basislösung, in der die Nichtbasisvariablen (NBV) x_1, x_2 und x_5 null sind und die Basisvariablen (BV) $x_4 = 4$, $x_3 = 4$ und $x_6 = 2$ alle größer null sind.
Ebenso hat sich der Wert der Zielfunktion verändert, er ist jetzt $c = 16$.

Folgt man dem Simplexalgorithmus, wird nach der Basistransformation geprüft, ob ein Maximum vorliegt. Ist das nicht der Fall, wird ein neues Hauptelement bestimmt und die Basistransformation wiederholt.
Im 2. Schema liegt kein Maximum vor, da der Wert g_2 negativ mit $g_2 = -2$ ist. Der Simplexalgorithmus arbeitet iterativ. Es wird durch wiederholte Basistransformationen versucht, das Maximum zu finden.

Das Minimum der g-Zeile ist kleiner als null $g_2 = -2$. Somit wird die Spalte x_2 als Hauptspalte für die nächste Transformation festgelegt.
Mit dieser Hauptspalte wird die q-Spalte berechnet $q_1 = \frac{4}{1} = 4$, $q_2 = \frac{4}{0} = \%$ und $q_3 = \frac{2}{1} = 2$.
Das Minimum der q-Spalte liefert q_3, so dass folglich die x_6-Zeile als Hauptzeile zu benutzen ist.

Das Hauptelement ist bekannt, somit kann die Basistransformation durchgeführt werden.

2	NBV	x_1	x_2	x_5	*b*	
BV	−1	2	2	0	0	**q**
x_4	0	1	1	0	4	4
x_3	4	½	0	½	4	%
x_6	0	0	1	−1	2	2
	g	0	−2	2	16	

Von dem Hauptelement a_{32} wird der Kehrwert gebildet und das Ergebnis wird in das neue (3.) Schema eingetragen.
Dann werden alle Elemente der Hauptspalte (Spalte x_2) neu berechnet, indem der vorhandene Wert durch das negative (alte) Hauptelement dividiert wird.
Alle Elemente der Hauptzeile (Zeile x_6) werden neu berechnet, indem der vorhandene Wert durch das (alte) Hauptelement dividiert wird.
Alle übrigen Elemente werden nach der bereits bekannten Regel

$$a_{ij}' = a_{ij} - \frac{a_{is} \cdot a_{rj}}{a_{rs}} = \frac{a_{ij} \cdot a_{rs} - a_{is} \cdot a_{rj}}{a_{rs}}$$

ermittelt.

3	NBV	x_1	x_6	x_5	***b***	
BV	−1	2	0	0	0	**q**
x_4	0	1	−1	1	2	
x_3	4	$\frac{1}{2}$	0	$\frac{1}{2}$	4	
x_2	2	0	1	−1	2	
	g	0	2	0	20	

Das dritte Schema beinhaltet eine weitere Basisdarstellung der Nebenbedingungen mit der Basislösung $x_1 = 0$, $x_2 = 2$, $x_3 = 4$, $x_4 = 2$, $x_5 = 0$ und $x_6 = 0$, in der die Basisvariablen (BV) x_2, x_3 und x_4 alle größer als null und die Nichtbasisvariablen x_1, x_5 und x_6 gleich null sind. Der Wert der Zielfunktion hat sich auf $c = 20$ vergrößert.

Nach der Basistransformation wird geprüft, ob ein Maximum vorliegt. Ist das nicht der Fall, wird ein neues Hauptelement bestimmt und die Basistransformation wiederholt.
Im 3. Schema liegt ein Maximum vor, da die Werte $g_1 = g_3 = 0$ und $g_2 = 2$ nicht negativ sind.

Die maximale Lösung heißt $x_1 = 0$, $x_2 = 2$, $x_3 = 4$ oder $\boldsymbol{x}_{1\max}{}^T = (0 \quad 2 \quad 4)$.
Die Variablen x_4, x_5 und x_6 wurden beim Aufstellen der ersten Normalform eingeführt. Von ihnen wird nur verlangt, dass sie die Nichtnegativitätsbedingung erfüllen. Bei der Angabe der maximalen Lösung können sie weggelassen werden.

In der Basisdarstellung der Zielfunktion (der g-Zeile) stehen zwei Nullen. Der Simplexalgorithmus sagt, dass weitergerechnet werden muss. Es steht die Vermutung, dass es weitere maximale Lösungen gibt.

Das Minimum der g-Zeile ist kleiner als oder gleich null $g_1 = 0$ und $g_3 = 0$. Somit sind die Spalten x_1 und x_5 als Hauptspalte für die nächste Transformation geeignet.
Da nicht klar ist, wie viele weitere maximale Lösungen existieren, müssen die weiteren Schritte systematisch durchgeführt werden.

Es wird vorgeschlagen:
Falls die Wahl der Hauptspalte nicht eindeutig ist, weil z.B. das Minimum an zwei (oder mehreren) Stellen auftritt, wird die Spalte mit der Variablen, die den kleineren Index besitzt, als Hauptspalte genommen.

So kann später leichter überprüft werden, ob sich durch eine Basistransformation eine neue Basislösung ergibt.
Man sollte auch so verfahren, wenn sich in der q-Spalte zwei (oder mehrere) gleiche Quotienten ergeben.

Als Hauptspalte wird die Spalte x_1 gewählt, da der Index 1 kleiner ist als der Index 5.
Die q-Spalte ergibt sich dann zu $q_1 = \frac{2}{1} = 2$, $q_2 = \frac{4}{\frac{1}{2}} = 8$ und $q_3 = \frac{2}{0} = \%$.

3	NBV	x_1	x_6	x_5	*b*	
BV	−1	2	0	0	0	**q**
x_4	0	1	−1	1	2	2
x_3	4	$\frac{1}{2}$	0	$\frac{1}{2}$	4	8
x_2	2	0	1	−1	2	%
	g	0	2	0	20	

Das Minimum der q-Spalte liefert q_1, so dass folglich die x_4-Zeile als Hauptzeile zu benutzen ist.

Das Hauptelement ist bekannt, somit kann die Basistransformation durchgeführt werden.

Von dem Hauptelement a_{11} wird der Kehrwert gebildet und das Ergebnis wird in das neue (4.) Schema eingetragen.
Dann werden alle Elemente der Hauptspalte (Spalte x_1) neu berechnet, indem der vorhandene Wert durch das negative (alte) Hauptelement dividiert wird.
Alle Elemente der Hauptzeile (Zeile x_4) werden neu berechnet, indem der vorhandene Wert durch das (alte) Hauptelement 1 dividiert wird.
Alle übrigen Elemente werden nach der bereits bekannten Regel

$$a_{ij}' = a_{ij} - \frac{a_{is} \cdot a_{rj}}{a_{rs}} = \frac{a_{ij} \cdot a_{rs} - a_{is} \cdot a_{rj}}{a_{rs}}$$

ermittelt.

4	NBV	x_4	x_6	x_5	*b*	
BV	−1	0	0	0	0	**q**
x_1	2	1	−1	1	2	
x_3	4	$-\frac{1}{2}$	$\frac{1}{2}$	0	3	
x_2	2	0	1	−1	2	
	g	0	2	0	20	

Es ist eine neue maximale Lösung $x_1 = 2$, $x_2 = 2$, $x_3 = 3$ oder $\boldsymbol{x}_{2\,\max}^T = (2 \quad 2 \quad 3)$ entstanden.
Jede maximale Lösung muss natürlich der Zielfunktion das Maximum von $z_{\max} = 20$ zuweisen.

In der Basisdarstellung der Zielfunktion (in der g-Zeile) stehen weiterhin zwei Nullen. Diese Zeile hat sich durch die Basistransformation nicht verändert und wird sich auch nicht verändern, solange die 1. oder 3. Spalte als Hauptspalte benutzt wird.
Der Simplexalgorithmus besagt, dass weitergerechnet werden muss.

In der g-Zeile stehen zwei Nullen. Zunächst wird die Spalte, deren Variable den kleineren Index hat, gewählt. Der kleinere Index von x_4 und x_5 ist die 4.
Bei der Berechnung der q-Spalte entsteht nur in der x_1-Zeile der Wert 2. Die beiden anderen Quotienten werden nicht gebildet wegen der Division durch eine negative Zahl bzw. durch null.
Es ergibt sich die 1. Zeile (x_1-Zeile) als Hauptzeile und das Element a_{11} als Hauptelement.
Nach dem Tauschen der Basisvariablen x_1 mit der Nichtbasisvariablen x_4 und der Basistransformation entsteht das 3. Schema neu.
Diese Lösung ist aber bekannt. Es ist aber eine neue (weitere) maximale Lösung gesucht.

Nun wird die x_5-Spalte als Hauptspalte gewählt.

4	NBV	x_4	x_6	x_5	b	
BV	−1	0	0	0	0	**q**
x_1	2	1	−1	1	2	2
x_3	4	$-\frac{1}{2}$	$\frac{1}{2}$	0	3	%
x_2	2	0	1	−1	2	%
	g	0	2	0	20	

Die q-Spalte ergibt sich dann zu $q_1 = \frac{2}{1} = 2$, $q_2 = \frac{3}{0} = \%$ und $q_3 = \frac{2}{-1} = \%$.

Das Minimum der q-Spalte liefert q_1, so dass folglich die x_1-Zeile als Hauptzeile zu benutzen ist. Es werden die Variablen x_1 und x_5 einschließlich der Koeffizienten der Zielfunktion ausgetauscht.

Das Hauptelement ist bekannt, somit kann die Basistransformation durchgeführt werden.
Von dem Hauptelement a_{13} wird der Kehrwert gebildet und das Ergebnis wird in das neue (5.) Schema eingetragen.
Dann werden alle Elemente der Hauptspalte (Spalte x_5) neu berechnet, indem der vorhandene Wert durch das negative (alte) Hauptelement dividiert wird.
Alle Elemente der Hauptzeile (Zeile x_1) werden neu berechnet, indem der vorhandene Wert durch das (alte) Hauptelement 1 dividiert wird.
Alle übrigen Elemente werden nach der bereits bekannten Regel

$$a_{ij}' = a_{ij} - \frac{a_{is} \cdot a_{rj}}{a_{rs}} = \frac{a_{ij} \cdot a_{rs} - a_{is} \cdot a_{rj}}{a_{rs}}$$

ermittelt.

5	NBV	x_4	x_6	x_1	b	
BV	−1	0	0	2	0	**q**
x_5	0	1	−1	1	2	
x_3	4	$-\frac{1}{2}$	$\frac{1}{2}$	0	3	
x_2	2	1	0	1	4	
	g	0	2	0	20	

Es ist eine neue maximale Lösung $x_1 = 0$, $x_2 = 4$, $x_3 = 3$ oder $\boldsymbol{x}_{3\max}{}^T = (0 \quad 4 \quad 3)$ entstanden.

Der Simplexalgorithmus besagt, dass solange weitergerechnet wird, wie es in der g-Zeile Werte gibt, die null oder negativ sind, oder bis es keine neue maximale Lösung (neue Basisdarstellung) mehr gibt.

In der g-Zeile stehen zwei Nullen. Zunächst wird die Spalte, deren Variable den kleineren Index hat, gewählt. Der kleinere Index von x_1 und x_4 ist die 1.
Bei der Berechnung der q-Spalte $q_1 = \frac{2}{1} = 2$, $q_2 = \frac{3}{0} = \%$ und $q_3 = \frac{4}{1} = 4$ entsteht in der x_1-Zeile der Wert 2 sowie in der x_2-Zeile der Wert 4. Es ergibt sich die 1. Zeile (x_1-Zeile) als Hauptzeile und das Element a_{13} als Hauptelement.
Nach dem Tauschen der Basisvariablen x_5 mit der Nichtbasisvariablen x_1 und der Basistransformation entsteht das 4. Schema neu.
Diese Lösung ist aber bekannt. Es ist aber eine neue (weitere) maximale Lösung gesucht.

Nun wird die x_4-Spalte als Hauptspalte gewählt.

Bei der Berechnung der q-Spalte $q_1 = \frac{2}{1} = 2$, $q_2 = \frac{3}{-\frac{1}{2}} = \%$ und $q_3 = \frac{4}{1} = 4$ entsteht in der x_1-Zeile der Wert 2 sowie in der x_2-Zeile der Wert 4. Es ergibt sich die 1. Zeile (x_1-Zeile) als Hauptzeile und das Element a_{13} als Hauptelement.
Nach dem Tauschen der Basisvariablen x_5 mit der Nichtbasisvariablen x_4 und der Basistransformation entsteht das 3. Schema neu.
Diese Lösung ist aber auch bereits bekannt. Andere Möglichkeiten bei der Wahl der Hauptspalte bestehen nicht. Es kann folglich keine weitere maximale Lösung gefunden werden.

Dieses Optimierungsproblem besitzt drei maximale Basislösungen

$$\boldsymbol{x}_{1\,\max} = \begin{pmatrix} 0 \\ 2 \\ 4 \end{pmatrix}, \ \boldsymbol{x}_{2\,\max} = \begin{pmatrix} 2 \\ 2 \\ 3 \end{pmatrix} \text{und } \boldsymbol{x}_{3\,\max} = \begin{pmatrix} 0 \\ 4 \\ 3 \end{pmatrix}.$$

Nimmt die Zielfunktion ihr Maximum in mehr als einer zulässigen Basislösung an, und ist die Menge aller zulässigen Lösungen beschränkt, dann ist jede konvexe Linearkombination von optimalen Basislösungen wieder eine optimale Lösung.

Die Gesamtheit aller optimalen (maximalen) Lösungen werden durch die konvexe Linearkombination der drei optimalen Basislösungen

$$\boldsymbol{x}_{\max} = \begin{pmatrix} 0 \\ 2 \\ 4 \end{pmatrix} \cdot t_1 + \begin{pmatrix} 2 \\ 2 \\ 3 \end{pmatrix} \cdot t_2 + \begin{pmatrix} 0 \\ 4 \\ 3 \end{pmatrix} \cdot t_3 \text{ mit } t_1, t_2, t_3 \geq 0 \text{ und } t_1 + t_2 + t_3 = 1$$

beschrieben. Der Wert der Zielfunktion ergibt in jedem Fall $z_{\max} = 20$.

In dem folgenden Bild ist der Lösungsweg dieser Aufgabe dargestellt. Der zulässige Lösungsbereich in dem gegebenen Koordinatensystem erinnert an ein Tortenstück.

Die nummerierten Eckpunkte zeigen die berechneten zulässigen Basislösungen der einzelnen Schemata an.
Die Ecken 3, 4 und 5 sind die optimalen (maximalen) Basislösungen. Das Dreieck mit den Ecken 3, 4 und 5 stellt alle optimalen Lösungen dieser Aufgabe, die durch die konvexe Linearkombination beschrieben werden, dar.

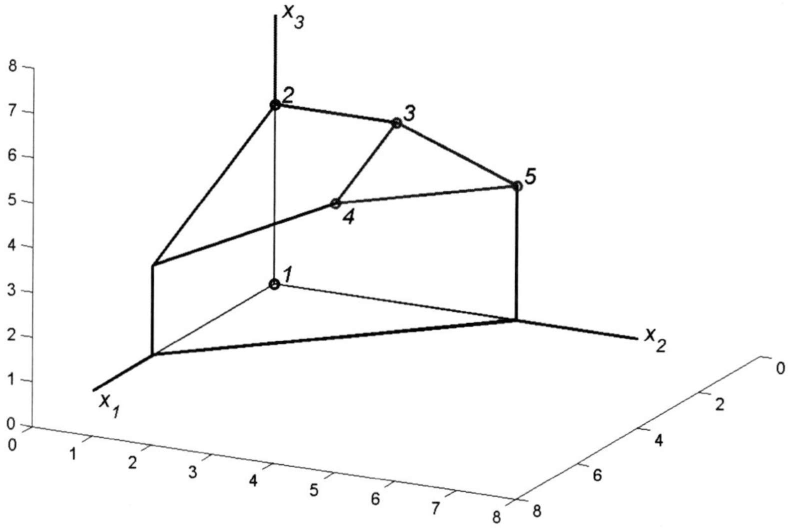

Bild 4.3.3 Zulässiger Lösungsbereich und maximale Punkte

Aufgabe 3.4
Die Zusammenstellung aller Aussagen ergibt das mathematische Modell für ein lineares Optimierungsproblem mit einer Zielfunktion, sieben Nebenbedingungen und gültigen Nichtnegativitätsbedingungen für die drei vorkommenden Variablen x_1, x_2 und x_3.

Zielfunktion	(*.1)	$z = 1 \cdot x_1 + 3 \cdot x_2 + 4 \cdot x_3 - 100 \rightarrow \max$
Nebenbedingungen	(*.2)	$x_1 + 2 \cdot x_2 + 3 \cdot x_3 \leq 120$
	(*.3)	$x_1 \geq 6$
	(*.4)	$x_1 \leq 30$
	(*.5)	$x_2 \geq 6$
	(*.6)	$x_2 \leq 30$
	(*.7)	$x_3 \geq 6$
	(*.8)	$x_3 \leq 30$
Nichtnegativitätsbedingung	(*.9)	$x_1 \geq 0, x_2 \geq 0, x_3 \geq 0$

Wie lautet die 1. Normalform dieses linearen Optimierungsproblems?
Lösen Sie diese Aufgabe mit dem Simplexalgorithmus.

Lösung

In einem linearen Optimierungsproblem in der ersten Normalform wird die Zielfunktion

$$z = c_0 + c_1 x_1 + c_2 x_2 + \ldots + c_n x_n \rightarrow \max$$

ein Maximum, deren Unbekannte $x_1, x_2, \ldots, x_n$ den Nebenbedingungen

$$\begin{array}{llllll} a_{11}x_1 & + a_{12}x_2 & \cdots & + a_{1n}x_n & = & b_1 \\ a_{21}x_1 & + a_{22}x_2 & & & = & b_2 \\ \vdots & & \ddots & & \vdots & \vdots \\ a_{m1}x_1 & \cdots & & + a_{mn}x_n & = & b_m \end{array}$$

und der Nichtnegativitätsbedingung $x_k \geq 0$ für $k = 1, 2, \ldots, n$ genügen.

Jedes lineare Optimierungsproblem kann in die erste Normalform umgeformt werden.
Liegt eine Nebenbedingung als Ungleichung[16]

$$a_{k1}x_1 \quad + \ldots \quad + a_{kn}x_n \quad \leq \quad b_k$$

vor, kann sie durch Einfügen einer Schlupfvariablen $x_s \geq 0$ in eine Gleichung

$$a_{k1}x_1 \quad + \ldots \quad + a_{kn}x_n \quad + x_s \quad = \quad b_k$$

umgeformt werden.

Die Nebenbedingung (*.2) $x_1 + 2 \cdot x_2 + 3 \cdot x_3 \leq 120$ wird in die 1. Normalform überführt, indem eine Schlupfvariable x_4, die die Nichtnegativitätsbedingung erfüllt, auf der linken Seite addiert wird

$$(*.2.1) \quad x_1 + 2 \cdot x_2 + 3 \cdot x_3 + x_4 = 120 .$$

Die Schlupfvariable x_4 wird ebenfalls Bestandteil der Zielfunktion, jedoch mit dem Koeffizienten null.

[16] Diese Ungleichung liegt in der 2. Normalform vor.

Liegt eine Nebenbedingung als Ungleichung[17]

$$a_{k1}x_1 \quad + \ldots \quad + a_{kn}x_n \quad \geq \quad b_k$$

vor, kann sie durch Multiplikation mit -1 in eine Ungleichung[18]

$$-a_{k1}x_1 \quad - \ldots \quad - a_{kn}x_n \quad \leq \quad -b_k$$

umgeformt werden.
Anschließend wird durch Einfügen einer Schlupfvariablen die erste Normalform erzeugt

$$-a_{k1}x_1 - \quad \ldots \quad -a_{kn}x_n + x_s = -b_k .$$

Die Nebenbedingung (*.3) $x_1 \geq 6$ wird in zwei Schritten in die 1. Normalform überführt, indem die Ungleichung zunächst mit -1 multipliziert wird

$$-x_1 \leq -6$$

und anschließend eine Schlupfvariable x_5, die die Nichtnegativitätsbedingung erfüllt, auf der linken Seite addiert wird

$$(*.3.1) \quad -x_1 + x_5 = -6 .$$

Die Schlupfvariable x_5 wird ebenfalls Bestandteil der Zielfunktion, jedoch mit dem Koeffizienten null.

Die Nebenbedingung (*.4) $x_1 \leq 30$ wird in die 1. Normalform überführt, indem eine Schlupfvariable x_6, die die Nichtnegativitätsbedingung erfüllt, auf der linken Seite addiert wird

$$(*.4.1\ ) \quad x_1 + x_6 = 30 .$$

Die Schlupfvariable x_6 wird ebenfalls Bestandteil der Zielfunktion, jedoch mit dem Koeffizienten null.

Die Nebenbedingung (*.5) $x_2 \geq 6$ wird in zwei Schritten in die 1. Normalform überführt, indem die Ungleichung zunächst mit -1 multipliziert wird

$$-x_2 \leq -6$$

und anschließend eine Schlupfvariable x_7, die die Nichtnegativitätsbedingung erfüllt, auf der linken Seite addiert wird

$$(*.5.1\ ) \quad -x_2 + x_7 = -6 .$$

Die Schlupfvariable x_7 wird ebenfalls Bestandteil der Zielfunktion, jedoch mit dem Koeffizienten null.

Die Nebenbedingung (*.6) $x_2 \leq 30$ wird in die 1. Normalform überführt, indem eine Schlupfvariable x_8, die die Nichtnegativitätsbedingung erfüllt, auf der linken Seite addiert wird

$$(*.6.1\ ) \quad x_2 + x_8 = 30 .$$

Die Schlupfvariable x_8 wird ebenfalls Bestandteil der Zielfunktion, jedoch mit dem Koeffizienten null.

---

[17] Eine Ungleichung $a \geq b$ wird zunächst in die 2. Normalform $a \leq b$ überführt.
[18] Eine Ungleichung $a > b$ wird mit -1 multipliziert, indem beide Seiten mit -1 multipliziert werden und das Relationszeichen umgedreht wird. Aus $a > b$ folgt $-a < -b$.

Die Nebenbedingung (*.7) $x_3 \geq 6$ wird in zwei Schritten in die 1. Normalform überführt, indem die Ungleichung zunächst mit -1 multipliziert wird

$$-x_3 \leq -6$$

und anschließend eine Schlupfvariable x_9, die die Nichtnegativitätsbedingung erfüllt, auf der linken Seite addiert wird

$$(*.7.1) \quad -x_3 + x_9 = -6 .$$

Die Schlupfvariable x_9 wird ebenfalls Bestandteil der Zielfunktion, jedoch mit dem Koeffizienten null.

Die Nebenbedingung (*.8) $x_3 \leq 30$ wird in die 1. Normalform überführt, indem eine Schlupfvariable x_{10}, die die Nichtnegativitätsbedingung erfüllt, auf der linken Seite addiert wird

$$(*.8.1) \quad x_3 + x_{10} = 30 .$$

Die Schlupfvariable x_{10} wird ebenfalls Bestandteil der Zielfunktion, jedoch mit dem Koeffizienten null.

Alle eingeführten Schlupfvariablen x_4, x_5, x_6, x_7, x_8, x_9 und x_{10} werden auch in die Zielfunktion aufgenommen.

Die Zielfunktion (*.1) $z = 1 \cdot x_1 + 3 \cdot x_2 + 4 \cdot x_3 - 100 \rightarrow \max$ lautet in der 1. Normalform

$$(*.1.1) \quad z = 1 \cdot x_1 + 3 \cdot x_2 + 4 \cdot x_3 + 0x_4 + 0x_5 + 0x_6 + 0x_7 + 0x_8 + 0x_9 + 0x_{10} - 100 \rightarrow \max .$$

Alle Variablen x_1, x_2, x_3, x_4, x_5, x_6, x_7, x_8, x_9 und x_{10} erfüllen die Nichtnegativitätsbedingung

$$(*.9.1) \quad x_1 \geq 0, x_2 \geq 0, x_3 \geq 0, x_4 \geq 0, x_5 \geq 0, x_6 \geq 0, x_7 \geq 0, x_8 \geq 0, x_9 \geq 0, x_{10} \geq 0 .$$

Die 1. Normalform eines linearen Optimierungsproblems ist ein möglicher Ausgangspunkt für eine Bestimmung der Lösung eines solchen Problems.

Die 1. Normalform dieses linearen Optimierungsproblems lautet

Zielfunktion $z = 1 \cdot x_1 + 3 \cdot x_2 + 4 \cdot x_3 + 0x_4 + 0x_5 + 0x_6 + 0x_7 + 0x_8 + 0x_9 + 0x_{10} - 100 \rightarrow \max$,

Nebenbedingungen

$$x_1 + 2 \cdot x_2 + 3 \cdot x_3 + x_4 = 120 ,$$
$$-x_1 + x_5 = -6,$$
$$x_1 + x_6 = 30 ,$$
$$-x_2 + x_7 = -6 ,$$
$$x_2 + x_8 = 30 ,$$
$$-x_3 + x_9 = -6 ,$$
$$x_3 + x_{10} = 30 ,$$

Nichtnegativitätsbedingung

$$x_1 \geq 0, x_2 \geq 0, x_3 \geq 0, x_4 \geq 0, x_5 \geq 0, x_6 \geq 0, x_7 \geq 0, x_8 \geq 0, x_9 \geq 0, x_{10} \geq 0 .$$

Das lineare Optimierungsproblem in der 1. Normalform besitzt drei Nebenbedingungen und zehn Variablen. Eine rechnerische Lösung soll mit dem Simplexalgorithmus bestimmt werden.

Die Simplexmethode kann benutzt werden, wenn

- das lineare Optimierungsproblem in der ersten Normalform vorliegt und
- eine zulässige Basislösung aus der Basisdarstellung bekannt ist.

Die erzeugte 1. Normalform besitzt ebenfalls die kanonische Form, aus der sehr leicht eine Basislösung ermittelt werden kann.

In dem hier verwendeten verkürzten Schema wird die Einheitsmatrix weggelassen, da sie aus der Kenntnis der Basisvariablen in jeder Zeile rekonstruiert werden kann und die Basisdarstellung der Zielfunktion als weitere Zeile hinzugefügt.

Das verkürzte Schema des Simplexalgorithmus entsteht aus dem vollständigen Schema durch Weglassen der Einheitsmatrix und durch zusätzliches Einfügen (Notieren) der Zielfunktion parallel zur Liste der Namen der benutzten Variablen. Die Elemente der Koeffizientenmatrix sind mit a_{ik} und die Koeffizienten der rechten Seite mit b_i bezeichnet. Die Basisdarstellung der Zielfunktion wird in der angefügten **g**-Zeile für jedes Schema berechnet.

	NBV	x_1	x_2	...	x_k	$\boldsymbol{b}$	
BV	-1	c_1	c_2	...	c_k	0	**q**
x_{k+1}	0	a_{11}	a_{12}	...	a_{1k}	b_1	q_1
x_{k+2}	0	a_{21}	a_{22}		a_{2k}	b_2	q_2
⋮	⋮	⋮			⋮	⋮	⋮
x_s	0						
x_n^*	$-$M	a_{m1}	...		a_{mk}	b_m	q_m
	$\mathbf{g}$	g_1	g_2	...	g_k	c	
	$\mathbf{g}^*$	g_1^*	g_2^*	...	g_k^*	c^*	
	p	p_1	p_2	...	p_k		

Die **g**- Zeile entsteht aus dem Skalarprodukt der zweiten Spalte mit den entsprechenden Spalten der Koeffizientenmatrix $\boldsymbol{A}$ und der rechten Seite $\boldsymbol{b}$. Der Anteil der $\mathbf{x}^*$-Variablen wird in eine eigene Zeile $\mathbf{g}^*$ geschrieben, die verschwindet, wenn keine künstlichen Variablen unter den Basisvariablen sind.

Zunächst werden die Zielfunktion und alle Nebenbedingungen in das verkürzte Rechenschema eingetragen. Von dem berechneten Wert der Zielfunktion soll ein Absolutbetrag abgezogen werden, der jedoch in dem Rechenschema zunächst vernachlässigt werden kann. Dieser Betrag $c_0 = -100$ muss natürlich von der Lösung im letzten Schema subtrahiert werden.

Die Spalten x_4 bis x_{10}, die zwischen x_3 und $\boldsymbol{b}$ stehen müssten, werden in diesem Schema nicht aufgeschrieben.
Die Spalte x_6 z.B. besteht nur aus Nullen und hat in der Zeile x_6 eine Eins.

Die Basisdarstellung der Zielfunktion steht in der g-Zeile.
Der Wert für g_1 ergibt sich aus $g_1 = -1\cdot 1 + 0\cdot(-1) + 0\cdot 1 + 0\cdot 0 + 0\cdot 0 + 0\cdot 0 + 0\cdot 0 + 0\cdot 1 = -1$.
Die Werte für g_2 und g_3 werden analog durch das Skalarprodukt

$$g_2 = -1\cdot 3 + 0\cdot 0 + 0\cdot 0 + 0\cdot(-1) + 0\cdot 1 + 0\cdot 0 + 0\cdot 0 + 0\cdot 2 = -3 \text{ und}$$

$$g_3 = -1\cdot 4 + 0\cdot 0 + 0\cdot 0 + 0\cdot 0 + 0\cdot 0 + 0\cdot(-1) + 0\cdot 1 + 0\cdot 3 = -4$$

berechnet.

In dem Schema wird auch laufend der aktuelle Wert der Zielfunktion c berechnet

$$c = -1 \cdot 0 + 0 \cdot (-6) + 0 \cdot 30 + 0 \cdot (-6) + 0 \cdot 30 + 0 \cdot (-6) + 0 \cdot 30 + 0 \cdot 120 = 0\,.$$

1	**NBV**	x_1	x_2	x_3	***b***	
BV	−1	1	3	4	0	**q**
x_4	0	1	2	3	120	
x_5	0	−1	0	0	−6	
x_6	0	1	0	0	30	
x_7	0	0	−1	0	−6	
x_8	0	0	1	0	30	
x_9	0	0	0	−1	−6	
x_{10}	0	0	0	1	30	
	g	−1	−3	−4	0	

Jede zulässige Lösung $\boldsymbol{x}$ eines linearen Optimierungsproblems erfüllt die Nebenbedingungen und die Nichtnegativitätsbedingung.
Die Lösungen für die Basisvariablen werden aus der Spalte ***b*** entnommen.

Dieses 1. Schema zeigt keine zulässige Basislösung in der zwar die Nichtbasisvariablen (NBV) x_1, x_2 und x_3 null sind und die Basisvariablen (BV) $x_4 = 120$, $x_6 = 30$, $x_8 = 30$ und $x_{10} = 30$ größer als null jedoch $x_5 = -6$, $x_7 = -6$ und $x_9 = -6$ kleiner als null sind.

Hat die Zielfunktion in der Basisdarstellung die Form

$$g_0 + g_1 x_1 + g_2 x_2 + \ldots + g_n x_n = c$$

mit $g_j \geq 0$ für $j = 0, 1, \ldots, n$, so ist jede zulässige Basislösung $\boldsymbol{x}$ der zugehörigen Basisdarstellung des linearen Optimierungsproblems auch maximale Lösung.

Der Wert für g_0 ist in dieser Aufgabe gleich −100 $g_0 = -100$. Eine maximale Lösung liegt in dem 1. Schema nicht vor, da $g_1 = -1$, $g_2 = -3$ und $g_3 = -4$ sind.

Unter Benutzung der Quotienten $q_i = \dfrac{b_i}{a_{is}}$ kann erreicht werden, dass man von einer zulässigen Basislösung ausgehend eine weitere zulässige Basislösung findet. Ist also eine zulässige Basislösung bekannt, werden in der Folge nur zulässige Basislösungen ermittelt, wenn man die Zeile mit dem kleinsten q_i zur Hauptzeile macht.

Der Wert der Zielfunktion vergrößert sich in jedem Simplexschritt, wenn das lineare Optimierungsproblem nicht ausgeartet ist.
Eine zulässige Basislösung wird ausgeartet genannt, wenn wenigstens eine Basisvariable null ist.

Dieses Schema ist nicht ausgeartet und besitzt keine zulässige Basislösung.

Mit der Simplexmethode wird eine andere Basisdarstellung des Problems bestimmt, die eine „günstigere" Form hat oder die die Unlösbarkeit zeigt. Diese andere Basisdarstellung wird ausgehend von einem Hauptelement (Kreuzelement, Pivotelement) mit der Basistransformation bestimmt.

Das Hauptelement befindet sich in der Hauptzeile und in der Hauptspalte.

Zur Bestimmung der Hauptspalte wird die g-Zeile benutzt. Von allen $g_j \leq 0$ wird das Minimum bestimmt. Die Spalte, in der das Minimum steht, wird die Hauptspalte.

In dem ersten Schema gibt es keine zulässige Basislösung. Es wird trotzdem ein Hauptelement bestimmt, wobei nur die zulässigen Zeilen (Zeilen in denen die rechte Seite größer als oder gleich null ist) benutzt werden.

Im 1. Schema ist die Spalte x_3 (da g_3 das Minimum ist) als Hauptspalte zu nehmen.

Man berechne die Quotienten $q_i = \frac{b_i}{a_{is}}$ für die positiven Koeffizienten der Hauptspalte und die nicht negativen Koeffizienten der b-Spalte.

Für den Quotienten q_1 ergibt sich $q_1 = \frac{120}{3} = 40$, $q_2 = \frac{-6}{0} = \%$ [19], $q_3 = \frac{30}{0} = \%$, $q_4 = \frac{-6}{0} = \%$, $q_5 = \frac{30}{0} = \%$, $q_6 = \frac{-6}{-1} = \%$ und $q_7 = \frac{30}{1} = 30$.

Das Minimum der q-Spalte wird als Hauptzeile genommen.

1	**NBV**	x_1	x_2	x_3	***b***	
BV	−1	1	3	4	0	**q**
x_4	0	1	2	3	120	40
x_5	0	−1	0	0	−6	%
x_6	0	1	0	0	30	%
x_7	0	0	−1	0	−6	%
x_8	0	0	1	0	30	%
x_9	0	0	0	−1	−6	%
x_{10}	0	0	0	1	30	30
	g	−1	−3	−4	0	

Das Element a_{73} wird als Hauptelement bestimmt.

1	**NBV**	x_1	x_2	x_3	***b***	
BV	−1	1	3	4	0	**q**
x_4	0	1	2	3	120	40
x_5	0	−1	0	0	−6	%
x_6	0	1	0	0	30	%
x_7	0	0	−1	0	−6	%
x_8	0	0	1	0	30	%
x_9	0	0	0	−1	−6	%
x_{10}	0	0	0	1	30	30
	g	−1	−3	−4	0	

Mit diesem Hauptelement wird eine Basistransformation in dem verkürzten Schema ausgeführt. Alle Rechnungen werden in dem alten (1.) Schema vorgenommen und das Resultat wird in das neue (2.) Schema eingetragen.

[19] Das Zeichen % steht für „dieser Quotient wird nicht bestimmt“.

Die Bezeichnungen aus dem 1. Schema werden weitgehend auf das 2. Schema übertragen. Die Variable x_{10} aus der siebten Zeile der Koeffizientenmatrix wird mit der Variablen x_3 aus der dritten Spalte getauscht. Gleichzeitig werden auch die zugehörigen Koeffizienten der Zielfunktion 0 und 4 ausgetauscht.

Die Basistransformation beginnt mit der Umrechnung des Hauptelementes. Von dem Hauptelement a_{73} wird der Kehrwert gebildet $a'_{73} = \frac{1}{1} = 1$ und das Ergebnis wird in das neue (2.) Schema eingetragen.

Dann werden alle Elemente der Hauptspalte (Spalte x_3) neu berechnet, indem der vorhandene Wert durch das negative (alte) Hauptelement dividiert wird. Für a_{13} ergibt sich $a'_{13} = \frac{3}{-1} = -3$, für $a'_{23} = \frac{0}{-1} = 0$, $a'_{33} = \frac{0}{-1} = 0$, $a'_{43} = \frac{0}{-1} = 0$, $a'_{53} = \frac{0}{-1} = 0$, $a'_{63} = \frac{-1}{-1} = 1$ und für $g'_3 = {}^{-4}\!/_{-1} = 4$.

Alle Elemente der Hauptzeile (Zeile x_5) werden neu berechnet, indem der vorhandene Wert durch das (alte) Hauptelement dividiert wird. Für a_{71} ergibt sich $a'_{71} = \frac{0}{1} = 0$, für $a'_{72} = {}^{0}\!/_{1} = 0$ und für $b'_7 = {}^{30}\!/_{1} = 30$.

Alle übrigen Elemente werden nach der bekannten Regel

$$a_{ij}' = a_{ij} - \frac{a_{is} \cdot a_{rj}}{a_{rs}} = \frac{a_{ij} \cdot a_{rs} - a_{is} \cdot a_{rj}}{a_{rs}}$$

ermittelt.

Die neuen Elemente $a'_{11} = 1 - \frac{0 \cdot 3}{1} = 1$, $a'_{12} = 2 - \frac{0 \cdot 3}{1} = 2$ und $b'_1 = 120 - \frac{3 \cdot 30}{1} = 30$ bilden die restlichen Elemente der Zeile x_4 in dem 2. Schema. Die dritte Zeile (x_5) berechnet sich nach $a'_{21} = -1 - \frac{0 \cdot 0}{1} = -1$, $a'_{22} = 0 - \frac{0 \cdot 0}{1} = 0$ und $b'_2 = -6 - \frac{0 \cdot 30}{1} = -6$.

In der Hauptspalte steht an der Stelle a_{23} eine Null. Als Konsequenz daraus zeigt sich, dass die x_5-Zeile unverändert bleibt. Das kann auf alle Nullen in der Hauptspalte übertragen werden. Gibt es eine Null in der Hauptzeile so bleiben analog bei der Neuberechnung der Tabelle die Elemente der entsprechenden Spalte unverändert.

Die Elemente der Zeilen für x_5, x_6, x_7 und x_8 sowie alle Elemente der Spalte x_1 und x_2 können unverändert in das nächste (2.) Schema übernommen werden.

Die neuen Elemente der g-Zeile werden nach der gleichen Formel berechnet. Es ergibt sich für $g'_1 = -1 - \frac{-4 \cdot 0}{1} = -1$, $g'_2 = -3 - \frac{0 \cdot (-4)}{1} = -3$ und $c' = 0 - \frac{-4 \cdot 30}{1} = 120$.

2	**NBV**	x_1	x_2	x_{10}	***b***	
BV	−1	1	3	0	0	**q**
x_4	0	1	2	−3	30	
x_5	0	−1	0	0	−6	
x_6	0	1	0	0	30	
x_7	0	0	−1	0	−6	
x_8	0	0	1	0	30	
x_9	0	0	0	1	24	
x_3	4	0	0	1	30	
	g	−1	−3	4	120	

Die Lösungen für die Basisvariablen stehen in der b-Spalte und die Lösungen für die Nichtbasisvariablen werden mit 0 angenommen.

Das zweite Schema beinhaltet eine weitere Basisdarstellung der Nebenbedingungen mit einer anderen Basislösung, in der die Nichtbasisvariablen (NBV) x_1, x_2 und x_{10} null sind und die Basisvariablen (BV) $x_4 = 30$, $x_6 = 30$, $x_8 = 30$, $x_9 = 24$ und $x_3 = 30$ größer als null sind, jedoch $x_5 = -6$ und $x_7 = -6$ kleiner als null sind. Das Schema beinhaltet keine zulässige Basislösung.
Ebenso hat sich der Wert der Zielfunktion verändert, er ist jetzt $c = 120$.

Folgt man dem Simplexalgorithmus, wird nach der Basistransformation geprüft, ob ein Maximum vorliegt. Ist das nicht der Fall, wird ein neues Hauptelement bestimmt und die Basistransformation wiederholt.
Im 2. Schema liegt kein Maximum vor, da der Wert g_2 negativ mit $g_2 = -3$ ist. Der Simplexalgorithmus arbeitet iterativ. Es wird durch wiederholte Basistransformationen versucht, das Maximum zu finden.

Das Minimum der g-Zeile ist kleiner als null $g_2 = -3$. Somit wird die Spalte x_2 als Hauptspalte für die nächste Transformation festgelegt.
Mit dieser Hauptspalte wird die q-Spalte berechnet $q_1 = \frac{30}{2} = 15$, $q_2 = \frac{-6}{0} = \%$, $q_3 = \frac{30}{0} = \%$, $q_4 = \frac{-6}{-1} = \%$, $q_5 = \frac{30}{1} = 30$, $q_6 = \frac{24}{0} = \%$ und $q_7 = \frac{30}{0} = \%$.
Das Minimum der q-Spalte liefert q_1, so dass folglich die x_4-Zeile als Hauptzeile zu benutzen ist.

Das Hauptelement ist bekannt, somit kann die Basistransformation durchgeführt werden.

2	**NBV**	x_1	x_2	x_{10}	***b***	
BV	−1	1	3	0	0	**q**
x_4	0	1	2	−3	30	15
x_5	0	−1	0	0	−6	%
x_6	0	1	0	0	30	%
x_7	0	0	−1	0	−6	%
x_8	0	0	1	0	30	30
x_9	0	0	0	1	24	%
x_3	4	0	0	1	30	%
	g	−1	−3	4	120	

Die Bezeichnungen aus dem 2. Schema werden weitgehend auf das 3. Schema übertragen. Die Variable x_4 aus der ersten Zeile der Koeffizientenmatrix wird mit der Variablen x_2 aus der zweiten Spalte getauscht. Gleichzeitig werden auch die zugehörigen Koeffizienten der Zielfunktion 0 und 3 ausgetauscht.

Von dem Hauptelement a_{12} wird der Kehrwert gebildet und das Ergebnis wird in das neue (3.) Schema eingetragen.
Dann werden alle Elemente der Hauptspalte (Spalte x_2) neu berechnet, indem der vorhandene Wert durch das negative (alte) Hauptelement dividiert wird.
Alle Elemente der Hauptzeile (Zeile x_4) werden neu berechnet, indem der vorhandene Wert durch das (alte) Hauptelement dividiert wird.

Alle übrigen Elemente werden nach der bereits bekannten Regel

$$a_{ij}' = a_{ij} - \frac{a_{is} \cdot a_{rj}}{a_{rs}} = \frac{a_{ij} \cdot a_{rs} - a_{is} \cdot a_{rj}}{a_{rs}}$$

ermittelt.

3	NBV	x_1	x_4	x_{10}	***b***	
BV	−1	1	0	0	0	**q**
x_2	3	$\frac{1}{2}$	$\frac{1}{2}$	$-\frac{3}{2}$	15	
x_5	0	−1	0	0	−6	
x_6	0	1	0	0	30	
x_7	0	$\frac{1}{2}$	$\frac{1}{2}$	$-\frac{3}{2}$	9	
x_8	0	$-\frac{1}{2}$	$-\frac{1}{2}$	$\frac{3}{2}$	15	
x_9	0	0	0	1	24	
x_3	4	0	0	1	30	
	g	$\frac{1}{2}$	$\frac{3}{2}$	$-\frac{1}{2}$	165	

Das dritte Schema beinhaltet eine weitere Basisdarstellung der Nebenbedingungen mit der Basislösung $x_1 = 0$, $x_2 = 15$, $x_3 = 30$, $x_4 = 0$, $x_5 = -6$, $x_6 = 30$, $x_7 = 9$, $x_8 = 15$, $x_9 = 24$ und $x_{10} = 0$, in der die Basisvariable (BV) $x_5 = -6$ kleiner als null ist. Der Wert der Zielfunktion hat sich auf $c = 165$ vergrößert.

Nach der Basistransformation wird geprüft, ob ein Maximum vorliegt. Ist das nicht der Fall, wird ein neues Hauptelement bestimmt und die Basistransformation wiederholt.
Im 3. Schema liegt kein Maximum vor, da nur eine zulässige Basislösung ein Maximum sein kann. Die Basislösung ist nicht zulässig, da $x_5 = -6$ kleiner als null ist. Außerdem ist $g_3 = -\frac{1}{2}$, also kleiner als null.
Das Minimum der g-Zeile ist kleiner als null $g_3 = -\frac{1}{2}$. Somit wird die Spalte x_{10} als Hauptspalte für die nächste Transformation festgelegt.
Mit dieser Hauptspalte wird die q-Spalte berechnet $q_1 = \frac{15}{-\frac{3}{2}} = \%$, $q_2 = \frac{-6}{0} = \%$, $q_3 = \frac{30}{0} = \%$, $q_4 = \frac{9}{-\frac{3}{2}} = \%$, $q_5 = \frac{15}{\frac{3}{2}} = 10$, $q_6 = \frac{24}{1} = 24$ und $q_7 = \frac{30}{1} = 30$.
Das Minimum der q-Spalte liefert q_5, so dass folglich die x_8-Zeile als Hauptzeile zu benutzen ist.

Das Hauptelement ist bekannt, somit kann die Basistransformation durchgeführt werden.

3	NBV	x_1	x_4	x_{10}	*b*	
BV	−1	1	0	0	0	**q**
x_2	3	$\frac{1}{2}$	$\frac{1}{2}$	$-\frac{3}{2}$	15	%
x_5	0	−1	0	0	−6	%
x_6	0	1	0	0	30	%
x_7	0	$\frac{1}{2}$	$\frac{1}{2}$	$-\frac{3}{2}$	9	%
x_8	0	$-\frac{1}{2}$	$-\frac{1}{2}$	$\frac{3}{2}$	15	10
x_9	0	0	0	1	24	24
x_3	4	0	0	1	30	30
	g	$\frac{1}{2}$	$\frac{3}{2}$	$-\frac{1}{2}$	165	

Die Bezeichnungen aus dem 3. Schema werden weitgehend auf das 4. Schema übertragen. Die Variable x_8 aus der fünften Zeile der Koeffizientenmatrix wird mit der Variablen x_{10} aus der dritten Spalte getauscht. Gleichzeitig werden auch die zugehörigen Koeffizienten der Zielfunktion 0 und 0 ausgetauscht.

Von dem Hauptelement a_{53} wird der Kehrwert gebildet und das Ergebnis wird in das neue (4.) Schema eingetragen.

Dann werden alle Elemente der Hauptspalte (Spalte x_{10}) neu berechnet, indem der vorhandene Wert durch das negative (alte) Hauptelement dividiert wird.

Alle Elemente der Hauptzeile (Zeile x_8) werden neu berechnet, indem der vorhandene Wert durch das (alte) Hauptelement dividiert wird.

Alle übrigen Elemente werden nach der bereits bekannten Regel

$$a_{ij}' = a_{ij} - \frac{a_{is} \cdot a_{rj}}{a_{rs}} = \frac{a_{ij} \cdot a_{rs} - a_{is} \cdot a_{rj}}{a_{rs}}$$

ermittelt.

4	NBV	x_1	x_4	x_8	*b*	
BV	−1	1	0	0	0	**q**
x_2	3	0	0	1	30	
x_5	0	−1	0	0	−6	
x_6	0	1	0	0	30	
x_7	0	0	0	1	24	
x_{10}	0	$-\frac{1}{3}$	$-\frac{1}{3}$	$\frac{2}{3}$	10	
x_9	0	$\frac{1}{3}$	$\frac{1}{3}$	$-\frac{2}{3}$	14	
x_3	4	$\frac{1}{3}$	$\frac{1}{3}$	$-\frac{2}{3}$	20	
	g	$\frac{1}{3}$	$\frac{4}{3}$	$\frac{1}{3}$	170	

Im 4. Schema liegt kein Maximum vor, da nur eine zulässige Basislösung ein Maximum sein kann. Die Basislösung ist nicht zulässig, da $x_5 = -6$ kleiner als null ist.

In der Basisdarstellung der Zielfunktion (g-Zeile) gibt es keine Koeffizienten, die kleiner oder gleich null sind. Um ein weiteres Hauptelement zu bestimmen, wird jetzt der duale Simplexalgorithmus bemüht.

Zunächst wird das Minimum der b-Spalte bestimmt. In der Zeile x_5 steht in der b-Spalte der Wert −6. Dieses Minimum ist kleiner als null und legt somit die Hauptzeile fest.

Nun wird die Hauptspalte bestimmt.

Man berechne die Quotienten $p_j = -\frac{g_j}{a_{rj}}$ für die negativen Koeffizienten der Hauptzeile und die nicht negativen Koeffizienten der **g**-Zeile.

Die Werte der p-Zeile sind $p_1 = -\frac{1/3}{-1} = \frac{1}{3}$, $p_2 = -\frac{4/3}{0} = \%$ und $p_3 = -\frac{1/3}{0} = \%$

4	**NBV**	x_1	x_4	x_8	***b***	
BV	−1	1	0	0	0	**q**
x_2	3	0	0	1	30	
x_5	0	−1	0	0	−6	
x_6	0	1	0	0	30	
x_7	0	0	0	1	24	
x_{10}	0	−1/3	−1/3	2/3	10	
x_9	0	1/3	1/3	−2/3	14	
x_3	4	1/3	1/3	−2/3	20	
	g	1/3	4/3	1/3	170	
	p	1/3	%	%		

Es existiert nur ein Quotient in der p-Zeile, der dann auch das Minimum darstellt. Die Spalte x_1 wird somit die nächste Hauptspalte und das Element a_{21} wird Hauptelement.
Die Bezeichnungen aus dem 4. Schema werden weitgehend auf das 5. Schema übertragen. Die Variable x_5 aus der zweiten Zeile der Koeffizientenmatrix wird mit der Variablen x_1 aus der ersten Spalte getauscht. Gleichzeitig werden auch die zugehörigen Koeffizienten der Zielfunktion 0 und 1 ausgetauscht.

Von dem Hauptelement a_{21} wird der Kehrwert gebildet und das Ergebnis wird in das neue (5.) Schema eingetragen.
Dann werden alle Elemente der Hauptspalte (Spalte x_1) neu berechnet, indem der vorhandene Wert durch das negative (alte) Hauptelement dividiert wird.

Alle Elemente der Hauptzeile (Zeile x_5) werden neu berechnet, indem der vorhandene Wert durch das (alte) Hauptelement dividiert wird.

Alle übrigen Elemente werden nach der bereits bekannten Regel

$$a_{ij}' = a_{ij} - \frac{a_{is} \cdot a_{rj}}{a_{rs}} = \frac{a_{ij} \cdot a_{rs} - a_{is} \cdot a_{rj}}{a_{rs}}$$

ermittelt.

Der Kehrwert des Hauptelementes ergibt wieder −1.
Die Division der Elemente der Hauptspalte durch das negative Hauptelement bedeutet eine Division durch 1. Die Elemente der Hauptspalte bleiben alle wie sie sind.

Die Elemente der Hauptzeile ergeben $a_{22} = \frac{0}{-1} = 0$, $a_{23} = \frac{0}{-1} = 0$ und $b_2 = \frac{-6}{-1} = 6$.

Alle Elemente der Spalte x_4 und x_8 bleiben erhalten, da in der Hauptzeile an diesen Plätzen eine Null steht. Die Elemente der x_2-Zeile und x_7-Zeile bleiben ebenfalls unverändert.

Neu zu berechnen sind $b_3' = 30 - \frac{1 \cdot (-6)}{-1} = 24$, $b_5' = 10 - \frac{-\frac{1}{3} \cdot (-6)}{-1} = 12$, $b_6' = 14 - \frac{\frac{1}{3} \cdot (-6)}{-1} = 12$,

$b_7' = 20 - \frac{\frac{1}{3} \cdot (-6)}{-1} = 18$ und $c' = 170 - \frac{\frac{1}{3} \cdot (-6)}{-1} = 168$

5	NBV	x_5	x_4	x_8	b
BV	−1	0	0	0	0
x_2	3	0	0	1	30
x_1	1	−1	0	0	6
x_6	0	1	0	0	24
x_7	0	0	0	1	24
x_{10}	0	$-1/3$	$-1/3$	$2/3$	12
x_9	0	$1/3$	$1/3$	$-2/3$	12
x_3	4	$1/3$	$1/3$	$-2/3$	18
	g	$1/3$	$4/3$	$1/3$	168

Nach der Basistransformation wird geprüft, ob ein Maximum vorliegt.

In der Basisdarstellung der Zielfunktion (g-Zeile) sind alle Koeffizienten größer als null. Die Nichtbasisvariablen x_4, x_5 und x_8 sind gleich null und die Basisvariablen sind $x_1 = 6$, $x_2 = 30$, $x_3 = 18$, $x_6 = 24$, $x_7 = 24$, $x_9 = 12$ und $x_{10} = 12$ alle größer als null.

Die Variablen x_4, x_5, … bis x_{10} wurden beim Aufstellen der ersten Normalform eingeführt. Von ihnen wird nur verlangt, dass sie die Nichtnegativitätsbedingung erfüllen. Bei der Angabe der maximalen Lösung können sie weggelassen werden.

Die Lösung der Optimierungsaufgabe lautet $x_1 = 6$, $x_2 = 30$, $x_3 = 18$.

Der Wert der Zielfunktion wird unten rechts mit $c = 168$ abgelesen. Nun muss daran erinnert werden, dass ein Festbetrag von $c_0 = -100$ in dem benutzten Simplexschema nicht berücksichtigt wird. Der endgültige Wert der Zielfunktion muss also korrigiert werden

$$z_{\max} = 168 - 100 = 68.$$

In dem folgenden Bild ist der Lösungsweg dieser Aufgabe dargestellt. Der zulässige Lösungsbereich in dem gegebenen Koordinatensystem ergibt den Rest eines Würfels, von dem durch einen geraden Schnitt drei Ecken gleichzeitig abgeschnitten wurden.

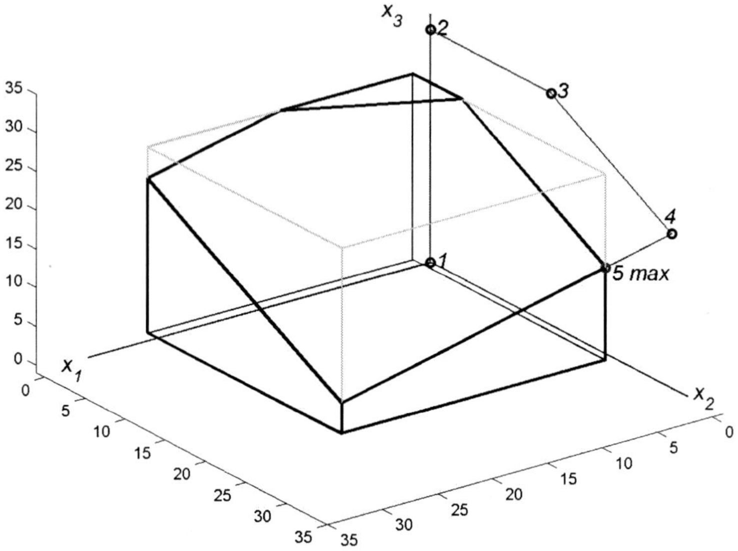

Bild 4.3.4 Zulässiger Lösungsbereich und maximale Lösung

Die nummerierten Eckpunkte (mit einem o markiert) zeigen die berechneten Basislösungen der einzelnen Schemata.
Die Ecken 1, 2, 3 und 4 sind keine zulässigen Basislösungen.
Die erste erzielte zulässige Basislösung ist gleichzeitig das Maximum dieser Aufgabe.

Aufgabe 3.5
Die Zusammenstellung aller Aussagen ergibt das mathematische Modell für ein lineares Optimierungsproblem mit einer Zielfunktion, vier Nebenbedingungen und den beiden vorkommenden Variablen x_1 und x_2, die die Nichtnegativitätsbedingung nicht erfüllen.

Zielfunktion	(*.1)	$z = 12 \cdot x_1 - 4 \cdot x_2 \to \min$
Nebenbedingungen	(*.2)	$-x_1 + x_2 \quad \leq 8$
	(*.3)	$x_1 + 3 \cdot x_2 \geq 6$
	(*.4)	$x_1 + 2 \cdot x_2 \leq 10$
	(*.5)	$-3 \cdot x_1 + x_2 \leq 12$
Nichtnegativitätsbedingung	(*.6)	x_1, x_2 beliebig

Wie lautet die 1. Normalform dieses linearen Optimierungsproblems?
Lösen Sie diese Aufgabe mit dem Simplexalgorithmus.

Lösung

In einem linearen Optimierungsproblem in der ersten Normalform wird die Zielfunktion

$$z = c_0 + c_1 x_1 + c_2 x_2 + \ldots + c_n x_n \to \max$$

ein Maximum, deren Unbekannte $x_1, x_2, \ldots, x_n$ den Nebenbedingungen

$$\begin{array}{lllll} a_{11}x_1 & + a_{12}x_2 & \cdots & + a_{1n}x_n & = & b_1 \\ a_{21}x_1 & + a_{22}x_2 & & & = & b_2 \\ \vdots & & \ddots & & \vdots & \vdots \\ a_{m1}x_1 & & \cdots & + a_{mn}x_n & = & b_m \end{array}$$

und der Nichtnegativitätsbedingung $x_k \geq 0$ für $k = 1, 2, \ldots, n$ genügen.

Jedes lineare Optimierungsproblem kann in die erste Normalform umgeformt werden. Diese Umformung soll hier in mehreren Schritten vorgenommen werden. Das ist günstiger, weil man dabei die einzelnen Schritte besser erklären kann.

Liegt eine Nebenbedingung als Ungleichung[20]

$$a_{k1}x_1 \quad + \ldots \quad + a_{kn}x_n \quad \leq \quad b_k$$

vor, kann sie durch Einfügen einer Schlupfvariablen $x_s \geq 0$ in eine Gleichung

$$a_{k1}x_1 \quad + \ldots \quad + a_{kn}x_n \quad + x_s \quad = \quad b_k$$

umgeformt werden.

Die Nebenbedingung (*.2) $-x_1 + x_2 \quad \leq 8$ wird in die 1. Normalform überführt, indem eine Schlupfvariable x_3, die die Nichtnegativitätsbedingung erfüllt, auf der linken Seite addiert wird

$$(*.2.1) \quad -x_1 + x_2 + x_3 = 8 .$$

[20] Diese Ungleichung liegt in der 2. Normalform vor.

Die Schlupfvariable x_3 wird ebenfalls Bestandteil der Zielfunktion, jedoch mit dem Koeffizienten null.

Die Nebenbedingung (*.3) $x_1 + 3 \cdot x_2 \geq 6$ wird in zwei Schritten in die 1. Normalform überführt, indem die Ungleichung zunächst mit -1 multipliziert wird

$$-x_1 - 3 \cdot x_2 \leq -6$$

und anschließend eine Schlupfvariable x_4, die die Nichtnegativitätsbedingung erfüllt, auf der linken Seite addiert wird

$$(*.3.1) \quad -x_1 - 3 \cdot x_2 + x_4 = -6 .$$

Die Schlupfvariable x_4 wird ebenfalls Bestandteil der Zielfunktion, jedoch mit dem Koeffizienten null.

Die Nebenbedingung (*.4) $x_1 + 2 \cdot x_2 \leq 10$ wird in die 1. Normalform überführt, indem eine Schlupfvariable x_5, die die Nichtnegativitätsbedingung erfüllt, auf der linken Seite addiert wird

$$(*.4.1) \quad x_1 + 2 \cdot x_2 + x_5 = 10 .$$

Die Schlupfvariable x_5 wird ebenfalls Bestandteil der Zielfunktion, jedoch mit dem Koeffizienten null.

Die Nebenbedingung (*.5) $-3 \cdot x_1 + x_2 \leq 12$ wird in die 1. Normalform überführt, indem eine Schlupfvariable x_6, die die Nichtnegativitätsbedingung erfüllt, auf der linken Seite addiert wird

$$(*.5.1) \quad -3 \cdot x_1 + x_2 + x_6 = 12 .$$

Die Schlupfvariable x_6 wird ebenfalls Bestandteil der Zielfunktion, jedoch mit dem Koeffizienten null.

Eine Zielfunktion

$$z = c_1 x_1 + c_2 x_2 + \ldots + c_n x_n \to \min$$

wird durch Multiplikation mit -1 in eine gleichwertige Ersatzfunktion

$$z' = -z = -c_1 x_1 - c_2 x_2 - \ldots - c_n x_n \to \max$$

umgeformt, die der ersten Normalform genügt.

Die Zielfunktion (*.1) $z = 12 \cdot x_1 - 4 \cdot x_2 \to \min$ muss zunächst durch Multiplikation mit -1 in eine Maximumfunktion umgeformt werden $z' = -12 \cdot x_1 + 4 \cdot x_2 \to \max$. Alle eingeführten Schlupfvariablen x_3, x_4, x_5 und x_6 werden auch in die Zielfunktion aufgenommen. Die Zielfunktion (*.1) lautet in der 1. Normalform

$$(*.1.1) \quad z' = -12 \cdot x_1 + 4 \cdot x_2 + 0 \cdot x_3 + 0x_4 + 0x_5 + 0x_6 \to \max .$$

Die Variablen x_3, x_4, x_5 und x_6 erfüllen die Nichtnegativitätsbedingung jedoch die Variablen x_1 und x_2 nicht. In der 1. Normalform müssen alle Variablen die Nichtnegativitätsbedingung erfüllen. Das wird für x_1 und x_2 erreicht, indem diese Variablen in allen Gleichungen durch jeweils zwei neue Variablen ersetzt werden $x_1 = x_{11} - x_{12}$ bzw. $x_2 = x_{21} - x_{22}$

$$(*.1.2) \quad z' = -12 \cdot (x_{11} - x_{12}) + 4 \cdot (x_{21} - x_{22}) + 0 \cdot x_3 + 0x_4 + 0x_5 + 0x_6 \to \max .$$

$$(*.2.2)\quad -(x_{11}-x_{12})+(x_{21}-x_{22})+x_3=8,$$
$$(*.3.2)\quad -(x_{11}-x_{12})-3\cdot(x_{21}-x_{22})+x_4=-6,$$
$$(*.4.2)\quad x_{11}-x_{12}+2\cdot(x_{21}-x_{22})+x_5=10,$$
$$(*.5.2)\quad -3\cdot(x_{11}-x_{12})+x_{21}-x_{22}+x_6=12,$$

und

$$(*.6.1)\quad x_{11}\geq 0, x_{12}\geq 0, x_{21}\geq 0, x_{22}\geq 0, x_3\geq 0, x_4\geq 0, x_5\geq 0, x_6\geq 0.$$

Die 1. Normalform eines linearen Optimierungsproblems ist ein möglicher Ausgangspunkt für eine Bestimmung der Lösung eines solchen Problems.

Die 1. Normalform dieses linearen Optimierungsproblems lautet

Zielfunktion

$$z'=-12\cdot x_{11}+12\cdot x_{12}+4\cdot x_{21}-4\cdot x_{22}+0\cdot x_3+0x_4+0x_5+0x_6\to\max,$$

Nebenbedingungen
$$-x_{11}+x_{12}+x_{21}-x_{22}+x_3=8,$$
$$-x_{11}+x_{12}-3\cdot x_{21}+3\cdot x_{22}+x_4=-6,$$
$$x_{11}-x_{12}+2\cdot x_{21}-2\cdot x_{22}+x_5=10,$$
$$-3\cdot x_{11}+3\cdot x_{12}+x_{21}-x_{22}+x_6=12$$

Nichtnegativitätsbedingung $x_{11}\geq 0, x_{12}\geq 0, x_{21}\geq 0, x_{22}\geq 0, x_3\geq 0, x_4\geq 0, x_5\geq 0, x_6\geq 0$.

Das lineare Optimierungsproblem in der 1. Normalform besitzt vier Nebenbedingungen und acht Variablen. Eine rechnerische Lösung soll mit dem Simplexalgorithmus bestimmt werden.

Die Simplexmethode kann benutzt werden, wenn
- das lineare Optimierungsproblem in der ersten Normalform vorliegt und
- eine zulässige Basislösung aus der Basisdarstellung bekannt ist.

In dem hier verwendeten verkürzten Schema wird die Einheitsmatrix weggelassen, da sie aus der Kenntnis der Basisvariablen in jeder Zeile rekonstruiert werden kann und die Basisdarstellung der Zielfunktion als weitere Zeile hinzugefügt.

Das verkürzte Schema des Simplexalgorithmus entsteht aus dem vollständigen Schema durch Weglassen der Einheitsmatrix und durch zusätzliches Einfügen (Notieren) der Zielfunktion parallel zur Liste der Namen der benutzten Variablen. Die Elemente der Koeffizientenmatrix sind mit a_{ik} und die Koeffizienten der rechten Seite mit b_i bezeichnet. Die Basisdarstellung der Zielfunktion wird in der angefügten **g**-Zeile für jedes Schema berechnet.

	NBV	x_1	x_2	...	x_k	***b***	
BV	-1	c_1	c_2	...	c_k	0	**q**
x_{k+1}	0	a_{11}	a_{12}	...	a_{1k}	b_1	q_1
x_{k+2}	0	a_{21}	a_{22}		a_{2k}	b_2	q_2
$\vdots$	$\vdots$	$\vdots$			$\vdots$	$\vdots$	$\vdots$
x_s	0						
x_n^*	$-M$	a_{m1}	...		a_{mk}	b_m	q_m
	$\mathbf{g}$	g_1	g_2	...	g_k	c	
	$\mathbf{g}^*$	g_1^*	g_2^*	...	g_k^*	c^*	
	p	p_1	p_2	...	p_k		

Die **g**- Zeile entsteht aus dem Skalarprodukt der zweiten Spalte mit den entsprechenden Spalten der Koeffizientenmatrix $\boldsymbol{A}$ und der rechten Seite $\boldsymbol{b}$. Der Anteil der $\mathbf{x}^*$-Variablen wird in eine eigene Zeile $\mathbf{g}^*$ geschrieben, die verschwindet, wenn keine künstlichen Variablen unter den Basisvariablen sind.

Zunächst werden die Zielfunktion und alle Nebenbedingungen in das verkürzte Rechenschema eingetragen. Die Spalten x_3 bis x_6, die zwischen x_{22} und $\boldsymbol{b}$ stehen müssten, werden in diesem Schema nicht aufgeschrieben.
Die Spalte x_6 z.B. besteht nur aus Nullen und hat in der Zeile x_6 eine Eins.

Der Wert für g_1 ergibt sich aus $g_1 = -1\cdot(-12)+0\cdot(-1)+0\cdot(-1)+0\cdot 1+0\cdot(-3)=12$.
Der Wert für g_2 wird analog durch das Skalarprodukt
$g_2 = -1\cdot 12+0\cdot 1+0\cdot 1+0\cdot(-1)+0\cdot 3=-12$, $g_3 = -1\cdot 4+0\cdot 1+0\cdot(-3)+0\cdot 2+0\cdot 1=-4$ und
$g_4 = -1\cdot(-4)+0\cdot(-1)+0\cdot 3+0\cdot(-2)+0\cdot(-1)=4$.
In dem Schema wird auch laufend der aktuelle Wert der Zielfunktion c berechnet
$c = -1\cdot 0+0\cdot 8+0\cdot(-6)+0\cdot 10+0\cdot 12=0$.

Eine Variable x^* gibt es in dieser Aufgabe nicht, somit existiert auch keine g^*-Zeile.

1	**NBV**	x_{11}	x_{12}	x_{21}	x_{22}	$\boldsymbol{b}$	
BV	−1	−12	12	4	−4	0	**q**
x_3	0	−1	1	1	−1	8	
x_4	0	−1	1	−3	3	−6	
x_5	0	1	−1	2	−2	10	
x_6	0	−3	3	1	−1	12	
	g	12	−12	−4	4	0	

Jede zulässige Lösung $\boldsymbol{x}$ eines linearen Optimierungsproblems erfüllt die Nebenbedingungen und die Nichtnegativitätsbedingung.
Dieses 1. Schema zeigt eine Basislösung in der die Nichtbasisvariablen (NBV) x_{11}, x_{12}, x_{21} und x_{22} null sind und die Basisvariablen (BV) $x_3 = 8$, $x_4 = -6$, $x_5 = 10$ und $x_6 = 12$ sind. Die Variable $x_4 = -6$ verletzt die Nichtnegativitätsbedingung, somit zeigt das 1. Schema keine zulässige Basislösung. Für die Variablen x_1 und x_2 ergeben sich die Werte $x_1 = x_{11} - x_{12} = 0-0=0$ und $x_2 = x_{21} - x_{22} = 0-0=0$.
Die Lösungen für die Basisvariablen werden aus der Spalte $\boldsymbol{b}$ entnommen.

Hat die Zielfunktion in der Basisdarstellung die Form

$$g_0 + g_1x_1 + g_2x_2 + \ldots + g_nx_n = c$$

mit $g_j \geq 0$ für $j = 0, 1, \ldots, n$, so ist jede zulässige Basislösung $\boldsymbol{x}$ der zugehörigen Basisdarstellung des linearen Optimierungsproblems auch maximale Lösung.

Der Wert für g_0 ist in dieser Aufgabe gleich null $g_0 = 0$. Eine maximale Lösung liegt in dem 1. Schema nicht vor, da keine zulässige Basislösung existiert und $g_2 = -12$ sowie $g_3 = -4$ negativ sind.

Unter Benutzung der Quotienten $q_i = \frac{b_i}{a_{is}}$ kann erreicht werden, dass man von einer zulässigen Basislösung ausgehend eine weitere zulässige Basislösung findet. Ist also eine zulässige Basislösung bekannt, werden in der Folge nur zulässige Basislösungen ermittelt, wenn man die Zeile mit dem kleinsten q_i zur Hauptzeile macht.
Der Wert der Zielfunktion vergrößert sich in jedem Simplexschritt, wenn das lineare Optimierungsproblem nicht ausgeartet ist.
Eine zulässige Basislösung wird ausgeartet genannt, wenn wenigstens eine Basisvariable null ist. Dieses Schema ist nicht ausgeartet.

Mit der Simplexmethode wird eine andere Basisdarstellung des Problems bestimmt, die eine „günstigere“ Form hat oder die die Unlösbarkeit zeigt. Diese andere Basisdarstellung wird ausgehend von einem Hauptelement (Kreuzelement, Pivotelement) mit der Basistransformation bestimmt. Die Simplexmethode kann auch verwendet werden, wenn in dem aktuellen Schema keine zulässige Basislösung existiert. Durch die Simplexmethode wird in einem späteren Schema eine erste zulässige Basislösung gefunden, wenn es eine gibt.

Das Hauptelement befindet sich in der Hauptzeile und in der Hauptspalte.
Zur Bestimmung der Hauptspalte wird die g-Zeile benutzt. Von allen $g_j \leq 0$ wird das Minimum bestimmt. Die Spalte, in der das Minimum steht, wird die Hauptspalte.

Im 1. Schema ist die Spalte x_{12} (da g_3 das Minimum ist) als Hauptspalte zu nehmen.
Man berechne die Quotienten $q_i = \frac{b_i}{a_{is}}$ für die positiven Koeffizienten der Hauptspalte und die nicht negativen Koeffizienten der b-Spalte.
Für den Quotienten q_1 ergibt sich $q_1 = \frac{8}{1} = 8$, $q_2 = \frac{-6}{1} = \%$[21], für $q_3 = \frac{10}{-1} = \%$ und $q_4 = \frac{12}{3} = 4$.

1	NBV	x_{11}	x_{12}	x_{21}	x_{22}	***b***	
BV	−1	−12	12	4	−4	0	**q**
x_3	0	−1	1	1	−1	8	8
x_4	0	−1	1	−3	3	−6	%
x_5	0	1	−1	2	−2	10	%
x_6	0	−3	3	1	−1	12	4
	g	12	−12	−4	4	0	

Das Minimum der q-Spalte wird als Hauptzeile genommen.

1	NBV	x_{11}	x_{12}	x_{21}	x_{22}	***b***	
BV	−1	−12	12	4	−4	0	**q**
x_3	0	−1	1	1	−1	8	8
x_4	0	−1	1	−3	3	−6	%
x_5	0	1	−1	2	−2	10	%
x_6	0	−3	3	1	−1	12	4
	g	12	−12	−4	4	0	

[21] Das Zeichen % steht für „dieser Quotient wird nicht bestimmt“.

Das Element a_{42} wird als Hauptelement bestimmt. Mit diesem Hauptelement wird eine Basistransformation in diesem verkürzten Schema ausgeführt. Alle Rechnungen werden in dem alten (1.) Schema vorgenommen und das Resultat wird in das neue (2.) Schema eingetragen.

Die Bezeichnungen aus dem 1. Schema werden weitgehend auf das 2. Schema übertragen. Die Variable x_6 aus der vierten Zeile der Koeffizientenmatrix wird mit der Variablen x_{12} aus der zweiten Spalte getauscht. Gleichzeitig werden auch die zugehörigen Koeffizienten der Zielfunktion 0 und 12 ausgetauscht.

Die Basistransformation beginnt mit der Umrechnung des Hauptelementes. Von dem Hauptelement a_{42} wird der Kehrwert gebildet $a'_{42} = \frac{1}{3}$ und das Ergebnis wird in das neue (2.) Schema eingetragen.
Dann werden alle Elemente der Hauptspalte (Spalte x_{12}) neu berechnet, indem der vorhandene Wert durch das negative (alte) Hauptelement dividiert wird. Für a_{12} ergibt sich $a'_{12} = \frac{1}{-3} = -\frac{1}{3}$, für $a'_{22} = \frac{1}{-3} = -\frac{1}{3}$, für $a'_{32} = \frac{-1}{-3} = \frac{1}{3}$ und für $g'_2 = \frac{-12}{-3} = 4$.
Alle Elemente der Hauptzeile (Zeile x_6) werden neu berechnet, indem der vorhandene Wert durch das (alte) Hauptelement dividiert wird. Für a_{41} ergibt sich $a'_{41} = \frac{-3}{3} = -1$, für $a'_{43} = \frac{1}{3}$, für $a'_{44} = \frac{-1}{3} = -\frac{1}{3}$ und für $b'_4 = \frac{12}{3} = 4$.

Alle übrigen Elemente werden nach der bekannten Regel

$$a_{ij}' = a_{ij} - \frac{a_{is} \cdot a_{rj}}{a_{rs}} = \frac{a_{ij} \cdot a_{rs} - a_{is} \cdot a_{rj}}{a_{rs}}$$

ermittelt.
Die neuen Elemente $a'_{11} = -1 - \frac{-3 \cdot 1}{3} = 0$, $a'_{13} = 1 - \frac{1 \cdot 1}{3} = \frac{2}{3}$, $a'_{14} = -1 - \frac{1 \cdot (-1)}{3} = -\frac{2}{3}$ und $b'_1 = 8 - \frac{1 \cdot 12}{3} = 4$ bilden die restlichen Elemente der Zeile x_3 in dem 2. Schema. Die zweite Zeile (x_4) berechnet sich nach $a'_{21} = -1 - \frac{-3 \cdot 1}{3} = 0$, $a'_{23} = -3 - \frac{1 \cdot 1}{3} = -\frac{10}{3}$, $a'_{24} = 3 - \frac{1 \cdot (-1)}{3} = \frac{10}{3}$ und $b'_2 = -6 - \frac{1 \cdot 12}{3} = -10$. Die dritte Zeile ($x_5$) berechnet sich nach $a'_{31} = 1 - \frac{-3 \cdot (-1)}{3} = 0$, $a'_{33} = 2 - \frac{1 \cdot (-1)}{3} = \frac{7}{3}$, $a'_{34} = -2 - \frac{(-1) \cdot (-1)}{3} = -\frac{7}{3}$ und $b'_2 = 10 - \frac{(-1) \cdot 12}{3} = 14$.

Die neuen Elemente der g-Zeile werden nach der gleichen Formel berechnet. Es ergibt sich für $g'_1 = 12 - \frac{-3 \cdot (-12)}{3} = 0$, $g'_3 = -4 - \frac{1 \cdot (-12)}{3} = 0$, $g'_4 = 4 - \frac{(-1) \cdot (-12)}{3} = 0$ und $c' = 0 - \frac{-12 \cdot 12}{3} = 48$.

2	**NBV**	x_{11}	x_6	x_{21}	x_{22}	***b***	
BV	–1	–12	0	4	–4	0	**q**
x_3	0	0	$-1/3$	$2/3$	$-2/3$	4	
x_4	0	0	$-1/3$	$-10/3$	$10/3$	–10	
x_5	0	0	$1/3$	$7/3$	$-7/3$	14	
x_{12}	12	–1	$1/3$	$1/3$	$-1/3$	4	
	g	0	4	0	0	48	

Die Lösungen für die Basisvariablen stehen in der b-Spalte und die Lösungen für die Nichtbasisvariablen werden mit 0 angenommen.
Das zweite Schema beinhaltet eine weitere Basisdarstellung der Nebenbedingungen mit einer anderen Basislösung, in der die Nichtbasisvariablen (NBV) x_{11}, x_{21}, x_{22} und x_6 null sind und die Basisvariablen (BV) $x_3 = 4$, $x_4 = -10$, $x_5 = 14$, $x_{12} = 4$ sind. Hieraus ergibt sich für $x_1 = x_{11} - x_{12} = 0 - 4 = -4$.
Ebenso hat sich der Wert der Zielfunktion verändert, er ist jetzt $c = 48$.

Folgt man dem Simplexalgorithmus, wird nach der Basistransformation geprüft, ob ein Maximum vorliegt. Ist das nicht der Fall, wird ein neues Hauptelement bestimmt und die Basistransformation wiederholt.
Im 2. Schema liegt kein Maximum vor, da der Wert $x_4 = -10$ negativ ist. Nur eine zulässige Basislösung kann eine maximale Lösung sein. Der Simplexalgorithmus arbeitet iterativ. Es wird durch wiederholte Basistransformationen versucht, das Maximum zu finden.

Das Minimum der g-Zeile ist gleich null $g_1 = 0$, $g_3 = 0$ und $g_4 = 0$. Somit kommen drei Spalten in die engere Auswahl, als Hauptspalte für die nächste Transformation festgelegt zu werden.
Falls die Wahl der Hauptspalte nicht eindeutig ist, weil z.B. das Minimum an zwei (oder mehreren) Stellen auftritt, wird die Spalte mit der Variablen, die den kleineren Index besitzt, als Hauptspalte genommen. So kann später leichter überprüft werden, ob sich durch eine Basistransformation eine neue Basislösung ergibt.
Man sollte auch so verfahren, wenn sich in der q-Spalte zwei (oder mehrere) gleiche Quotienten ergeben.

Als Hauptspalte wird die Spalte x_{11} gewählt. Für die Hauptspalte x_{11} kann kein q-Wert berechnet werden. Somit wird diese Spalte verworfen.
Danach wird die Spalte x_{21} als Hauptspalte gewählt. Mit dieser Hauptspalte wird die q-Spalte berechnet $q_1 = \frac{4}{2/3} = 6$, $q_2 = \frac{-10}{-10/3} = \%$, $q_3 = \frac{14}{7/3} = 6$ und $q_4 = \frac{4}{1/3} = 12$.
Das Minimum in der q-Spalte existiert in zwei Zeilen für q_1 und q_3. Bei gleichen Quotienten wird wiederum die Zeile, deren Variable den kleineren Index besitzt (folglich die x_3-Zeile), als Hauptzeile benutzt.

Das Hauptelement ist bekannt, somit kann die Basistransformation durchgeführt werden.

2	NBV	x_{11}	x_6	x_{21}	x_{22}	*b*	
BV	−1	−12	0	4	−4	0	**q**
x_3	0	0	$-1/3$	$2/3$	$-2/3$	4	6
x_4	0	0	$-1/3$	$-10/3$	$10/3$	−10	%
x_5	0	0	$1/3$	$7/3$	$-7/3$	14	6
x_{12}	12	−1	$1/3$	$1/3$	$-1/3$	4	12
	g	0	4	0	0	48	

Von dem Hauptelement a_{13} wird der Kehrwert gebildet und das Ergebnis wird in das neue (3.) Schema eingetragen.
Dann werden alle Elemente der Hauptspalte (Spalte x_{21}) neu berechnet, indem der vorhandene Wert durch das negative (alte) Hauptelement dividiert wird.

Alle Elemente der Hauptzeile (Zeile x_3) werden neu berechnet, indem der vorhandene Wert durch das (alte) Hauptelement dividiert wird.
Alle übrigen Elemente werden nach der bereits bekannten Regel

$$a_{ij}' = a_{ij} - \frac{a_{is} \cdot a_{rj}}{a_{rs}} = \frac{a_{ij} \cdot a_{rs} - a_{is} \cdot a_{rj}}{a_{rs}}$$

ermittelt.

3	NBV	x_{11}	x_6	x_3	x_{22}	b	
BV	−1	−12	0	0	−4	0	**q**
x_{21}	4	0	$-\frac{1}{2}$	$\frac{3}{2}$	−1	6	
x_4	0	0	−2	5	0	10	
x_5	0	0	$\frac{3}{2}$	$-\frac{7}{2}$	0	0	
x_{12}	12	−1	$\frac{1}{2}$	$-\frac{1}{2}$	0	2	
	g	0	4	0	0	48	

Das dritte Schema beinhaltet eine erste zulässige Basisdarstellung der Nebenbedingungen mit der Basislösung $x_{11} = 0$, $x_{12} = 2$, $x_{21} = 6$, $x_{22} = 0$, $x_3 = 0$, $x_4 = 10$, $x_5 = 0$ und $x_6 = 0$, in der die Basisvariablen (BV) x_{12}, x_{21}, x_4 und x_5 alle größer als oder gleich null und die Nichtbasisvariablen x_{11}, x_{22}, x_3 und x_6 gleich null sind. Der Wert der Zielfunktion hat sich mit $c = 48$ nicht vergrößert. Außerdem liegt ein entartetes Schema vor, da die Basisvariable x_5 gleich null ist.

Nach der Basistransformation wird geprüft, ob ein Maximum vorliegt. Ist das nicht der Fall, wird ein neues Hauptelement bestimmt und die Basistransformation wiederholt.
Im 3. Schema liegt ein Maximum vor, da eine zulässige Basislösung abgelesen werden kann und die Werte $g_1 = g_3 = g_4 = 0$ sowie $g_2 = 2$ nicht negativ sind.
Die maximale Lösung heißt $x_1 = x_{11} - x_{12} = 0 - 2 = -2$ und $x_2 = x_{21} - x_{22} = 6 - 0 = 6$ oder $\boldsymbol{x}_{1\,\max}{}^T = (-2 \quad 6)$.
Die Variablen x_3, x_4, x_5 und x_6 wurden beim Aufstellen der ersten Normalform eingeführt. Von ihnen wird nur verlangt, dass sie die Nichtnegativitätsbedingung erfüllen. Bei der Angabe der maximalen Lösung können sie weggelassen werden.

In der Basisdarstellung der Zielfunktion (der g-Zeile) stehen drei Nullen. Der Simplexalgorithmus sagt, dass weitergerechnet werden muss. Es steht die Vermutung, dass es weitere maximale Lösungen gibt.

Das Minimum der g-Zeile ist kleiner als oder gleich null $g_1 = 0$, $g_3 = 0$ und $g_4 = 0$. Somit sind die Spalten x_{11}, x_3 und x_{22} als Hauptspalte für die nächste Transformation geeignet.
Da nicht klar ist, wie viele weitere maximale Lösungen existieren, werden die weiteren Schritte systematisch durchgeführt.

Falls die Wahl der Hauptspalte nicht eindeutig ist, weil z.B. das Minimum an zwei (oder mehreren) Stellen auftritt, wird die Spalte mit der Variablen, die den kleineren Index besitzt, als Hauptspalte genommen.

Als Hauptspalte wird die Spalte x_{11} gewählt, da der Index 1 kleiner ist als der Index 2. Es kann kein Quotient mit der rechten Seite $\boldsymbol{b}$ und der Hauptspalte x_{11} gebildet werden. Diese Spalte ist als Hauptspalte ungeeignet.

Dann wird als Hauptspalte wird die Spalte x_{22} gewählt, da der Index 2 kleiner ist als der Index 3. Es kann ebenfalls kein Quotient mit der rechten Seite $\boldsymbol{b}$ und der Hauptspalte x_{22} gebildet werden. Diese Spalte ist als Hauptspalte ebenfalls ungeeignet.

Dann wird als Hauptspalte wird die Spalte x_3 gewählt.

Die q-Spalte ergibt sich dann zu $q_1 = \frac{6}{3/2} = 4$, $q_2 = \frac{10}{5} = 2$, $q_3 = \frac{0}{-7/2} = \%$ und $q_4 = \frac{0}{-1/2} = \%$.

3	NBV	x_{11}	x_6	x_3	x_{22}	$\boldsymbol{b}$	
BV	−1	−12	0	0	−4	0	**q**
x_{21}	4	0	$-1/2$	$3/2$	−1	6	4
x_4	0	0	−2	5	0	10	2
x_5	0	0	$3/2$	$-7/2$	0	0	%
x_{12}	12	−1	$1/2$	$-1/2$	0	2	%
	g	0	4	0	0	48	

Das Minimum der q-Spalte liefert q_2, so dass folglich die x_4-Zeile als Hauptzeile zu benutzen ist.

Das Hauptelement ist bekannt, somit kann die Basistransformation durchgeführt werden.
Von dem Hauptelement a_{23} wird der Kehrwert gebildet und das Ergebnis wird in das neue (4.) Schema eingetragen.
Dann werden alle Elemente der Hauptspalte (Spalte x_3) neu berechnet, indem der vorhandene Wert durch das negative (alte) Hauptelement dividiert wird.
Alle Elemente der Hauptzeile (Zeile x_4) werden neu berechnet, indem der vorhandene Wert durch das (alte) Hauptelement 1 dividiert wird.
Alle übrigen Elemente werden nach der bereits bekannten Regel

$$a_{ij}' = a_{ij} - \frac{a_{is} \cdot a_{rj}}{a_{rs}} = \frac{a_{ij} \cdot a_{rs} - a_{is} \cdot a_{rj}}{a_{rs}}$$

ermittelt.

4	NBV	x_{11}	x_6	x_4	x_{22}	$\boldsymbol{b}$	
BV	−1	−12	0	0	−4	0	**q**
x_{21}	4	0	$1/10$	$-3/10$	−1	3	
x_3	0	0	$-4/10$	$2/10$	0	2	
x_5	0	0	$1/10$	$7/10$	0	7	
x_{12}	12	−1	$3/10$	$1/10$	0	3	
	g	0	4	0	0	48	

Die nächste maximale Lösung heißt $x_1 = x_{11} - x_{12} = 0 - 3 = -3$ und $x_2 = x_{21} - x_{22} = 3 - 0 = 3$ oder $\boldsymbol{x}_{1\max}{}^T = (-3 \quad 3)$.
Jede maximale Lösung muss natürlich der Zielfunktion das Maximum von $z_{\max} = 48$ zuweisen.

In der Basisdarstellung der Zielfunktion (in der g-Zeile) stehen weiterhin drei Nullen. Diese Zeile hat sich durch die Basistransformation nicht verändert und wird sich auch nicht verändern, solange die 1., 3. oder 4. Spalte als Hauptspalte benutzt wird.

Der Simplexalgorithmus besagt, dass weitergerechnet werden muss.

In der g-Zeile stehen drei Nullen. Zunächst wird die Spalte, deren Variable den kleineren Index hat, gewählt. Der kleinere Index von x_{11}, x_{22} und x_4 ist die 1.
Als Hauptspalte wird die Spalte x_{11} gewählt, da der Index 1 kleiner ist als der Index 2. Es kann kein Quotient mit der rechten Seite $\boldsymbol{b}$ und der Hauptspalte x_{11} gebildet werden. Diese Spalte ist als Hauptspalte ungeeignet.

Dann wird als Hauptspalte wird die Spalte x_{22} gewählt, da der Index 2 kleiner ist als der Index 4. Es kann ebenfalls kein Quotient mit der rechten Seite $\boldsymbol{b}$ und der Hauptspalte x_{22} gebildet werden. Diese Spalte ist als Hauptspalte ebenfalls ungeeignet.

Bei der Berechnung der q-Spalte mit der Hauptspalte x_4 entstehen $q_1 = \frac{3}{-3/10} = \%$, $q_2 = \frac{2}{2/10} = 10$, $q_3 = \frac{7}{7/10} = 10$ und $q_4 = \frac{3}{1/10} = 30$.

Es gibt in der q-Spalte das Minimum 10 zweimal. Wird die x_3-Zeile als Hauptzeile ausgewählt, ergeben sich die Basisvariablen x_{12}, x_{21}, x_4 und x_5. Das sind jedoch die Basisvariablen aus dem 3ten Schema. Dieses Hauptelement führt nach der Basistransformation auf das bereits bekannte 3. Schema.
Wird die x_5-Zeile als Hauptzeile ausgewählt, ergeben sich die Basisvariablen x_{12}, x_{21}, x_3 und x_4. Diese Kombination der Basisvariablen kommt in keinem der bekannten (berechneten) Schemata vor. Deshalb wird das Element a_{33} als nächstes Hauptelement benutzt.

4	NBV	x_{11}	x_6	x_4	x_{22}	$\boldsymbol{b}$	
BV	−1	−12	0	0	−4	0	**q**
x_{21}	4	0	$1/10$	$-3/10$	−1	3	%
x_3	0	0	$-4/10$	$2/10$	0	2	10
x_5	0	0	$1/10$	$7/10$	0	7	10
x_{12}	12	−1	$3/10$	$1/10$	0	3	30
	$\boldsymbol{g}$	0	4	0	0	48	

Es ergibt sich die 3. Zeile (x_5-Zeile) als Hauptzeile und das Element a_{33} als Hauptelement.
Nach dem Tauschen der Basisvariablen x_5 mit der Nichtbasisvariablen x_4 und der Basistransformation entsteht das 5. Schema neu.

5	NBV	x_{11}	x_6	x_5	x_{22}	$\boldsymbol{b}$	
BV	−1	−12	0	0	−4	0	**q**
x_{21}	4	0	$1/7$	$3/7$	−1	6	
x_3	0	0	$-3/7$	$-2/7$	0	0	
x_4	0	0	$1/7$	$10/7$	0	10	
x_{12}	12	−1	$2/7$	$-1/7$	0	2	
	$\boldsymbol{g}$	0	4	0	0	48	

Die maximale Lösung heißt $x_1 = x_{11} - x_{12} = 0 - 2 = -2$ und $x_2 = x_{21} - x_{22} = 6 - 0 = 6$ oder $\boldsymbol{x}_{3\,\max}{}^T = (-2 \quad 6)$.

Diese Lösung ist aber bereits bekannt. Die Variable x_3 ist null, das 5. Schema ist entartet. Es gibt für den Punkt P(–2; 6) zwei verschiedene Basisdarstellungen, das sind die Basisdarstellung aus dem 3. Schema und die aus dem 5. Schema. Man beachte, dass die Schlupfvariablen x_3, x_4 und x_5 in beiden Basislösungen die gleichen Werte haben.

Im Bild 4.3.5 ist zu erkennen, dass eine Nebenbedingung überflüssig ist. Gibt es noch eine neue (weitere) maximale Lösung?

Der Simplexalgorithmus besagt, dass solange weitergerechnet wird, wie es in der g-Zeile Werte gibt, die null oder negativ sind, oder bis es keine neue maximale Lösung (neue Basisdarstellung) mehr gibt.

In der g-Zeile stehen drei Nullen. Zunächst wird die Spalte, deren Variable den kleineren Index hat, gewählt. Der kleinere Index von x_{11} und x_{22} ist die 1. Bereits bei der Suche nach einem Hauptelement im 4 Schema wird festgestellt, dass die Spalten x_{11} und x_{22} als Hauptspalte ungeeignet sind. Mit diesen Spalten gibt es keinen zulässigen Quotienten in der q-Spalte.

Bei der Berechnung der q-Spalte mit der x_5-Spalte ergeben sich für $q_1 = \frac{6}{3/7} = 14$, $q_2 = \frac{0}{-2/7} = \%$, $q_3 = \frac{10}{10/7} = 7$ und $q_4 = \frac{0}{-1/7} = \%$. Es ergibt sich die 3. Zeile (x_4-Zeile) als Hauptzeile und das Element a_{33} als Hauptelement.

Nach dem Tauschen der Basisvariablen x_4 mit der Nichtbasisvariablen x_5 und der Basistransformation entsteht das 3. Schema neu.

Diese Lösung ist aber bekannt. Andere Möglichkeiten bei der Wahl der Hauptspalte bestehen nicht. Es kann folglich keine weitere maximale Lösung gefunden werden.

Dieses Optimierungsproblem besitzt zwei maximale Basislösungen

$$\boldsymbol{x}_{1\,\max} = \begin{pmatrix} -2 \\ 6 \end{pmatrix} \text{ und } \boldsymbol{x}_{2\,\max} = \begin{pmatrix} -3 \\ 3 \end{pmatrix}.$$

Der Wert der Zielfunktion $z' = -12 \cdot x_1 + 4 \cdot x_2 \to \max$ mit $z' = -z = -12 \cdot (-2) + 4 \cdot 6 = 48$ bzw. $z' = -z = -12 \cdot (-3) + 4 \cdot 3 = 48$ kann ebenfalls dem Schema mit $c = 48$ (unten rechts) entnommen werden.

Aus der Zielfunktion $z = 12 \cdot x_1 - 4 \cdot x_2 \to \min$ wurde in Vorbereitung auf den Simplexalgorithmus die Ersatzzielfunktion

$$z' = -12 \cdot x_{11} + 12 \cdot x_{12} + 4 \cdot x_{21} - 4 \cdot x_{22} + 0 \cdot x_3 + 0x_4 + 0x_5 + 0x_6 \to \max$$

aufgestellt. Das Minimum der Zielfunktion (*.1) und das Maximum der Ersatzfunktion (*.1.2) liegen an derselben Stelle.

Der Wert der Zielfunktion $z = -z'$ muss noch zurück gerechnet werden $z_{\min} = -z'_{\max} = -48$.

Nimmt die Zielfunktion ihr Minimum in mehr als einer zulässigen Basislösung an, und ist die Menge aller zulässigen Lösungen beschränkt, dann ist jede konvexe Linearkombination von optimalen Basislösungen wieder eine optimale Lösung.

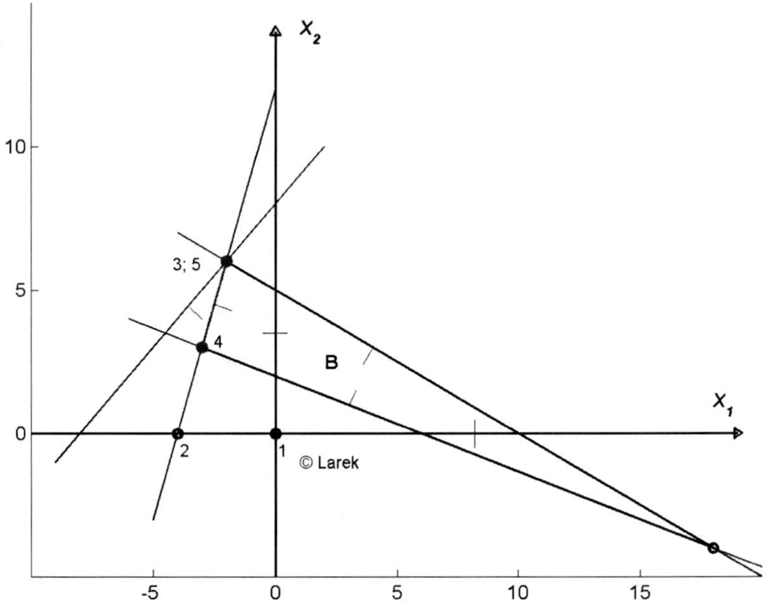

Bild 4.3.5 Lösung liegt auf einer Kante des zulässigen Lösungsbereiches

Die Gesamtheit aller optimalen (minimalen) Lösungen wird durch die konvexe Linearkombination der optimalen Basislösungen

$$\boldsymbol{x}_{\max} = x_{\min} = \begin{pmatrix} -2 \\ 6 \end{pmatrix} \cdot t_1 + \begin{pmatrix} -3 \\ 3 \end{pmatrix} \cdot t_2 \text{ mit } t_1, t_2 \geq 0 \text{ und } t_1 + t_2 = 1$$

beschrieben. Der Wert der Zielfunktion ergibt in jedem Fall $z_{\min} = -z_{\max} = -48$.

In dem Bild ist der Lösungsweg dieser Aufgabe dargestellt. Der zulässige Lösungsbereich in dem gegebenen Koordinatensystem stellt ein Dreieck dar.

Die nummerierten Eckpunkte zeigen die berechneten Basislösungen der einzelnen Schemata an. Die Ecken 3, 4 und 5 sind die optimalen (maximalen) Basislösungen aus dem 3., 4. und 5. Schema. Die Punkte 3 und 5 fallen zusammen. Die Strecke zwischen den Ecken 3 und 4 stellt alle optimalen Lösungen dieser Aufgabe, die durch die konvexe Linearkombination beschrieben werden, dar.

Aufgabe 3.6
Die Zusammenstellung aller Aussagen ergibt das mathematische Modell für ein lineares Optimierungsproblem mit einer Zielfunktion, drei Nebenbedingungen und gültigen Nichtnegativitätsbedingungen für die vorkommenden Variablen x_1 und x_2.

Zielfunktion	(*.1)	$z = 3 \cdot x_1 + 2 \cdot x_2 \to \min$
Nebenbedingungen	(*.2)	$x_1 + 3x_2 \geq 18$
	(*.3)	$x_1 + x_2 \geq 12$
	(*.4)	$2x_1 + x_2 \geq 16$
Nichtnegativitätsbedingung	(*.5)	$x_1 \geq 0, x_2 \geq 0$

Lösen Sie diese Aufgabe mit dem Simplexalgorithmus.

Lösung

Das vorliegende Optimierungsproblem wird auf zwei verschiedenen Wegen gelöst. Zunächst wird der Weg benutzt mit dem die vorhergehenden Aufgaben bearbeitet werden. Als Alternative wird das zugehörige duale Optimierungsproblem gelöst. Ein Vergleich beider Lösungswege zeigt wichtige Gemeinsamkeiten.

Lösungsvariante 1

In einem linearen Optimierungsproblem in der ersten Normalform wird die Zielfunktion

$$z = c_0 + c_1 x_1 + c_2 x_2 + \ldots + c_n x_n \to \max$$

ein Maximum, deren Unbekannte $x_1, x_2, \ldots, x_n$ den Nebenbedingungen

$$\begin{array}{llllll} a_{11}x_1 & + a_{12}x_2 & \cdots & + a_{1n}x_n & = & b_1 \\ a_{21}x_1 & + a_{22}x_2 & & & = & b_2 \\ \vdots & & \ddots & & \vdots & \vdots \\ a_{m1}x_1 & \cdots & & + a_{mn}x_n & = & b_m \end{array}$$

und der Nichtnegativitätsbedingung $x_k \geq 0$ für $k = 1, 2, \ldots, n$ genügen.

Jedes lineare Optimierungsproblem kann in die erste Normalform umgeformt werden.

Liegt eine Nebenbedingung als Ungleichung[22]

$$a_{k1}x_1 \quad + \ldots \quad + a_{kn}x_n \quad \geq \quad b_k$$

vor, kann sie durch Multiplikation mit -1 in eine Ungleichung[23]

$$- a_{k1}x_1 \quad - \ldots \quad - a_{kn}x_n \quad \leq \quad - b_k$$

umgeformt werden.

---

[22] Eine Ungleichung $a \geq b$ wird zunächst in die 2. Normalform $a \leq b$ überführt.

[23] Eine Ungleichung $a > b$ wird mit -1 multipliziert, indem beide Seiten mit -1 multipliziert werden und das Relationszeichen umgedreht wird. Aus $a > b$ folgt $-a < -b$.

Anschließend wird durch Einfügen einer Schlupfvariablen die erste Normalform erzeugt

$$-a_{k1}x_1 - \quad ... \quad -a_{kn}x_n + y_s = -b_k .$$

In Vorbereitung auf den Vergleich der beiden Lösungsvarianten werden die Schlupfvariablen mit y_k bezeichnet.

Die Nebenbedingung (*.2) $x_1 + 3x_2 \quad \geq 18$ wird in zwei Schritten in die 1. Normalform überführt, indem die Ungleichung zunächst mit -1 multipliziert wird

$$-x_1 - 3x_2 \quad \leq -18$$

und anschließend eine Schlupfvariable y_1, die die Nichtnegativitätsbedingung erfüllt, auf der linken Seite addiert wird

$$(*.2.1) \quad -x_1 - 3x_2 + y_1 \quad = -18 .$$

Die Schlupfvariable y_1 wird ebenfalls Bestandteil der Zielfunktion, jedoch mit dem Koeffizienten null.

Die Nebenbedingung (*.3) $x_1 + x_2 \quad \geq 12$ wird ebenfalls in zwei Schritten in die 1. Normalform überführt, indem die Ungleichung zunächst mit -1 multipliziert wird

$$-x_1 - x_2 \quad \leq -12$$

und anschließend eine Schlupfvariable y_2, die die Nichtnegativitätsbedingung erfüllt, auf der linken Seite addiert wird

$$(*.3.1) \quad -x_1 - x_2 + y_2 \quad = -12 .$$

Die Schlupfvariable y_2 wird ebenfalls Bestandteil der Zielfunktion, jedoch mit dem Koeffizienten null.

Die Nebenbedingung (*.4) $2x_1 + x_2 \quad \geq 16$ wird ebenfalls in zwei Schritten in die 1. Normalform überführt, indem die Ungleichung zunächst mit -1 multipliziert wird

$$-2x_1 - x_2 \quad \leq -16$$

und anschließend eine Schlupfvariable y_3, die die Nichtnegativitätsbedingung erfüllt, auf der linken Seite addiert wird

$$(*.4.1) \quad -2x_1 - x_2 + y_3 \quad = -16 .$$

Die Schlupfvariable y_3 wird ebenfalls Bestandteil der Zielfunktion, jedoch mit dem Koeffizienten null.

Alle eingeführten Schlupfvariablen y_1, y_2 und y_3 werden auch in die Zielfunktion aufgenommen. Die Zielfunktion (*.1) $z = 3 \cdot x_1 + 2 \cdot x_2 \to \min$ lautet in der 1. Normalform

$$(*.1.1) \quad z' = -z = -3 \cdot x_1 - 2 \cdot x_2 + 0y_1 + 0y_2 + 0y_3 \to \max .$$

Alle Variablen x_1, x_2, y_1, y_2 und y_3 erfüllen die Nichtnegativitätsbedingung

$$(*.5.1) \quad x_1 \geq 0, x_2 \geq 0, y_1 \geq 0, y_2 \geq 0, y_3 \geq 0 .$$

Die 1. Normalform eines linearen Optimierungsproblems ist ein möglicher Ausgangspunkt für eine Bestimmung der Lösung eines solchen Problems.

Die 1. Normalform dieses linearen Optimierungsproblems lautet

Zielfunktion	$z = -3 \cdot x_1 - 2 \cdot x_2 + 0 \cdot y_1 + 0 \cdot y_2 + 0 \cdot y_3 \to \max$,
Nebenbedingungen	$-x_1 - 3x_2 + y_1 = -18$,
	$-x_1 - x_3 + y_2 = -12$,
	$-2x_1 - x_2 + y_3 = -16$,
Nichtnegativitätsbedingung	$x_1 \geq 0, x_2 \geq 0, y_1 \geq 0, y_2 \geq 0, y_3 \geq 0$.

Das lineare Optimierungsproblem in der 1. Normalform besitzt drei Nebenbedingungen und fünf Variablen. Eine rechnerische Lösung soll mit dem Simplexalgorithmus bestimmt werden.

Die Simplexmethode kann benutzt werden, wenn
- das lineare Optimierungsproblem in der ersten Normalform vorliegt und
- eine zulässige Basislösung aus der Basisdarstellung bekannt ist.

In dem hier verwendeten verkürzten Schema wird die Einheitsmatrix weggelassen, da sie aus der Kenntnis der Basisvariablen in jeder Zeile rekonstruiert werden kann und die Basisdarstellung der Zielfunktion als weitere Zeile hinzugefügt.

Das verkürzte Schema des Simplexalgorithmus entsteht aus dem vollständigen Schema durch Weglassen der Einheitsmatrix und durch zusätzliches Einfügen (Notieren) der Zielfunktion parallel zur Liste der Namen der benutzten Variablen. Die Elemente der Koeffizientenmatrix sind mit a_{ik} und die Koeffizienten der rechten Seite mit b_i bezeichnet. Die Basisdarstellung der Zielfunktion wird in der angefügten **g**-Zeile für jedes Schema berechnet.

	NBV	x_1	x_2	...	x_k	$\boldsymbol{b}$	
BV	-1	c_1	c_2	...	c_k	0	**q**
x_{k+1}	0	a_{11}	a_{12}	...	a_{1k}	b_1	q_1
x_{k+2}	0	a_{21}	a_{22}		a_{2k}	b_2	q_2
⋮	⋮	⋮			⋮	⋮	⋮
x_s	0						
x_n^*	$-M$	a_{m1}	...		a_{mk}	b_m	q_m
	$\boldsymbol{g}$	g_1	g_2	...	g_k	c	
	$\boldsymbol{g}^*$	g_1^*	g_2^*	...	g_k^*	c^*	
	p	p_1	p_2	...	p_k		

Die **g**- Zeile entsteht aus dem Skalarprodukt der zweiten Spalte mit den entsprechenden Spalten der Koeffizientenmatrix $\boldsymbol{A}$ und der rechten Seite $\boldsymbol{b}$. Der Anteil der $\mathbf{x}^*$-Variablen wird in eine eigene Zeile $\mathbf{g}^*$ geschrieben, die verschwindet, wenn keine künstlichen Variablen unter den Basisvariablen sind.

Zunächst werden die Zielfunktion und alle Nebenbedingungen in das verkürzte Rechenschema eingetragen. Die Spalten y_1 bis y_3, die zwischen x_2 und $\boldsymbol{b}$ stehen müssten, werden in diesem Schema nicht aufgeschrieben.
Die Spalte y_2 z.B. besteht nur aus Nullen und hat in der Zeile y_2 eine Eins.

Der Wert für g_1 ergibt sich aus $g_1 = -1 \cdot (-3) + 0 \cdot (-1) + 0 \cdot (-1) + 0 \cdot (-2) = 3$. Der Wert für g_2 wird analog durch das Skalarprodukt $g_2 = -1 \cdot (-2) + 0 \cdot (-3) + 0 \cdot (-1) + 0 \cdot (-1) = 2$.

In dem Schema wird auch laufend der aktuelle Wert der Zielfunktion c berechnet
$c = -1 \cdot 0 + 0 \cdot (-18) + 0 \cdot (-12) + 0 \cdot (-16) = 0$.

Eine Variable x^* gibt es in dieser Aufgabe nicht, somit existiert auch keine g^*-Zeile.

1	**NBV**	x_1	x_2	***b***	
BV	−1	−3	−2	0	**q**
y_1	0	−1	−3	−18	
y_2	0	−1	−1	−12	
y_3	0	−2	−1	−16	
	g	3	2	0	

Jede zulässige Lösung $\boldsymbol{x}$ eines linearen Optimierungsproblems erfüllt die Nebenbedingungen und die Nichtnegativitätsbedingung.

Dieses 1. Schema zeigt keine zulässige Basislösung in der die Nichtbasisvariablen (NBV) x_1 und x_2 null sind und die Basisvariablen (BV) $y_1 = -18$, $y_2 = -12$ und $y_3 = -16$ alle kleiner als null sind.
Die Lösungen für die Basisvariablen werden aus der Spalte ***b*** entnommen.

Hat die Zielfunktion in der Basisdarstellung die Form

$$g_0 + g_1x_1 + g_2x_2 + ... + g_nx_n = c$$

mit $g_j \geq 0$ für $j = 0, 1, ..., n$, so ist jede zulässige Basislösung $\boldsymbol{x}$ der zugehörigen Basisdarstellung des linearen Optimierungsproblems auch maximale Lösung.

Der Wert für g_0 ist in dieser Aufgabe gleich null $g_0 = 0$. Eine maximale Lösung liegt in dem 1. Schema nicht vor, da keine zulässige Basislösung bekannt ist.

Der Wert der Zielfunktion vergrößert sich in jedem Simplexschritt, wenn eine zulässige Basislösung bekannt ist und das lineare Optimierungsproblem nicht ausgeartet ist.

Eine zulässige Basislösung wird ausgeartet genannt, wenn wenigstens eine Basisvariable null ist. Dieses Schema ist nicht ausgeartet.

Mit der Simplexmethode wird eine andere Basisdarstellung des Problems bestimmt, die eine „günstigere" Form hat oder die die Unlösbarkeit zeigt. Diese andere Basisdarstellung wird ausgehend von einem Hauptelement (Kreuzelement, Pivotelement) mit der Basistransformation bestimmt.

Das Hauptelement befindet sich in der Hauptzeile und in der Hauptspalte.

Zur Bestimmung der Hauptspalte wird die g-Zeile benutzt. Von allen $g_j \leq 0$ wird das Minimum bestimmt. Es kann keine Hauptspalte ermittelt werden da alle g_j größer als null sind.

In der Basisdarstellung der Zielfunktion (g-Zeile) gibt es keine Koeffizienten, die kleiner oder gleich null sind. Um ein weiteres Hauptelement zu bestimmen, wird jetzt der duale Simplexalgorithmus bemüht.

Zunächst wird das Minimum der b-Spalte bestimmt. In der Zeile y_1 steht in der b-Spalte der Wert −18. Dieses Minimum ist kleiner als null und legt somit die Hauptzeile fest.

Nun wird die Hauptspalte bestimmt.

Man berechne die Quotienten $p_j = -\frac{g_j}{a_{rj}}$ für die negativen Koeffizienten der Hauptzeile und die nicht negativen Koeffizienten der **g**-Zeile.

Die Werte der p-Zeile sind $p_1 = -\frac{3}{-1} = 3$ und $p_2 = -\frac{2}{-3} = \frac{2}{3}$.

1	NBV	x_1	x_2	*b*	
BV	−1	−3	−2	0	**q**
y_1	0	−1	−3	−18	
y_2	0	−1	−1	−12	
y_3	0	−2	−1	−16	
	g	3	2	0	
	p	3	$\frac{2}{3}$		

Das Minimum der p-Zeile wird als Hauptspalte genommen.

1	NBV	x_1	x_2	*b*	
BV	−1	−3	−2	0	**q**
y_1	0	−1	−3	−18	
y_2	0	−1	−1	−12	
y_3	0	−2	−1	−16	
	g	3	2	0	
	p	3	$\frac{2}{3}$		

Das Element a_{12} wird als Hauptelement bestimmt. Mit diesem Hauptelement wird eine Basistransformation in diesem verkürzten Schema ausgeführt. Alle Rechnungen werden in dem alten (1.) Schema vorgenommen und das Resultat wird in das neue (2.) Schema eingetragen.

Die Bezeichnungen aus dem 1. Schema werden weitgehend auf das 2. Schema übertragen. Die Variable y_1 aus der ersten Zeile der Koeffizientenmatrix wird mit der Variablen x_2 aus der zweiten Spalte getauscht. Gleichzeitig werden auch die zugehörigen Koeffizienten der Zielfunktion 0 und −2 ausgetauscht.

Die Basistransformation beginnt mit der Umrechnung des Hauptelementes. Von dem Hauptelement a_{12} wird der Kehrwert gebildet $a'_{12} = \frac{1}{-3} = -\frac{1}{3}$ und das Ergebnis wird in das neue (2.) Schema eingetragen.

Dann werden alle Elemente der Hauptspalte (Spalte x_2) neu berechnet, indem der vorhandene Wert durch das negative (alte) Hauptelement dividiert wird. Für a_{22} ergibt sich $a'_{22} = -\frac{-1}{-3} = -\frac{1}{3}$, für $a'_{32} = -\frac{-1}{-3} = -\frac{1}{3}$ und für $g'_2 = -\frac{2}{-3} = \frac{2}{3}$.

Alle Elemente der Hauptzeile (Zeile x_5) werden neu berechnet, indem der vorhandene Wert durch das (alte) Hauptelement dividiert wird. Für a_{21} ergibt sich $a'_{11} = \frac{-1}{-3} = \frac{1}{3}$ und für $b'_1 = {}^{-18}\!/_{-3} = 6$.

Alle übrigen Elemente werden nach der bereits bekannten Regel

$$a_{ij}' = a_{ij} - \frac{a_{is} \cdot a_{rj}}{a_{rs}} = \frac{a_{ij} \cdot a_{rs} - a_{is} \cdot a_{rj}}{a_{rs}}$$

ermittelt.

Die neuen Elemente $a_{21}' = -1 - \frac{-1\cdot(-1)}{-3} = -\frac{2}{3}$ und $b_2' = -12 - \frac{-1\cdot(-18)}{-3} = -6$ bilden die restlichen Elemente der Zeile y_2 in dem 2. Schema. Die dritte Zeile (y_3) berechnet sich nach $a_{31}' = -2 - \frac{-1\cdot(-1)}{-3} = -\frac{5}{3}$ und $b_3' = -16 - \frac{-1\cdot(-18)}{-3} = -10$.

Die neuen Elemente der g-Zeile werden nach der gleichen Formel berechnet. Es ergibt sich für $g_1' = 3 - \frac{-1\cdot 2}{-3} = \frac{7}{3}$ und $c' = 0 - \frac{-18\cdot 2}{-3} = -12$.

2	**NBV**	x_1	y_1	***b***	
BV	−1	−3	0	0	**q**
x_2	−2	$1/3$	$-1/3$	6	
y_2	0	$-2/3$	$-1/3$	−6	
y_3	0	$-5/3$	$-1/3$	−10	
	g	$7/3$	$2/3$	−12	

Die Lösungen für die Basisvariablen stehen in der b-Spalte und die Lösungen für die Nichtbasisvariablen werden mit 0 angenommen.

Das zweite Schema beinhaltet eine weitere Basisdarstellung der Nebenbedingungen mit einer anderen Basislösung, in der die Nichtbasisvariablen (NBV) x_1 und y_1 null sind und die Basisvariablen (BV) $x_2 = 6$, $y_2 = -6$ und $y_3 = -10$ nicht alle größer als null sind.

Ebenso hat sich der Wert der Zielfunktion verändert, er ist jetzt $c = -12$.

Folgt man dem Simplexalgorithmus, wird nach der Basistransformation geprüft, ob ein Maximum vorliegt. Ist das nicht der Fall, wird ein neues Hauptelement bestimmt und die Basistransformation wiederholt.

Im 2. Schema liegt kein Maximum vor, da die Werte b_2 und b_3 negativ mit $b_2 = -6$ und $b_3 = -10$ sind. Der Simplexalgorithmus arbeitet iterativ. Es wird durch wiederholte Basistransformationen versucht, das Maximum zu finden.

In der Basisdarstellung der Zielfunktion (g-Zeile) gibt es keine Koeffizienten, die kleiner oder gleich null sind. Um ein weiteres Hauptelement zu bestimmen, wird jetzt der duale Teil des Simplexalgorithmus bemüht.

Zunächst wird das Minimum der b-Spalte bestimmt. In der Zeile y_3 steht in der b-Spalte der Wert −10. Dieses Minimum ist kleiner als null und legt somit die Hauptzeile fest.

Nun wird die Hauptspalte bestimmt.

Man berechne die Quotienten $p_j = -\frac{g_j}{a_{rj}}$ für die negativen Koeffizienten der Hauptzeile und die nicht negativen Koeffizienten der g-Zeile.

Die Werte der p-Zeile sind $p_1 = -\frac{7/3}{-5/3} = \frac{7}{3} \cdot \frac{3}{5} = \frac{7}{5}$ und $p_2 = -\frac{2/3}{-1/3} = \frac{2}{3} \cdot \frac{3}{1} = 2$. Das Minimum der p-Zeile ist $p_2 = \frac{7}{5}$.

Das Hauptelement ist bekannt, somit kann die Basistransformation durchgeführt werden.

2	NBV	x_1	y_1	b	
BV	−1	−3	0	0	**q**
x_2	−2	$1/3$	$-1/3$	6	
y_2	0	$-2/3$	$-1/3$	−6	
y_3	0	$-5/3$	$-1/3$	−10	
	g	$7/3$	$2/3$	−12	
	p	$7/5$	2		

Die Bezeichnungen aus dem 2. Schema werden weitgehend auf das 3. Schema übertragen. Die Variable y_3 aus der dritten Zeile der Koeffizientenmatrix wird mit der Variablen x_1 aus der ersten Spalte getauscht. Gleichzeitig werden auch die zugehörigen Koeffizienten der Zielfunktion 0 und −3 ausgetauscht.

Von dem Hauptelement a_{31} wird der Kehrwert gebildet und das Ergebnis wird in das neue (3.) Schema eingetragen.
Dann werden alle Elemente der Hauptspalte (Spalte x_1) neu berechnet, indem der vorhandene Wert durch das negative (alte) Hauptelement dividiert wird.
Alle Elemente der Hauptzeile (Zeile y_3) werden neu berechnet, indem der vorhandene Wert durch das (alte) Hauptelement dividiert wird.
Alle übrigen Elemente werden nach der bereits bekannten Regel

$$a_{ij}' = a_{ij} - \frac{a_{is} \cdot a_{rj}}{a_{rs}} = \frac{a_{ij} \cdot a_{rs} - a_{is} \cdot a_{rj}}{a_{rs}}$$

ermittelt.

3	NBV	y_3	y_1	b	
BV	−1	0	0	0	**q**
x_2	−2	$1/5$	$-2/5$	4	
y_2	0	$-2/5$	$-1/5$	−2	
x_1	−3	$-3/5$	$1/5$	6	
	g	$7/5$	$1/5$	−26	
	p				

Das dritte Schema beinhaltet eine weitere Basisdarstellung der Nebenbedingungen mit der Basislösung $x_1 = 6$, $x_2 = 4$, $y_1 = 0$, $y_2 = -2$ und $y_3 = 0$, in der die Basisvariablen (BV) x_1 und x_2 größer als null, jedoch y_2 kleiner als null, sind und die Nichtbasisvariablen y_1 und y_3 gleich null sind. Der Wert der Zielfunktion hat sich auf $c = -26$ verändert.

Nach der Basistransformation wird geprüft, ob ein Maximum vorliegt. Ist das nicht der Fall, wird ein neues Hauptelement bestimmt und die Basistransformation wiederholt.
Im 3. Schema liegt kein Maximum vor, da $y_2 = -2$ negativ sind.

Der Simplexalgorithmus arbeitet iterativ. Es wird durch wiederholte Basistransformationen versucht, das Maximum zu finden.

In der Basisdarstellung der Zielfunktion (g-Zeile) gibt es keine Koeffizienten, die kleiner oder gleich null sind. Um ein weiteres Hauptelement zu bestimmen, wird jetzt der duale Simplexalgorithmus bemüht.

Zunächst wird das Minimum der b-Spalte bestimmt. In der Zeile y_2 steht in der b-Spalte der Wert −2. Dieses Minimum ist kleiner als null und legt somit die Hauptzeile fest.

Nun wird die Hauptspalte bestimmt.

Man berechne die Quotienten $p_j = -\frac{g_j}{a_{rj}}$ für die negativen Koeffizienten der Hauptzeile und die nicht negativen Koeffizienten der **g**-Zeile.

Die Werte der p-Zeile sind $p_1 = -\frac{7/5}{-2/5} = \frac{7}{5} \cdot \frac{5}{2} = \frac{7}{2}$ und $p_2 = -\frac{1/5}{-1/5} = \frac{1}{5} \cdot \frac{5}{1} = 1$. Das Minimum der p-Zeile ist $p_2 = 1$.

3	**NBV**	y_3	y_1	***b***	
BV	−1	0	0	0	**q**
x_2	−2	$1/5$	$-2/5$	4	
y_2	0	$-2/5$	$-1/5$	−2	
x_1	−3	$-3/5$	$1/5$	6	
	g	$7/5$	$1/5$	−26	
	p	$7/2$	1		

Als Hauptspalte wird die Spalte y_1 gewählt.

Die Variable y_2 aus der zweiten Zeile der Koeffizientenmatrix wird mit der Variablen y_1 aus der zweiten Spalte getauscht. Gleichzeitig werden auch die zugehörigen Koeffizienten der Zielfunktion 0 und 0 ausgetauscht.

Das Hauptelement ist bekannt, somit kann die Basistransformation durchgeführt werden.

Von dem Hauptelement a_{22} wird der Kehrwert gebildet und das Ergebnis wird in das neue (4.) Schema eingetragen.
Dann werden alle Elemente der Hauptspalte (Spalte y_1) neu berechnet, indem der vorhandene Wert durch das negative (alte) Hauptelement dividiert wird.
Alle Elemente der Hauptzeile (Zeile y_2) werden neu berechnet, indem der vorhandene Wert durch das (alte) Hauptelement 1 dividiert wird.

Alle übrigen Elemente werden nach der bereits bekannten Regel

$$a_{ij}' = a_{ij} - \frac{a_{is} \cdot a_{rj}}{a_{rs}} = \frac{a_{ij} \cdot a_{rs} - a_{is} \cdot a_{rj}}{a_{rs}}$$

ermittelt.

4	NBV	y_3	y_2	b	
BV	−1	0	0	0	**q**
x_2	−2	1	−2	8	
y_1	0	2	−5	10	
x_1	−3	−1	1	4	
	g	1	1	−28	
	p				

Nach der Basistransformation wird geprüft, ob ein Maximum vorliegt. Ist das nicht der Fall, wird ein neues Hauptelement bestimmt und die Basistransformation wiederholt.

Es ist eine neue Basislösung $x_1 = 4$, $x_2 = 8$ entstanden.

Im 4. Schema liegt ein Maximum vor, da eine zulässige Basislösung vorliegt und die Werte $g_1 = g_2 = 1$ nicht negativ sind.

Diese maximale Lösung $\boldsymbol{x}_{\max} = \begin{pmatrix} 4 \\ 8 \end{pmatrix}$ muss natürlich der Zielfunktion das Maximum von $z'_{\max} = -28$ zuweisen.

In der ursprünglichen Aufgabe wird die Zielfunktion ein Minimum. Diese Aufgabe wird als Maximumaufgabe in der zugehörigen 1. Normalform gelöst.

Für den Extremwert gilt, dass das Minimum der ursprünglich gestellten Aufgabe mit dem Maximum der Ersatzaufgabe zusammenfallen $\boldsymbol{x}_{\min} = \boldsymbol{x}_{\max} = \begin{pmatrix} 4 \\ 8 \end{pmatrix}$. Für den Wert der Zielfunktion gilt $z_{\min} = -z'_{\max} = 28$.

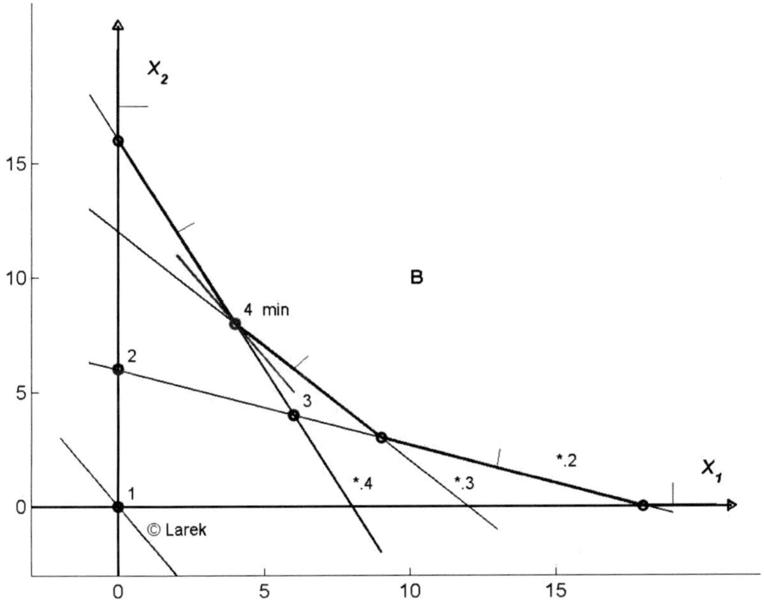

Bild 4.3.6a Zulässiger Lösungsbereich mit Extrempunkt

Lösungsvariante 2

Jedes lineare Optimierungsproblem in der zweiten Normalform

$$w(\mathbf{y}) = \mathbf{b}^{\mathrm{T}}\,\mathbf{y} \rightarrow max\,,$$
$$\mathbf{A}^{\mathrm{T}}\,\mathbf{y} \leq \mathbf{c}$$
$$y_k \geq 0\,,\ k = 1, 2, \ldots, n$$

kann in ein duales Problem

$$z(\mathbf{x}) = \mathbf{c}^{\mathrm{T}}\,\mathbf{x} \rightarrow min\,,$$
$$\mathbf{A}\,\mathbf{x} \geq \mathbf{b}\,,$$
$$x_j \geq 0\,,\ j = 1, 2, \ldots, m$$

umgeformt werden.

Wenn $\mathbf{x_0}$ optimale Lösung des primalen Problems und $\mathbf{y_0}$ optimale Lösung des zugehörigen dualen Problems sind, dann gilt stets

$$z(\mathbf{x_0}) = w(\mathbf{y_0})\,.$$

Auch die Umkehrung ist richtig. Wenn eine zulässige Lösung des primalen Problems $z(\mathbf{x})$ mit einer zulässigen Lösung des zugehörigen dualen Problems $w(\mathbf{y})$ übereinstimmt, sind beide Lösungen optimal.

Für die Umformung gelten die folgenden Regeln:

1. Aus dem primalen Maximumproblem wird ein duales Minimumproblem.
2. Die Relation „≤ “ in den Nebenbedingungen wird zu „≥“.
3. Die Koeffizienten der rechten Seite **b** des primalen Problems werden zu Koeffizienten der Zielfunktion im dualen Problem.
4. Die Koeffizienten der Zielfunktion **c** des primalen Problems werden zu Koeffizienten der rechten Seite im dualen Problem.
5. Die Koeffizientenmatrix **A** des primalen Problems wird transponiert.

Diese Umformung gilt natürlich in beide Richtungen, zu dem dualen Minimumproblem kann ein äquivalentes Maximumproblem aufgestellt werden.

Zielfunktion	(*.1)	$z = 3 \cdot x_1 + 2 \cdot x_2 \rightarrow \min$
Nebenbedingungen	(*.2)	$x_1 + 3 \cdot x_2 \quad \geq 18$
	(*.3)	$x_1 + x_2 \quad \geq 12$
	(*.4)	$2 \cdot x_1 + x_2 \quad \geq 16$
Nichtnegativitätsbedingung	(*.5)	$x_1 \geq 0, x_2 \geq 0$

Das zugehörige duale Optimierungsproblem lautet

(#.1) $w = 18 \cdot y_1 + 12 \cdot y_2 + 16 \cdot y_3 \rightarrow \max$

(#.2) $y_1 + y_2 + 2 \cdot y_3 \leq 3$

(#.3) $3 \cdot y_1 + y_2 + y_3 \leq 2$

(#.4) $y_1 \geq 0, y_2 \geq 0, y_3 \geq 0$

Jedes lineare Optimierungsproblem kann in die erste Normalform umgeformt werden. Diese Umformung soll hier in mehreren Schritten vorgenommen werden. Das ist günstiger, weil man dabei die einzelnen Schritte besser erklären kann.

Liegt eine Nebenbedingung als Ungleichung[24]

$$a_{k1}y_1 \quad + \ldots \quad + a_{kn}y_n \quad \leq \quad b_k$$

vor, kann sie durch Einfügen einer Schlupfvariablen $x_s \geq 0$ in eine Gleichung

$$a_{k1}y_1 \quad + \ldots \quad + a_{kn}y_n \quad + x_s \quad = \quad b_k$$

umgeformt werden.

Die Nebenbedingung (#.2) $y_1 + y_2 + 2 \cdot y_3 \leq 3$ wird in die 1. Normalform überführt, indem eine Schlupfvariable x_1, die die Nichtnegativitätsbedingung erfüllt, auf der linken Seite addiert wird

$$(\#.2.1) \quad y_1 + y_2 + 2 \cdot y_3 + x_1 = 3\,.$$

Die Schlupfvariable x_1 wird ebenfalls Bestandteil der Zielfunktion, jedoch mit dem Koeffizienten null.

Die Nebenbedingung (#.3) $3 \cdot y_1 + y_2 + y_3 \leq 2$ wird in die 1. Normalform überführt, indem eine Schlupfvariable x_2, die die Nichtnegativitätsbedingung erfüllt, auf der linken Seite addiert wird

$$(\#.3.1) \quad 3 \cdot y_1 + y_2 + y_3 + x_2 = 2\,.$$

Die Schlupfvariable x_2 wird ebenfalls Bestandteil der Zielfunktion, jedoch mit dem Koeffizienten null.

Die Zielfunktion (#.1) $w = 18 \cdot y_1 + 12 \cdot y_2 + 16 \cdot y_3 \to \max$ lautet in der 1. Normalform

$$(\#.1.1) \quad w = 18 \cdot y_1 + 12 \cdot y_2 + 16 \cdot y_3 + 0 \cdot x_1 + 0 \cdot x_2 \to \max\,.$$

Alle Variablen y_1, y_2, y_3, x_1 und x_2 erfüllen die Nichtnegativitätsbedingung

$$(\#.4.1) \quad y_1 \geq 0, y_2 \geq 0, y_3 \geq 0, x_1 \geq 0, x_2 \geq 0\,.$$

Die 1. Normalform dieses linearen Optimierungsproblems lautet

Zielfunktion	$w = 18 \cdot y_1 + 12 \cdot y_2 + 16 \cdot y_3 + 0 \cdot x_1 + 0 \cdot x_2 \to \max$
Nebenbedingungen	$y_1 + y_2 + 2 \cdot y_3 + x_1 = 3$
	$3 \cdot y_1 + y_2 + y_3 + x_2 = 2$
Nichtnegativitätsbedingung	$y_1 \geq 0, y_2 \geq 0, y_3 \geq 0, x_1 \geq 0, x_2 \geq 0$

Zunächst werden die Zielfunktion und alle Nebenbedingungen in das verkürzte Rechenschema eingetragen. Die Spalten x_1 und x_2, die zwischen y_3 und $\boldsymbol{b}$ stehen müssten, werden in diesem Schema nicht aufgeschrieben.
Die Spalte x_1 z.B. besteht nur aus Nullen und hat in der Zeile x_1 eine Eins.

Der Wert für g_1 ergibt sich zu $g_1 = -1 \cdot (18) + 0 \cdot (1) + 0 \cdot (3) = -18$. Der Wert für g_2 wird analog durch das Skalarprodukt $g_2 = -1 \cdot 12 + 0 \cdot (-1) + 0 \cdot 1 = -12$ und $g_3 = -1 \cdot (16) + 0 \cdot 1 + 0 \cdot 1 = -16$ berechnet. In dem Schema wird auch laufend der aktuelle Wert der Zielfunktion $c = -1 \cdot 0 + 0 \cdot 3 + 0 \cdot (2) = 0$ berechnet.

---

[24] Diese Ungleichung liegt in der 2. Normalform vor.

Jede zulässige Lösung $\boldsymbol{x}$ eines linearen Optimierungsproblems erfüllt die Nebenbedingungen und die Nichtnegativitätsbedingung.

1	NBV	y_1	y_2	y_3	b	
BV	−1	18	12	16	0	**q**
x_1	0	1	1	2	3	
x_2	0	3	1	1	2	
	g	−18	−12	−16	0	

Hat die Zielfunktion in der Basisdarstellung die Form

$$g_0 + g_1x_1 + g_2x_2 + \ldots + g_nx_n = c$$

mit $g_j \geq 0$ für $j = 0, 1, \ldots, n$, so ist jede zulässige Basislösung $\boldsymbol{x}$ der zugehörigen Basisdarstellung des linearen Optimierungsproblems auch maximale Lösung. Eine maximale Lösung liegt in dem 1. Schema nicht vor, da $g_1 = -18$, $g_2 = -12$ und $g_3 = -16$ kleiner als null sind.

Unter Benutzung der Quotienten $q_i = \frac{b_i}{a_{is}}$ kann erreicht werden, dass man von einer zulässigen Basislösung ausgehend eine weitere zulässige Basislösung findet. Ist also eine zulässige Basislösung bekannt, werden in der Folge nur zulässige Basislösungen ermittelt, wenn man die Zeile mit dem kleinsten q_i zur Hauptzeile macht.

Der Wert der Zielfunktion vergrößert sich in jedem Simplexschritt, wenn das lineare Optimierungsproblem nicht ausgeartet ist.
Das Hauptelement befindet sich in der Hauptzeile und in der Hauptspalte.

Zur Bestimmung der Hauptspalte wird die g-Zeile benutzt. Von allen $g_j \leq 0$ wird das Minimum bestimmt. Die Spalte, in der das Minimum steht, wird die Hauptspalte.

Im 1. Schema ist die Spalte y_1 (da g_1 das Minimum ist) als Hauptspalte zu nehmen.

Man berechne die Quotienten $q_i = \frac{b_i}{a_{is}}$ für die positiven Koeffizienten der Hauptspalte und die nicht negativen Koeffizienten der b-Spalte.

Für den Quotienten q_1 ergibt sich $q_1 = \frac{3}{1} = 3$ und $q_2 = \frac{2}{3}$.

Das Minimum der q-Spalte wird als Hauptzeile genommen.

1	NBV	y_1	y_2	y_3	b	
BV	−1	18	12	16	0	**q**
x_1	0	1	1	2	3	3
x_2	0	3	1	1	2	$2/3$
	g	−18	−12	−16	0	

Die Bezeichnungen aus dem 1. Schema werden weitgehend auf das 2. Schema übertragen. Die Variable y_1 aus der ersten Spalte der Koeffizientenmatrix wird mit der Variablen x_2 aus der zweiten Zeile getauscht. Gleichzeitig werden auch die zugehörigen Koeffizienten der Zielfunktion 18 und 0 ausgetauscht.

Das Element a_{21} wird als Hauptelement bestimmt. Mit diesem Hauptelement wird eine Basistransformation in diesem verkürzten Schema ausgeführt. Alle Rechnungen werden in dem alten (1.) Schema vorgenommen und das Resultat wird in das neue (2.) Schema eingetragen.

Die Basistransformation beginnt mit der Umrechnung des Hauptelementes. Von dem Hauptelement a_{21} wird der Kehrwert gebildet $a'_{21} = \frac{1}{3}$ und das Ergebnis wird in das neue (2.) Schema eingetragen.

Dann werden alle Elemente der Hauptspalte (Spalte y_1) neu berechnet, indem der vorhandene Wert durch das negative (alte) Hauptelement dividiert wird. Für a_{11} ergibt sich $a'_{11} = \frac{1}{-3} = -\frac{1}{3}$ und für $g'_1 = {}^{-18}\!/_{-3} = 6$.

Alle Elemente der Hauptzeile (Zeile x_2) werden neu berechnet, indem der vorhandene Wert durch das (alte) Hauptelement dividiert wird. Für a_{22} ergibt sich $a'_{22} = \frac{1}{3}$, für $a'_{23} = {}^{1}\!/_{3}$ und für $b'_2 = {}^{2}\!/_{3}$.

Alle übrigen Elemente werden nach der bereits bekannten Regel

$$a'_{ij} = a_{ij} - \frac{a_{is} \cdot a_{rj}}{a_{rs}} = \frac{a_{ij} \cdot a_{rs} - a_{is} \cdot a_{rj}}{a_{rs}}$$

ermittelt.

Die neuen Elemente $a'_{12} = 1 - \frac{1 \cdot 1}{3} = \frac{2}{3}$, $a'_{13} = 2 - \frac{1 \cdot 1}{3} = \frac{5}{3}$ und $b'_1 = 3 - \frac{1 \cdot 2}{3} = \frac{7}{3}$ bilden die restlichen Elemente der Zeile x_1 in dem 2. Schema. Die neuen Elemente der g-Zeile werden nach der gleichen Formel berechnet. Es ergibt sich für $g'_2 = -12 - \frac{-18 \cdot 1}{3} = -6$, $g'_3 = -16 - \frac{1 \cdot (-18)}{3} = -10$ und $c' = 0 - \frac{-18 \cdot 2}{3} = 12$.

2	**NBV**	x_2	y_2	y_3	***b***	
BV	−1	0	12	16	0	**q**
x_1	0	$-{}^{1}\!/_{3}$	${}^{2}\!/_{3}$	${}^{5}\!/_{3}$	${}^{7}\!/_{3}$	
y_1	18	${}^{1}\!/_{3}$	${}^{1}\!/_{3}$	${}^{1}\!/_{3}$	${}^{2}\!/_{3}$	
	g	6	−6	−10	12	

Nach der Basistransformation wird geprüft, ob ein Maximum vorliegt. Ist das nicht der Fall, wird ein neues Hauptelement bestimmt und die Basistransformation wiederholt.
In dem 2. Schema existiert eine zulässige Basislösung, die jedoch nicht maximal ist, da in der g-Zeile zwei Werte kleiner als null sind.
Die Lösungen für die Basisvariablen stehen in der b-Spalte und die Lösungen für die Nichtbasisvariablen werden mit 0 angenommen.

Die Lösungen für die zugehörige duale Aufgabe werden in der g-Zeile abgelesen.
Beim Ablesen der dualen Lösungen wird angenommen, dass die Variablen x_1 und y_1 Nichtbasisvariablen sind und x_2, y_2 und y_3 die Basisvariablen sind. Unter dieser Annahme ergeben sich für $x_2 = 6$, $y_2 = -6$ und $y_3 = -10$ sowie $x_1 = 0$ und $y_1 = 0$.

Die Lösung $x_1 = 0$ und $x_2 = 6$ stimmt mit der Basislösung aus dem 2. Schema der Lösungsvariante 1 überein.

Der Wert der Zielfunktion vergrößert sich in jedem Simplexschritt, wenn das lineare Optimierungsproblem nicht ausgeartet ist.

Zur Bestimmung der Hauptspalte wird die g-Zeile benutzt. Von allen $g_j \leq 0$ wird das Minimum bestimmt. Die Spalte, in der das Minimum steht, wird die Hauptspalte.

Im 2. Schema ist die Spalte y_3 (da g_3 das Minimum ist) als Hauptspalte zu nehmen.

Man berechne die Quotienten $q_i = \frac{b_i}{a_{is}}$ für die positiven Koeffizienten der Hauptspalte und die nicht negativen Koeffizienten der b-Spalte.

Für den Quotienten q_1 ergibt sich $q_1 = \frac{7/3}{5/3} = \frac{7}{5}$ und $q_2 = \frac{2/3}{1/3} = 2$.

Das Minimum der q-Spalte wird als Hauptzeile genommen.

2	NBV	x_2	y_2	y_3	***b***	
BV	−1	0	12	16	0	**q**
x_1	0	$-1/3$	$2/3$	$5/3$	$7/3$	$7/5$
y_1	18	$1/3$	$1/3$	$1/3$	$2/3$	2
	g	6	−6	−10	12	

Die Bezeichnungen aus dem 2. Schema werden weitgehend auf das 3. Schema übertragen. Die Variable y_3 aus der dritten Spalte der Koeffizientenmatrix wird mit der Variablen x_1 aus der ersten Zeile getauscht. Gleichzeitig werden auch die zugehörigen Koeffizienten der Zielfunktion 16 und 0 ausgetauscht.
Das Element a_{13} wird als Hauptelement bestimmt. Mit diesem Hauptelement wird eine Basistransformation in diesem verkürzten Schema ausgeführt. Alle Rechnungen werden in dem alten (2.) Schema vorgenommen und das Resultat wird in das neue (3.) Schema eingetragen.

Die Basistransformation beginnt mit der Umrechnung des Hauptelementes. Von dem Hauptelement a_{13} wird der Kehrwert gebildet $a'_{13} = \frac{1}{5/3} = \frac{3}{5}$ und das Ergebnis wird in das neue (3.) Schema eingetragen.

Dann werden alle Elemente der Hauptspalte (Spalte y_3) neu berechnet, indem der vorhandene Wert durch das negative (alte) Hauptelement dividiert wird. Für a_{23} ergibt sich $a'_{23} = -\frac{1/3}{5/3} = -\frac{1}{5}$ und für $g'_3 = -\frac{-10}{5/3} = 6$.

Alle Elemente der Hauptzeile (Zeile x_1) werden neu berechnet, indem der vorhandene Wert durch das (alte) Hauptelement dividiert wird. Für a_{11} ergibt sich $a_{11}' = \frac{-\frac{1}{3}}{\frac{5}{3}} = -\frac{1}{5}$, für $a_{12}' = \frac{\frac{2}{3}}{\frac{5}{3}} = \frac{2}{5}$ und für $b_1' = \frac{\frac{7}{3}}{\frac{5}{3}} = \frac{7}{5}$.

Alle übrigen Elemente werden nach der bereits bekannten Regel

$$a_{ij}' = a_{ij} - \frac{a_{is} \cdot a_{rj}}{a_{rs}} = \frac{a_{ij} \cdot a_{rs} - a_{is} \cdot a_{rj}}{a_{rs}}$$

ermittelt.

Die neuen Elemente $a_{21}' = \frac{1}{3} - \frac{1}{3}(-\frac{1}{3})\frac{3}{5} = \frac{2}{5}$, $a_{22}' = \frac{1}{3} - \frac{2}{3} \cdot \frac{1}{3} \cdot \frac{3}{5} = \frac{1}{5}$ und $b_2' = \frac{2}{3} - \frac{7}{3} \cdot \frac{1}{3} \cdot \frac{3}{5} = \frac{1}{5}$ bilden die restlichen Elemente der Zeile y_1 in dem 3. Schema. Die neuen Elemente der g-Zeile werden nach der gleichen Formel berechnet. Es ergibt sich für $g_1' = 6 - (-10)(-\frac{1}{3}) \cdot \frac{3}{5} = 4$, $g_2' = -6 - (-10) \cdot \frac{2}{3} \cdot \frac{3}{5} = -2$ und $c' = 12 - (-10) \cdot \frac{7}{3} \cdot \frac{3}{5} = 26$.

3	NBV	x_2	y_2	x_1	***b***	
BV	−1	0	12	0	0	**q**
y_3	16	$-\frac{1}{5}$	$\frac{2}{5}$	$\frac{3}{5}$	$\frac{7}{5}$	
y_1	18	$\frac{2}{5}$	$\frac{1}{5}$	$-\frac{1}{5}$	$\frac{1}{5}$	
	g	4	−2	6	26	

Nach der Basistransformation wird geprüft, ob ein Maximum vorliegt. Ist das nicht der Fall, wird ein neues Hauptelement bestimmt und die Basistransformation wiederholt.
In dem 3. Schema existiert eine zulässige Basislösung, die jedoch nicht maximal ist, da in der g-Zeile noch ein Wert kleiner als null ist.

Die Lösungen für die zugehörige duale Aufgabe werden in der g-Zeile abgelesen.
Beim Ablesen der dualen Lösungen wird angenommen, dass die Variablen y_3 und y_1 Nichtbasisvariablen sind und x_2, y_2 und x_1 die Basisvariablen sind. Unter dieser Annahme ergeben sich für $x_2 = 4$, $y_2 = -2$ und $x_1 = 6$ sowie $y_3 = 0$ und $y_1 = 0$.
Die Lösung $x_1 = 6$ und $x_2 = 4$ stimmt mit der Basislösung aus dem 3. Schema der Lösungsvariante 1 überein.

Der Wert der Zielfunktion vergrößert sich in jedem Simplexschritt, wenn das lineare Optimierungsproblem nicht ausgeartet ist.

Zur Bestimmung der Hauptspalte wird die g-Zeile benutzt. Von allen $g_j \leq 0$ wird das Minimum bestimmt. Die Spalte, in der das Minimum steht, wird die Hauptspalte.

Im 3. Schema ist die Spalte y_2 (da g_2 das Minimum ist) als Hauptspalte zu nehmen.
Man berechne die Quotienten $q_i = \frac{b_i}{a_{is}}$ für die positiven Koeffizienten der Hauptspalte und die nicht negativen Koeffizienten der b-Spalte.
Für den Quotienten q_1 ergibt sich $q_1 = \frac{\frac{7}{5}}{\frac{2}{5}} = \frac{7}{2}$ und $q_2 = \frac{\frac{1}{5}}{\frac{1}{5}} = 1$.

Das Minimum der q-Spalte wird als Hauptzeile genommen.

3	NBV	x_2	y_2	x_1	b	
BV	−1	0	12	0	0	**q**
y_3	16	$-1/5$	$2/5$	$3/5$	$7/5$	$7/2$
y_1	18	$2/5$	$1/5$	$-1/5$	$1/5$	1
	g	4	−2	6	26	

Das Element a_{22} wird als Hauptelement bestimmt. Mit diesem Hauptelement wird eine Basistransformation in diesem verkürzten Schema ausgeführt. Alle Rechnungen werden in dem alten (3.) Schema vorgenommen und das Resultat wird in das neue (4.) Schema eingetragen.

Die Basistransformation beginnt mit der Umrechnung des Hauptelementes. Von dem Hauptelement a_{22} wird der Kehrwert gebildet $a'_{22} = \frac{1}{1/5} = 5$ und das Ergebnis wird in das neue (4.) Schema eingetragen.

Dann werden alle Elemente der Hauptspalte (Spalte y_2) neu berechnet, indem der vorhandene Wert durch das negative (alte) Hauptelement dividiert wird. Für a_{12} ergibt sich $a'_{12} = -\frac{2/5}{1/5} = -2$ und für $g'_2 = -\frac{-2}{1/5} = 10$.

Alle Elemente der Hauptzeile (Zeile y_1) werden neu berechnet, indem der vorhandene Wert durch das (alte) Hauptelement dividiert wird. Für a_{21} ergibt sich $a'_{21} = \frac{2/5}{1/5} = 2$, für $a'_{23} = \frac{-1/5}{1/5} = -1$ und für $b'_2 = \frac{1/5}{1/5} = 1$.

Alle übrigen Elemente werden nach der bereits bekannten Regel

$$a_{ij}' = a_{ij} - \frac{a_{is} \cdot a_{rj}}{a_{rs}} = \frac{a_{ij} \cdot a_{rs} - a_{is} \cdot a_{rj}}{a_{rs}}$$

ermittelt.

Die neuen Elemente $a'_{11} = -\frac{1}{5} - \frac{2}{5} \cdot \frac{2}{5} \cdot \frac{5}{1} = -1$, $a'_{13} = \frac{3}{5} - \frac{2}{5} \cdot (-\frac{1}{5}) \cdot \frac{5}{1} = 1$ und $b'_2 = \frac{7}{5} - \frac{2}{5} \cdot \frac{1}{5} \cdot \frac{5}{1} = 1$ bilden die restlichen Elemente der Zeile y_3 in dem 4. Schema. Die neuen Elemente der g-Zeile werden nach der gleichen Formel berechnet. Es ergibt sich für $g'_1 = 4 - (-2) \cdot \frac{2}{5} \cdot \frac{5}{1} = 8$, $g'_3 = 6 - (-2) \cdot (-\frac{1}{5}) \cdot \frac{5}{1} = 4$ und $c' = 26 - (-2) \cdot \frac{1}{5} \cdot \frac{5}{1} = 28$.

4	NBV	x_2	y_1	x_1	b	
BV	−1	0	18	0	0	**q**
y_3	16	−1	−2	1	1	
y_2	12	2	5	−1	1	
	g	8	10	4	28	

Nach der Basistransformation wird geprüft, ob ein Maximum vorliegt. Ist das nicht der Fall, wird ein neues Hauptelement bestimmt und die Basistransformation wiederholt.
In dem 4. Schema existiert eine zulässige Basislösung, die maximal ist, da in der g-Zeile kein Wert kleiner als null ist.

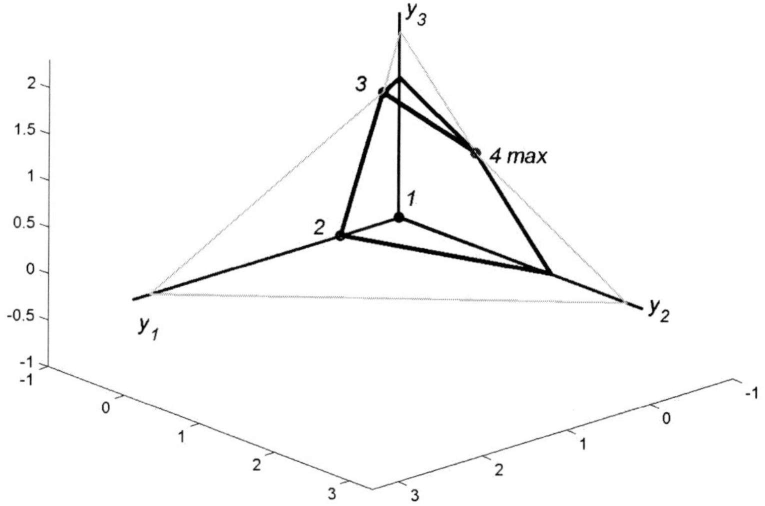

Bild 4.3.6b zulässiger Lösungsbereich und Lösungsweg der dualen Aufgabe

Die Lösungen für die zugehörige duale Aufgabe werden in der g-Zeile abgelesen.

Beim Ablesen der dualen Lösungen wird angenommen, dass die Variablen y_3 und y_2 Nichtbasisvariablen sind und x_2, y_1 und x_1 die Basisvariablen sind. Unter dieser Annahme ergeben sich für $x_2 = 8$, $y_1 = 10$ und $x_1 = 4$ sowie $y_3 = 0$ und $y_2 = 0$.

Die Lösung $x_1 = 4$ und $x_2 = 8$ stimmt mit der Basislösung aus dem 4. Schema der Lösungsvariante 1 überein.

Die optimale Lösung $z(\boldsymbol{x_0})$ des primalen Problems und die optimale Lösung $w(\boldsymbol{y_0})$ des zugehörigen dualen Problems stimmen überein $z(\boldsymbol{x_0}) = w(\boldsymbol{y_0}) = 28$.

Mit dem benutzten Simplexschema werden gleichzeitig die primale und die duale Aufgabe gelöst. Die zugehörige duale Lösung kann aus dem „transponierten" Schema entnommen werden, indem die Basisvariablen und die Nichtbasisvariablen „getauscht" werden.
Die Wahl der Bezeichnungen für die Schlupfvariablen soll diese Vorgehensweise noch verdeutlichen.

Die nummerierten Eckpunkte in den Bildern 4.3.6 zeigen die berechneten Basislösungen der einzelnen Schemata an. Die Basislösungen 1, 2 und 3 sind im primalen Problem keine zulässigen Basislösungen und im dualen Problem keine optimalen Lösungen.

Literaturverzeichnis

[1] Beresin, I. S.; Shidkow, N. P.: Numerische Methoden 1, Berlin, VEB Deutscher Verlag der Wissenschaften, 1970
[2] Bronstein, I. N.: Taschenbuch der Mathematik, Stuttgart, Teubner Verlag, 2005
[3] Dück, W; u.a.: Mathematik für Ökonomen, Formeln und Tabellen, Verlag die Wirtschaft, Berlin 1983
[4] Duschek, A.: Vorlesungen über höhere Mathematik, Wien, New York, Springer Verlag, 1965
[5] Eichholz, W., Vilkner, E.: Taschenbuch der Wirtschaftsmathematik, Leipzig, Fachbuchverlag, 2009
[6] Dobner, H-J., Engelmann, B.: Analysis 1, Grundlagen und Differenzialrechnung, Leipzig, Fachbuchverlag, 2002
[7] Göhler, W.: Höhere Mathematik, Formeln und Hinweise, Frankfurt a.M., Harry Deutsch Verlag, 2005
[8] Köhler, H.: Lineare Algebra, 3., durchgesehene und verbesserte Auflage, Hanser Verlag, München, Wien, 1998
[9] Körth, H., u.a.: Wirtschaftsmathematik, Band 1 und 2, Berlin und München, Verlag Die Wirtschaft, 2001
[10] Larek, E.: Lineare Systeme in der Wirtschaft, Frankfurt a. M., Peter Lang Verlag , 2012
[11] Larek, E.: Analytische Methoden in der Wirtschaft, Frankfurt a. M., Peter Lang Verlag , 2011
[12] Leupold, W., u.a.: Analysis für Ingenieure, Leipzig, Fachbuchverlag, 1991
[13] Luderer, B.; Würker, U.: Einstieg in die Wirtschaftsmathematik, B. G. Teubner, Stuttgart, 2005
[14] Luderer, B., u.a.: Mathematische Formeln für Wirtschaftswissenschaftler, Teubner Verlag, 2005
[15] Manteuffel, K.; u.a.: Lineare Algebra, Minöl Band 13, B. G. Teubner, Leipzig, 1989
[16] Mathews, J. H.: Numerical Methods, Prentice Hall int. editions, Englewood Cliffs, 1992
[17] Nollau, V.: Mathematik für Wirtschaftswissenschaftler, Teubner Verlag, 2003
[18] Papula, L.: Mathematik für Ingenieure und Naturwissenschaftler, Braunschweig und Wiesbaden, Vieweg, 1994
[19] Papula, L.: Mathematische Formelsammlung für Ingenieure und Naturwissenschaftler, Braunschweig und Wiesbaden, Vieweg, 1994
[20] Pforr, E.-A., Schirotzek, W.: Differential- und Integralrechnung mit einer Variablen, Stuttgart, Leipzig, Teubner Verlag, 1993
[21] Piskunow, A.: Differential- und Integralrechnung, Teubner Verlag, 1970
[22] Preuß, W., Wenisch, G.: Mathematik in Wirtschaft und Finanzwesen, Leipzig, Fachbuchverlag, 1998
[23] Rödder, W.: Wirtschaftsmathematik für Studium und Praxis 1, Lineare Algebra, Springer, Berlin u. Heidelberg, 1996
[24] Schüffler, K.: Mathematik in der Wirtschaftswissenschaft, München, Wien, Hanser Verlag, 1991
[25] Seiffart, E.; Manteuffel, K.: Lineare Optimierung, Minöl Band 14, B. G. Teubner, Leipzig, 1974
[26] Smirnow, W. I.: Lehrgang der höheren Mathematik, Teil I, Frankfurt a.M., Harry Deutsch Verlag, 1990
[27] Stephenson, G.: Mathematical Methods for Science Students, Cambridge University Press, UK, 1990
[28] Stingl, P.: Mathematik für Fachhochschulen, Hanser Verlag, 2007
[29] Stopp, F.; u.a.: Lehr- und Übungsbuch Mathematik IV, 13. Auflage, Fachbuchverlag, Leipzig u. Köln, 1992
[30] Sydsæter, K., Hammond, P.: Mathematik für Wirtschaftswissenschaftler, München, Pear-

son Studium, 2004
[31] Tietze, J.: Einführung in die angewandte Wirtschaftsmathematik, Braunschweig und Wiesbaden, Vieweg, 2006
[32] Wenzel, H., Meinhold, P.: Gewöhnliche Differentialgleichungen, Teubner Verlag, 1994

Sachwortverzeichnis